全国扶贫教育培训教材（第一批）

脱贫攻坚理论
实践创新研究

全国扶贫宣传教育中心　　组织编写

中国农业出版社
北　京

图书在版编目（CIP）数据

脱贫攻坚理论实践创新研究／全国扶贫宣传教育中
心组织编写．—北京：中国农业出版社，2018.8（2018.12 重印）
　全国扶贫教育培训教材
　ISBN 978-7-109-24130-5

　Ⅰ.①脱…　Ⅱ.①全…　Ⅲ.①扶贫－研究报告－中国
－干部培训－教训　Ⅳ.①F126

中国版本图书馆 CIP 数据核字（2018）第 091286 号

Tuopin Gongjian Lilun Shijian Chuangxin Yanjiu

中国农业出版社出版
（北京市朝阳区麦子店街 18 号楼）
（邮政编码 100125）
责任编辑　黄向阳
文字编辑　王森鹤

北京中兴印刷有限公司印刷　　新华书店北京发行所发行
2018 年 8 月第 1 版　　2018 年 12 月北京第 2 次印刷

开本：700mm×1000mm　1/16　　印张：24.5
字数：456 千字
定价：66.00 元
（凡本版图书出现印刷、装订错误，请向出版社发行部调换）

编 委 会

指导组（按姓氏笔画排序）

王晓毅　左　停　向德平　庄天慧　孙兆霞

李小云　汪三贵　沈　红　张　琦　陆汉文

卓　翔　罗　丹　夏　英　雷　明　谭诗斌

编委会

主　　任：黄承伟

副主任：刘晓山

成　　员：骆艾荣　刘少锋　尹建华　伍小华　刘思圻

张显峰　王海涛

编辑工作组

骆艾荣　刘少锋　阎　艳　袁　泉　李　胜

高雪涛

2018 年 2 月 12 日，习近平总书记在四川成都主持召开"打好精准脱贫攻坚战"座谈会，对贯彻好党的十九大精神，全面打好精准脱贫攻坚战做出新部署时强调："要突出抓好各级扶贫干部学习培训。对县级以上领导干部，重点是提高思想认识，引导树立正确政绩观，掌握精准脱贫方法论，培养研究攻坚问题、解决攻坚难题能力。对基层干部，重点是提高实际能力，培育懂扶贫、会帮扶、作风硬的扶贫干部队伍。"总书记关于做好干部学习培训工作的重要论述，是习近平总书记关于扶贫工作的重要论述的重要内容，为做好新时代脱贫攻坚干部培训工作指明了方向，提供了指引。

党的十八大以来，以习近平同志为核心的党中央把脱贫攻坚摆在治国理政突出位置，全面打响脱贫攻坚战。新时代脱贫攻坚的精准扶贫精准脱贫基本方略，是对传统扶贫开发方式的根本性变革，对广大干部群众的扶贫实践提出了新的要求，也对以提高扶贫干部工作水平为主要目标的扶贫教育培训提出了新的努力方向。全国扶贫宣传教育中心深入学习贯彻习近平新时代中国特色社会主义思想和党的十九大精神，以习近平总书记关于扶贫工作的重要论述为根本遵循，认真研判扶贫培训需求，积极推进扶贫教育培训教材建设。

2017 年，全国扶贫宣传教育中心两次召开扶贫教育培训教材体系建设研讨会，评估脱贫攻坚培训内容及需求，对教材主题、形式、内容等进行研讨，确定第一批理论类、政策类、实务类、案例类和专题类 5 类 8 本教材的编写方案及编写大纲，邀请十多位长期研究中国扶贫问题并有丰富积累的教授担纲编写。历时一年多，在国务院扶贫办领导支持下，在扶贫办政策法规司及其他各司各单位指导帮助下，第一批全国扶贫教育培训教材于 2018 年初编写完成，中国农业出版社承担了出版发行工作。第一批全国扶贫教育培训教材共八册，分别是：《中国扶贫理论的形成与发展》《脱贫攻坚战略与政策体系》《精准扶贫精准脱贫方略》《产业扶贫脱贫概览》《资产收益扶贫的实践探索》《贫困村精准扶贫实施指南》《贫困村创业致富带头人培育工程优秀案例选编》和《脱贫攻坚理论实践创新研究》。

《中国扶贫理论的形成与发展》对贫困进行概述，系统阐述了贫困的产生、测量、分析的维度，重点论述了中国特色扶贫理论的背景、中国特色扶贫理论的构建，以及习近平总书记关于扶贫工作的重要论述。

《脱贫攻坚战略与政策体系》从横向和纵向两个维度对脱贫攻坚战略和政策体系进行叙述和讨论，阐述发展生产脱贫、转移就业脱贫、资产收益扶贫、易地搬迁脱贫、生态扶贫、教育扶贫、健康扶贫、社会保障扶贫以及解决特殊类型贫困问题，组织社会动员和社会参与，为脱贫攻坚提供保障等方面的政策措施。

《精准扶贫精准脱贫方略——基层干部读本》阐释了精准扶贫精准脱贫与全面建成小康社会之间的内在联系与重大意义、脱贫攻坚的目标与任务，深刻剖析了五大发展理念、六个精准与精准扶贫精准脱贫的辩证关系，分析了脱贫攻坚需要处理好的重大关系。

《产业扶贫脱贫概览》对产业扶贫进行了阐述和讲解，对我国产业扶贫及其历程进行了梳理，对扶贫产业选择的方法和未来发展的趋势进行了介绍，还对扶贫产业的风险及其防范进行了重点说明。

《资产收益扶贫的实践探索》在对各地资产收益扶贫项目进行实地调研、总结和提炼的基础上，从理论层面出发，对资产收益扶贫项目的运行机制和发展方向进行深入探索。

《贫困村精准扶贫实施指南——精准扶贫村级实施的程序与方法》包括四个方面的内容：精准扶贫的基本工作程序、村组层次扶贫方案的备选清单、国家打赢脱贫攻坚战相关政策选编、社区贫困的调研与分析方法。

《贫困村创业致富带头人培育工程优秀案例选编》从全国征集的

贫困村创业致富带头人培育工程案例中优选了 10 个案例进行讲解，并对具体的做法、效果、机制、政策等方面进行了重点论述。

《脱贫攻坚理论实践创新研究》以党的十八大为时间节点，充分反映了近五年来扶贫领域理论与实践的新思路和新发展，系统梳理了脱贫攻坚各领域政策体系、体制机制和实践经验。

2018 年 6 月 15 日，中共中央、国务院印发《关于打赢脱贫攻坚战三年行动的指导意见》要求"实施全国脱贫攻坚全面培训"。我们认为，这八本教材以习近平总书记关于扶贫工作的重要论述为根本遵循，紧紧围绕脱贫攻坚重要问题和关键议题展开，具有基础性、开拓性、可操作性等特点，希望能够为全国脱贫攻坚"大培训"提供参考和借鉴，助力打赢脱贫攻坚战。

全国扶贫宣传教育中心

2018 年 7 月

序

综 合 篇

专题报告篇

综合篇

中国特色减贫理论的丰富与发展

向德平　华汛子

摘要：扶贫理论对于扶贫实践具有重要的指导意义。我国在长期的扶贫实践中，探索形成了中国特色扶贫开发道路。十八大以来，党和国家进一步明确扶贫工作在小康社会建设中的地位和作用，以社会主义本质论、共同富裕论、小康社会论为基础，继续深化、丰富扶贫理论，创新性地提炼、总结了精准扶贫精准脱贫、社会扶贫、教育扶贫、内源扶贫、生态扶贫、资产收益扶贫等一系列扶贫理论。十八大以来形成的扶贫理论是我国扶贫理论的重大创新，体现了我国扶贫理论视角的转换、理论话语的建设、理论体系的建构、理论地位的提升，符合社会主义国家的本质要求与发展要求，为脱贫攻坚提供了理论指导和实践指南，也进一步丰富了全球减贫理论。

一、中国特色的扶贫开发道路

贫困问题是世界性难题，人类为了摆脱贫困进行了不懈的努力。改革开放以来，中国政府出台了一系列扶贫政策，使7亿农村贫困人口摆脱贫困，取得了显著的成效。在长期的扶贫开发中，党和国家领导人立足国情，不断深化、完善中国扶贫理念、扶贫策略、扶贫模式、扶贫方式，逐步探索出一条具有中

向德平：武汉大学社会学系教授、博士生导师，中国减贫发展研究中心主任。
华汛子：武汉大学社会学系博士研究生。

国特色的扶贫开发道路。

（一）扶贫理念的发展

中华人民共和国成立之初，经济、社会极度落后，以毛泽东为代表的党和国家领导人明确了"让人民彻底摆脱贫困潦倒的穷日子"的反贫困奋斗目标，提出共同富裕思想，为中华人民共和国扶贫理论的形成奠定了坚实的基础。

改革开放以来，邓小平进一步深化了毛泽东的共同富裕思想，将反贫困上升到社会主义本质的高度来认识。邓小平以解放思想、实事求是的态度，纠正了单纯强调"同步富裕"的错误倾向，对于贫困问题的认识和思考更为深刻，在反贫困战略及对策措施方面提出了很多切合实际和具有操作性的构想，推动中国扶贫开发事业进入新的历史阶段。20 世纪 90 年代，以江泽民同志为核心的党的中央领导集体将消除贫困视为党的根本宗旨，在总结扶贫实践的基础上，提出开发式扶贫是消除贫困的根本出路，对扶贫开发的意义、策略、主体等做出了适应时代、国情的深刻阐释，系统回答了"为何扶""扶谁""谁扶""怎么扶"等一系列扶贫开发的基本问题。随着《国家八七扶贫攻坚计划》的完成，中国已基本解决了农村贫困人口的温饱问题，以胡锦涛同志为总书记的中共中央从科学发展观的战略高度深化了扶贫开发理论，将扶贫开发的目标和战略提升到关系到科学发展观的贯彻落实、关系到社会主义和谐社会的构建、关系到全面建设小康社会的宏伟目标的高度考虑，对中国扶贫开发提出了更高要求，将扶贫开发的重要性和目标置于更广阔、更深刻的历史背景中，为 21世纪的扶贫开发做出了重要贡献。

2011 年以后，随着扶贫开发实践的不断深入，中国扶贫形势也进一步发生变化。中共十八大以来，习近平多次深入贫困地区指导扶贫工作，深刻阐明了中国扶贫开发工作所面临的重大理论和实际问题，以创新思维提出了一系列符合新时期的扶贫开发工作需要的新理论。2015 年 11 月，习近平在中央扶贫开发工作会议全面论述了扶贫开发重大理论和实践问题，从战略和全局高度，深刻凝练脱贫攻坚的重大意义，精辟分析脱贫攻坚的形势任务，系统阐述"六个精准""五个一批""四个切实"等重要思想[①]，为扶贫攻坚的最后胜利和全面建成小康社会指明了方向。

（二）扶贫方略的演进

在扶贫策略方面，中国实现了由大水漫灌式整体扶贫向区域瞄准式重点扶

---

① 黄承伟等. 扶贫模式创新——精准扶贫：理论研究与贵州实践［J］. 贵州社会科学，2016（10）.

贫再向滴灌式精准扶贫的转变。

20 世纪 80 年代中期，部分农村地区凭借自身的发展优势实现了经济增长，但仍有一些偏远地区发展滞后。1986 年，国家确立了通过项目带动地方经济发展，进而帮助贫困人口脱贫的扶贫方略。这种以区域经济发展带动农户脱贫的模式在一定时期内取得了明显效果，但是到 2000 年以后情况发生变化，扶贫资金的投入没有带来贫困人口的同步减少，区域性扶贫政策的减贫效应逐渐降低。

为了提升扶贫效果，确保贫困人口真正受益，2001 年，国务院颁布并实施《中国农村扶贫开发纲要（2001—2010 年）》，将扶贫开发的重点从贫困县转向贫困村，开展专项扶贫。专项扶贫的优势在于扶贫的瞄准对象由贫困县转移到贫困村，针对贫困村的发展短板，因村施策，让贫困村参与到扶贫规划方案的制定和实施中，进一步提高扶贫的科学性和有效性。

十八大以来，我国扶贫开发进入了以精准扶贫精准脱贫为基本方略的脱贫攻坚阶段，要求在脱贫攻坚中做到"六个精准"，提高脱贫攻坚的针对性、有效性、精准性。

（三）扶贫模式的建构

在扶贫模式上，中国经历了政府主导式扶贫到"三位一体"大扶贫格局的转变。在传统的扶贫模式中，政府占绝对主导的地位，扶贫资金主要来源于中央政府和省级政府的财政投入，企业、行业、社会的发挥的作用较小。随着扶贫开发的推进，构建政府、市场、社会协同的"三位一体"大扶贫格局理念逐渐形成。在"三位一体"大扶贫格局下，专项扶贫、行业扶贫、社会扶贫有机结合、互为支撑，充分调动了多元主体的力量，为扶贫开发注入了活力。

（四）扶贫方式的转变

在扶贫方式上，中国实现了由救助式扶贫向开发式扶贫，再向扶贫开发与社会保障相结合的转变。

中华人民共和国成立以后，国家通过工业化和合作化，推动经济社会发展来缓解整体贫困。在具体的扶贫方式上，构成了以"输血"为特征的救济式扶贫。但是"输血式"扶贫无法根除贫困之源，贫困人口被动接受救济也不利于贫困地区自我发展以及贫困人口能力提高[①]。

1986 年，中国开始在全国农村范围内开展有组织、有计划、大规模的扶贫开发工作，改变传统"输血式"的扶贫方式，实现"造血式"扶贫，也称为

---

① 金鑫，韩广福. 当代中国扶贫开发理念的转变 [J]. 兰州学刊，2014（2）.

"开发式"扶贫。"开发式"扶贫调动了贫困人口的主体性，在一定程度上解决了贫困地区、贫困人口"等、靠、要"的依赖思想。但是，"开发式"扶贫也有弊端，最主要的一点就是难以有效覆盖贫困地区老、弱、病、残等缺乏自我发展能力的特殊人群。

2007 年 7 月，中国在全国农村全面施行最低生活保障制度；2011 年 12 月，《中国农村扶贫开发纲要（2011—2020 年）》提出，"坚持开发式扶贫方针，实行扶贫开发和农村最低生活保障制度有效衔接。把扶贫开发作为脱贫致富的主要途径，把社会保障作为解决温饱问题的基本手段，逐步完善社会保障体系。"[①] 标志着中国扶贫开发正式进入"两轮驱动"的新阶段。

二、中国扶贫理论创新的基础

中国扶贫理论的创新与发展具有坚实的理论基础和实践基础。社会主义本质论、共同富裕论、小康社会论、人类命运共同体论为我国扶贫理论的创新提供了理论指导；中华人民共和国成立后反贫困实践、改革开放时期反贫困探索、经济快速发展时期的开发式扶贫、21 世纪初的扶贫开发、全面建成小康社会时期的扶贫开发是中国扶贫理论创新的实践基础。

（一）理论基础

1. 社会主义本质论　社会主义从诞生之日起，便把消除贫困、实现社会公正作为目标与理想，马克思主义更是指出了实现这一理想的现实道路，从而将社会主义从空想变成科学，并付诸伟大的社会实践。邓小平提出社会主义本质理论，始终将"共同富裕"视为社会主义的根本特征和价值追求。习近平总书记关于扶贫开发的重要论述是社会主义本质要求，是对马克思主义价值观的坚守和捍卫，更是对它的发展。习近平多次强调："贫穷不是社会主义。如果贫困地区长期贫困，面貌长期得不到改变，群众生活长期得不到明显提高，那就没有体现中国社会主义制度的优越性，那也不是社会主义。"[②] "做好扶贫开发工作，支持困难群众脱贫致富，帮助他们排忧解难，使发展成果更多更公平惠及人民，是我们党坚持全心全意为人民服务根本宗旨的重要体现，也是党和政府的重大职责。"[③]

---

① 中国农村扶贫开发纲要（2011—2020 年）. 人民日报，2011 - 12 - 02.
② 在河北省阜平县考察扶贫开发工作时的讲话（2012 年 12 月 29 日、30 日）. 做焦裕禄式的县委书记. 北京：中央文献出版社 2015 年版. 第 19 页.
③ 李婧. 习近平提"精准扶贫"的内涵和意义是什么 [N]. 中国经济网，2015 - 08 - 04.

2. 共同富裕论 共同富裕是中国特色社会主义的本质规定、奋斗目标和根本原则，也是中国特色社会主义理论体系中的重要基石。"共同富裕"是习近平总书记关于扶贫开发的重要论述的理论基础，共同富裕是中国特色社会主义的本质要求，偏离了"共同富裕"原则的导向，中国特色社会主义理论体系的基础就不复存在。2015 年 11 月 27 日至 28 日，中央扶贫开发工作会议在北京召开，习近平出席会议并发表重要讲话指出："消除贫困、改善民生、逐步实现共同富裕是社会主义的本质要求，是我们党的重要使命"。① 习近平总书记关于扶贫开发的重要论述是共同富裕思想的具体化。要实现共同富裕，重点在农村、困难也在农村。对此，习近平指出："全面建成小康社会，最艰巨最繁重的任务在农村、特别是在贫困地区。没有农村的小康，特别是没有贫困地区的小康，就没有全面建成小康社会。"② 脱贫攻坚已经到了啃硬骨头、攻坚拔寨的冲刺阶段，必须以更大的决心、更明确的思路、更精准的举措、超常规的力度，众志成城实现脱贫攻坚目标，决不能落下一个贫困地区、一个贫困群众③。

3. 小康社会论 党的十八大根据中国经济社会发展情况，做出在 2020 年实现"全面建成小康社会"宏伟目标的重大决策。如果说"全面小康与中国梦相互激荡，凝聚为全社会的'最大公约数'"，那么，扶贫、脱贫则是全面小康的"最后一公里"④。习近平多次强调："小康不小康，关键看老乡。"⑤ "全面建成小康社会、实现第一个百年奋斗目标，农村贫困人口全部脱贫是一个标志性指标。"⑥ "全面建成小康社会，关键是要把经济社会发展的'短板'尽快补上，否则就会贻误全局。"⑦ "必须动员全党全国全社会力量，向贫困发起总攻，确保到 2020 年所有贫困地区和贫困人口一道迈入全面小康社会。"⑧ 这些论述深刻指出，全面建成小康社会，不仅要从总体上、总量上实现小康，更重要的是让农村和贫困地区尽快赶上来，逐步缩小这些地区同发达地区的差距，

① 习近平. 脱贫攻坚战冲锋号已经吹响全党全国咬定目标苦干实干 [N]. 新华网，2015 - 11 - 28.

② 全面建成小康社会最艰巨的任务在农村 [N]. 中纪委机关报，2016 - 03 - 09.

③ 2015 年 11 月 27—28 日习近平在中央扶贫开发工作会议上的讲话.

④ 万鹏. 习近平以数据目标定位"精准扶贫"诠释共享发展理念 [N]. 中国共产党新闻网，2015 - 11 - 25.

⑤ 在河北省阜平县考察扶贫开发工作时的讲话（2012 年 12 月 29 日、30 日）. 做焦裕禄式的县委书记. 北京：中央文献出版社 2015 年版. 第 19 页.

⑥ 顾仲阳. 实施精准扶贫精准脱贫 坚决打赢脱贫攻坚战（展望"十三五"）[N]. 人民网—人民日报，2016 - 04 - 27.

⑦ 夏宝龙. 认认真真找短板 扎扎实实补短板 [N]. 人民网—中国共产党新闻网，2016 - 03 - 01.

⑧ 人民日报评论员. 坚决打赢脱贫攻坚战——一论学习贯彻习近平总书记中央扶贫开发工作会议重要讲话 [N]. 人民网—人民日报，2015 - 11 - 30.

让小康惠及全体人民。习近平将扶贫开发工作置于全面建成小康社会的战略布局中论述，既点明了扶贫开发工作的重要性，也强调了扶贫开发工作的紧迫性。全面建成小康社会最艰巨最繁重的任务在农村，特别是在贫困地区，贫困地区各级党委和政府要把扶贫工作摆到更加突出的位置，把脱贫作为全面建成小康社会的底线目标，以更加有力的举措、更加有效的行动打好脱贫攻坚战，确保贫困地区同全国一道进入小康社会。

4. 人类命运共同体论　中国的减贫成就彰显了四个自信，是国家重要的软实力。开展减贫合作彰显中国人民重友谊、负责任、讲信义，充分呈现中华文化历来具有扶贫济困、乐善好施、助人为乐的优良传统。全球减贫需要更加有效地合作，以减贫合作推进外交具有重要和深远的意义。习近平在多个场合说："中国是世界上最大的发展中国家，一直是世界减贫事业的积极倡导者和有力推动者。改革开放30多年来，中国人民积极探索、顽强奋斗，走出了一条中国特色减贫道路。"① "消除贫困是人类的共同使命。中国在致力于自身消除贫困的同时，始终积极开展南南合作，力所能及向其他发展中国家提供不附加任何政治条件的援助，支持和帮助广大发展中国家特别是最不发达国家消除贫困。"② "中国将发挥好中国国际扶贫中心等国际减贫交流平台作用，提出中国方案，贡献中国智慧，更加有效地促进广大发展中国家交流分享减贫经验。"③ "维护和发展开放型世界经济，推动建设公平公正、包容有序的国际经济金融体系，为发展中国家发展营造良好外部环境，是消除贫困的重要条件。"④ "加强同发展中国家和国际机构在减贫领域的交流合作，是中国对外开放大局的重要组成部分。"⑤ 这些论述展现了习近平作为大国领袖的全球视野和宽广胸怀，不仅为我国扶贫工作明确了目标，还为如何推进国际减贫合作、增强我国在全球治理中的话语权、树立大国形象指明方向。

（二）实践基础

1. 中华人民共和国成立后反贫困实践（1949—1978）　中华人民共和国成立的初期，饱经战争蹂躏的中国大地百废待举，社会经济形势十分严峻，贫困与落后是当时最基本的国情。在这一时期，反贫困的根本任务是让人民群众吃得起饭、穿得起衣，让人民达到生产上的自给自足，给人民群众提供最基本的生存保障，努力让人们的追求从"生存"提升到"生活"。政府采取的反贫

---

①　习近平. 中国一直是世界减贫事业的积极倡导者和有力推动者，新华网，2015 - 10 - 16.
②　习近平. 消除贫困是人类的共同使命，新华网，2015 - 10 - 16.
③　习近平在2015减贫与发展高层论坛上的讲话.
④　搭建联通发展之桥持续推进开放共赢［N］. 中国经济时报，2016 - 09 - 02.
⑤　2015年11月27日习近平在中央扶贫开发工作会议上的讲话.

困措施大多是应急性的、救济型的，或是通过整体性的经济增长来缓解贫困，并没有形成对中国的贫困问题的系统性、理论性的认识。这些做法在一定程度上缓解了局部贫困，但并不能大面积、深层次的解决中国社会的贫困问题。

2. 改革开放时期反贫困探索（1978—1985）　1978 年，中国共产党十一届三中全会上确立了"对内改革、对外开放"的战略方针，以邓小平为代表的国家领导人认识到了发展生产力对于社会主义现代化建设的重要性，邓小平提出"搞社会主义，一定要使生产力发达。"① "整个社会主义历史阶段的中心任务就是发展生产力，这才是真正的马克思主义。就我们国家来讲，首先是要摆脱贫穷。"② 摆脱贫困和发展生产是这一时期的重要议题，1978 年到 1985 年，中国的反贫困工作取得了卓越的成就，农村贫困人口由 1978 年的 2.5 亿减少到 1985 年的 1.25 亿③。

3. 经济快速发展时期的开发式扶贫（1986—2000）　从 20 世纪 80 年代中期开始，中国反贫困进入了大规模开发式扶贫的阶段。这一时期的扶贫工作包括区域开发式扶贫阶段（1986—1993）和综合性扶贫攻坚阶段（1994—2000）。1986 年，国务院成立了贫困地区经济开发领导小组，第六届全国人民代表大会第四次会议将如何帮助"老、少、边、穷"地区脱离穷困落后状况作为一项重要议题。与上一阶段以全方位改革来带动扶贫事业的方针不同，这一阶段的扶贫工作更具有针对性，提高了工作效率，有助于改善区域经济发展不平衡的问题。1994 年 3 月，《国家八七扶贫攻坚计划（1994—2000 年）》的颁布标志着综合性扶贫攻坚战略的展开。经过七年的扎实工作和不懈努力，中国在 2000 年基本完成了《国家八七扶贫攻坚计划 1994—2000 年》的既定目标，解决了贫困人口的温饱问题④。

4. 21 世纪初的扶贫开发（2001—2010）　进入 21 世纪后，中国的经济发展步入了一个全新的阶段。中国共产党十六届三中全会提出了全面建设小康社会的奋斗目标，并指出"全面建设惠及十几亿人口的更高水平的小康社会，使经济更加发展、民主更加健全、科教更加进步、文化更加繁荣、社会更加和谐、人民生活更加殷实。"全面建设小康社会的目标给我国扶贫事业带来了新的挑战。2001 年 11 月 29—30 日，中央扶贫开发工作会议在北京召开，颁发了《中国农村扶贫开发纲要（2001—2010 年）》（简称《纲要》）。在《纲要》的指导下，中国 21 世纪扶贫攻坚以整村推进、农村劳动力转移培训和产业化

---

① 1987 年 4 月 26 日，邓小平在接见外宾时指出．

② 韦磊，张秀荣．论邓小平的马克思主义观．中国共产党新闻网，2010 - 12 - 30．

③ 李迎生，乜琪．社会政策与反贫困：国际经验与中国实践［J］．教学与研究，2009（6）：16 - 21．

④ 国务院新闻办公室．《中国农村扶贫开发》白皮书．2001 年 10 月 15 日．

扶持为三大重点，推进就业促进、小额贷款、自愿移民、以工代赈等扶贫模式，进一步完善农村立体化扶贫系统，推动扶贫事业的发展。据国家统计局的官方监测数据统计，在《纲要》实施的 10 年，中国贫困人口由 2000 年年底的 9 422 万人减少到 2010 年年底的 2 688 万人，贫困发生率从 2000 年的 10.2% 下降到 2010 年的 2.8%。592 个国家扶贫开发工作重点县人均地区生产总值从 2 658 元增加到 11 170 元，年均增长 17%；人均地方财政一般预算收入从 123 元增加到 559 元，年均增长 18.3%。贫困地区农民人均纯收入从 2001 年的 1 276 元人民币增加到 2010 年的 3 273 元人民币，年均增长 11%[①]。

5. **全面建成小康社会时期的扶贫开发（2011—2020）**　为了进一步加快贫困地区发展，促进共同富裕，实现到 2020 年全面建成小康社会奋斗目标。2011 年，中国出台了《中国农村扶贫开发纲要（2011—2020 年）》（简称《纲要》），《纲要》坚持开发式扶贫方针，实行扶贫开发和农村最低生活保障制度有效衔接。中共十八大以来，习近平总书记提出精准扶贫的重要论述，扶贫开发进入脱贫攻坚阶段。新时代脱贫攻坚，以精准扶贫精准脱贫为基本方略，要做到"六个精准"，实施"五个一批"，解决好"扶持谁""怎么扶""谁来扶""怎么退"四个问题，确保扶真贫、真扶贫、真脱贫。2016 年，中央财政安排专项扶贫资金 667 亿元，比上年增长 43.4%，全国 961 个县（其中贫困县 792 个）启动实施贫困县涉农资金整合试点，纳入整合范围的各级财政资金规模共计 3 200 亿元，实际整合资金 2 300 亿元，惠及建档立卡贫困人口 3 000 多万人。《2016 年国民经济和社会发展统计公报》数据显示：按照每人每年 2 300 元（2010 年不变价）的农村贫困标准计算，2016 年农村贫困人口 4 335 万人，比上年减少 1 240 万人[②]。

三、中国扶贫理论的新发展

中共十八大以来，以习近平同志为领导核心的党中央把脱贫攻坚摆到治国理政突出位置，中国扶贫开发事业取得了历史性的成就，扶贫理论得到新发展。习近平总书记关于扶贫开发战略重要论述的形成发展，为脱贫攻坚提供了根本遵循[③]。其中，精准扶贫精准脱贫是习近平对中国扶贫开发实践不断进行科学总结和理论提升而逐步形成并不断完善的理论体系，是中国乃至全球减贫

---

①　国务院. 中国农村扶贫开发的新进展. 白皮书. 2011.

②　中青在线. 2016 年全国农村贫困人口减少 1 240 万人［EB/OL］. http://news.xinhuanet.com/politics/2017-02/28/c_1120543533.htm, 2017-02-28.

③　黄承伟. 中共十八大以来脱贫攻坚理论创新和实践创新总结［J］. 中国农业大学学报（社会科学版），2017（5）.

理论的重大创新，为中国脱贫攻坚及今后的扶贫开发事业提供了理论指导和发展方向，为扶贫思想的丰富发展做出了重大贡献①。此外，社会扶贫、教育扶贫、内源扶贫、生态扶贫、资产收益扶贫等思想都构成了十八大以来中国扶贫理论的新发展。

（一）精准扶贫精准脱贫

2013 年 11 月，习近平到湖南湘西考察时首次作出了"实事求是、因地制宜、分类指导、精准扶贫"的重要指示②。2014 年 3 月，习近平参加两会代表团审议时强调，要实施精准扶贫，瞄准扶贫对象，进行重点施策，进一步阐释了精准扶贫理念③。2015 年 6 月，习近平在贵州召开部分省（自治区、直辖市）党委主要负责同志座谈会上强调，要科学谋划好"十三五"时期扶贫开发工作，确保贫困人口到 2020 年如期脱贫，并提出扶贫开发"贵在精准，重在精准，成败之举在于精准"④。2015 年 11 月，《中共中央、国务院关于打赢脱贫攻坚战的决定》把精准扶贫精准脱贫作为新时期中国扶贫工作的基本方略⑤。

精准扶贫是指"通过对贫困户和贫困村精准识别、精准帮扶、精准管理和精准考核，引导各类扶贫资源优化配置，实现扶贫到村到户，逐步构建精准扶贫工作长效机制，为科学扶贫奠定坚实基础。"⑥ 习近平强调："要坚持因人因地施策，因贫困原因施策，因贫困类型施策，区别不同情况，做到对症下药、精准滴灌、靶向治疗，不搞大水漫灌、走马观花、大而化之。"⑦ "各级党委和政府必须增强紧迫感和主动性，在扶贫攻坚上进一步理清思路、强化责任，采取力度更大、针对性更强、作用更直接、效果更可持续的措施，特别要在精准扶贫、精准脱贫上下更大功夫。"⑧ "脱贫攻坚一定要扭住精准，做到精准扶贫、精准脱贫，精准到户、精准到人，找对'穷根'，明确靶向。"⑨ "要把扶贫攻坚抓紧抓准抓到位，坚持精准扶贫，倒排工期，算好明细账，决不让一个

---

① 黄承伟.中共十八大以来脱贫攻坚理论创新和实践创新总结［J］.中国农业大学学报（社会科学版），2017（5）.

② 唐任伍.习近平精准扶贫思想阐释，人民网—人民论坛，2015-10-21.

③ 习近平扶贫新论断：扶贫先扶志、扶贫必扶智和精准扶贫.中国经济网，2016-01-03.

④ 习近平眼中，扶贫工作需要攻克哪些难关？新华网，2016-02-14.

⑤ 中共中央国务院关于打赢脱贫攻坚战的决定.人民网—人民日报，2015-12-08.

⑥ 建立精准扶贫工作机制实施方案（国开办发〔2014〕30 号）。

⑦ 2015 年 6 月 18 日，习近平总书记在贵州召开部分省区市党委主要负责同志座谈会上的讲话。

⑧ 2015 年 6 月 18 日，习近平总书记在贵州召开部分省区市党委主要负责同志座谈会上的讲话。

⑨ 2016 年 3 月 10 日，习近平参加十二届全国人大四次会议青海代表团审议。

少数民族、一个地区掉队"①，确保扶真贫、真扶贫、真脱贫。

（二）社会扶贫

贫困治理是一项系统工程，涉及经济社会发展的方方面面，必须调动一切可以调动的力量。社会扶贫是指多元行动主体针对贫困人口和社会弱势群体所提供的各种救助、开发以及社会服务活动。社会扶贫具有行动主体的网络互动，行动目标的价值理性，行动内容的需求导向以及行动方式的内源发展等特点。"社会扶贫"作为一种具有中国本土特色的扶贫模式，有着自身独特的理论、实践及政策背景，它与专项扶贫、行业扶贫构成中国扶贫开发的大扶贫格局。

2015 年 6 月 23 日，习近平在部分省（自治区、直辖市）党委主要负责同志座谈会上强调："扶贫开发是全党全社会的共同责任，要动员和凝聚全社会力量广泛参与。"习近平还多次强调："'人心齐、泰山移'，脱贫致富不仅仅是贫困地区的事，也是全社会的事。""扶贫开发是全党全社会的共同责任，要动员和凝聚全社会力量广泛参与。要坚持专项扶贫、行业扶贫、社会扶贫等多方力量、多种举措有机结合和互为支撑的'三位一体'大扶贫格局"②"鼓励支持各类企业、社会组织、个人参与脱贫攻坚。"③"要引导社会扶贫重心下沉，促进帮扶资源向贫困村和贫困户流动，实现同精准扶贫有效对接。"④ 这些重要论述都体现了社会扶贫是政府、市场、社会新"三位一体"大扶贫格局中的重要一极，社会扶贫在扶贫开发中具有不可替代的作用。

（三）教育扶贫

教育扶贫强调教育在提升人力资本、培育可行能力、摆脱贫困文化中的关键作用。教育扶贫直指导致贫穷落后的根源，通过提升贫困人口文化素质和劳动技能，促进贫困地区社会、经济、文化的协调发展，帮助贫困地区、贫困人口脱贫致富。习近平在 2015 年中央扶贫开发工作会议中强调："治贫先治愚，扶贫先扶智。""治愚"和"扶智"，根本就是发展教育。让贫困地区的孩子们接受良好教育，是扶贫开发的重要任务，也是阻断贫困代际传递的重要途径。

为充分发挥教育在扶贫开发中的重要作用，深入推进义务教育均衡发展，

---

① 2015 年 3 月 8 日，习近平参加十二届全国人大三次会议广西代表团的审议时指出。

② 习近平谈扶贫，人民网—人民日报海外版，2016 - 09 - 01.

③ 社会扶贫司. 鼓励支持企业、社会组织、个人参与脱贫攻坚，中国新闻网，2017 - 07 - 05.

④ 韩世雄. 充分发挥民营企业在脱贫攻坚中的重要作用专访国务院扶贫办国际合作和社会扶贫司司长李春光 [J]. 中国扶贫，2016（19）.

着力缩小城乡教育差距，全面改善贫困地区的办学条件，切实保障贫困人口受教育权利，促进集中连片特殊困难地区从根本上摆脱贫困，教育部等部门于2013年9月联合发布《关于实施教育扶贫工程的意见》（简称《意见》），《意见》指出："按照中共十八大提出的基本公共服务均等化总体实现和进入人力资源强国行列的目标，加快教育发展和人力资源开发，到2020年使片区基本公共教育服务水平接近全国平均水平。"通过教育扶贫，中国基础教育普及程度和办学质量进一步提升，贫困人口受教育水平和脱贫致富能力不断提高，高等教育服务能力进一步加强。2015年，中国小学学龄儿童净入学率达到99.88%，初中阶段毛入学率104.0%，初中毕业生升学率94.1%[1]，高中阶段毛入学率达到87.0%[2]。截至2106年，重点高校招收贫困地区农村学生人数增长21.3%[3]。

（四）内源扶贫

内源扶贫是指贫困地区要靠内生动力实现自身发展。内源扶贫强调发展的内生性，贫困地区的发展必须依靠自身的力量。习近平指出，"贫困地区发展要靠内生动力，如果凭空救济出一个新村，简单改变村容村貌，内在活力不行，劳动力不能回流，没有经济上的持续来源，这个地方下一步发展还是有问题。""扶贫既要富口袋，也要富脑袋。要坚持以促进人的全面发展的理念指导扶贫开发，丰富贫困地区文化活动，加强贫困地区社会建设，提升贫困群众教育、文化、健康水平和综合素质，振奋贫困地区和贫困群众精神风貌。"

内源扶贫思想可以从两个方面进行解读，一方面是贫困地区的干部要从自身出发，自力更生。习近平在闽东调研的时候发现当地部分干部存在"等、靠、要"的思想，只想国家多拨点资金，多批点项目，自身动力不足，习近平针对这一情况说道："我们有必要摆正一个位置：把解决原材料、资金短缺的关键，放到我们自己身上来，我们要把事事求诸人转为事事先求诸己。"另一方面，习近平认为，贫困地区要永久的脱离贫困，还得依靠贫困百姓自身，"脱贫致富终究要靠贫困群众用自己的辛勤劳动来实现。"[4] 摆脱贫困首要意义并不仅仅是摆脱物质上的脱贫，还在于摆脱意识和思想的贫困。内源扶贫的思

---

① 教育部.2015年全国教育事业发展统计公报［EB/OL］. http：//www.moe.gov.cn/srcsite/A03/s180/moe_633/201607/t20160706_270976.html，2016-07-06.

② 国务院办公厅.国务院办公厅转发教育部等部门关于实施教育扶贫工程意见的通知［EB/OL］. http：//www.gov.cn/zwgk/2013-09/11/content_2486107.htm，2019-09-11.

③ 搜狐网.10年：中国在教育方面都做了些啥？2017年又有教育新政推出［EB/OL］. http：//mt.sohu.com/20170307/n482635212.shtml，2017-03-07.

④ 2015年11月28日习近平在中央扶贫开发工作会议上的讲话.

想集中体现了人民群众是历史的创造者，贫困地区的发展、扶贫开发工作要特别尊重贫困群众的主体地位，把激发扶贫对象的内生动力摆在突出位置。

（五）生态扶贫

1987年，布伦特兰委员会在其著名报告《我们共同的未来》中提出，应该把环境当成资本来看待，认为生物圈是一种最基本的资本①。生态资本是能够带来经济和社会效益的生态资源和生态环境。生态扶贫立足贫困地区生态环境，以生态建设为扶贫载体，以维护生态系统健康、人口资源环境协调发展为目标，在持续利用生态资源基础上发展生态产业、培育生态服务市场，推动贫困地区持续发展和贫困人口脱贫致富②。

建设生态文明是关系人民福祉、关乎民族未来的大计，是实现中华民族伟大复兴中国梦的重要内容。2013年5月，习近平在中央政治局第六次集体学习时指出，"要正确处理好经济发展同生态环境保护的关系，牢固树立保护生态环境就是保护生产力、改善生态环境就是发展生产力的理念"。2013年9月7日，习近平在哈萨克斯坦演讲时指出："我们既要绿水青山，也要金山银山。宁要绿水青山，不要金山银山，而且绿水青山就是金山银山；绿水青山既是自然财富，又是社会财富、经济财富。"

《十三五脱贫攻坚规划》将坚持绿色协调可持续发展作为脱贫攻坚的基本原则之一，要求"牢固树立绿水青山就是金山银山的理念，把贫困地区生态环境保护摆在更加重要位置，探索生态脱贫有效途径，推动扶贫开发与资源环境相协调、脱贫致富与可持续发展相促进，使贫困人口从生态保护中得到更多实惠。"生态扶贫有效回答了在扶贫开发的过程中人与自然和谐发展的问题，强调在扶贫开发的过程中决不能以牺牲环境为代价换来片面的经济增长，决不能贪图眼前的利益而破坏了持续发展的根基。事实上，生态、绿色与开发、发展并不是对立的，而本就是统一的。生态是被保护的对象，也是可利用的资源，在反贫困的实践中，合理、科学地保护、利用生态资源，将珍贵的生态资源作为反贫困的要素，有利于减贫事业的推进，也有利于贫困地区的发展。概括而言，绿色减贫的理念包括两大核心思想：一是在当地实施的扶贫开发项目必须是可持续的，对环境友好的；二是将生态环境看成是一种可资利用的扶贫资源加以有效开发，实现生态环境保护和当地人民生活水平提高的有效统一③。绿

---

① 严立冬，陈光炬，刘加林，等. 生态资本构成要素解析——基于生态经济学文献的综述［J］. 中南财经政法大学学报，2010（5）：3-9.

② 沈茂英，杨萍. 生态扶贫内涵及其运行模式研究［J］. 农村经济，2016（7）：3-8.

③ 北京师范大学绿色减贫指数课题组，叶韬，黄承伟，张琦，陈伟伟，胡田田，石新颜，徐晓君，李禧俍. 贵州省绿色减贫指数特点及分析［J］. 贵州社会科学，2014（11）：150-157.

色发展、生态扶贫在十八大以来形成并发展的扶贫思想中具有重要的战略位置，是贫困治理必然选择的方向。

（六）资产收益扶贫

资产收益扶贫利用各类资产，借助市场力量为农户获得财产性收入，帮助农户摆脱贫困[1]。资产收益扶贫以增加贫困人口资产性收益为目标，是资源开发与脱贫攻坚有机结合的新路子。

《中华人民共和国国民经济和社会发展第十三个五年规划纲要》和《中共中央、国务院关于打赢脱贫攻坚战的决定》提出，对在贫困地区开发水电、矿产资源占用集体土地的，试行给原住居民集体股权方式进行补偿，探索对贫困人口实行资产收益扶持制度。《中共中央、国务院关于打赢脱贫攻坚战的决定》进一步明确要求探索资产收益扶贫，"在不改变用途的情况下，财政专项扶贫资金和其他涉农资金投入设施农业、养殖、光伏、水电、乡村旅游等项目形成资产，具备条件的可折股量化给贫困村和贫困户，尤其是丧失劳动能力的贫困户"。

资产收益扶贫是精准扶贫的重大创新，主要体现在四个方面：一是创新了财政涉农资金供给和使用机制，促进提升了资金使用效益；二是丰富了对无劳动能力或弱劳动能力贫困户的精准扶持措施；三是密切了当地群众与产业发展的利益联结机制，强化了产业发展的辐射带动作用；四是拓宽了贫困村集体收入来源，支持发展壮大贫困村集体经济[2]。资产收益扶贫是深入贯彻习近平系列重要讲话精神、不断创新中国扶贫理论的具体体现。

四、十八大以来扶贫理论的创新与贡献

中国特色的扶贫开发理论体系是由中华人民共和国历代党和国家领导人在马克思反贫困理论基础上逐步形成并完善的，十八大以来形成的扶贫理论实现了理论视角的转换、理论话语的建设、理论体系的建构、理论地位的提升，对于建构具有中国特色的扶贫开发理论、丰富和完善世界反贫困理论、构建科学的扶贫模式、指导中国新时期减贫实践具有重大意义。

---

① 汪三贵，梁晓敏. 我国资产收益扶贫的实践与机制创新［J］. 农业经济问题，2017（9）：28 - 37.

② 财政部. 资产收益扶贫是精准扶贫的重大创新［EB/OL］. http：//www. chinadaily. com. cn/micro-reading/2017 - 07/06/content _ 30020633. htm，2017 - 07 - 06.

（一）十八大以来扶贫理论的创新

1. **理论视角的转换**　传统扶贫理论注重从单一的经济发展或者物质层面来解读贫困，缺乏对贫困的全面的认识。事实上，贫困绝不仅仅代表物质水平低于某一个标准，还包括由物质贫困带来的精神贫困、文化贫困、权利贫困、能力贫困等。贫困对于社会而言，也不仅仅是一部分人的问题，而是整个社会的问题。十八大以来扶贫理论把贫困真正理解为多个维度的贫困，提倡不仅仅从经济发展、家庭收入层面帮助贫困地区、贫困人口摆脱贫困，还主张通过教育扶贫等方式培养贫困地区、贫困人口的主体性，让贫困地区、贫困人口变被动为主动，真正参与到贫困治理中，成为命运的主宰者。社会扶贫思想把扶贫开发与社会治理紧密结合，扶贫开发的方式由政府"大包大揽"的管理转变为社会力量的协同治理。这些理念都体现了扶贫理论视角的转换，从单一转向多维与综合。

2. **理论话语的建设**　理论话语的建设是十八大以来扶贫理论的一大创新。十八大以来，习近平多次到我国最贫困、最落后的地区，察真情、看真贫，形成了一系列关于扶贫开发的重要论述，"要坚持精准扶贫、精准脱贫。要打牢精准扶贫基础，通过建档立卡，摸清贫困人口底数，做实做细，实现动态调整。要提高扶贫措施有效性，核心是因地制宜、因人因户因村施策，突出产业扶贫，提高组织化程度，培育带动贫困人口脱贫的经济实体。"[①] "脱贫攻坚任务艰巨、使命光荣。各级党政部门和广大党员干部要有'不破楼兰终不还'的坚定决心和坚强意志，坚持精准扶贫、精准脱贫，切实做到脱真贫、真脱贫。"[②] 这一系列论述体现了中国共产党对于中国扶贫开发形势的精准把握，形成了新时期具有中国特色的扶贫开发理论话语，符合新时期的发展情况并适应新时期的发展需要，有利于中国在扶贫工作中的国际对话。

3. **理论体系的建构**　扶贫开发是一项复杂的系统工程，需不断探索和完善理论体系、战略体系、政策体系、管理体系、制度体系。十八大以来，习近平对扶贫开发实践进行了理论回应，提出了一系列扶贫开发重要论述，形成了新时期扶贫开发理论体系，是当前和今后贫困治理的指导性思想。新时期扶贫开发思想生成的理论基础是"共同富裕"思想，现实基础是"全面建成小康社会"的宏伟目标，是具有中国特色社会主义理论体系。新时期扶贫开发思想从社会发展的整体思路出发深入剖析，涉及资源、技术、制度、文化各个层面，是完整的、科学的社会发展理论体系。

4. **理论地位的提升**　习近平高度重视扶贫开发工作，从战略和全局高度，

---

① 习近平．脱贫结果必须真实［N］．北青网—北京青年报（北京），2017-02-23.
② 以"不破楼兰终不还"的决心抓脱贫攻坚［N］．南方日报，2016-08-26.

深刻阐述了新时期扶贫开发理论。习近平总书记关于扶贫开发战略的重要论述根植于中国减贫与发展的实际，具有深厚的历史根据、科学依据和坚实的实践基础。习近平总书记关于扶贫开发战略的重要论述是对中国经济社会发展的历史与现实、目标与模式、路径与方法等进行深刻反思的结果，从理论和实践两方面探讨了发展本质、发展目的、发展理念、发展动力、发展方式等问题，为深入推进扶贫开发工作、推进全面建成小康社会提供了理论指导和行动指南。习近平总书记关于扶贫开发战略的重要论述拓展了发展理念的内涵，丰富了发展理论的内容，是马克思主义发展观的最新成果。

（二）十八大以来扶贫理论的贡献

1. **建立具有中国特色的扶贫开发理论**　中华人民共和国成立以来，中国本土的、具有中国特色的扶贫开发理论逐渐形成并完善。十八大以来，国家进一步强调扶贫开发的重要性，并把 2020 年同步实现全面小康社会作为新时期奋斗的目标，有关扶贫开发的理论研究进一步深入，精准扶贫精准脱贫、社会扶贫、教育扶贫、内源扶贫、生态扶贫、资产收益扶贫等思想逐步形成，构建了具有中国特色的扶贫开发理论。

2. **丰富和完善世界反贫困理论**　作为世界上最大的发展中国家，贫困问题不是地域性问题，而是世界性的问题。中国每破解一个发展难题都具有世界意义。在扶贫开发理论指导下，中国将率先实现联合国 2030 年可持续发展议程的减贫目标。中国的扶贫开发理论不论是在宏观的战略与政策层面，还是在微观的模式、策略层面，都为发展中国家的反贫困实践提供了理论借鉴，为世界贫困治理提供了"中国方案"，打破了西方反贫困理论的局限与桎梏，进一步丰富和完善了世界反贫困理论。

3. **构建科学的扶贫模式**　十八大以来形成的扶贫理论系统阐述了扶贫开发的总体思路和实现途径，强调扶贫开发要遵循经济、社会发展规律和自然规律，坚持从实际出发，因地制宜，找准突破口。其中，精准扶贫精准脱贫不仅确立了精准化的工作理念，还设计了科学化的工作机制，要求扶贫开发实现精准识别、精准帮扶、精准管理、精准考核，并在此基础上形成了完整的精准扶贫政策体系，涉及金融支持、社会救助、产业发展等多个领域，整体上提升了中国扶贫开发的科学性与系统性。

4. **指导中国新时期减贫实践**　中国扶贫理论是建立在中国贫困的现实情况之上的，为扶贫开发提供了理论基础与现实方向。十八大以来扶贫理论的创新明晰了中国扶贫的目标与方向，关系到中国发展的深刻变革，是中国实现"两个一百年"奋斗目标的思想指引，推动了中国新时期脱贫攻坚任务的顺利完成，确保实现全面建成小康社会的宏伟目标。

国家贫困治理体系的创新与完善

吕　方

摘要：党的十八大以来，在习近平总书记扶贫开发战略重要论述的指引下，国家贫困治理体系经历了密集的调整，在信息汲取能力、政治保障和制度保障能力、综合回应能力、资源动员能力及政策执行能力等诸方面都有显著提升。长时段视角下，"精准扶贫"是中国国家贫困治理体系因应新时期减贫形势变动所做出的战略调整。从近五年的实践成效来看，新时期国家贫困治理体系取得了重大成就，为赢得脱贫攻坚战的伟大胜利提供了保障，也为回答减贫与发展领域基本问题和难题提供了中国方案，丰富了减贫与发展理论的知识体系。

改革开放以来，中国共产党领导下中国政府主导的贫困治理取得了举世瞩目的重大成就，被国际社会誉为贫困治理的"中国道路"。过去的 30 多年间，有 7 亿贫困人口摆脱贫困，农村贫困人口减少到 2016 年的 4 335 万人，贫困发生率下降到 4.5%，贫困地区基础设施明显改善，基本公共服务保障水平显著提升，贫困人口的生存权、发展权等各项权益得到了有效保障。知识界的一个基本共识在于，中国之所以能够取得如此巨大的减贫成就，起决定性作用的因素是，在 30 多年持续不断地探索中，因应各个时期的减贫形势变动，中国国家贫困治理体系能够做出适应性调整，经历着不断地自我完善与发展过程。打赢全面建成小康社会背景下的脱贫攻坚战，为中国国家贫困治理体系的进一步完善与发展提出了全新的课题。作为对时代呼唤的响应，十八大以来，中国

吕方：华中师范大学社会学院副教授，华中师范大学可持续发展研究中心研究人员。

国家贫困治理体系在习近平总书记扶贫开发战略重要论述的指引下，以精准扶贫精准脱贫的基本方略为根本密集地调整与优化，现代化水平和治理能力显著提升，但同时也有一些需要进一步完善的方面。本研究聚焦于十八大以来，中国国家贫困治理机制的完善与创新，阐释国家贫困治理体系现代化对于打赢全面建成小康社会的背景下的脱贫攻坚战所具有的重大意义，并讨论其进一步完善的路径与方法。

一、中国国家贫困治理历程的回望

从长时段的历史视角来看，中国国家贫困治理体系演进具有显著的反思性和发展性特征，即在扶贫开发工作的各个历史阶段，以农村改革和政府扶贫干预为主轴，科学研判制约农村减贫与发展的瓶颈因素，找准释放减贫动力①的关键领域和关键环节，不断优化贫困治理的政策工具，注重应用好市场机制和社会力量，从而提升国家贫困治理体系的有效性。十八大以来，打赢全面建成小康社会背景下脱贫攻坚战的"时代呼唤"，对国家贫困治理体系建设提出了一系列新的挑战与新的命题，中国扶贫道路的完善站在了全新的历史节点。

（一）中国贫困治理的几个阶段

改革开放以来，中国国家贫困治理体系的演进，经历了若干重要的阶段②。起自 20 世纪 70 年代末的农村改革，构成了中国农村减贫的最初动力。农村改革之初，中国政府的扶贫事业主要依靠体制改革来推动。这一阶段，运行低效的人民公社体制被废除，建立了以家庭联产承包责任制为基础的双层经营体制，并放开农产品价格和市场，在财政体制改革和农村改革的强劲推力之下，乡镇企业得到了快速的发展，大大地解放和发展了生产力，使农村贫困问题大面积缓解，同时为解决农村贫困问题奠定了良好的制度基础。据统计，这

---

① 大致而言，中国农村减贫的主要动力包括三个方面：其一，持续推进的各项农村改革，为脱贫攻坚提供了有力支撑；其二，持续增长的中国经济对贫困人口脱贫形成了有效带动；其三，强有力的国家干预，构筑起坚实有效的减贫政策体系。

② 较为常见的划分是"五阶段说"。按照这种观点，1978 年中国农村改革元年至 1986 年，是中国农村贫困治理的第一个阶段，主要的减贫动力来自于普遍意义的农村改革；1986—1993 年，国家成立了专门的扶贫开发机构推动经济落后地区的发展与减贫，1994—2000 年，八七扶贫攻坚计划实施；2001—2010 年《中国农村扶贫开发规划纲要（2001—2010 年）》颁布与实施；2011 年至今为第五阶段。这种划分方式主要依据的是国家扶贫开发规划的继替。另有研究者提出，2007 年，中国农村最低生活保障制度建立标志着中国形成了开发式扶贫与兜底式扶贫相结合的治理体系，继而 2013 年，精准扶贫的理念和方略付诸实施，标志中国扶贫开发进入了全面建成小康社会背景下的脱贫攻坚战时代。

一时期，农民人均纯收入增长了 2.6 倍，绝对贫困人口从 2.5 亿减少到 1.25 亿①。此后，通过不断深化改革的办法，破除制约农村发展的瓶颈因素、补齐各类短板，从而激活农村发展的潜能，始终是中国国家贫困治理体系的基本特征之一。80 年代中期，随着改革的重心向城市转移，普遍意义的农村改革一度陷入停顿，但在农村贫困治理领域，1986 年国务院扶贫开发领导小组的前身——国务院贫困地区经济开发领导小组成立，由时任国务院副总理的田纪云同志担任组长，其职能定位为"组织调查研究，拟定贫困地区经济开发的方针、政策和规划，协调解决开发建设中的重要问题，以及督促、检查和经验总结"。1988 年，国务院贫困地区经济开发领导小组与"三西地区农村建设领导小组"合并，同时正式更名为国务院扶贫开发领导小组。这标志着中国政府建立了专门的议事协调机构，推进有组织地推进开发式扶贫的战略。90 年代以来，中国社会主义市场经济体制不断完善，对外开放程度持续提升，在内外部因素的共同作用下，中国经济经历了持续快速增长的过程，为带动脱贫提供了强劲的支持。但另一方面来看，区域性的贫困问题依然是中国农村发展的最大短板因素，为此 1994 年中国政府组织实施"八七扶贫攻坚"的国家战略，力争在 20 世纪的最后 7 年时间里，解决 8 000 万农村贫困人口的温饱问题。这一时期，国家专项减贫干预领域走出"救济式扶贫"，推进"开发式扶贫"的思路更加清晰和明确，强调通过综合运用土地改良和基本农田建设、发展经济作物、创造非农就业、改善基础设施、公共服务等方法，整体性地提升贫困社区和贫困人口的发展能力。21 世纪以来，农村贫困治理的体系更加完整，一方面，经济继续保持快速增长，为贫困地区农户从事生产经营和获得务工收入提供了空间和机遇；另一方面，2003 年以来，一揽子以"多予、少取、放活"为核心的惠农政策颁布实施，为农村贫困治理提供了不断加码的政策和资源支持。特别是，中国政府颁布实施了《中国农村扶贫开发规划纲要（2001—2010年）》，国家强有力惠农政策和专门的减贫干预与人民群众的自身努力相结合，贫困地区的发展面貌显著改观。值得一提的是，这一时期，中国国家贫困治理体系中政府专项扶贫模式和方法不断成熟，行业扶贫的参与形式不断丰富，社会扶贫领域活力逐渐显现，"三位一体"的大扶贫工作格局初步形成。

（二）全面建成小康社会背景下的脱贫攻坚战

全面建成小康社会时期，打赢脱贫攻坚战具有重大的战略意义。同时，随着新时期的中国农村减贫形势的变动，既往的贫困治理体系难以有效适应新阶

---

① 吕方，梅琳. 精准扶贫不是什么？——农村改革视阈下的贫困治理. 新视野，2017 年，第 2 期.

段的减贫需求，迫切需要整个国家贫困治理体系的调整与完善。可以说，推进国家贫困治理体系的现代化建设，提升治理能力，恰恰是在回应打赢全面建成小康社会背景下脱贫攻坚战这一"时代命题"的呼唤。

其一，打赢脱贫攻坚战具有重大的战略意义。脱贫攻坚不简单是一个补短板的问题，而是一个全局性的战略问题。中国改革走过了近 40 年的历程，站在了全面建成小康社会，实现"第一个百年目标"的时间节点，从总量来看，中国经济总量已经达到全球第二位，具备了全面建成小康社会的基础，但贫困地区的短板因素依然十分凸显①。近年来，中国进入了经济运行的新常态，随着利益格局的分化，各种社会矛盾也到了积聚期，这是对中国共产党的执政能力的巨大考验。脱贫攻坚不仅能够补齐全面小康的突出短板，同时是重大的民生战略和民心战略，体现着中国共产党执政为民的初心，是巩固党的执政基础的关键之举。此外，实施脱贫攻坚，有利于促进区域协调发展、城乡统筹发展，为中国扩大对内开放，培育经济增长新动能，促进发展模式转型具有重要的发展战略意义。还应看到，打赢脱贫攻坚战，需要通过深化改革的办法，完善基层治理体系提升基层治理能力，应当认识到脱贫攻坚与基层治理体系完善和治理能力提升之间的辩证关系，看到实施脱贫攻坚的基础战略意义。

其二，中国农村减贫形势发生了重要的变化。进入新时期，中国农村贫困人口的分布特征发生了显著的变动，主要分布在以武陵山区、乌蒙山区、秦巴山区、滇黔桂石漠化地区等为代表的十四个连片特困地区，深入考察便会发现，这些地区多具有自然地理条件的复杂性和经济社会文化的多元性特点，贫困片区之间、片区内部，乃至同一县域的不同地点、不同社区，致贫因素的组合皆具有差异性②。从贫困治理的角度来看，新时期中国农村贫困问题受到多重因素共同影响，既体现了中国农村改革与发展的一般性问题，又具有自身的特殊性。从致贫因素来看，农村贫困地区的减贫与发展面临着基础设施支撑不足，公共服务水平不高，产业基础薄弱，基层组织战斗堡垒作用弱化等多重短板因素制约。因而，有效的贫困治理必然是建立在认识到贫困成因具有系统性、综合性的基础上，统筹各类资源，协调各种力量，形成合力，系统性地改善贫困地区的发展面貌③。换言之，随着中国农村减贫形势的变迁，有效的贫困治理，意味着不断增进国家减贫干预，对于贫困地区、贫困社区和贫

① 刘永富. 确保在既定时间节点打赢脱贫攻坚战——学习贯彻习近平总书记关于扶贫开发的重要论述. 社会治理，2016 年，第 1 期.

② 吕方. 发展的想象力：迈向连片特困地区的贫困治理. 四川省委机关党校学报，2012 年，第 3 期.

③ 吕方，梅琳. 精准扶贫：农村贫困治理的关键. 中国社会科学文摘，2017 年，第 6 期.

困农户多元化、差异化需求的综合性回应能力。国家贫困治理体系的现代化建设与治理能力提升，一方面应着眼于各项政策之间的配合与衔接，形成完备的政策体系，另一方面应着力提升政策供给对于政策需求的匹配程度，实现贫困治理的"滴灌式"作业。

其三，既往的贫困治理模式难以适应新时期的减贫需求。毫无疑问，过去三十余年间，中国共产党领导下中国国家贫困治理体系的建设取得了突出成就，但既有的贫困治理模式和手段，已经难以适应新时期的减贫需求。国际经验表明，贫困人口总量下降到总人口比例10%以下的时候，一般性的经济增长对减贫的涓滴效应将逐渐消失①。以2010年不变价格2 300元的贫困线计算，2012年全国贫困人口总体规模为9 899万人，占总人口比例为10.2%。如何形成更为有效的综合性政策工具组合，精准回应贫困人口的减贫与发展需求，是新时期国家贫困治理体系建设的根本问题。复杂性在于，不同的贫困地区和贫困社区，致贫因素组合和潜在的资源禀赋均存在差异，因此在实践层面保持国家减贫干预对具体情境的适用性，是避免政策资源错配，提升干预成效的关键所在②。换言之，如何更为准确地掌握贫困社区和贫困农户层面的基础信息，在科学研判致贫因素的基础上，综合应用多元化的支持手段，滴灌式回应贫困人口的需求，是脱贫攻坚过程中国家贫困治理体系建设所必须解决的问题。此外，应当看到，存量贫困人口都是"贫中之贫、困中之困"，属于"难啃的硬骨头"，特别是"两高、一低、一差、三重"③的深度贫困地区，国家贫困治理体系建设需要能够聚合更为广泛的合力，以过硬办法和过硬举措确保打赢脱贫攻坚战。

其四，30多年的扶贫经验积累和国家发展取得的成就，为国家贫困治理体系的新一轮完善提供了经验和国力基础。改革开放以来的30多年间，中国国家贫困治理取得了举世瞩目的成就，形成了独具特色的中国减贫道路，为构架新时期国家贫困治理体系现代化和治理能力提升提供了经验基础。30多年间，中国扶贫开发在专项扶贫、行业扶贫和社会扶贫领域都形成了一些行之有效的减贫经验，大扶贫的工作格局基本形成。同时，改革开放以来中国经济总

---

① Banerjee，Abhijit V.，and E. Duflo. "Inequality and Growth：What Can the Data Say?" *Journal of Economic Growth* 8. 2003（3）：267 - 99.

② 吕方，梅琳. "复杂政策"与国家治理——基于国家连片开发式扶贫项目的讨论. 社会学研究，2017年，第2期.

③ 习近平总书记在深度贫困地区脱贫攻坚座谈会上的讲话，提出深度贫困地区的贫困问题体现为"两高、一低、一差、三重"，即贫困人口占比高、贫困发生率高；人均可支配收入低；基础设施和住房差；低保五保贫困人口脱贫任务重、因病致贫返贫人口脱贫任务重、贫困老人脱贫任务重. 习近平. 在深度贫困地区脱贫攻坚座谈会上的讲话. 求是，2017年，第17期.

量、政府财政实力都有了快速成长，为一揽子解决绝对贫困问题提供了财力保障。

二、十八大以来国家贫困治理体系的完善与创新

中共十八大以来，以习近平同志为核心的党中央高度重视扶贫开发，将打赢脱贫攻坚战作为全面建成小康社会的底线目标和标志性指标，纳入"五位一体"总体布局和"四个全面"战略布局，摆到治国理政的重要位置，以前所未有的力度推进。《中共中央、国务院关于打赢脱贫攻坚战的决定》《"十三五"脱贫攻坚规划》等纲领性、统揽性重要文件，对脱贫攻坚总体思路、目标任务、实现路径进行了决策部署，各部门、各领域结合工作实际密集出台了一揽子政策文件①，共同构筑起"精准扶贫、精准脱贫"国家贫困治理体系的"四梁八柱"，为各地结合实际推进脱贫攻坚提供了有效支撑。

（一）国家贫困治理体系调整与优化的思想指引

全面建成小康社会背景下的脱贫攻坚战，开启了中国贫困治理的一个新时代，作为对时代呼唤的回应，中共十八大以来，习近平总书记围绕着打赢脱贫攻坚战的重大战略意义，如何认识新时期中国农村贫困问题，以及如何构架新时期的国家贫困治理体系发表了一系列重要的论述，做出了一系列重要指示和批示，形成了逻辑严密、体系完整、内涵丰富的扶贫开发战略体系，为国家贫困治理体制机制的完善与创新提供了科学的指引②。习近平总书记指出，新时期国家贫困治理体系的建设，要坚持发挥好中国特色扶贫开发道路的政治优势和制度优势，"脱贫攻坚任务重的地区党委和政府要把脱贫攻坚作为'十三五'期间头等大事和第一民生工程来抓，坚持以脱贫攻坚统揽经济社会发展全局，要层层签订脱贫攻坚责任书、立下军令状，形成五级书记抓扶贫、全党动员促

---

① 据不完全统计，中央和国家机关各部门累计出台超过 120 多政策文件或实施方案。内容涉及贫困户建档立卡、驻村干部选派与管理、扶贫开发体制机制创新、财政扶贫资金管理办法改革、扶贫开发成效考核、精准退出，以及产业扶贫、易地扶贫搬迁、劳务输出扶贫、交通扶贫、水利扶贫、教育扶贫、健康扶贫、金融扶贫、农村危房改造等多个领域和方面，系统落实了总书记提出的通过实现"六个精准"、做好"五个一批"，解决好"四个问题"的精准扶贫、精准脱贫基本方略，很多"老大难"问题都有了针对性的措施，打出了政策组合拳。这些政策体系，为各行业、各部门、各领域合力推进脱贫攻坚工作，设定了行动指南，为有效回应贫困地区、贫困社区和贫困农户多层次、多元性、差异化需求提供了政策保障。刘永富．不忘初心 坚决打赢脱贫攻坚战——中共十八大以来脱贫攻坚的成就与经验．求是，2017 年，第 11 期.

② 黄承伟．打赢脱贫攻坚战的行动指南——学习领会习近平扶贫开发战略思想．红旗文稿，2017年，第 16 期.

攻坚的局面。"① "要强化领导责任、强化资金投入、强化部门协同、强化东西协作、强化社会合力、强化基层活力、强化任务落实,集中力量攻坚克难,更好推进精准扶贫、精准脱贫,确保如期实现脱贫攻坚目标"② 习近平总书记在部分省份扶贫攻坚与"十三五"时期经济社会发展座谈会、中央扶贫开发工作会议发表重要讲话,全面部署脱贫攻坚工作,系统阐释了"精准扶贫、精准脱贫"的基本方略。这些战略思想,全面论述了国家贫困治理机制完善与创新的关键在于发挥好中国特色扶贫开发道路的"两个优势",坚持"精准扶贫、精准脱贫"的基本方略,以改革创新的办法,破除各种体制机制障碍,形成最广泛的合力,从而有效提升国家贫困治理能力。

(二) 十八大以来国家贫困治理机制完善与创新的主要方面

学理层面来看,国家贫困治理体系的新一轮调整,意在增强国家减贫行动对于贫困地区、贫困社区和贫困人口多元化、差异化需求的回应能力。这一过程的突出特点在于以准确掌握农村减贫与发展需求为基础,将政治优势和制度优势的发挥与全面深化改革相结合,形成更加完备的政策体系,综合应用政府、市场、社会三种机制、三种资源,因地制宜、分类施策,系统性地改善贫困地区、贫困社区和贫困人口的内生发展动能。接下来,本报告将借鉴并发展哈佛学派关于国家能力讨论③的框架,从信息汲取能力、政治保障和制度保障能力、系统回应能力、资源动员能力、政策执行能力五个方面讨论十八大以来国家贫困治理体系现代化的主要内容。

其一,通过"减贫大数据"建设,掌握新时期中国农村贫困的"底数",为相关政策安排提供坚实的信息基础,提升国家贫困治理体系的信息汲取能力④。长期以来,底数不清、情况不明,是制约国家减贫干预取得实效的主要原因之一。2014 年,被称为精准扶贫"一号工程"的建档立卡工作在全国范围铺开,各省密集推进,在当年 10 月实现了数据全国并网,经历了多轮"精准扶贫回头看"以后,建档立卡数据的精度大幅提升。建档立卡的"减贫大数据"不仅找准了贫困人口,解决了"扶持谁"的问题,也为回答"怎么扶"的问题提供了坚实的基础信息。过去五年的实践中,"五个一批""深度贫困地区"脱贫攻坚等重大战略决策都是建立在对建档立卡大数据的动态管理和科学分析基础之上。毫无疑问,"减贫大数据"有效提升了减贫政策安排的科学化

① 习近平. 在中央扶贫工作会议上的讲话. 人民日报,2015 年 11 月 29 日.

② 习近平. 在中央政治局第 39 次集体学习上的讲话,2017 年 2 月 21 日.

③ 彼得·埃文斯,迪特里希·鲁施迈耶,西达·斯考克波,编著. 找回国家. 方力维等译,北京:三联出版社,2009 年版.

④ 王雨磊. 数字下乡:农村精准扶贫中的技术治理. 社会学研究,2016 年,第 6 期.

程度，是中国国家贫困治理体系理性化程度的重大跃升。

其二，发挥好政治优势和制度优势，为国家贫困治理体系有效运转提供政治保障和制度支撑。脱贫攻坚进入攻坚拔寨的阶段，任务十分艰巨，打赢脱贫攻坚战需要凝聚全党全社会的合力，2015 年 11 月，中共中央、国务院发布了《关于打赢脱贫攻坚战的决定》，打赢脱贫攻坚战上升为执政党和中国政府的重大战略决定，为全党统一认识、协调行动提供了思想基础。按照习近平总书记的要求，脱贫攻坚任务重的省份要将扶贫开发作为统揽经济社会发展发展全局的"第一民生工程"，全国范围自上而下形成了省市县乡村"五级书记一起抓扶贫"的局面，对地方工作主要考核减贫成效、精准识别、精准帮扶、扶贫资金使用管理等方面，涉及建档立卡贫困人口减少和贫困县退出计划完成、贫困地区农村居民收入增长、贫困人口识别和退出准确率、群众帮扶满意度、扶贫资金绩效等指标，树立脱贫实效导向，确保脱贫攻坚质量经得起实践和历史检验。此外，注重基层党建促进脱贫攻坚，有效提升贫困村基层党组织战斗堡垒作用。同时，发挥好"集中力量办大事"的制度优势，中央明确扶贫投入力度要与打赢脱贫攻坚战的要求相匹配，财政投入大幅度增长，各类金融机构加大对扶贫的支持力度，保险业扶贫、证券业扶贫的工作力度也明显加强。这些顶层设计，为新时期国家贫困治理体系的有效运转，提供了有力的政治保障和制度支撑。

其三，形成完备政策体系，推进国家贫困治理系统化程度，提升综合性回应减贫需求能力。围绕着贯彻落实习近平总书记扶贫开发战略重要论述，确保打赢脱贫攻坚战，中央层面科学谋划精准扶贫精准脱贫的政策体系。中共十八大以来，中共中央、国务院发布了《关于打赢脱贫攻坚战的决定》，并出台了系列配套文件，据不完全统计，中央和国家机关各部门累计出台超过 120 多个政策文件或实施方案。内容涉及贫困户建档立卡、驻村干部选派与管理、扶贫开发体制机制创新、财政扶贫资金管理办法改革、扶贫开发成效考核、精准退出，以及产业扶贫、易地扶贫搬迁、劳务输出扶贫、交通扶贫、水利扶贫、教育扶贫、健康扶贫、金融扶贫、农村危房改造等多个领域和方面，系统落实了总书记提出的通过实现"六个精准"、做好"五个一批"，解决好"四个问题"的精准扶贫、精准脱贫基本方略，很多"老大难"问题都有了针对性的措施，打出了政策组合拳。这些政策体系，为各行业、各部门、各领域合力推进脱贫攻坚工作，设定了行动指南，为有效回应贫困地区、贫困社区和贫困农户多层次、多元性、差异化需求提供了政策保障。

其四，应用好政府、市场与社会三种机制、三种资源，为脱贫攻坚凝聚巨大的合力，提升国家贫困治理体系的资源动员能力。中国农村贫困问题的成因具有复杂性、多元性的特点，因而有效的贫困治理需要同时解决两个方面的问题，亦即一方面要着力补齐贫困地区、贫困社区在基础设施、公共服务、基层组织、基本产业等领域的短板因素，综合性地改善其发展环境；另一方面要坚持因地制宜、分类扶持的原则，让政策资源"精准"相应贫困社区和贫困人口差异化的需求。易言之，赢得脱贫攻坚战的胜利，需要更好发挥政府的主导作用，在加大专项扶贫的政策投入，优化专项扶贫政策模式的同时，强化各行业部门、社会力量的有序参与，形成系统性回应各类减贫需求的政策方案。此外，从建档立卡的数据分析来看，近半数的贫困人口可以通过发展生产、扶持就业的方式实现脱贫，通过优化政策环境，让市场有效运转起来，从而带动贫困人口脱贫增收，仍是重要的减贫策略。因此，新一轮国家贫困治理机制完善与创新的过程中，更好发挥政府、市场和社会三种机制，成为一个突出的特点。

可以说，明晰政府与市场关系，发挥市场在资源配置中的基础性作用，有效提升经济增长对贫困人口脱贫增收的带动效应，以及更好发挥政府作用，是中国新时期贫困治理机制完善与创新的一体两面。在新一轮的调整中，政府部门与市场部门形成了有效协作的关系，一方面，政府发挥主导作用，承担政府责任，着力补齐贫困地区的基础设施和公共服务短板，营造利于市场发育的制度环境，让市场有效运转起来，承担社会保护责任，构建社会安全网，发挥社会保障政策兜底线的作用，形成开发式扶贫与兜底式扶贫相互衔接的政策体系。另一方面，市场化程度提升、贸易繁荣、国际参与带来了中国经济的持续稳定增长，为减贫营造了有理环境。特别是形成了针对市场运行微观主体支持政策体系，农业部门市场化程度、现代化水平提升，农村生产要素被激活，劳动生产率显著提高。

其五，发挥好中央和地方两个积极性，提升国家贫困治理体系的适应性和执行力。不同于一般性的公共治理项目，国家主导的减贫与发展需要同时发挥好中央和地方"两个积极性"[①]。信息经济学的理论成果表明，大量对于有效治理至关重要的关键信息，分散在地方情境，相对于中央政府而言，基层政府组织更易于掌握这些信息，因而将政策"操作文本"形成的事权下沉到地方，有利于政策供给对于政策需求的"精准"匹配。另一方面，贫困治理涉及统筹协调各方主体，需要强有力的顶层设计整体谋划，有序推进。十八大以来，中国贫困治理领域形成了"中央统筹、省负总责、市县抓落实"的扶贫开发管理体制，中共中央、国务院主要负责统筹制定扶贫开发大政方针，出台重大政策举措，规划重大工程项目。省（自治区、直辖市）党委和政府对扶贫开发工作

---

① 吕方，梅琳．"复杂政策"与国家治理——基于国家连片开发式扶贫项目的讨论．社会学研究，2017年，第2期．

负总责，需要结合省情，抓好目标确定、项目下达、资金投放、组织动员、监督考核等工作。市（地）党委和政府主要职责在于做好上下衔接、域内协调、督促检查工作，把精力集中在贫困县如期摘帽上。县级党委和政府承担主体责任，书记和县长是第一责任人，需要结合县域实际，做好进度安排、项目落地、资金使用、人力调配、推进实施等工作①。通过明晰党政分工的治理格局、借助政府间权责关系的调整，国家贫困治理实现精准施策、有力执行有了制度上的保障。

特别是，国际减贫研究的理论成果表明，增进国家减贫行动对多元化、差异化需求的回应能力，是有效减贫的关键。2013 年以来，中国政府主动适应减贫形势的变动，以习近平总书记扶贫开发战略重要论述为指引，贯彻落实"精准扶贫、精准脱贫"的基本方略，减贫资源配置的重心进一步下沉到县，缩短政策安排与政策需求之间的决策执行链条，同时利用建档立卡"减贫大数据"，提升决策科学性，改善"央—地"之间的信息不对称，更为有效引导地方政府的减贫行动。这些经验，为破解贫困治理领域的难题，提供了参考方案，为国际减贫与发展知识建设提供了中国方案。

三、十八大以来国家贫困治理机制
完善与创新的地方实践

各地在习近平总书记扶贫开发战略重要论述的指引下，坚持精准扶贫精准脱贫的基本方略，坚持因地制宜抓好政策落实，在实践中勇于创新形成了丰富的地方模式，取得了突出的减贫成就。

其一，坚持习近平总书记扶贫开发战略重要论述的引领。各地在推进脱贫攻坚工作的过程中，始终坚持以学习促实践，通过系统学习、原原本本领会习近平总书记扶贫开发战略重要论述，把握打赢脱贫攻坚战的重大战略意义，提高政治站位和认识水平，掌握精准扶贫精准脱贫的基本方略，提高政策水平和工作能力。按照习近平总书记扶贫开发战略重要论述的指引，坚持发挥好政治优势和制度优势，以脱贫攻坚统揽经济社会发展全局，逐级明确分工、压实责任，完善精准扶贫政策体系，统筹协调各类主体行动，综合应用政府、市场和社会三种资源、三种机制，稳步推进精准扶贫精准脱贫的基本方略。

其二，缜密谋划省级层面二次顶层设计。省级层面的二次顶层设计，有效衔接国家层面的政策部署，统揽全省的脱贫攻坚工作。各省在习近平总书记扶贫开发战略重要论述指引下，结合中央决策部署，出台了省级层面精准扶贫精

---

① 中共中央，国务院．关于打赢脱贫攻坚战的决定．2015 年 11 月 29 日．

准脱贫的"1＋N"政策文件，总体谋划省域脱贫攻坚的目标体系和战略重点，明确界定各方主体的分工与责任，层层签订责任状、落实五级书记一起抓扶贫的要求，统筹安排财政资源投入，引导市场主体参与脱贫攻坚，广泛动员社会力量参与，制定了完备的监督和考核评估制度。同时，建立省级扶贫开发融资平台、县级扶贫开发资金项目管理平台、贫困村扶贫脱贫工作落实平台和社会扶贫对接平台，为各项工作有效开展提供体制机制保障。

其三，县级层面因地制宜狠抓落实。县域是脱贫攻坚的"一线战场"，赢得县域脱贫攻坚战的胜利对于全局有基础性和支撑性的意义。实践层面，各县坚持以脱贫攻坚统揽经济社会发展，着力补齐县域农村贫困地区的发展短板，结合县域实际完成精准扶贫精准脱贫政策体系的"再设计"，将国家政策安排与贫困社区和贫困农户需求有效衔接，动员群众积极参与。狠抓政策落实，着力解决政策执行的"最后一公里"问题，让贫困群众有实实在在的获得感。特别值得一提的是，实践中，各县以深化改革的办法，为各项政策部署有效落实，为脱贫攻坚目标实现保驾护航，将脱贫攻坚作为提升县域治理水平和治理能力的抓手，作为提升党建水平、密切当的人民群众血肉联系重要方法，作为培养和锻炼干部的重要阵地。

其四，结合地方实际勇于开拓创新。各地根据新时期脱贫攻坚的形势和特点，形成了众多创新的做法和经验。在精准识别方面，结合地方实际形成科学细致、群众认可的识别办法，如贵州威宁的"四看法"；在产业扶贫领域，探索利益连接机制建设，提升农户参与发展和分享红利的能力，探索保险扶贫的模式，降低产业发展风险；在金融扶贫领域，创新金融扶贫模式，以政府财政扶贫资金作为担保金，金融机构按照一定比例放大，发放扶贫信贷，积极利用资本市场解决产业扶贫的融资难题；在兜底保障方面，加大政策投入，织密农村社会安全网；在解决精神贫困问题方面，注重激发斗志，涵养社区良俗。此外，还形成了资产收益扶贫、光伏扶贫、消费扶贫等扶贫新模式，有力促进了贫困人口脱贫增收。

2017年，一些县市相继脱贫摘帽，县域发展面貌为之一新，城乡协调发展稳步推进，贫困社区和贫困农户的内生发展动能逐渐形成。在脱贫攻坚过程中，各地自觉对标习近平总书记扶贫开发战略重要论述的指引与精准扶贫精准脱贫的要求，自觉体认共产党人执政为民的初心，勇于与各种形式主义问题作斗争，保证脱贫成效真实、可信，让人民群众有实实在在的获得感。

四、十八大以来国家贫困治理机制完善 与创新的主要成就

十八大以来，经过近五年时间的密集调整，脱贫攻坚时代的中国国家贫困治理体系不断完善，现代化水平和治理能力显著提升，为地方有序推进扶贫开发工作，确立了基本的政策框架和体制机制安排。在习近平总书记扶贫开发战略重要论述的指引下，各地坚持精准扶贫精准脱贫的基本方略，坚持因地制宜抓好政策落实，在实践中勇于创新形成了丰富的地方模式，取得了突出的减贫成就。

五年来脱贫攻坚取得非凡成绩，2013—2016 年，年均减少贫困人口超过1 391万人，农村贫困发生率从 2012 年年底的 10.2％下降至 2016 年年底的4.5％，贫困地区农村居民可支配收入年均名义增长 12.8％，高于全面平均水平 2.7 个百分点[①]。贫困地区基础设施、公共服务短板逐渐补齐，发展环境明显改善，贫困社区和贫困人口内生发展动力逐步形成。脱贫攻坚促进了各项改革发展成果更多更公平惠及全体人民，不断增强着贫困群众的获得感，为贫困群众的生存权、发展权提供了有力保障，为打赢全面建成小康社会背景下的脱贫攻坚战奠定了坚实基础，为应对经济新常态、打造经济增长新引擎创造了有利条件，为巩固党的执政根基凝聚了党心民心。2017 年，一些县市相继整县脱贫摘帽，县域发展面貌为之一新，城乡协调发展稳步推进，贫困社区和贫困农户的内生发展动能逐渐形成。这些非凡成就证明了习近平总书记扶贫开发战略重要论述的思想性、战略性、前瞻性和指导性，证明了习近平总书记扶贫开发战略重要论述指引下的中国国家贫困治理体系具有有效性，证明了中国共产党领导和中国特色社会主义制度的优越性，增进了全党全社会对中国特色社会主义的道路自信、理论自信、制度自信和文化自信。

五、十八大以来国家贫困治理体系 建设的经验与启示

以习近平总书记扶贫开发战略重要论述为指引，中国政府坚持精准扶贫精准脱贫方略，中国国家贫困治理体系的现代化水平和治理能力显著提升，其主要特点包括：发挥政治优势，层层落实脱贫攻坚责任；不断完善精准扶贫政策

---

① 刘永富．不忘初心 坚决打赢脱贫攻坚战——中共十八大以来脱贫攻坚的成就与经验．求是，2017 年，第 11 期．

工作体系，切实提高脱贫成效；坚持政府投入的主体和主导作用，不断增加金融资本、社会资金投入脱贫攻坚；坚持专项扶贫、行业扶贫、社会扶贫等多方力量有机结合的大扶贫格局，发挥各方面的积极性；尊重贫困群众扶贫脱贫的主体地位，不断激发贫困村贫困群众内生动力。过去五年的实践表明，以"精准扶贫、精准脱贫"为基本方略的国家贫困治理体系新一轮机制完善与创新取得了非凡成就，中国逐渐探索出一套具有科学性和有效性的贫困治理体系，为打赢脱贫攻坚战提供了有力保障，为全球贫困治理贡献了"中国方案"。

但同时，也应当认识到，中国国家贫困治理体系现代化的过程仍在不断推进，因应不断变化的减贫与发展形势，中国国家贫困治理体系建设仍处于不断自我完善与优化的过程，而发展性与反思性也恰恰是中国国家贫困治理体系现代化的核心特质之一。其一，脱贫攻坚进入攻克最后堡垒的阶段，减贫难度激增，存量贫困人口发展能力低，实现"三保障"更显必要，同时也成本更高。特别是"深度贫困地区"，贫困发生率高，基础设施薄弱、公共服务发展滞后，村级组织战斗力弱，要实现有效减贫，需要拿出更加过硬的办法和举措。其二，经过不懈的努力，国家贫困治理体系"四梁八柱"性质的顶层设计已经搭建起来，但一些地在结合实际贯彻落实的过程中，存在着形式主义的问题，以行政思维替代贫困治理思维的倾向依然存在，特别是局部存在着片面强调政治动员，而忽视配套的政策设计和体制机制创新的问题，制约着国家贫困治理体系现代化成果的显现。其三，一定范围内，"等靠要"的思想依然存在，脱贫的主观愿望不够强烈，内生动力未能得到有效激发，"精神贫困"的问题成为影响减贫成效的关键因素之一。其四，到2020年，中国完全有能力消除"绝对贫困"显现，在打赢脱贫攻坚战以后，中国国家贫困治理体系需要进一步调整，以迎接巩固全面建成小康社会成果，继续改善民生、实现共同富裕的使命和任务。

总之，中国国家贫困治理机制完善与创新，以及国家贫困治理体系现代化是一个持续的历史进程，坚持回应民生之需、人民之盼，坚持发挥好政治优势和制度优势，全面深化改革，不断推进体制机制创新，是中国贫困治理体系不断成熟的基本经验。中国"摆脱贫困"走向"共同富裕"的道路，必将不断地为世界减贫与发展贡献经验和智慧。

以文化建设攻克深度贫困堡垒

张丽君　吴本健　许　晨　姜　伟

　　摘要：基于中国贫困问题及其治理的演进历程，在厘清中国深度贫困内涵、现状和空间分布基础上，对中国现阶段深度贫困治理的机制和模式进行归纳总结。首先，从理论上探讨深度贫困的根源及特征，并分析中国现阶段深度贫困治理机制和深度贫困根源及特征的耦合性；其次，通过典型案例，对中国深度贫困治理的成就、机制及模式进行总结，得出中国深度贫困问题治理方面的理论创新与实践创新。最后，总结和提升中国治理深度贫困的经验，为全世界提供治理深度贫困的"中国模式"。研究发现：在现有精准扶贫政策体系下，现阶段中国深度贫困的根源是文化差异而非禀赋差异，主要表现为对贫困的认知差异和脱贫的内生动力不足。因此，应当将"加强深度贫困地区的文化建设"作为精准扶贫、破解深度贫困难题的工作重点。

一、中国的深度贫困问题及其治理状况

（一）中国深度贫困问题治理的背景

　　1986—2012 年，中国的多轮扶贫行动取得了巨大的成就：若按 1 天 1 美元的贫困标准（世界银行早期的贫困标准）估计，这期间中国共减少了 7 亿多贫困人口，贡献了全球同期减贫人口的 90% 以上，这段时间的减贫成就主要

　　张丽君：中央民族大学经济学院院长，教授，博士生导师。
　　吴本健、许晨、姜伟：中央民族大学经济学院讲师。

得益于持续高速的经济增长和有针对性的区域性扶贫开发。多轮扶贫行动基本上解决了那些好扶、能扶地区和群体的贫困问题，中国的贫困越来越向"老、少、边"地区和特殊群体集中。数据显示，十八大以来，中央财政补助地方专项扶贫资金年均增长 22.7%，在农业、教育、医疗等领域都加大了对贫困地区的投入力度。2013 年，中国开始推行精准扶贫战略，到目前，专项扶贫、行业扶贫和社会扶贫"三位一体"的扶贫工作格局得到完善，基本形成了"中央统筹、省负总责、市县抓落实"的扶贫管理体制和"五级书记抓扶贫、全党动员促攻坚"的扶贫氛围，脱贫攻坚成绩显著，每年农村贫困人口减少都超过 1 000 万人，贫困发生率从 2012 年年底的 10.2% 下降到 2016 年年底的 4.5%。截至 2017 年年底，按照现行标准，中国仍有 3 000 多万农村贫困人口。

2017 年 6 月，习近平总书记在考察吕梁山区集中连片特困区之后，于 2017 年 6 月 23 日在山西省太原市主持召开深度贫困地区脱贫攻坚座谈会上强调要"脱贫攻坚工作进入目前阶段，要重点研究解决深度贫困问题"。2017 年 10 月 18 日，习近平总书记在中国共产党第十九次全国代表大会的报告指出，要"重点攻克深度贫困地区脱贫任务，确保到 2020 年中国现行标准下农村贫困人口实现脱贫，贫困县全部摘帽，解决区域性整体贫困，做到脱真贫、真脱贫"。2017 年 11 月，中共中央办公厅、国务院办公厅印发了《关于支持深度贫困地区脱贫攻坚的实施意见》，对深度贫困地区脱贫攻坚工作作出全面部署。2017 年 12 月 29 日，国务院扶贫办主任刘永富在全国扶贫开发工作会议上指出，2017 年减贫 1 000 万人的任务将超额完成，目前贫困人口超过 300 万的还有 5 个省（自治区），特别是西藏、四省藏区、南疆四地州和四川凉山州、云南怒江州、甘肃临夏州等深度贫困地区致贫原因复杂，脱贫难度大，未来，资金政策将向这些地区倾斜①。深度贫困地区的脱贫将成为未来几年脱贫攻坚的重点②。

（二）中国深度贫困现状及区域分布

要理解深度贫困，首先得理解什么是贫困。贫困最早被界定为物质匮乏或

---

① 扶贫办年度减贫任务将超额完成 . 2017 年 12 月 29 日，http：//news. sina. com. cn/c/2017 - 12 - 29/doc-ifyqcsft8026340. shtml

② 扶贫办 聚焦深度贫困地区脱贫攻坚 . 2017 年 12 月 29 日，http：//news. sina. com. cn/c/2017 - 12 - 29/doc-ifyqcsft8 164 196. shtml

不平等[①]。随着研究的深入，能力缺乏[②]、文化落后[③]、制度限制[④]、权力剥夺[⑤]、环境脆弱[⑥]等都被认为是贫困及其表现。概言之，所谓贫困，就个体而言，是指个体在某一时间段内要素资源短缺或者环境受到限制的状态。深度贫困也是一种状态，是指个体长期处于要素资源极度短缺或者环境极度恶劣的状态。当个体在资金、人力资本（含健康程度、文化程度）、土地、技术等某一个或几个要素上面临长期短缺，或者长期与现代文明隔离，则认为其陷入了深度贫困状态；深度贫困表现为极度脆弱性、顽固性和极易返贫性。深度贫困地区则是指深度贫困人口聚居地区，这些地区长期受自然环境恶劣等多维因素制约，一般的经济增长无法有效带动其发展，常规的扶贫手段难以奏效。这个群体重点包括：因病致贫特别是重病和慢性病群体；因为市场经营风险返贫人员以及贫困老人等。

对于深度贫困地区，2011年《中国农村扶贫开发纲要（2011—2020年）》将连片特困地区作为扶贫攻坚的主战场，主要包括六盘山区、秦巴山区、武陵山区、乌蒙山区、滇桂黔石漠化区、滇西边境山区、大兴安岭南麓山区、燕山—太行山区、吕梁山区、大别山区、罗霄山区等区域的连片特困地区。此后，随着脱贫工作的日益推进，深度贫困问题成为扶贫工作的重点。习近平总书记在深度贫困地区脱贫攻坚座谈会上的讲话中进一步将中国深度贫困地区分为三类：一是集中连片的深度贫困地区。主要包括集中连片特困地区和已明确实施特殊政策的"三区""三州"地区。"三区"是指西藏、新疆南疆四地州和四省藏区；"三州"是指甘肃的临夏州、四川的凉山州和云南的怒江州[⑦]。这些地区生存环境恶劣，致贫原因复杂，基础设施和公共服务缺口大，贫困发生率普遍在20％左右；二是深度贫困县，贫困发生率超过18％的贫困县，自然条件差、经济基础弱、贫困程度深；三是深度贫困村，贫困发生率超过20％的贫困村，贫困村的基础设施和公共服务严重滞后，村两委班子能力普遍不强，四

① Townsend，P.，1962. The Meaning of Poverty，British Journal of Sociology，Vol. XIII，No. 1（March）；世界银行. 1980年发展报告，北京：中国财政经济出版社，1980年.

② Sen，Amartya. Poverty and Famines：An Essay on Entitlement and Deprivation. Oxford New York：Oxford University Press，1982；The World Bank，2001. China：Overcoming Rural Poverty. The World Bank，Washington，D. C.

③ 刘易斯. 贫困文化论. 北京：经济科学出版社，2003年.

④ 缪尔达尔. 世界贫困的挑战. 北京：北京经济学院出版社，1994年.

⑤ Bird K，Shepherd A. Livelihoods and Chronic Poverty in Semi-Arid Zimbabwe［J］. World Development，2003，31（3）：591－610.

⑥ Singer，H. W. 1950. The Distribution of Trade between Investing and Borrowing Countries. American Economic Review，40（5）：56－58.

⑦ 网易财经. 国务院扶贫办：采取超常规方法让深度贫困地区脱贫. http：//money. 163. com/17/0705/21/COK3I1TK002580S6. html

分之三的贫困村无合作经济组织，三分之二的村无集体经济，无人管事、无人干事、无钱办事现象比较突出。

（三）中国深度贫困问题治理状况

十八大以来，针对贫困问题我国实施精准扶贫战略，在精准分类识别贫困户基础上，开展了"五个一批""精准扶贫十大工程"等。针对贫困和深度贫困问题采取了一系列措施。

1. 针对资本长期极度稀缺的深度贫困问题

（1）加大财政专项扶贫资金和其他涉农资金投入，开展资产收益扶贫。目前资产收益扶贫主要做法有两种：一是将财政支农资金投入到农村集体经济组织或农民合作社，经组织成员同意后，将形成的资产采取优先股的方式量化给贫困户，贫困户可以凭借优先股权获得保底收益，并在保底收益的基础上参加二次返利；二是将贫困户拥有的承包地经营权、集体资产等投入到企业等组织，形成贫困户的股权并获得收益。以四川省为例，2014 年四川省出台《关于推进财政支农资金形成资产股权量化改革试点的意见》，通过政策规则的制定，四川省为各地资产收益扶贫试点工作的开展提供了明确的指导和良好的外部环境，通过选取具有乡村产业发展基础、具有一定盈利能力的合作组织，明晰股权、确定收益分配与退出机制，有效拓宽了贫困人口的增收渠道，优化了贫困地区的资源配置①。

（2）推进"两项制度"有效衔接。中国自提出精准扶贫战略以来，全国多地贯彻落实农村居民最低生活保障标准与农村困难群众扶贫标准衔接工作。

（3）因地制宜采用多种扶贫措施。在具有光热条件地区实施光伏扶贫，建设村级光伏电站，通过收益形成村集体经济，开展公益岗位扶贫、小型公益事业扶贫、奖励补助扶贫。在高海拔无污染地区实施现代农业扶贫。以西藏日喀则白朗县为例，白朗县作为全区典型的农业贫困县，全县五分之一的人口生活在贫困线下，为此，当地政府因地制宜发展种植蔬菜、青稞、畜牧和民族手工业四大特色产业，万亩蔬菜产业园也开始实施，通过引入高智能温控系统和最新的种植培育技术克服西藏地区高海拔、低温缺氧的恶劣天气。目前，白朗县经营蔬菜大棚达 5 367 座，蔬菜种植总面积达 1.17 万亩（1 亩≈667 米^2），3 200 多户群众参与种植。以产业扶贫项目带动建档立卡贫困农牧民脱贫人数

---

① 戴旭红．精准扶贫：资产收益扶贫模式路径选择——基于四川时间探索．农村经济，2016 年，第 11 期．

达 3.4 万人，产业受益农牧民达 13 万多人[①]。

2. 针对人力资本（健康水平、文化程度等）长期极度稀缺的贫困问题

（1）开展健康扶贫工程。如 2016 年 6 月 6 日针对西藏和四省藏区推出的"光彩·西藏和四省藏区母婴健康行动"，就是国家卫计委扎实推进健康扶贫工程的重要举措[②]。此外，如地方病防治方案、医疗保险扶贫方案等也是健康扶贫工程的重要组成部分。

（2）开展教育扶贫，阻断贫困的代际传递。2015 年全国两会期间，习近平总书记在参加代表团审议时指出："扶贫先扶智，绝不能让贫困家庭的孩子输在起跑线上，坚决阻止贫困代际传递。"以贵州省为例，贵州省通过建设义务教育学校，加大贫困地区教育信息化建设力度，实施教育精准扶贫学生资助政策，加强教师队伍建设，并提出"校农结合"的教育扶贫机制，有效阻断了贫困的代际传递。

3. 针对制度限制的深度贫困问题

中央和地方均出台专门文件推动扶贫开发。如《中国农村扶贫开发纲要（2011—2020 年）》《贫困残疾人脱贫攻坚行动计划（2016—2020 年）》《关于进一步加强东西部扶贫协作工作的指导意见》等；对西藏和四省藏区、南疆四地州和四川凉山、云南怒江、甘肃临夏等地区，出台了专门的支持文件。此外，多地出台相关文件精准定位深度贫困地区，确定深度贫困县与深度贫困村。如河北省于 2017 年 3 月明确 10 个深度贫困县、206 个深度贫困村；山西省于2017 年 6 月出台《关于聚焦深度贫困集中力量攻坚的若干意见》，明确了 10 个深度贫困县、3 350 个深度贫困村；湖北省于 2017 年 7 月明确 9 个县市区为该省深度贫困地区；贵州省于 8 月出台《贵州省深度贫困地区脱贫攻坚行动方案》，明确 14 个深度贫困县、20 个极贫乡镇、2 760 个深度贫困村。

4. 针对环境极度恶劣的深度贫困问题

（1）大力实施易地搬迁工程。对居住在生存条件恶劣、生态环境脆弱、自然灾害频发等"一方水土养活不了一方人"地区的贫困群众，大力度实施易地搬迁工程，推进彝家新寨、藏区新居、乌蒙新村、扶贫新村建设。

（2）推动基础设施扶贫工程。以解决深度贫困地区外通内联区域交通骨干通道，完善贫困乡村交通基础网络为重点，推进深度贫困地区交通项目建设。加快实施深度贫困地区重点水源、大型灌区续建配套与节水改造、农村饮水安全巩固提升等水利工程建设，引导水利项目向贫困村和小型农业生产倾斜。加

① 新华网. 西藏：特色产业助力深度贫困地区脱贫. http://tibet. news. cn/2017-08/30/c_136567613. htm

② 健康扶贫 2016 西藏和四省藏区母婴健康行动正式启动. 中国青年网，2017 年 6 月 6 日。

快推进深度贫困地区农村电网改造升级和配电网建设。优先安排深度贫困地区退耕还林还草任务，加快推进贫困地区生态项目建设。加快实施农村义务教育薄弱学校改造、基层卫生计生服务体系建设等社会事业领域重大工程，提升深度贫困地区基本公共服务能力①。

（3）创新扶贫方法，如"电子商务＋"和"互联网＋"，克服深度贫困地区的地理环境限制。2016 年 11 月，国务院扶贫办与 15 个部委联合印发了《关于促进电商精准扶贫的指导意见》，完成了对电商扶贫的顶层设计。目前，全国共确定电子商务进农村综合示范县 496 个，其中贫困县 261 个，占52.6％。此外，国务院扶贫办于 2016 年扶贫日开通了中国扶贫网，截至 2017年 7 月，全国在该网共注册爱心用户 10 万个，贫困户 4 万个，驻村干部管理员超过 1 万人。贫困户共发布需求 5 万件，对接成功 1 万件，对接成功率 20％②。

通过总结分析中国深度贫困问题治理状况发现，中国现阶段实行的多项治理手段主要针对深度贫困人口或地区资源禀赋稀缺这一问题，关于造成深度贫困的文化差异这一根源缺乏针对性，即使是健康扶贫与教育扶贫工程，也主要是针对深度贫困地区人力资本极度稀缺的状况，缺乏培养深度贫困人口的市场意识、储蓄意识、法制意识和金融意识，这也是造成现有措施在深度贫困问题上成效不显著的主要原因。

二、十八大以来中国深度贫困治理的理论创新

深度贫困问题一直是党和国家及全国各族人民高度关注的问题。十八大以来，中国在识别和治理深度贫困方面取得了一定成就，并在理论层面加以概括总结，形成了有鲜明中国特色的深度贫困治理模式，以及以"精准扶贫"为指导的深度贫困治理的理论创新。

2013 年 11 月，习近平总书记在湖南湘西考察时首次提出了"扶贫要实事求是，因地制宜。要精准扶贫，切忌喊口号，也不要定好高骛远的目标。"③2015 年 1 月习近平总书记在云南考察时再一次强调"要以更加明确的目标、更加有力的举措、更加有效的行动，深入实施精准扶贫、精准脱贫，项目安排和资金使用都要提高精准度，扶到点上、根上，让贫困群众真正得到实惠"。④

---

① 国家发展和改革委员会．下一步将狠抓深度贫困地区基础设施．http：//money. 163. com
② 网易财经．国务院扶贫办：采取超常规方法让深度贫困地区脱贫．http：//money. 163. com
③ 习近平赴湘西调研扶贫攻坚．中新网，2013 年 11 月 04 日，http：//www. chinanews. com
④ 习近平在云南考察工作时强调：坚决打好扶贫开发攻坚战．中国政府网，2015 年 1 月 21 日，http：//www. gov. cn/xinwen/2015-01/21/content_2807769. htm

在习近平总书记明确提出精准扶贫理念后，中央办公厅在 2013 年 25 号文《关于创新机制扎实推进农村扶贫开发工作的意见》中，将建立精准扶贫工作机制作为六项扶贫机制创新之一①。国务院扶贫办随后制定了《建立精准扶贫工作机制实施方案》，在全国推行精准扶贫工作。在中央政府的大力推动和地方政府积极配合努力下，精准扶贫作为我国深度贫困治理取得的最大理论创新，也有了显著进展。

精准扶贫最基本的要义是扶贫政策和措施要针对真正的贫困家庭和人口，通过对贫困人口有针对性的帮扶，从根本上消除导致贫困的各种因素和障碍，达到可持续脱贫的目标。精准扶贫的主要内容包括：贫困户的精准识别和精准帮扶，扶贫对象的动态管理和扶贫效果的精准考核②。与以往扶贫方式不同，精准扶贫创新主要体现在以下方面。

（一）区别于之前农村扶贫的区域瞄准，精准扶贫识别到户

长期以来，中国农村扶贫的主要特点是以区域瞄准为主③。20 世纪 80 年代中期，中国的主要扶贫对象是国家或省确定的贫困县，2001 年开始将扶贫的重点转向 15 万个贫困村，2011 年确定 14 个集中连片特困地区。由此可见，中国扶贫对象往往集中于贫困区域（或区域贫困），而由于贫困人口相对集中于一些地理区位偏远，资源环境条件恶劣的贫困地区，以贫困区域为扶贫对象具有一定的合理性。由于区域识别成本低于识别到户，外加以贫困区域作为扶贫对象旨在改善贫困区域的生产生活条件，通过基础设施和公共服务的改善来提高当地的农业和非农业生产的效率，从而使农户能够通过更高效率的创收活动来增加收入水平并摆脱贫困。因此，政府只需要集中财力于基础设施建设和公共服务的提供等方面，需要的财政资源相对较少。

但是，随着扶贫实践的不断推进，宏观经济环境发生了变化，尤其是中国收入差距不断扩大，以贫困区域为对象的扶贫实践已经出现了偏离目标和扶贫效果下降的问题④。以基尼系数为例，中国基尼系数从 1981 年的 0.288 提高至 2012 年的 0.474，农村基尼系数从 1978 的 0.212 4 上升至 2011 年的 0.389 7⑤。收入差距的不断扩大，表明即使在平均水平，中国人均收入不断提

① 中共中央办公厅国务院办公厅．关于创新机制扎实推进农村扶贫开发工作的意见．新华网，2014 年 1 月 25 日．http://www.gov.cn/gongbao/content/2014/content_2580976.htm

② 汪三贵，郭子豪．论中国的精准扶贫．贵州社会科学，2015 年，第 5 期．

③ Park A. WangS. and Wu G. Regional poverty targeting in China [J]，Journal of Public Economics：2002（86）123 - 153．

④ 汪三贵，郭子豪．论中国的精准扶贫．贵州社会科学，2015 年，第 5 期．

⑤ 国家统计局住户调查办公室．中国住户调查年鉴，2012．北京：中国统计出版社，2012 年．

高，贫困人口不断减少，但是处于收入分配最底端的贫困人口越来越难以享受到经济增长的好处，经济增长带动区域经济发展的减贫效果不断减弱，相应的扶贫对象也就需要调整。

通过将扶贫对象从区域瞄准到识别到户，可实施更加有针对性的扶贫政策，有效抵消中国经济增长速度放缓带来的减贫效果减弱。在经历多次精准扶贫"回头看"后，实行贫困开发建档立卡，了解贫困状况，分析致贫原因，摸清帮扶需求，明确帮扶主体，落实帮扶措施，开展考核问效，实施动态管理，检查帮扶责任人履职情况和贫困对象脱贫情况。对贫困县和连片特困地区进行监测和评估，分析掌握扶贫开发工作情况，为扶贫开发决策和考核提供依据[①]。

（二）区别于之前依靠经济发展的政府主导型扶贫方式，精准扶贫因地制宜

前文提到，通过以贫困区域为扶贫对象，以经济增长为主要手段，平均水平上中国人均收入快速提高，贫困人口不断减少。但是，人均收入不断提高的同时，中国也出现了严重的收入不平等现象。不平等程度的加深意味着处于收入分配底端的贫困人口提高收入水平的困难性不断加大，贫困问题出现固化。精准扶贫以精准识别为基础，在配合经济增长带来的扶贫效应基础上，既要把"蛋糕"做大，也能把"蛋糕"分好。

针对不同类型的致贫原因，中国提出多种扶贫措施和扶贫工程。2015年10月16日，习近平总书记在减贫与发展高层论坛上首次提出"五个一批"的脱贫措施，即发展生产脱贫一批、易地扶贫搬迁脱贫一批、生态补偿脱贫一批、发展教育脱贫一批、社会保障兜底一批[②]，规划了精准扶贫的五大措施。随后又推出"精准扶贫十大工程"，即干部驻村帮扶、职业教育培训、扶贫小额信贷、易地扶贫搬迁、电商扶贫、旅游扶贫、光伏扶贫、构树扶贫、致富带头人创业培训、龙头企业带动[③]。针对不同的致贫原因采取不同措施，既发展了当地经济，又针对性地提高了贫困群体的收入水平，抵消了经济发展引起的收入不平等程度提高对减贫的不利影响。

此外，一些学者也对深度贫困的治理问题提出了一定的理论观点。例如，

---

① 扶贫开发建档立卡有关问题解答. 安徽日报，2014年5月29日，http：//epaper. anhuinews. com/html/ahrb/20140529/article _ 3102205. shtml

② 李长文. "五个一批"作答脱贫大考. 中国共产党信息网，2016年1月18日，http：//dangjian. people. com. cn/n1/2016/0118/c 117092-28063650. html

③ 我国推进实施精准扶贫十大工程. 中国政府网，2015年1月23日，http：//www. gov. cn/xinwen/2015-01/23/content _ 2809383. htm

结合深度贫困地区的特点，桂金赛等（2016）提出顺应工业化、城镇化发展的针对深度贫困问题的"外向型扶贫发展模式"，通过侧重劳动力与人口外迁转移，提高劳动力收入，即可以远离经济边缘地区，将深度贫困地区的人口向经济中心转移，顺应市场资源配置结果，又可以通过大量农村剩余劳动力向城市和非农产业转移，促进本地农业完成现代化。这种模式力图打破我国原有常规扶贫模式中由政府主导的"内向型扶贫模式"，即避免地方领导的权力与责任范围的局限性，致使各级政府的扶贫思路和方法局限于某行政区划范围内的误区。李小云（2017）提出要把深度贫困地区的治理作为精准扶贫工作的重中之重，提出在"现代性伦理"较为缺失、"公共物品"供给失衡，难免进入了"经济性贫困陷阱"中的深度贫困地区要特别注重综合治理，例如需要建立学前教育和儿童营养计划，来全面系统地治理深度贫困。

（三）精准扶贫理论与中国现行经济制度相结合

第一，精准扶贫理论与全面建成小康社会目标相结合。中共十八大首次正式提出全面建成小康社会的战略目标，全面建成小康社会以人均国内生产总值超过 3 000 美元为根本标志，涉及五项指标：经济建设、政治建设、文化建设、社会建设和生态文明建设。其中社会建设中便包括"合理有序的收入分配格局基本形成，中等收入者占多数，绝对贫困现象基本消除"。中共十八大以来，中共中央把贫困人口脱贫作为全面建成小康社会的底线任务和标志性指标，并合理确定脱贫目标："两不愁三保障"，即到 2020 年实现农村贫困人口不愁吃、不愁穿，义务教育、基本医疗和住房安全有保障；实现贫困地区农民人均可支配收入增长幅度高于全国水平，基本公共服务主要领域指标接近全国平均水平。确保中国现行标准下农村贫困人口实现脱贫，贫困县全部摘帽，解决区域性整体贫困。2017 年 6 月 23 日，习近平总书记在深度贫困地区脱贫攻坚座谈会上也将这一目标作为深度贫困地区脱贫的目标。

第二，精准扶贫理论是社会主义经济理论的重要组成部分。社会主义的本质是解放生产力，发展生产力，消灭剥削，消除两极分化，最终达到共同富裕。习近平总书记在 2015 年 11 月 27—28 日中央扶贫开发工作会议上强调："消除贫困、改善民生、逐步实现共同富裕，是社会主义的本质要求"。精准扶贫本质而言是以"先富"地区的发展经验带动"后富"地区脱贫致富，即先富带动后富，最终实现共同富裕，因此精准扶贫理论也是共同富裕理论的重要组成部分。

为了应对宏观经济环境与扶贫工作的新变化，精准扶贫的提出有效弥补了原有扶贫方式的不足，拓展了原有贫困治理问题的研究思路，丰富了贫困理论，是中国贫困治理过程中最重要的理论创新。

三、十八大以来中国深度贫困治理的实践创新

十八大以来，中国的扶贫工作进入脱贫攻坚阶段，针对深度贫困地区的扶贫工作也进入了决战时刻。如何让深度贫困地区集体脱贫、避免返贫，成为了极具挑战性的课题。在中共中央和国务院大力支持下，各地区因地制宜采取了各种卓有成效的措施，在深度贫困治理实践中走出了各自的创新之路。

（一）政府主导、社会参与，构建"三位一体"的大扶贫格局

《中国农村扶贫开发纲要（2011—2020 年)》中首次明确了专项扶贫、行业扶贫、社会扶贫三位一体的工作格局。习近平总书记 2015 年 6 月 18 日在贵州召开部分省（自治区、直辖市）党委主要负责同志座谈会时也强调要切实强化社会合力，坚持多方力量、多种举措有机结合和互为支撑的"三位一体"大扶贫格局。这实际上是对扶贫主体的创新。从原先的政府主导，更多地吸收社会参与，将政府力量和社会资本形成有效合力，助推深度贫困地区的脱贫工作。

习近平总书记 2017 年 6 月在主持召开深度贫困地区脱贫攻坚座谈会时指出，新增脱贫攻坚资金主要用于深度贫困地区，新增脱贫攻坚项目主要布局于深度贫困地区，新增脱贫攻坚举措主要集中于深度贫困地区。而不论是资金、项目还是举措，都是在扶贫主体上做文章。丹寨模式充分体现了中国在深度贫困治理上的扶贫主体创新，从政府包办式的输血型扶贫向社会参与型的造血型扶贫、开发型扶贫转变，这种"企业包县、整体脱贫"模式既为可持续扶贫打好了基础，又有助于完善社会扶贫机制，为其他企业参与扶贫工作提供了示范案例。

（二）精准识别与精准帮扶：易地扶贫搬迁的经验

扶贫主体的创新是在源头上解决了"谁去扶贫"的问题，而扶贫对象的确定则是开展具体扶贫工作的第一步。自国家提出"精准扶贫"的概念后，围绕扶贫对象的精准识别工作已经有了长足的进展。但在精准识别后，如何有针对性地开展帮扶工作则是确保贫困地区——特别是深度贫困地区成功脱贫的关键性因素。为此，国家创新性地提出了"精准扶贫十大工程"，为具体工作的开展做出了重要规划部署。其中的易地搬迁扶贫工程，就是针对由于自然条件恶劣，采用常规扶贫办法难以奏效的深度贫困地区的新举措，也是一项里程碑式的创新之举。

专栏一

　　贵州省丹寨县就是典型的"政府＋社会资本"的扶贫模式，这是一条吸收社会资本，针对深度贫困地区的旅游扶贫新路。丹寨县位于贵州省黔东南苗族侗族自治州，是国家级贫困县，县境内多民族聚居，贫困人口比例大。针对这种情况，国务院扶贫办与万达集团合作对丹寨县进行多次考察论证后，制定了适合丹寨县实际情况的由政府主导、社会参与的创新扶贫模式。力求通过市场手段，结合企业优势，通过产业扶贫带动全县经济转型，实现丹寨全面脱贫。最后确定了长、中、短期相结合的教育、旅游产业、扶贫基金三结合的扶贫模式——即由万达集团出资3亿元捐建万达职业技术学院，成立5亿元的丹寨扶贫专项基金，出资7亿元捐建一座旅游小镇，力争将其打造成为贵州著名旅游目的地。2017年7月，丹寨旅游小镇已经正式开业迎客，万达职业技术学院也已经正式落成启用。这种以教育扶贫来提高人口素质的方式，有利于培育当地人民致富的内生动力，打造政府、民营企业、致富带头人、贫困户为一体的脱贫攻坚统一战线，对深度贫困地区来说，是一条脱贫致富的创新之路。

　　深度贫困地区往往在资源禀赋上存在较大缺陷，而在精准扶贫的概念中，"精准"二字毫无疑问居于核心地位，识别出资源禀赋的不足是针对深度贫困地区的精准扶贫工作的初步要求，而要实现全方位的精准，则还必须做到扶贫对象精准、项目安排精准、资金使用精准、措施到户精准、因村派人精准、脱贫成效精准。中国在易地扶贫搬迁上所做的创新，正是贯彻"六个精准"的最好体现。

专栏二

　　西藏自治区曲水县位于自治区首府拉萨市的西南部，地处雅鲁藏布江和拉萨河交汇处，是一个典型的以农业为主、牧业为辅的农业县，县域内的茶巴拉乡等地存在着大量土壤贫瘠、自然条件恶劣的居住地块，长期处于深度贫困状态。因此，易地搬迁扶贫工程是曲水县扶贫工作的重点，而易地扶贫搬迁工作是以贫困人口的精准识别为基础的，除了严格精准到人进行识别外，2016年初曲水县还开展了建档立卡回头看工作，再次严格识别标准，确保把真正贫困的群众找出来。通过"四看、四算、四问、四评"逐户调查和了解贫困户的家庭情况分类制定了帮扶措施，明确帮扶责任单位、帮扶人员，切实做到了精准到户、精确到人。

曲水县在易地扶贫搬迁工作中，突出了"四个提前"，即搬迁点选址定位提前谋、党的建设提前进、产业带动提前做、发展目标提前定。经过多次调研论证，根据县域主要是东北—西南走向的地理因素，确定了建设东部才纳乡"四季吉祥村"和西部达嘎乡"三有村"两个搬迁点的整体布局。在两个搬迁点选址上，四季吉祥村主要依托国家现代农业示范区，三有村则依托拉日铁路曲水县火车站，充分利用城乡一体化建设、基础设施较为完善、产业发展有空间、交通便利等优势条件，确定了具体的搬迁点选址。易地搬迁工作开展的同时也积极进行产业配套。三有村通过"基地＋合作社＋农户"模式，培育了藏鸡、奶牛养殖、种植和民族手工艺制作合作社，突破了原有自然形成的农牧民住居格局和村社管理模式，形成了集中居住、邻居不同村、行政分属的"杂居"新农村社区。四季吉祥村采取"企业＋基地＋农户"的模式，依托才纳净土健康产业园区，加快推进相关产业项目建设。着力打造成为净土健康产业与旅游产业深度融合的旅游示范村。

（三）将扶贫放到国家大战略发展的框架中

中共十八大以来，扶贫开发工作被提升至治国理政的新高度，国家明确提出在 2020 年前实现全面脱贫的目标。2015 年起，国务院扶贫办重点推进"精准扶贫十大工程"。在其中既有较为传统的扶贫手段，也有电商扶贫、光伏扶贫、构树扶贫等创新之举，这些创新型的扶贫手段，既是针对新时期新环境下的工作方法，也是符合国家大政方针的创新之举。

◆ 专栏三

宁夏回族自治区盐池县位于自治区东部，地处毛乌素沙漠边缘，气候较为干旱，自然资源匮乏，尽管拥有滩羊等主要特产，却始终没有从根本上摆脱贫困。在经过细致缜密的调查后，2016 年 6 月，中民新能源投资集团有限公司开始与盐池县政府合作建设中民新能源宁夏国家级光伏综合示范区。根据双方协议，中民集团将在盐池建设一个 2 000 兆瓦的光伏基地，总投资达 156 亿元，这是全球最大的单体光伏电站项目。不仅如此，中民集团还启动了在 3 年内完成盐池县 74 个贫困村的光伏扶贫试点村级电站建设工作，该项目全部并网发电后，每村每年将获得 20 万元电费收益，这将直接帮助盐池县在 2018 年提前实现整体脱贫。实际上，光伏综合示范区并不仅仅是一座座光伏电站，而是一种创新型的"光伏+"模式，是将光伏村级电站与精准扶贫、房屋改建、增加就业、金融服务相互融合，实现一举多得的具有连带效应的新型扶贫模式。除了规模庞大的光伏电站，中民集团还将陆续投资建设风能、生物质能、储能多元互补的可再生能源发电系统和绿色现代牧业养殖示范基地、绿色现代牧草种植示范基地、全球最大光伏旅游基地等项目。

光伏扶贫便是将扶贫工作和国家战略发展相结合的重要举措，也是破解资源贫乏的深度贫困地区的良策。光伏发电是一种利用太阳电池半导体材料的光伏效应，将太阳光辐射能直接转换为电能的一种新型发电手段。在当今化石燃料消耗过快、环境污染较为严重的情况下，以光伏发电为代表的新能源绿色发电设备成为中国电力行业的重点发展方向，也成为国家战略的一部分。可以说，利用好光伏发电，既有利于当前经济发展，又能造福子孙后代。

当前，中国人与自然的矛盾尤为突出，较快的经济发展速度与环境承载力产生了不适应的现象。如何在防止经济增速放缓的情况下治理环境污染，实现清洁 GDP 的增量提升，是一个迫在眉睫的挑战。要战胜深度贫困，但也不能以牺牲生态环境为代价，而光伏发电、生物能源等清洁能源的发展，能够平衡经济发展与环境保护的关系，既能为行业发展提供基础能源，又能在当地产生直接效益，毫无疑问成为了深度贫困地区脱贫的重要武器。

（四）动员社会各界力量，开创综合治理新路

扶贫工作往往是单纯的经济行为，而这种单纯的经济扶贫往往存在着片面性的问题，一方面是贫困户的思想上没有得到彻底的改变；另一方面则是在乡村治理方面留有短板。因此，动员各界力量，开展综合治理，是当前深度贫困地区贫困工作的不可忽视的方向。

云南省勐腊县勐伴镇河边村的深度贫困综合治理探索的主要目标是：收入的超常规增长和持续性增长、生活和环境的根本性改善、完全实现两不愁三保障。"小云助贫中心"的发起者李小云教授认为："政府的大力支持和基础设施建设投入是根本保障；社会公益组织，比如学校，带来的是智力型方案和辅助性资源；村民作为扶贫主体，需要全程参与。"河边村走出了一条以"政府为主导、公益组织参与、村民为主体"的深度贫困综合治理之路。

专栏四

　　云南省勐腊县位于西双版纳傣族自治州东南部，其中勐伴镇的河边村更是地处偏远，交通区位较差，教育水平也十分落后。村民们大多长期住在石棉瓦顶的简陋木板房中，属于典型的深度贫困地区。

　　2016年2月，河边村开始启动整乡推进项目，勐伴镇党委、政府和驻村工作队和中国农业大学的"小云助贫中心"一起，工作上拧成一股绳，在河边村成立了"河边村发展工作队"和"河边青年创业小组"两支村民骨干队伍，以互助的形式，带动和帮助其他村民一起发展生产和创业，一个以党委、政府为总指挥和主力军，具有人才资源优势的"小云助贫中心"充当出谋划策的军师，"挂包帮"单位县委政法委和乡镇密切合作服务到"最后一公里"的精准扶贫机制就此形成。依托政府的整乡推进、易地搬迁、兴边富民、产业发展项目资金，大力开展基础设施建设、旧房改造、产业开发，村寨面貌日新月异。中国农业大学的"小云助贫中心"团队开启了破解村庄发展瓶颈，迅速改变贫困落后面貌的"河边模式"。

　　县委投入10万元资金用于河边村小组的球场、公厕、垃圾焚烧房建设，向建新房的河边村小组村民提供每户1吨水泥的援助。为提升村民素质，开阔眼界，组织村民到临近村寨、京津冀地区考察学习新农村建设经验，同时协调有关农业技术人员到村内为群众开展割胶、养殖等技术培训。

　　"小云助贫中心"则设计了主导型产业、辅助型产业、基础型产业为一体的产业发展思路，从全国各地招募来建筑设计、项目规划、产业发展的专家和志愿者，分批来到河边村与党委、政府派出的驻村工作队员入户开展工作。同时根据打造民族特色村寨的规划定位，将村民的新建住房统一设计成瑶族干栏式建筑，既突出民族特色，又融入现代风格进行打造。具体规划一楼和二楼为村民自家居住，三楼单独设计修建成一间舒适温馨的"瑶族妈妈的客房"，为发展"嵌入式"休闲旅游打下基础。通过两年多的努力，一幢幢与雨林环境相适应、具有瑶族特色的新民居在河边村小组展露新容，而这些客房将定位于高端休闲及小型论坛会议会址村的建设当中。河边村通过基础设施、公共服务、人居生活、村庄社会治理等多方面的综合治理，探索出了一条可持续的、治理深度贫困的新路。

（五）发力教育扶贫，培育内生动力

十八大以来，国家高度重视教育扶贫问题。2017年1月24日，习近平总书记到河北省张家口市考察工作时指出，要把发展教育扶贫作为治本之计，确保贫困人口子女都能接受良好的基础教育，具备就业创业能力，切断贫困代际传递。2017年2月，中共中央政治局进行第三十九次集体学习，主题是"中国脱贫攻坚形势和更好实施精准扶贫"。习近平总书记在这次集体学习时再次指出，要加大政策落实力度，落实教育扶贫，突出解决学生上学难等问题。为此，教育部在一段时期以来推出了各项举措，精准聚焦贫困地区，启动实施教育扶贫全覆盖行动。先后组织实施了20项教育惠民政策措施，实现了贫困地区义务教育普及、学校基础设施建设、学生资助体系、教师队伍建设、民族教育发展、职业教育提升等领域的教育扶贫全方位覆盖，争取实现"让贫困家庭子女都能接受公平有质量的教育"。在具体内容上，主要是在学前教育、义务教育、高等教育和师资建设等方面着力强化，力求提高。

在学前教育阶段，通过开展学前教育三年行动计划、学前教育资助政策来提升学前教育水平。2011年以来，已经连续实施两期，中央财政已投入700多亿元，支持贫困地区学前教育发展。截至2014年年底，中西部地区幼儿园数量比2009年增长77%，是东部地区增速的四倍；中西部地区在园幼儿数量比2009年增长65%，是东部地区增速的两倍。贫困地区适龄幼儿接受学前教育权利得到了更好的保障。

在义务教育阶段，推行农村义务教育阶段学生营养改善计划，同时开展义务教育"两免一补"工程，特别是针对深度贫困地区的特殊政策，即西藏15年免费教育和新疆南疆四地州14年免费教育、新疆与内地省市中小学"千校手拉手"活动、四川藏区"9+3"免费教育计划、内地民族班政策，极大地推动了深度贫困地区的教育水平发展。

在高等教育阶段，少数民族预科班和少数民族高层次骨干人才培养计划、面向贫困地区定向招生专项计划、对新疆与西藏高校开展团队式对口支援、直属高校定点扶贫计划的开展，在招生、培养和就业等方面全方位地提升贫困地区的教育水平和人才培养能力，为贫困地区，特别是深度贫困地区提供了智力支持和保障。

同时，教育扶贫还着力加强师资力量建设。"治贫先治愚、扶贫先扶教"，在保证贫困地区适龄儿童受教育权的同时，还需要在资源配置上向贫困地区倾斜，通过综合配套措施保证资源优化合理配置，吸引更多优秀教师到贫困地区以各种形式进行长、短期任教，开展乡村教师支持计划，拓展乡村教师补充渠道、提高乡村教师生活待遇，大大有利于发挥教育扶贫作为造血工程的优势作用。

四、中国深度贫困治理的理论贡献与经验启示

(一) 从贫困根源到扶贫成效的"全程精准"

2013年11月，习近平总书记在湖南湘西考察时首次提出了"实事求是、因地制宜、分类指导、精准扶贫"的重要指示，开启了"精准扶贫"时代。精准扶贫是指针对不同贫困区域环境、不同贫困农户状况，应用科学有效程序对扶贫对象实施精确识别、精确帮扶、精确管理的治贫方式。之后，又提出了具体的"六个精准"作为在实际工作中的重要准则，即扶贫对象精准、项目安排精准、资金使用精准、措施到户精准、因村派人精准、脱贫成效精准。这实际上是要求做到从贫困户的识别、寻找贫困根源、制定扶贫方案到扶贫政策评估的全过程精准化。

"全程精准"对于扶贫工作的每一个环节都做出了详细的管控，既有利于在实际工作中的规划和操作，也有利于在事后进行效果评估和政策改进。例如，在进行贫困根源的判断上，许多地区既存在一般性的致贫原因（如交通不便、缺乏产业），也具有各地区、各村镇、各户所特有的特殊性（如因病致贫等）。如果精确到每户，将会对一定区域内的贫困状况有更为深刻和准确的认识，扶贫工作才能做到量体裁衣，即针对性才会更强。

精准扶贫对中国在新时期的脱贫攻坚任务提出了行之有效的工作思路和方法，也为具体工作指明了明确的方向。因此，坚持精准扶贫，保证全程精准，是解决深度贫困地区现实问题的根本立足点。

(二) 构建全社会参与的大扶贫格局

中国长期以来的扶贫经验来看，扶贫主体的创新已经成为了扶贫工作新的助推器，不论是以丹寨县的"企业包县"模式，还是以勐腊县河边村为代表的"社会＋公益"模式，都是在扶贫主体上做了"引资"和"引智"的文章。从已有的经验和成绩来看，在客观上要求有更多的社会力量参与到扶贫工作中来，特别是加入到针对深度贫困地区的专项行动中。

丹寨模式与河边模式并不是两个简单的个案，中国已经出台了不少有利于促进社会力量参与扶贫工作的政策。例如2015年10月启动的"万企帮万村"精准扶贫行动，以民营企业为帮扶方，以建档立卡的贫困村为帮扶对象，以签约结对、村企共建为主要形式，得到了广大民营企业的积极参与，受到社会各界的广泛关注，已营造出民营企业参与脱贫攻坚的浩大声势。"万企帮万村"行动号召民营企业因地制宜选择帮扶形式，在创新帮扶形式方面作出了积极探索，不仅丰富了民营企业扶贫的路径和方式，也为全国脱贫攻坚在思路上提供

了有益借鉴。但是，目前在深度贫困地区还存在着大量的社会扶贫相对薄弱的现象。2017年6月，习近平总书记在山西太原召开深度贫困地区脱贫攻坚座谈会时要求民营企业"万企帮万村行动"要向深度贫困地区倾斜，这在实际上是更加强调要发挥社会力量在深度贫困地区的扶贫作用。

不论是企业、高校还是其他社会组织，在发挥扶贫作用中并不是处于孤立的地位，也不仅仅是生产要素的供给方，广阔的农村将为企业提供巨大的市场空间，也将为高校提供科研平台。在社会扶贫的过程中，进一步挖掘扶贫主体与扶贫对象的合作基础，实现双方的互利双赢，将会更有利于完善激励机制，促进双方合作的内生动力，产生更大的联动效应。

（三）针对贫困多维性的全方位治理，确保脱贫的可持续性

贫困并不是单一维度的，意即单独使用收入或者支出来衡量贫困深度难免是有失偏颇的。世界银行将把贫困分为多种，比如教育、医疗、普通的耐用消费品等。同时代际之间的贫困、精神贫困方面的考量，也越来越引起了社会的广泛关注。扶贫工作大力开展以来，中国在普通消费品领域的贫困已经明显减少，但在其他维度上的扶贫任务仍然比较艰巨。

中国的深度贫困地区普遍面临着多维贫困的问题。除收入水平较低以外，深度贫困地区的医疗卫生水平普遍较低，人均受教育年限也比较低，精神层面也较为贫乏。因此，在进行扶贫工作时，一方面要注意综合治理，全方位地了解贫困地区人民的诉求，制订计划时也要全盘考虑区域经济发展状况与定位；另一方面，在目前较为薄弱的权利贫困和心理贫困治理等领域，仍需要出台一系列相关政策措施，有针对性地保证贫困问题的全方位治理。

而从具体来说，在教育、文化等诸领域的问题可能都不是单一维度的，而存在着更为广泛的多维性。以教育为例，逐渐有研究表明，教育贫困的来源可能也是多维性的，而并不仅仅是根源于贫穷而无法接受教育，意即辍学的现象可能并非由经济困难导致，而是由学生学习动力不足、知识改变命运的信心不足和自我期望值不够高等非智力因素造成。辍学生并未感受到教育带来的收益，并没有从接受教育中获得他们想要的东西。因此，有必要采用更实用、更富于本土化的教育形式和内容，满足贫困地区和贫困人口的需要，带来实际收益，才能充分体现教育扶贫的实际价值。

精准扶贫与区域发展相结合是破解深度贫困问题的基本途径。然而，区域发展也是涵盖经济、社会、文化的综合性发展，把精准扶贫与区域发展相结合，重点解决深度贫困地区的整体收入偏低、教育水平低下、医疗资源缺乏等问题，因地制宜地做好精准扶贫工作，建立健全稳定脱贫的长效机制。特别是要重点关注深度贫困地区广泛存在着权利贫困和心理贫困的问题，也将其纳入

区域发展的框架之中。权利贫困意味着人口主体性的丧失，是地区整体人类发展水平较低的反映，也是经济贫困和文明落后的根源。对于现代文明的距离较远、可得性较差，也使得深度贫困地区陷入了代际贫困的循环之中。因此，在实施深度贫困治理措施时，需要进行综合治理，在教育、卫生等领域加大投入力度和深度，必要时也可以使用超常规的手段用以全面提高深度贫困地区的基础设施建设和科教文卫方面的水平。

（四）将"深度贫困地区的社会文明建设"作为精准扶贫下一步工作的重点

贫困的原因可以归结为物质匮乏或不平等、能力缺乏、文化落后、制度限制、权力剥夺、环境脆弱，深度贫困的原因也可归结为在这些方面长期的、更深层次的缺乏。具体对某个个体而言，深度贫困的原因可以分为两类：一是要素、资源和环境的禀赋稀缺，因代际收入传递，或因劳动力、土地要素稀缺，或因地理环境与生态环境脆弱，自然灾害频发，或因基础设施和社会事业落后，或因为文化程度较低等原因，使得个体没有发展的机会和能力，从而长期陷入"贫困陷阱"和"贫困恶性循环"之中；二是文化差异，文化差异不同于文化落后，文化差异的不同导致对"贫困"、"幸福"等认知存在差异，一些文化认为某种现象是贫困的、落后的，但另一种文化则可能认为这一现象是富余的、先进的。

针对禀赋稀缺这一致贫原因，现阶段中国实施的多种扶贫模式与扶贫工程可以多方位解决，如针对生态环境脆弱，自然灾害频发的地区实施易地搬迁工程，狠抓深度贫困地区基础设施建设，针对代际收入传递与文化程度较低等原因开展教育扶贫工程，这些措施有效地提高了贫困人口的资源禀赋，改善了贫困地区脱贫的内外部条件。因此，扶贫工程实施至今，因禀赋稀缺造成的贫困问题可以得到有效解决，所以我们认为，中国现存的深度贫困人口处于深度贫困状态的根源在于文化差异。主要理由如下：①十八大以来，中国大规模扶贫资金的投入、各种各样的扶贫手段基本上解决了禀赋稀缺问题，但深度贫困问题依然存在。根据西藏内部的一个报告显示，在中国西藏地区，政府对农牧民的人均投入已经达到了 4 000 多元，农牧民人均拿到手的转移性收入也接近 3 000 元，但是西藏目前仍然是深度贫困地区。②虽然长期疾病和重大疾病是导致陷入深度贫困的主要原因之一，目前已有的新型农村合作医疗、建档立卡贫困户补充医疗保险等基本上能解决一个家庭有一个长期疾病或重大疾病的家庭成员的深度贫困问题，如果一个家庭有多人患有长期疾病或重大疾病，那在"建档立卡"和精准识别回头看时，这个家庭应该被列为"低保户"，而"扶贫开发政策"和"低保制度"的衔接可以使得这个家庭脱贫。③目前中国深度贫困地区大部分分布于少数民族地区，与其他地区相比，这类地区确实存在着关于消费与储蓄等方面的认识差异，以及关于贫困、落后等概念的差异。④在现有政策体系下，只要有劳动力、愿意劳动的贫困家庭基本上能脱贫；没有劳动力的家庭基本上被纳入到社会保障体系内，通过"兜底保障"实现脱贫。

剩余的贫困人口主要包含四类人：一是没有劳动能力的人；二是有劳动能力但不认为自己贫困的人；三是有劳动能力，有脱贫意愿但缺少技能的人；四是受环境条件制约的资源匮乏型贫困①。前文分析发现，现有精准扶贫手段的继续推进，可以有效消除环境条件制约导致的资源匮乏型贫困，而社会保障制度的政策性兜底可以有效促进没有劳动能力的人脱离贫困。剩余两类人群致贫的根源都是由于文化差异所致，只不过前者是由于文化认同差异，后者是由于文化落后所致。因此，文化差异是导致现阶段中国存在深度贫困问题的根源，也是下一步扶贫攻坚工作的主攻方向。文化差异具体表现为：①文化落后，即这部分贫困家庭或人口有劳动力且知道自己贫困，但并不愿意劳动、不愿意脱贫，也即脱贫的内生动力不足；②文化认知差异，即这部分贫困家庭或人口有劳动力，但其并不认为自己贫困，反而觉得自己很幸福，这在少数民族深度贫困地区表现得尤为明显。

既然现阶段文化差异是中国深度贫困的根源，那就要在保持现有扶贫政策体系的基础上，从文化入手解决深度贫困问题。应该在少数民族地区加强社会文明建设，推进少数民族现代化进程，促进少数民族深度贫困问题缓解。具体从以下几个方面着手：

首先，加强基础教育和培训，加强深度贫困地区社会文明建设。着重解决青少年和中青年的文化差异问题，阻隔贫困的代际传递。尤其加强对少数民族地区基层干部开展关于社会文明建设、现代化、市场化等方面的培训，并让其在少数民族地区的社会文明建设之中发挥示范带头作用。

其次，加快深度贫困地区的现代化建设进程。教育当然是解决文化差异的重要手段和长久之计，但绝对不是唯一手段。在深度贫困地区进行大规模的投资，大力推行社会主义市场经济，推广现代科技和现代化的服务，宣传现代文明和先进文化成果，让广大深度贫困人口、尤其是存在文化差异的少数民族贫困人口看到并且享受到现代化带来的好处。

再次，针对建档立卡贫困户尤其是深度贫困户，宣扬中华民族传统美德，引导其自觉承担家庭责任、树立良好家风，强化家庭成员赡养、扶养老年人的责任意识，促进家庭老少和顺，激发其脱贫的内生动力。

最后，在深度贫困地区发展金融市场，强化深度贫困人口的金融意识，进

---

① 郭利华.赋予深度贫困人口可持续脱贫的能力.光明日报，2017年11月7日.

而能提升其对"资本"和"市场"的认知程度，提升其现代性水平。

　　注重深度贫困地区的文化差异，并不代表着可以忽视物质与禀赋因素对深度贫困的影响，而是说明在现有扶贫政策体系下还长期处于深度贫困状态是由于贫困人口自身的文化差异，这一点在深度贫困的少数民族地区表现尤为明显。在深度贫困地区，文化差异表现为缺乏市场意识、良好的储蓄意识、法制意识和金融意识等。

创新精准扶贫方略落实的工作机制

覃志敏

摘要：精准扶贫工作机制是在国内全面建成小康社会和经济发展新常态叠加以及国际减贫新征程的时代背景下提出的。通过不断创新和实践探索，中国精准扶贫工作逐渐形成了以"六个精准""五个一批"和"四个切实"为核心的精准扶贫治理理念和顶层设计。为顺利推进精准扶贫方略，国家从扶贫责任体系、政策体系、投入体系、监督考核体系等多个层面不断丰富和完善精准扶贫顶层设计。在地方实践层面，围绕贫困人口精准识别和建档立卡、贫困问题精准干预、脱贫效果保障等方面来贯彻落实国家精准扶贫理念和顶层设计，取得了可喜的成绩和经验，丰富了精准扶贫在基层实践的经验。而这些建立精准扶贫工作机制的创新实践和形成的有益经验，对贫困治理理论创新具有积极的启示和理论贡献。

一、精准扶贫工作机制创新的时代背景

（一）国际背景

在人类发展历史上，贫困现象和问题一直是困扰很多国家、地区及民众的重大挑战之一。消除贫困是国际社会共同追求的目标，也是各国政府工作重心和未竟之难题。2000 年 9 月召开的联合国千年首脑会议，提出了致力于消除穷困的千年发展目标，为全球减贫与发展提供了共同框架。2015 年，联合国

覃志敏：广西大学公共管理学院讲师。

《千年发展目标2015年报告》指出全球生活在极端贫困中的人口从1990年的19亿降至2015年的8.36亿，极端贫困人口人数已减少了一半以上①。新千年目标实施以来，尽管全球减贫取得突出成绩，但同时也存在不少问题和挑战，各地区和各国家的进展还很不均衡，差距巨大，最贫穷的人和因为性别、年龄、残疾、种族或地理位置等而处于不利的发展境地。全球减贫治理面临的挑战主要体现在：性别不平等仍然突出，女性在获取工作、经济资产以及参与私人和公共决策等方面仍受到歧视；贫困差距和城乡差距仍然较大；气候变化和环境恶化制约发展；冲突仍旧是人类发展的发展；全球贫困人口规模仍然庞大，2015年仍有8亿人生活在极端贫困之中。

为应对全球贫困治理挑战，2015年9月举行的第70届联合国大会审议通过《改变我们的世界：2030年可持续发展议程》。该发展议程包括了17个大目标及其下的169个子目标，主要涉及经济、社会、环境、安全、伙伴关系五个方面。就减贫而言，2030年可持续发展议程的减贫目标包括：消除全球极端贫困现象，到2030年在世界所有人口中消除极端贫困；改善穷人的医疗卫生条件，促进健康和控制疾病；提升穷人的人力资本水平，阻断贫困代际传递；促进性别平等和女性赋权；改善穷人的居住环境，生活质量提升；增强穷人的灾害抵御能力。

（二）国内背景

2008年国际金融危机爆发后，世界经济衰退，全球特别是欧美消费市场疲软。中国以出口为导向的劳动力密集型企业获得国际订单大幅减少，且面临着环境、人力资本成本上升等诸多压力和挑战。国际金融危机爆发后，中国经济发展也进入了以增长速度换挡、结构调整加速和增长动力转化为特征的新常态。新常态下，国家主推的创新驱动发展产业较难为人力资本偏低的农村贫困人口提供发展机会，市场和经济推动减贫的"涓滴效益"机制变弱。

十八大以来，中国步入全面建成小康社会决胜阶段。全面建成小康社会和经济发展新常态下，以习近平同志为领导核心的中共中央深化对人类社会发展规律的认识，提出了创新、协调、绿色、开放、共享的新发展理念，对关于发展的目的、方式、路径、着力点、衡量和共享等方面的问题做出了全面回应。创新发展着眼于培养经济新常态下经济增长新动能，使创新成为引领发展的第一动力，形成经济增长的长期可持续动力，确保全面建成小康社会目标，进而跨越中等收入陷阱；协调发展着眼于发展的健康性，以促进城乡区域协调发

---

①② 联合国．千年发展目标2015年报告（摘要）．联合国官方网站，http：//www.un.org/zh/millenniumgoals/

展、缩小城乡发展差距作为重点，推进经济社会协调发展，增强发展的协调性和均衡性；绿色发展着眼于发展的永续性，建设资源节约、环境友好型社会，形成人与自然和谐发展的新格局；开放发展着眼于用好国际国内两个市场、两种资源，实现内外发展联动；共享发展着眼于解决社会公平正义问题，坚持普惠性、保基本、均等化、可持续方向，解决人民最关心最直接最现实的利益问题入手，提供更充分、更均等的公共服务，增进人民福祉、促进人的全面发展①。

全面建成小康社会阶段，中国农村贫困人口规模依然庞大，剩余贫困人口贫困程度深，脱贫难度大。农村和贫困地区成为全面建成小康社会最突出的"短板"。打赢脱贫攻坚战，不仅是实现全面建成小康社会目标的现实需要，更是社会主义共同富裕目标的基础和前提。以习近平同志为领导核心的中共中央高度重视扶贫开发工作，把扶贫开发摆到治国理政的重要位置，提升到事关全面建成小康社会、实现第一个百年奋斗目标的新高度，将扶贫开发纳入经济社会发展全局进行决策部署。做出了"确保到 2020 年农村贫困人口全部脱贫，让中国人民共同迈入全面小康"的庄严承诺。

二、精准扶贫工作机制的顶层设计

（一）精准扶贫工作机制的形成过程

2013 年 11 月，习近平总书记在湖南湘西考察时，首次提出"精准扶贫"概念。他指出："扶贫要实事求是，因地制宜。要精准扶贫，切忌喊口号，也不要定好高骛远的目标。"② 2014 年 10 月首个"扶贫日"，习近平总书记做出重要批示，各级党委、政府和领导干部对贫困地区和贫困群众要格外关注、格外关爱，履行领导职责，创新思路方法，加大扶持力度，善于因地制宜，注重精准发力，充分发挥贫困地区广大干部群众能动作用，扎扎实实做好新形势下扶贫开发工作，推动贫困地区和贫困群众加快脱贫致富步伐③。2013 年年底，中共中央办公厅、国务院办公厅印发《关于创新机制扎实推进农村扶贫开发工作的意见》，提出今后一个时期，扶贫开发要进一步解放思想，开拓思想，深化改革，创新机制，阐明以建立精准扶贫工作机制为核心的六项扶贫改革创新

① 蔡昉. 践行五大发展理念 全面建成小康社会. 光明日报，2015 - 11 - 05，第 1 版.

② 习近平. 扶贫切忌喊口号，新华网，2013 - 11 - 3，http：//news. xinhuanet. com/politics/2013-11/03/c _ 117984312. htm

③ 习近平论扶贫工作——十八大以来重要论述摘编. 党建，2015 年，第 12 期，第 6 页.

机制和十项扶贫开发重点工作①。2014 年 5 月，国务院扶贫办等七部委联合印发《关于印发〈建立精准扶贫工作机制实施方案〉的通知》，进一步细化精准扶贫实施的工作内容，指出建立精准扶贫工作机制的目标任务。2014 年 4 月，国务院扶贫办印发《扶贫开发建档立卡工作方案》，对精准识别、扶贫对象建档立卡系统部署，为扶贫精准干预和退出奠定基础。至此，中国基本建立了精准扶贫工作机制。

2015 年 6 月，在贵州召开的部分省（自治区、直辖市）党委主要负责人同志座谈会上，习近平总书记强调扶贫开发贵在精准，重在精准，成败之举在于精准。要坚持因人因地施策，因贫困原因施策，因贫困类型施策，区别不同情况，做到对症下药、精准滴灌、靶向治疗，不搞大水漫灌、走马观花、大而化之②。习近平总书记提出的扶贫工作"六个精准"要求，进一步细化了精准扶贫工作机制的内容也丰富了精准扶贫的内涵。2015 年 11 月中央召开扶贫工作会议，习近平总书记指出脱贫攻坚进入啃硬骨头、攻坚拔寨的冲刺阶段，须以更大的决心、更明确的思路、更精准的举措、超常规的力度，众志成城实现脱贫攻坚目标。坚持精准扶贫、精准脱贫，重在提高脱贫攻坚成效。找准路子、构建好的体制机制，在精准施策上出实招、在精准推进上下实功夫、在精准落地上见实效。切实解决好"扶持谁""谁来扶""怎么扶"和"如何退"等问题，按照贫困地区和贫困人口的具体情况，实施"五个一批"工程。随后发布的《中共中央、国务院关于打赢脱贫攻坚战的决定》（以下简称《决定》）强调，健全精准扶贫工作机制要抓好精准识别、建档立卡关键环节，对建档立卡贫困村、贫困户和贫困人口定期进行全面核查，建立精准扶贫台账，实现有进有出的动态管理。根据"六个精准"要求，弄清致贫原因和脱贫需求，对贫困人口实行分类扶持，通过产业扶持、转移就业、易地搬迁、教育支持、医疗救助、社会保障兜底等措施实现脱贫。建立贫困对象脱贫退出认定机制，制定贫困退出标准、程序、核查办法。加强对扶贫工作绩效的社会监督，开展贫困地区群众满意度调查，建立对扶贫政策落实情况和扶贫成效的第三方评估机制。

（二）精准扶贫的核心内容

自 2013 年年底提出精准扶贫概念以来，精准扶贫工作机制不断完善，政策体系日益丰富，逐步形成了以"六个精准""五个一批""四个切实"为核心

---

① 六项扶贫机制创新分别是改进贫困县考核机制，建立精准扶贫工作机制，健全干部驻村帮扶机制，改革财政专项扶贫资金管理机制，完善金融服务机制，创新社会参与机制。十项扶贫重点工作分别是村级道路畅通工作，饮水安全工作，农村电力保障工作，危房改造工作，特色产业增收工作，乡村旅游扶贫工作，教育扶贫工作，卫生和计划生育工作，文化建设工作，贫困村信息化工作。

② 习近平论扶贫工作——十八大以来重要论述摘编. 党建，2015 年，第 12 期，第 7 页.

内容的精准扶贫精准脱贫治理体系。

1. "六个精准" 2015年6月，习近平总书记在贵州召开部分省（自治区、直辖市）党委主要负责同志座谈会上强调，扶贫开发贵在精准，成败之举在于精准，并要求各地在扶持对象精准、项目安排精准、资金使用精准、措施到户精准、因村派人（第一书记）精准、脱贫成效精准上想办法、出实招。坚持扶贫对象精准，通过精准识别将真正的贫困人口识别出来，以建档立卡的方式详细记录扶贫对象的基本情况和脱贫需求。坚持项目安排精准，找准贫困户致贫原因，根据贫困对象的实际需求开展针对性的帮扶，做到因村因户因人施策。坚持资金使用精准，进一步下放项目审批和资金使用权限，确保项目资金瞄准贫困人口。坚持措施到户精准，扶贫措施要与贫困识别结果相衔接，扶贫措施要到村到户。坚持因村派人（第一书记）精准，普遍建立干部驻村帮扶机制，将驻村入户扶贫作为培养锻炼干部的重要渠道，落实帮扶责任，帮助贫困户、贫困村脱贫致富，不脱贫、不脱钩。坚持脱贫成效精准，加强检查督查，实行最严格的考核评估，脱贫过程必须扎实，脱贫结果必须真实，防止数字脱贫、虚假脱贫。

2. "五个一批" 2015年11月，中共中央召开扶贫工作会议，习近平总书记在会上强调要实施"五个一批"工程。实施发展生产脱贫一批，引导和支持所有有劳动能力的贫困人口立足当地资源禀赋，以市场为导向，发展特色优势产业，促进贫困人口增产增收，实现脱贫。实施易地搬迁脱贫一批，对"一方水土养不起一方人"地区的农村贫困人口实施易地扶贫搬迁，通过"挪穷窝""换穷业"和"拔穷根"，从根本上解决搬迁人口的稳定脱贫问题。实施生态补偿脱贫一批，国家重大生态工程在项目和资金安排进一步向贫困地区倾斜，加大贫困地区生态保护修复力度，增加重点生态功能区转移支付，创新生态资金使用方式，利用生态补偿和生态保护工程资金使当地有劳动能力的部分贫困人口转变为护林员等生态保护人员。发展教育脱贫一批，加快实施教育扶贫工程，让贫困家庭子女都能接受公平有质量的教育，阻断贫困代际传递。国家教育经费向贫困地区、基础教育倾斜，提升基础教育水平，降低贫困家庭就学负担，加快发展职业教育，对农村贫困家庭幼儿特别是留守儿童给予特殊关爱。社会保障兜底一批，完善农村最低生活保障制度，对无法依靠产业扶持和就业帮助的贫困家庭实行政策性保障兜底。统筹协调农村扶贫标准和农村低保标准，推进农村低保制度与扶贫开发政策有效衔接，加大社会救助力度，加强医疗保险和医疗救，逐步提高保障水平。

3. "四个切实" 指切实解决好精准扶贫工作中的"扶持谁""谁来扶""怎么扶"和"如何退"的问题。习近平总书记指出，坚持精准扶贫、精准脱贫，重在提高脱贫攻坚成效，要解决好"扶持谁"的问题，保把真正的贫困人口弄清楚，把贫困人口、贫困程度、致贫原因等搞清楚，以便做到因户施策、因人施策；切实解决好"谁来扶"的问题，加快形成中央统筹、省（自治区、直辖市）负总责、市（地）县抓落实的扶贫开发工作机制，做到分工明确、责任清晰、任务到人、考核到位；切实解决好"怎么扶"的问题，按照贫困地区和贫困人口的具体情况，实施"五个一批"工程；切实解决好"如何退"的问题，要设定时间表，实现有序退出，既要防止拖延病，又要防止急躁症。要留出缓冲期，在一定时间内实行摘帽不摘政策。要实行严格评估，按照摘帽标准验收。要实行逐户销号，做到脱贫到人，脱没脱贫要同群众一起算账，要群众认账。

（三）精准扶贫的保障举措

围绕打赢脱贫攻坚战和保障精准扶贫工作顺利推进，中国逐步建立了精准扶贫的责任体系、政策体系、投入体系和监督考核体系。

1. **建立精准扶贫责任体系**　建立精准扶贫工作机制是多部门参与、协同推进的系统工程。为落实各层级部门扶贫责任，中共中央出台精准扶贫责任制实施办法，强化"中央统筹、省负总责、市县抓落实"的扶贫管理体制机制，构建起责任清晰、各负其责、合力攻坚的责任体系，中西部22个省份党政主要负责同志向中央签署脱贫攻坚责任书，贫困县党政正职攻坚期内保持稳定，形成了五级书记抓扶贫（省、市、县、乡、村五级书记)[①]。《决定》指出，实行中央统筹、省（自治区、直辖市）负总责、市（地）县抓落实的工作机制。中共中央、国务院主要负责统筹制定扶贫开发大政方针，出台重大政策举措，规划重大工程项目。省（自治区、直辖市）党委和政府对扶贫开发工作负总责，抓好目标确定、项目下达、资金投放、组织动员、监督考核等工作。市（地）党委和政府做好上下衔接、域内协调、督促检查工作，把精力集中在贫困县如期摘帽上。县级党委和政府承担主体责任，做好进度安排、项目落地、资金使用、人力调配、推进实施等工作。层层签订脱贫责任书，扶贫开发任务重的省（自治区、直辖市）党政主要领导要向中央签署脱贫责任书，每年要向中央作扶贫脱贫进展情况的报告。省（自治区、直辖市）党委和政府要向市（地）、县（市）、乡镇提出要求，层层落实责任制。

2. **建立精准扶贫政策体系**　自实施精准扶贫以来，政府出台了系列精准扶贫政策文件。中共中央和国家机关各部门出台100多个政策文件或实施方案。各地相应出台和完善了"1＋N"的精准扶贫和脱贫攻坚系列文件，内容涉及产业扶贫、易地搬迁、劳务输出、交通扶贫、水利扶贫、教育扶贫、健康

---

① 刘永富．不忘初心 坚决打赢脱贫攻坚战．求是，2017年，第11期．

扶贫、金融扶贫、农村危房改造等诸多领域①。国务院印发全国《"十三五"脱贫攻坚规划》，中共中央办公厅、国务院办公厅出台11个《决定》配套文件，中共中央和国家机关各部门出台118个政策文件或实施方案②。地方对此也开展了针对性的落实，例如广西围绕精准扶贫、精准脱贫攻坚目标，形成了"1+20"精准扶贫系列政策文件，涵盖了交通、水利、危房改造、移民搬迁、特色种养、工业扶贫、电商扶贫、旅游扶贫、教育扶贫、培训就业创业、卫生帮扶、科技文化扶贫和精准考核等方面内容。

3. **建立精准扶贫投入体系**　财政扶贫资金是中国扶贫投入的重要渠道。实施精准扶贫以来，中共中央提出要加大财政扶贫投入力度，加大对贫困地区转移支付力度，中央财政专项扶贫资金规模要大幅增长，一般性转移支付资金、各类涉及民生的专项转移支付资金和中央预算内投资进一步向贫困地区和贫困人口倾斜。印发《国务院办公厅关于支持贫困县开展统筹整合使用财政涉农资金试点的意见》，提出试点贫困县围绕突出问题，以摘帽销号为目标，以脱贫成效为导向，以扶贫规划为引领，以重点扶贫项目为平台，统筹整合中央和地方各级财政安排用于农业生产发展和农村基础设施建设等方面的资金，撬动金融资本和社会帮扶资金投入扶贫开发。另外，《决定》提出，鼓励和引导商业性、政策性、开发性、合作性等各类金融机构加大对精准扶贫的金融支持；设立扶贫再贷款，实行比支农再贷款更优惠的利率，重点支持贫困地区发展特色产业和贫困人口就业创业；支持省级和县级政府设立扶贫开发投融资平台，支持农村信用社、村镇银行等金融机构为建档立卡贫困户提供5万元（含）以下、期限在3年以内的免抵押、免担保扶贫小额贷款，由财政按基础利率贴息；中央和省级在安排土地整治工程和项目、分配下达高标准基本农田建设计划和补助资金时向贫困地区倾斜。连片特困地区和国家扶贫开发工作重点县开展易地扶贫搬迁，允许将城乡建设用地增减挂钩指标在省域范围内使用。

4. **建立精准扶贫监督考核体系**　为确保精准扶贫各项政策贯彻落实并取得成效，中共中央出台精准扶贫督查巡查工作办法，对各地各部门落实中央决策部署开展督查巡查。督查坚持目标导向、问题导向，着力推动工作落实和解决突出问题。扶贫部门加强与纪检监察、巡视、审计、财政、媒体、社会等监督力量全方位合作，把各方面的监督结果应用到考核评估、督查巡查中。出台省级党委和政府扶贫开发工作成效考核办法，从2016年到2020年，每年开展一次考核，由国务院扶贫开发领导小组组织进行。将减贫成效、精准识别、精

①　刘永富. 不忘初心 坚决打赢脱贫攻坚战. 求是，2017年，第11期.
②　刘永富. 全面贯彻中央决策部署 坚决打赢脱贫攻坚战. 学习时报，2017-05-05，第1版.

准帮扶、扶贫资金使用管理等作为考核主要内容，涉及建档立卡贫困人口减少和贫困县退出计划完成、贫困地区农村居民收入增长、贫困人口识别和退出准确率、群众帮扶满意度、扶贫资金绩效等指标，树立脱贫实效导向，确保脱贫攻坚质量经得起实践和历史检验①。改进贫困县党政领导班子和领导干部经济社会发展实绩工作考核办法，把提高贫困人口生活水平、减少贫困人口数量和改善贫困地区生产生活条件作为考核评价扶贫成效主要指标，着力考核通过精准扶贫、扶贫资金的使用、扶贫项目实施、扶贫产业发展，增强贫困地区内生动力和活力，带动贫困群众持续稳定增收的情况，引导贫困县党政领导班子和领导干部把工作重点和主要精力放在扶贫开发上。

三、精准扶贫工作机制的基层落实

（一）扶贫对象识别与建档立卡

扶贫对象精准识别与建档立卡包括了贫困对象规模分解、精准识别、信息录入和动态管理等内容。贫困对象规模分解是采取自上而下、逐级分解的办法，根据国家统计局测算的 2013 年全国 8 249 万贫困人口逐级分解到村。其中到市到县贫困人口规模分解依据国家统计局调查总队提供的乡村贫困人口数和低收入人口发生率计算形成；到乡到村的贫困人口规模数确定依据由县级先关部门计算本地拟定贫困发生率结合本地农村居民年末户籍人口算出。精准识别办法由国家统一制定，识别标准以 2013 年农民人均纯收入 2 300 元（2010年不变价）的国家农村扶贫标准为基本依据，综合考虑住房、教育、健康等情况。按照农户申请、民主评议、公示公告和逐级审核的方式，实施整户识别，即"一公示、两公告"识别程序：农户自愿提出申请，行政村开展村民民主评议，形成初选名单，经村委会和驻村工作队核实进行第一次公示，无异议后上报乡人民政府审核；乡人民政府对上报初选名单审核后，确定宪政贫困名单，在各行政村进行第二次公示，无异议后报县扶贫办复审；县扶贫办复审结束后在各行政村及县级门户网站公告。

精准识别过程的难点是对申请农户收入的准确测算。由于信息不对称、不同层级行为主体利益诉求差异（基层政府、村"两委"倾向于有效利用相对于上级的信息优势，识别并报告符合本级利益诉求）②，以及以工具理性为目标

---

① 刘永富. 不忘初心 坚决打赢脱贫攻坚战. 求是，2017 年，第 11 期.

② 陆汉文，李文君. 信息不对称条件下贫困户识别偏离的过程与逻辑——以豫西一个建档立卡贫困村为例. 中国农村经济，2016 年，第 7 期.

的国家逻辑与农村熟人社会网络、不规则的乡土社会等乡土逻辑冲突①等因素影响下，极易造成精准识的目标偏离。针对精准识别的困境，一些地方对精准识别机制进行了创新，如贵州省的"四看法"。广西动员 25 万名干部组建精准识别工作队来实施贫困户精准识别，采取"一进二看三算四比五议"② 方法，按照"两入户、两评议、两审核、两公示、一公告"③ 程序，对贫困村所有农户、非贫困村在册贫困户和新申请贫困户的农户逐家逐户调查识别，为防止"富人当选"，在精准识别贫困户评议时，对有两层以上（含两层）砖混结构精装修住房或两层纯木结构住房且人均住房面积在 50 米^2 以上（含 50 米^2）等八种情形采取一票否决制，即"八个一票否决"。

扶贫对象信息录入和动态管理。在确定扶贫对象之后，由县级政府统筹安排有关帮扶资源，明确结对帮扶关系和责任人。由村民委员会、驻村工作队和帮扶责任人结合贫困户需求和实际，制订帮扶计划。在县扶贫办指导下，由乡镇人民政府组织村民委员会、驻村工作队等人员将扶贫对象家庭基本情况、致贫原因、帮扶责任人、帮扶计划、帮扶措施和帮扶成效等六个方面内容填入《扶贫手册》，并将相关信息录入全国扶贫信息系统。在县扶贫办的指导下，由乡镇人民政府组织村民委员会和驻村工作队根据脱贫、返贫情况，对贫困户信息进行更新，实施动态管理。

专栏一 威宁县迤那镇五星村"四看工作法"精准识别模式

精准扶贫的核心是扶贫对象识别精准，按照国家农村扶贫标准，农民人均可支配收入低于 2 300 元确定为贫困户。虽然数字上精准，但实际操作中存在诸多主客观限制。大部分农户少有日常收支的详细记录。准确计算每一农户的收入对于基层组织人员（乡村干部、驻村工作队人员）而言

---

① 李博，左停. 谁是贫困户？精准扶贫中精准识别的国家逻辑与乡土困境. 西北农林科技大学学报（社会科学版），2017 年，第 4 期.

② "一进二看三算四比五议"中，"一进"指工作队员与户主及其他家庭成员进行交流，了解家庭情况、生活质量状况、子女读书情况、家庭成员健康情况等；"二看"指看住房、家电、农机、交通工具、水电路等生产生活设施，看农田、山林、种养等发展基础和状况；"三算"指算农户收入、支出、债务等情况；"四比"指与本村（屯）农户比住房、比收入、比资产、比外出务工等情况；"五议"指评议分是否合理，是否漏户，是否弄虚作假，是否拆户、分户、空挂户，家庭人口是否真实等情况。

③ "两入户"指入户调查和贫困户名单确定后入户填写《贫困户建档立卡登记表》，"两评议"指村民小组评议和行政村评议；"两审核"指行政村两委对贫困户名单审核和乡（镇）对贫困户名单进行抽验审核；"两公示"指贫困户名单在村民小组公示和在乡镇公示；"一公告"指贫困户名单公示无异议后，在县政府网站和各行政村、自然屯进行公告。

工作量和难度很大。威宁县迤那镇针对农户收入计算难题，创新出"一看房，二看粮，三看劳动能力强不强，四看家中有没有读书郎"的贫困农户识别"四看"法。每一"看"都有子指标并赋相应分值。在民主评议中，由村民代表对申请农户按照"四看"法进行打分。根据农户分值情况，从高往低排序识别出贫困农户。

"四看"法共四个一类指标，每个指标赋予不同的分值，总分 100 分。"一看房"，就是通过看农户的居住条件和生活环境，估算其贫困程度，赋值 20 分。其中住房条件 5 分、人均住房面积 5 分、出行条件 4 分、饮水条件 2 分、用电条件 2 分、生产条件 2 分。"二看粮"，是通过看农户的土地情况和生产条件，估算其农业收入和食品支出，总分 30 分。其中人均经营耕地面积 8 分、种植结构 8 分、人均占有粮食 6 分、人均家庭养殖收益 8 分。"三看劳动能力强不强"，是通过看农户的劳动力状况、劳动技能掌握状况和有无病残人口，估算其务工收入和医疗支出，总分 30 分。其中劳动力占家庭人口数 8 分、健康状况 8 分、劳动力素质 8 分、人均务工收入 6 分。"四看家中有没有读书郎"，就是通过看农户在校生现状等，估算其发展潜力和教育支出，总分 20 分，其中教育负债 12 分、教育回报 8 分。

"四看法"根据上述四大类指标，对申请贫困的农户进行综合评分，确定贫困程度，总分在 60 分以下的为贫困户，对应人均纯收入在 2 300 元以下（2010 年不变价）。结合对贫困户指标体系的评价内容，分户施策，确保帮扶精准。年终同样用"四看"工作法对脱贫成效进行评估，综合评分总分在 60 分以上农户为已经脱贫，其中 60~80 分为容易返贫的农户，需进一步跟踪巩固，80 分以上为稳定脱贫，退出扶贫程序。"四看法"同时，在扶贫对象识别过程中，"四看"法模式严格遵守"入户调查、登记、核定，村、镇两级公示"程序。2014 年，五星村采用该方法识别出全村贫困户 1 610 户 5 533 人。

来源：根据国务院扶贫办威宁县迤那镇扶贫调研获得材料《"四看"法指标体系的主要内容及功能》整理而得，2015 年 8 月 15 日。

（二）贫困问题精准干预

精准帮扶和精准施策是精准扶贫工作机制的基本要求。扶贫政策措施要与贫困识别结果相衔接，分析致贫原因，因村因户因人施策，措施到户精准。对贫困问题精准干预，要求在仔细分析致贫原因的基础上根据致贫原因将扶贫对象分类管理，将扶贫资源下沉至贫困村、贫困户，实现扶贫资源与扶贫对象需求相衔接。

扶贫对象分类管理是根据基本情况、贫困状况、发展需求等对扶贫对象进行类型划分。中央层面没有形成具体指导意见，各地在精准扶贫操作中根据实际情况形成了一些创新做法。如贵州省毕节市针对"贫困的原因是什么"，对"三个因素"进行分类：一是因灾、病、学或缺技术、劳力、发展资金等原因中列出1～2项主要原因，分裂出每户的贫困成因；二是以人均纯收入为依据，按照贫困程度将贫困户划分为扶贫户、扶贫低保户、低保户、五保户四类。铜仁市印江县对贫困农户做出了"六型"农民的类型划分。

◆ 专栏二　辽宁阜蒙县车新村扶贫资金股份化结硕果

辽宁省阜新蒙古族自治县大巴镇车新村共4个自然屯，8个村民组，居民443户，总人口1 583人，其中蒙古族人口1 321人，占人口总数的83.4%。2013年年底，全村共有省级标准建档立卡贫困户203户、贫困人口708人，分别占全村总户数和总人口的45.8%和44.7%，贫困发生率接近50%。

车新村有20多年种植葡萄的传统，土壤、气候特别适合葡萄生长，但大田种植的葡萄销路不好。经过广泛调研后，大家发现在暖棚葡萄6月份上市结束之后、大田葡萄9月份大批上市之前，是冷棚葡萄上市的季节，正好填补市场空白。冷棚葡萄第一年栽植，第二年结果，一年就能收回成本，市场前景好。为解资金难题，村党支部牵头成立了喜日果树种植专业合作社，由合作社提供土地，冷棚骨架承建单位垫付资金，政府补贴用于覆膜和苗木栽植。冷棚建成后由合作社统一经营管理，并用经营收益逐年偿还企业垫付资金。另外，经阜新市扶贫办牵线，当地一家企业先后两次垫资300余万元，帮车新村74户贫困户建棚37.33公顷。该公司还投资1 400万元在车新村建起高标准冷棚葡萄产业园区，车新村冷棚葡萄产业由一家一户种植进入现代企业经营的新模式。一年后，尽管第一个挂果期产量不高，但每亩冷棚纯利润1.5万元以上，经营好的2万多元。

另外，车新村把上级注入的扶贫资金、市县财政建棚补助资金集中用于建设脱贫示范基地，按一定比例折股量化到村委会、62户建档立卡贫困户和合作社，解决贫困户无力投入的问题，实现扶贫资金由分散使用向集中高效使用转变。喜日合作社负责建设、管理和经营占地8公顷的精准脱贫示范基地，生产经营接受监事会的监督。为了规范合作社的运行机制，对原有的组织机构进行了调整，由村"第一书记"任监事长，村党支部书记任理事长，实行监事长、理事长双负责制。合作社取得的收益，按照同股同权同利原则，在扣除有关支出和提取公积金、公益金基础上，每年对经营利润按实际持股进行等额分配，分红比例不低于年度利润的60％。村集体的持股收益用于村内基础设施建设和社会公益事业，贫困户的分红作为扶贫收入。示范基地形成的资产由村民委员会、贫困户和合作社共同所有，最终处置资产所得收益，由三方按股份比例分红。车新村还对贫困人口脱贫情况实行动态管理，对村内新增的贫困户，从集体收益中拿出资金进行帮扶。对已经脱贫的，经民主程序，由村集体收回股权，将股份二次分配，确保全村贫困户逐步递减，贫困人口脱贫致富不漏一人。

来源：中组部教育局、国务院扶贫办政策法规司、全国教育宣传中心组织编写《新发展理念案例选·脱贫攻坚》，党建读物出版社，2017年版，第130－137页，摘录时有删减。

扶贫项目和资金到村到户并与扶贫对象需求相衔接，是改变扶贫资源"大水漫灌"为精准"滴灌"根本途径。不同类型的扶贫项目资源到村到户有难易之别。产业扶贫、基础设施扶贫具有公共性或整体性特征，而人力资本提升、社会救助类等扶贫干预具有较强的针对性和个体性特点，能够较好地实现扶贫政策措施与精准识别结果相衔接。后一类扶贫干预精准识别结果相衔接较好操作，将相关政策措施瞄准和锁定建档立卡贫困户就能较好地实现贫困精准干预。前一类扶贫干预除政府和扶贫对象外，还有企业、非贫困对象等多个参与主体，实施不当很容易使非贫困对象受益或致使贫困对象利益受损。而增加基层组织特别是扶贫对象的项目决策权是提高该类扶贫措施效果的重要方式。要简化资金拨付流程，项目审批权限原则上下放到县，发挥基层特别是村级经济组织和能人的积极性，利用乡土社会网络资源带动贫困对象参与和受益。

随着贫困人口减少，剩余贫困人主要为长期性贫困，脱贫难度越来越大。在群体分布上，残疾人、孤寡老人、长期患病者等"无业可扶、无力脱贫"的贫困人口以及部分教育文化水平低、缺乏技能的贫困群众，构成了脱贫攻坚的重点人群[1]。这部分贫困人口通过其自身能力很难实现稳定脱贫，通过探索资产收益扶贫方式，依托财政专项扶贫资金和其他涉农资金投入设施农业、养殖业、光伏、水电、乡村旅游等项目形成的资产，具备条件的折股量化给深度贫困的贫困村和贫困户。

---

① 习近平．在深度贫困地区脱贫攻坚座谈会上的讲话．求是，2017年，第17期．

（三）脱贫效果保障

1. **建立干部驻村帮扶制度** 精准扶贫和脱贫攻坚关键的是人。实施精准扶贫以来，各省（自治区）逐步建立全覆盖的驻村工作队（组），实现驻村帮扶制度化、长期化。驻村帮扶工作重点围绕两项任务展开：一是协助村民委员会等开展精准识别和建档立卡工作。在该项任务中，驻村帮扶工作队的工作内容有：在贫困户精准识别和建档立卡中参与核实扶贫对象初选名单，参与填写《扶贫手册》、数据录入及信息更新；在贫困村精准识别中，参与制定贫困村帮扶计划、填写《贫困村登记表》和信息录入；二是成为结对帮扶的重要力量。与扶贫对象结对帮扶的帮扶责任人主要来自驻村帮扶力量。各地在实施精准帮扶中形成了相应的结对机制，实现了扶贫对象结对全覆盖。如广西百色对贫困村、贫困户实行定点和结对帮扶，实施"13515"帮扶机制（即1名市县（区）四家班子领导干部带领3个单位，用5年时间定点帮扶1个贫困村，开展整村推进，实现农民人均纯收入达5 000元以上）和开展"321"结对帮扶（即厅局级干部每人帮扶3户，处级领导干部每人帮扶2户，科级以下领导干部职工每人帮扶1户）[1]。

2. **贫困对象精准退出** 贫困对象脱贫退出是精准扶贫效果的重要体现。在国家层面，中办国办印发《关于建立贫困退出机制的意见》，对贫困人口、贫困村、贫困退出的标准和程序以及工作要求做了详细规定。各省（自治区、直辖市）也制定了相应的退出政策。贵州省则出台《贵州省贫困县退出实施方案》，制定重点县"减贫摘帽"、贫困乡（镇）"摘帽"、贫困村退出、贫困人口脱贫的标准和退出步骤。贫困县退出中2014年（含2014年）之前已实现省定退出标准的25个重点县，加大投入力度，每年贫困发生率确保下降4.3%，2017年年底全部按"全县贫困发生率低于4%"的国定退出标准实行刚性退出。未实现省定退出标准的重点县，按照省定退出标准考核，从达到省定标准次年开始，按照"年度贫困发生率下降4.3%点以上"的标准考核，并按照国定退出标准和退出计划在2020年全部刚性退出。贫困乡、村退出与贫困县退出做法相似。贫困人口脱贫退出以年人均可支配收入稳定超过国家贫困标准、有安全住房、家庭无辍学学生为主要衡量指标，按照乡村提名、民主评议、入户核实、户主签字确认、村民委员会公示、乡镇审核、县级公告、州市汇总、省级备案管理和信息录入的程序进行。广西印发《广西壮族自治区人民政府办公厅关于进一步明确精准脱贫摘帽标准及认定程序有关问题的通知》，制定"八有一超"贫困人口退出、"十一有一低于"贫困村脱贫摘帽标准、"九有一

---

① 百色市扶贫开发攻坚战精准扶贫工作实施方案（百扶领发〔2014〕5号）.

低于"贫困县脱贫摘帽标准。贫困户脱贫认定按入户核验、村级评议、乡（镇）审核公示、县级审定公告、设区市和自治区备案五步程序进行；贫困村脱贫摘帽按照乡（镇）初验上报、县级审核公示、市级复核审定、自治区抽查反馈、市级公告退出五步程序进行；贫困县脱贫摘帽按照县级申请、市级初审、自治区审定（审核）、向国家报告、自治区批准退出五步程序进行。另外，广西在贫困户退出中创新出"双认定"做法，即严格对照脱贫标准，每个贫困户建立统一的收支台账，台账中列出精准脱贫的各项标准条款，由帮扶干部、贫困户共同对已达标和未达标的内容进行登记，完成一项，双方认定一项，为脱贫验收提供可靠依据①。"双认定"做法解决了贫困退出中的贫困户收入"一笔糊涂账"、戴上"帽子"不愿摘、没有达标"被脱贫"等难题②。

3. 精准扶贫工作的评估考核　在官僚体制中，干部考核对干部起到导向作用、鞭策作用和激励作用，是干部做事的"指挥棒"。2016 年中办国办印发《省级党委和政府扶贫开发工作成效考核办法》，对扶贫开发任务重的中西部 22 个省（自治区、直辖市）党委和政府进行扶贫开发工作成效考核。2014 年 12 月，中央组织部、国务院扶贫办联合印发《关于改进贫困县党政领导班子和领导干部经济社会发展实绩考核工作的意见》，把扶贫工作作为经济社会发展实绩考核的主要内容，将提高贫困人口生活水平、减少贫困人口数量和改善贫困地区生产生活条件作为考核评价扶贫成效的主要指标，着力考核通过精准扶贫、扶贫资金使用、扶贫项目实施、扶贫产业发展，增强贫困地区发展内生动力和活动，带动贫困群众持续稳定增收的情况。

国家精准扶贫考核形成后，各省（自治区、直辖市）纷纷出台精准扶贫考核办法。广西出台《广西壮族自治区设区党委和政府扶贫开发工作成效考核办法（试行）》，把脱贫成效、精准识别、精准帮扶、扶贫资金使用管理等作为考核主要内容，采取自评、第三方评估等多种方式，从 2016 年起每年开展一次考核评估，并将考核结果作为设区市党政领导班子和主要领导综合考核评价的重要依据。广西出台《广西壮族自治区贫困县党政领导班子和领导干部经济社会发展实绩考核办法（修订）》，对贫困县和片区县党政领导班子和主要领导进行考核，将贫困改善情况、扶贫重点工程、扶贫资金整合使用、扶贫资金监管、精准管理、精准帮扶等作为主要内容，采取平时考核与年终考核相结合、定性考核与定量考核相结合的方式进行考核，考核结果与贫困县级自治区定点帮扶部门领导干部年度考核、综合考核评价挂钩，作为相关单位和领导干部评

---

① 许贵元. "双认定"是精准扶贫的好办法. 广西日报，2016－08－30，第 11 版.
② 韦继川. 绘就贫困地区画卷——广西精准扶贫决胜小康综述. 广西日报，2017－05－19，第 1 版.

先评优、选拔任用、责任追究的重要依据。云南省出台《云南省驻村扶贫工作队管理办法》，提出由县级"挂包帮、转走访"工作联席会议办公室统筹、乡镇党委具体负责，对驻村扶贫工作队队长及队员每年进行年度考核，考核结果分为优秀、称职、基本称职、不称职等四个等次。

四、精准扶贫工作机制创新的经验启示与理论贡献

（一）经验与启示

1. **贫困识别的经验与启示**　贫困的识别是一项专业性强、复杂性高的技术性工作。国际的贫困识别方法主要有自上而下的识别方法（如个体需求评估法）和自下而上的贫困识别方法（如以社区为基础的瞄准方法），且在单独运用中都存在一定的局限性[①]。在贫困的多层级治理中，由于贫困识别技术的复杂性，基层干部往往难以胜任贫困识别的专业性工作。贫困规模庞大，采用一家一户的家计调查的贫困识别成本高、耗时长，且难以排除贫困变动对识别精准的干扰。中国精准识别工作采取自上而下与自下而上相结合的方法。即通过统计部门抽样测算全国贫困规模，并由国家扶贫部门自上而下逐级分解贫困指标（分解到县）的方法较好保证了贫困识别的科学性。同时通过农户自愿申请、民主评议等自下而上的识别方法和简单易懂的识别标准（如贵州的"四看法"），利用乡村熟人社会中的信息优势提升贫困识别中群众参与度和监督效果，保障了贫困识别的真实性。在多层级的贫困治理中，信息在多层级间传递造成的信息不对称，加上各层级利益诱导，往往容易导致贫困识别的目标偏离。需要上级部门利用统计部门测算数据实施贫困规模指标化，同时发挥乡村贫困人口、基层政府的积极性，采取自下而上的识别程序和简单易懂的识别标准，引导群众参与和监督。

2. **贫困干预与脱贫保障的经验与启示**　精准扶贫涉及不同需求扶贫对象，多类贫困干预主体，多层级政府治理。在贫困治理的复杂性，加大了精准扶贫治理的难度。而向基层政府"授权"有利于提升治理的有效性，但也增加地方政府利用信息优势和自由裁量空间发生"道德风险"的可能性，需要以出台纲领性、指导性的专项政策，以及扩大社区参与等手段防止地方政府贫困干预行

---

① 罗江月，唐丽霞．扶贫瞄准方法与反思的国际研究成果．中国农业大学学报（社会科学版），2014年，第6期．

为目标偏离①。习近平总书记将中国精准扶贫实践经验概括为："加强领导是根本、把握精准是要义、增加投入是保障、各方参与是合力、群众参与是基础。"② 在贫困问题精准干预中，坚持不断加大投入，保障了精准扶贫治理在资金资源获得有效供给，通过"四到省""四到县"和"贫困县统筹整合使用扶贫资金"等"授权"机制，激发地方政府和群众参与的积极性，发挥基层扶贫信息优势，保障了扶贫治理的精准性。精准扶贫实践强调加强领导特别是中共中央对扶贫开发的统揽全局，将加强领导是贫困治理的根本。在实施精准扶贫治理过程中，形成了《中国农村扶贫开发纲要（2011—2020 年）》《中共中央、国务院关于打赢脱贫攻坚战的决定》等纲领性文件及各部委百余项配套文件。省级政府也出台和完善了"1＋N"的精准扶贫脱贫系列政策。这些政策，涉及扶贫力量动员、贫困干预施策、贫困人口管理、贫困退出、扶贫工作考核评估等各个扶贫领域，加上中共中央及各部门在精准扶贫工作的督查巡查、纪检监察、巡视、审计、媒体、社会等监督力量全方位合作，形成全党全社会共同参与精准扶贫的合力脱贫攻坚格局，防止了地方政府"道德风险"在贫困治理中的发生。

（二）理论贡献

精准扶贫顶层设计及理念极大丰富了国贫困治理的理论内涵。十八大以来，国家脱贫攻坚非常重视贫困治理顶层设计。而以习近平同志为核心的中共中央在精准扶贫战略设计中也蕴含了丰富的理论思想。习近平总书记指出："要真真实实把情况摸清楚。做好基层工作，关键要做到情况明。情况搞清楚了，才能把工作做到家、做到为。"③ "发展是甩掉贫困帽子的总办法，贫困地区要从实际出发，因地制宜，把种什么、养什么、从哪里增收想明白，帮助乡亲们需找脱贫致富的好路子。"④ "要紧紧扣住发展这个促使贫困地区脱贫致富的第一要务，立足资源、市场、人文旅游等优势，因地制宜找准发展路子，既不能一味等靠、无所作为，也不能'捡进篮子都是菜'，因发展心切而违背规律、盲目蛮干，甚至搞劳民伤财的'形象工程''政绩工程'。"⑤ "抓扶贫开

① 吕方，梅琳．"复杂政策"与国家治理——基于国家连片开发扶贫项目的讨论．社会学研究，2017 年，第 3 期．
② 习近平在中央政治局第三十九次集体学习时强调：更好推进精准扶贫精准脱贫，确保如期实现脱贫攻坚目标．人民日报，2017－02－23，第 1 版．
③ 李贞，雷龚鸣．习近平谈扶贫．人民日报，2016－09－01，第 7 版．
④ 习近平在湖南考察时强调：深化改革开发推进创新驱动，实现全年经济社会发展目标．人民日报，2013－11－6，第 1 版．
⑤ 习近平论扶贫工作——十八大以来重要论述摘编．党建，2015 年，第 12 期．

发，既要整体联动、有共性的要求和措施，又要突出重点、加强对特困村和特困户的帮扶。"①"贫困地区发展要靠内生动力，如果凭空救济出一个新村，简单改变村容村貌，内在活力不行，劳动力不能回流，没有经济上的持续来源，这个地方下一步发展还是有问题。一个地方必须有产业，有劳动力，内外结合才能发展。"② 这些简洁明了的论述蕴含着以客观实际作为行动基础、以发展推进扶贫开发、统筹兼顾抓扶贫等内容的精准扶贫思想、科学扶贫思想、内源扶贫等思想，为精准扶贫实践提供了行动指引，对国际减贫理论的发展也具有重大的价值和意义。

精准扶贫工作实践探索为贫困治理理论创新提供了丰富的养分。围绕精准扶贫工作中的精准识别和动态管理，形成了贫困治理的"社会成本"理论③，以及解释贫困人口精准识别过程中贫困识别不精准的信息不对称理论和利益相关者理论④；围绕扶贫资源精准传递，相关学者在中央—地方关系理论上创新出中央—地方—村庄关系理论视角，对精准扶贫工作机制的国家治理意图做出解读⑤；围绕对贫困进行精准而有效治理机制创新，形成"三维资本"理论，提出在贫困治理中要注重发挥物质资本的基础性作用、人力资本的智力支持作用以及社会资本的效用提升作用⑥，以及政府、社会、市场协同治理的内源性扶贫理论，阐明深度贫困地区贫困治理中各方力量协同合力的结构⑦；围绕政府精准扶贫有效治理与社会参与精准扶贫，形成了精准扶贫的"复杂政策"治理模式，提出了多层级政府贫困治理中发挥中央和地方"两个积极性"的治理思路⑧，以及社会组织参与精准扶贫的社会与国家互嵌合作理论，阐述了社会组织参与精准扶贫治理的路径与策略选择⑨。另外，针对精准扶贫的治理特

① 习近平在湖南考察时强调：深化改革开发推进创新驱动，实现全年经济社会发展目标. 人民日报，2013 - 11 - 6，第 1 版.

② 刘永富. 打赢全面建成小康社会的扶贫攻坚战. 人民日报，2014 - 04 - 09，第 7 版.

③ 左停，杨雨鑫，钟玲. 精准扶贫：技术靶向、理论解析和现实挑战. 贵州社会科学，2015 年，第 8 期.

④ 陆汉文，李文君. 信息不对称条件下贫困户识别偏离的过程与逻辑——以豫西一个建档立卡贫困村为例. 中国农村经济，2016 年，第 7 期.

⑤ 左停，杨雨鑫，钟玲. 精准扶贫：技术靶向、理论解析和现实挑战. 贵州社会科学，2015 年，第 8 期.

⑥ 黄承伟，沈洋. 完善中国新型农村扶贫开发战略的思考——论"三维资本"协同下的反贫困机制. 甘肃社会科学，2013 年，第 3 期.

⑦ 覃志敏. 连片特困地区农村贫困治理转型：内源性扶贫——以滇西北波多罗村为例. 中国农业大学学报（社会科学版），2015 年，第 6 期.

⑧ 吕方，梅琳. "复杂政策"与国家治理——基于国家连片开发扶贫项目的讨论. 社会学研究，2017 年，第 3 期.

⑨ 覃志敏. 民间组织参与中国贫困治理的角色及行动策略. 中国农业大学学报（社会科学版），2016 年，第 5 期.

点，一些学者还从精细社会理论视角①、农村转型视角②等多种角度对精准扶贫工作做了理论阐释。总而言之，作为中国贫困治理的创新性突破，精准扶贫的新理念、新实践、新要求，乃至于在各地实践探索形成的贫困治理新模式、遇到的新问题等，都为广大贫困理论研究者提供极其丰富的理论创新灵感和经验素材，推动了中国贫困治理理论的快速发展。

---

① 王宇，李博，左停. 精准扶贫的理论导向与实践逻辑——基于精细社会理论的视角. 贵州社会科学，2016 年，第 5 期.

② 吕方，梅琳. "精准扶贫"不是什么？. 新视野，2017 年，第 2 期.

内源扶贫激发贫困地区内生动力

刘　欣

摘要：从中国扶贫开发历程来看，早期救济式扶贫突出政府扶贫资源的输入以及对贫困地区的外部扶持，主要沿袭西方传统外源式扶贫的路径和模式。20世纪80年代正式启动扶贫开发工作以后，国家在注重开发贫困地区物质资本的同时，也通过以工代赈、劳动力技能培训等形式激发贫困地区和贫困人口的内生发展动力。特别是2000年以后，国家扶贫开发工作单位开始由贫困县向贫困村、贫困人口转移，并突出贫困人口自下而上的参与，探索政府与民间组织合作推动的参与式扶贫，内源扶贫的理念和举措得到进一步强调和凸显。

十八大以来，习近平总书记不断强调扶贫开发过程中内生动力的重要性，提出"脱贫致富终究要靠贫困群众用自己的辛勤劳动来实现""贫困地区发展要靠内生动力"等重要思想和论断，深刻指出"扶贫开发最为重要的是要充分调动群众的积极性和主动性，增强群众战胜困难的信心，激发内生动力，提高自我发展能力，变'输血'为'造血'"等内源扶贫的思想和理念。同时，国家提出精准扶贫战略以后，不断进行扶贫资金管理体制改革，构建政府、市场、社会广泛参与的大扶贫格局，推进党建扶贫和干部驻村帮扶，壮大发展村集体经济等扶贫机制创新，创新和完善社区主导型发展、社会组织扶贫、基层党建引领扶贫、社区精英带动扶贫等实践模式，从贫困地区内生资源出发，结

刘欣：北京师范大学经济与资源管理研究院博士后。

合贫困地区实际，以贫困人口为发展主体，激发贫困人口内生动力，以提升扶贫资源效益、实现发展成果共享的内源式发展目标。总的来看，中国在长期的扶贫开发工作特别是十八大以来的脱贫攻坚过程中，不断践行和拓展内源扶贫的工作方法和理念，并形成了政府引导、以人为本、三维资本协同开发、内源外源相结合的中国式内源扶贫道路和实践经验。

从理论上看，内源扶贫源于内源式发展理念，是 20 世纪中期一些研究者对功利主义普世性发展模式下，欠发达地区"有增长无发展"现象反思的产物。与外源发展相对应，内源发展强调建立自我导向的内生发展动力机制。20世纪 70 年代以后，联合国教科文组织提出内源式发展战略，强调尊重国家和民族文化个性，以地区自身发展为目的，主张在地区内部寻找发展动力和机遇，依托地区资源禀赋谋求发展。随后，内源式发展理念逐渐被引入国际减贫领域。作为一种扶贫理念和模式，内源扶贫强调以贫困地区居民为发展主体上，注重其创造性、能动性和积极性；从地区实际出发，依托社区资源实现可持续发展；以及发展成果的社区共享，从而区别于依赖外部支持、将贫困人口置于支配地位的外源式扶贫方式。同时，内源扶贫并不反对外部援助，特别是贫困地区的特殊性，不仅不能排除与外部的互动合作，还需要借助外力，通过必要的政府引导和外部资本带动来实现内生发展。

作为世界上最大的发展中国家，中国也面临着艰巨的减贫和发展任务。国家将反贫困作为社会主义的本质要求，高度重视反贫困工作，致力于在经济社会发展的全面进程中，实行有效的反贫困政策措施来解决贫困人口温饱问题，以实现公平而有效率的发展。特别是伴随 70 年代以后内源扶贫在国际领域的传播，也影响到中国内源扶贫的探索和实践。以改革开放为起点，中国逐步开启农村扶贫开发的制度化历程，并在总体上形成了以开发式扶贫为主的扶贫战略。可以说，中国一开始就倡导内源扶贫的理念和举措，希望通过国家的各项资金投入和政策扶持，带动贫困地区贫困人口开发本地资源，实现脱贫致富。在近四十年的扶贫开发历程中，中国将政府扶贫与贫困人口自力更生相结合，将政府主导与社会参与相结合，不断拓展内源扶贫的理念和实践。

一、中国内源扶贫的发展历程

在中华人民共和国成立后的三十多年，中国没有提出正式的扶贫开发战略和政策，而主要通过制度创新和社会救济形式，缓解农村普遍存在的贫困问题，在总体上是一种以平均主义福利模式为基础、物质资本投资为主的反贫困模式①，并突出依托政府外部救助的外源发展路径。但同时，这些举措取得了相应的减贫成效，在一定程度上缓减了农村绝对贫困现象，并在增强贫困户自身活力、鼓舞治穷致富信心以及调动贫困人口积极性方面产生了积极作用。

20世纪80年代中期，伴随改革开放带来中国经济社会的快速发展，贫富差距以及区域性贫困问题开始凸显。中国正式启动了有组织、有计划、大规模的扶贫开发进程。总体上看，以开发式扶贫为起点，中国内源扶贫经历了基于内生资源开发、利用的开发式扶贫阶段，强调贫困主体参与、能力培养的参与式扶贫阶段以及十八大以来以人为本、共享发展的精准扶贫阶段。

（一）1986—2000年：内生资源开发、利用的开发式扶贫阶段

改革开放初期，伴随以家庭联产承包责任制为核心的体制改革，农村经济在国民经济快速增长背景下迅速发展，农民收入得到提高，生活水平得以改善，贫困人口数量大量减少。但同时，一些偏远地区农村仍面临严峻的贫困问题，且与发达地区的差距逐渐扩大。面对日渐突出的区域性贫困问题，要彻底治愈"贫困病"，最根本的还是要恢复贫困人口自身"造血"功能，增强其生机与活力②。

因此，国家在推进农村经济改革、增加农民收入的同时，开始针对经济发展滞后、贫困人口较为集中的一些地区实施相应的扶持政策和措施。如1978年全国民政工作会议正式划定农民贫困标准，1980年设立"支持经济不发达地区发展资金"；1982年实施为期10年的"三西"（甘肃定西、河西与宁夏西海固地区）农业建设计划；1984年正式发出《关于帮助贫困地区尽快改变面貌的通知》，开展各民主党派、工商联的"智力支边"活动和政府部门参与扶贫活动。1986年，中国成立了专门的扶贫工作机构——国务院贫困地区经济开发领导小组（1993年改称国务院扶贫开发领导小组）及其办公室，标志着扶贫开发进入新的历史阶段。随即，国家开始针对贫困县安排专项扶贫贷款、以工代赈和财政发展资金，不仅为贫困地区和贫困人口生产活动提供资金支持，也充分利用贫困地区剩余劳动力资源兴建基础设施，为贫困农户提供就业机会和收入来源，提高农户短期收入水平和长期发展能力，逐渐形成了开发式的扶贫方针。

1994年，国务院公布实施《国家八七扶贫攻坚计划》，决定"从1994年

---

① 黄英君，苗英振，蒋径舟. 我国政府反贫困政策回顾、反思与展望——基于社会资本投资的视角. 探索，2011年，第5期.

② 王瑞芳. 告别贫困：中华人民共和国成立以来的扶贫工作. 党的文献，2009年，第5期.

到 2000 年，集中人力、物力、财力，动员社会各界力量，力争用 7 年左右的时间，基本解决目前全国农村 8 000 万贫困人口的温饱问题"。《国家八七扶贫攻坚计划》提出坚持开发式扶贫方针，是中国历史上第一个有明确目标、对象、措施和期限的纲领性扶贫文件。在随后的几年，开发式扶贫得到进一步加强，并形成了产业开发、雨露计划、以工代赈、易地移民搬迁等一系列行之有效的扶贫模式。

总体上看，这一时期中国扶贫开发开始形成专门性的职能部门和制度安排，并以贫困县为瞄准单位，强调政府扶贫资源的大量投入。但不同于以往强调"输血"的外源发展路径，中国在开发式扶贫过程中逐渐凸显出内源扶贫的理念和举措，包括鼓励贫困地区发扬自力更生、艰苦奋斗精神，依靠科技进步开发利用当地资源，积极提升农村教育水平，实施促进人力资本积累的劳动力转移技能培训等，突出了贫困地区内生资源的开发建设，以及贫困人口内生动力的激发。到 2000 年，中国基本实现了《国家八七扶贫攻坚计划》确定的战略目标，不仅基本解决了全国农村贫困人口温饱问题，也极大地调动和激发了贫困地区减贫发展的信心和动力，为下一阶段内源扶贫的进一步发展奠定了基础。

（二）2001—2012 年：主体参与、能力培养的参与式扶贫阶段

《国家八七扶贫攻坚计划》完成以后，中国农村贫困问题开始发生变化：普遍性贫困逐渐转变为个体之间贫富差距日益扩大，收入性贫困为主转变为多元贫困为主，区域性贫困发展到阶层性贫困。农村贫困不再是区域经济发展不足的问题，而逐渐发展为个体和群体性的贫困问题。加之一些极贫人口和弱势群体很难从区域发展中受益，这些对于扶贫瞄准单位和扶贫战略的转变提出了新的要求，呼吁更加人为本的扶贫理念和措施。

2001 年，《中国农村扶贫开发纲要（2001—2010 年）》发布，对新阶段扶贫开发工作做出重大部署和战略调整。纲要提出坚持开发式扶贫方针，通过发展生产力，提高贫困农户自我积累、自我发展能力；坚持综合开发、全面发展，把扶贫开发纳入国民经济和社会发展计划，促进贫困地区经济、社会的协调发展和全面进步等内容。指出了 21 世纪扶贫开发工作的总体战略和目标，特别是强调要把贫困地区尚未解决温饱问题的贫困人口作为扶贫开发首要对象，扶贫资源由瞄准贫困县向贫困村和贫困人口转变，通过发展生产力、提高农户发展能力等方式整村推进扶贫开发，以及扶贫开发必须与资源保护、生态建设相结合，实现资源、人口和环境的良性循环等工作要求，进一步凸显了内源扶贫的理念和特征。

因此，这一时期中国扶贫开发总体上仍强调政府投入为主的开发式扶贫，并开始贯彻综合开发、全面发展、可持续发展以及全社会共同参与的理念和要求，以改变政府扶贫资金投入效率低、扶贫干预政治色彩浓厚以及贫困人口参与度低等弊端。同时，伴随一些国际机构及民间组织在扶贫领域引入"参与式"理念和工作模式，并逐渐发展出一套系统化、规范化的实践程序，产生了明显的扶贫效果，引起各国政府广泛关注，中国政府也开始将参与式的理念、原则和方法在扶贫工作中加以运用和推广，强调让贫困人口直接参与扶贫开发项目的规划设计与资金使用决策，以此促进贫困人口的能力建设，增强个人的自我积累和自我发展能力。可以说，参与式扶贫工作方法的应用，标志着中国扶贫开发理念的重要转变，进一步拓展了内源扶贫的实践经验①。

总体上看，这一阶段中国内源扶贫在前期强调贫困人口教育和技能培训的基础上，更加突出贫困人口的参与、内生资源的综合开发以及与资源保护、生态建设相结合的可持续扶贫开发道路，并且由政府与非政府组织合作，引入参与式的扶贫理念和工作方式，推进以村庄为瞄准和治理单元的整村扶贫开发，取得了显著的减贫和发展成效。

（三）2013 年以后：以人为本、共享发展的精准扶贫阶段

2011 年以后，中国扶贫开发已经从以解决温饱为主要任务的阶段转入巩固温饱成果、加快脱贫致富、改善生态环境、提高发展能力、缩小发展差距的新阶段。特别是十八大以来，中国的扶贫工作进入以精准扶贫精准脱贫为基本方略的脱贫攻坚阶段，扶贫工作开始了前所未有的伟大实践。

2015 年，《中共中央、国务院关于打赢脱贫攻坚战的决定》进一步提出实施精准扶贫方略、加快贫困人口精准脱贫的政策举措，包括健全精准扶贫工作机制、发展特色产业脱贫、引导劳务输出脱贫、实施异地搬迁脱贫、结合生态保护脱贫、加强教育脱贫、开展医疗保险和医疗救助脱贫、实行农村最低生活保障制度兜底脱贫、探索资产收益扶贫、健全特殊人群关爱服务体系等，成为指导当前和今后一个时期脱贫攻坚的纲要性文件。随后，国家围绕精准扶贫精准脱贫进行了一系列顶层设计，逐步提出"六个精准""五个一批""六项行动"和"十项扶贫工程"等，作为精准扶贫精准脱贫的基本要求与实现途径。据此，贫困地区从实际出发，探索精准扶贫精准脱贫新机制、新模式，形成了

---

① 2006 年，国务院扶贫办、亚洲开发银行、江西省扶贫办与中国扶贫基金会合作，在江西省乐安县、兴国县、宁都县 6 个乡镇的 18 个重点贫困村合作开展村级扶贫规划试点的技术援助项目。旨在通过非政府组织参与实施政府资助的村级扶贫规划项目，创建和示范非政府组织参与政府扶贫项目的机制和模式，并为政府提供政策建议。

一系列富有成效和创新意义的地方实践，推动中国现阶段脱贫攻坚取得巨大成就，也进一步深化拓展了内源扶贫的理念、机制和模式。

精准扶贫精准脱贫方略，力图实现扶贫瞄准对象和扶贫资源由县域向村级以及贫困人口的进一步精准定位，是应对多维贫困、插花式贫困等现阶段贫困问题的战略调整，回应了以具有劳动能力贫困人口为对象的大规模开发式扶贫，如何应对扶贫攻坚阶段一部分不具备劳动能力贫困人口的脱贫问题，以及如何更好地瞄准贫困人口，确保贫困人口实现全部脱贫等问题，在中国扶贫开发历史进程以及中国特色扶贫开发道路形成过程中具有非常重要的意义。特别是国家提出将资产收益扶贫、电商扶贫、旅游扶贫、教育扶贫等作为精准扶贫精准脱贫的实现路径，不仅体现出扶贫政策的综合性、多元化取向，也彰显了以人为本、激发贫困人口内生动力、探求地区特色扶贫路径、实现发展成果共享的内源式发展理念。

从中国内源扶贫的发展历程来看，一方面，中国扶贫开发从最初依靠国家外部"输血"的救济式扶贫，转变到强调开发贫困地区资源的开发式扶贫，内源扶贫逐渐取代了单纯依靠外部输入、采用普遍性扶贫模式的外源扶贫路径；另一方面，伴随国家经济社会发展以及国内外减贫理念的渗透和影响，内源式扶贫路径本身也在不断发生变化，从强调贫困人口技能培训、贫困人口赋权参与到强调激发内生动力以及社区主导型发展，从强调国家政府资源的输入到强调建立国家、市场、社会协同参与的大扶贫格局，从强调贫困人口主动参与到建立驻村帮扶机制引导参与，体现出内源式扶贫理念的不断深入和拓展。

二、十八大以来中国内源扶贫的制度创新

中国扶贫开发过程中，不仅推动农村减贫取得重大成就，也形成了中国特色的扶贫道路、制度安排和理论体系。党和国家领导人以及扶贫研究者，在探索形成中国特色扶贫开发理论体系的同时，也不断推动内源扶贫理论以及国家制度安排的完善和发展。

（一）基于中国特色扶贫开发道路的理论创新

十八大以来，习近平总书记多次强调内源扶贫的重要意义和内涵，对于现阶段中国内源扶贫等做出了新的补充和阐释。2012年12月29—30日，习近平总书记在河北阜平考察时强调，"贫困地区发展要靠内生动力，如果凭空救济出一个新村，简单改变村容村貌，内在活力不行，劳动力不能回流，没有经济上的持续来源，这个地方下一步发展还是有问题。一个地方必须有产业，有劳动力，内外结合才能发展"。这些论述涵盖了内源扶贫的思想，不仅强调扶

贫对象和贫困地区内在生产力在扶贫开发中的重要性，还将贫困地区和贫困对象是否具备内生发展动力作为扶贫开发目标能否实现的根本标志①。20 多年前，习近平总书记在《摆脱贫困》一书中就提出，"摆脱贫困首要意义并不是物质上的脱贫，而是在于摆脱意识和思路的贫困"。"贫困并不要紧，最怕的是思想贫乏，没有志气"，因此，扶贫先要扶志，要从思想上淡化"贫困意识""安贫乐道""穷自在""等靠要"、怨天尤人等观念，树立"弱鸟可望先飞，至贫可能先富"的信心。他强调，"我们要把事事求诸于人转为事事先求诸于己"，"贫困地区完全可能依靠自身的努力、政策、长处、优势在特定领域'先飞'，以弥补贫困带来的劣势。"②

伴随国家对扶贫工作的重视和加强，一些研究者也对中国特色扶贫开发道路特别是内源扶贫进行研究，进一步拓展了内源扶贫的理论发展。如覃志敏结合连片特困地区农村贫困治理的实践，指出连片特困地区的贫困干预既要加强基础设施建设，更需要以精细化的社区能力建设来增强扶贫对象与外部交流的意识和能力③。曾明、曾薇指出乡村精英在在产业合作、社会资本共享、转变贫困人群观念等方面对提升贫困者自我发展能力产生了一定效果。需要整合乡村精英力量，加强多元主体扶贫参与机制建设，以实现受援者自主能动发展为目的，促进农村内源式扶贫开发④。胡文显、苏孝永指出，欠发达地区农户面临内源增收机制缺乏、内源式增收的"贫困陷阱"、内源要素禀赋薄弱等困境，保护和培育村级经济发展资源、构建村级产业发展"孵化器"以及发挥政策引擎作用，则有利于建立低收入农户内源式增收的长效机制⑤。由于扶贫的精髓在于激发扶贫对象可持续的内生发展动力，即使扶贫对象不具备自我发展能力，也要创造条件让其拥有长期稳定的生存保障，能够看到勤劳致富的希望。遵循这一指导思想，中国目前扶贫攻坚实践又表现出明显的协助内源式发展的特点。如通过政府引导、企业参与的产业开发，政府、金融机构推动的资金扶持方式，以及各类资产收益扶贫式扶贫等⑥。

① 刘永富. 打赢全面建成小康社会的扶贫攻坚战——深入学习贯彻习近平同志关于扶贫开发的重要讲话精神. 农产品加工，2014 年，第 5 期.

② 习近平. 摆脱贫困. 福建：福建人民出版社，2014 年版.

③ 覃志敏. 连片特困地区农村贫困治理转型：内源性扶贫——以滇西北波多罗村为例. 中国农业大学学报（社会科学版），2015 年，第 6 期.

④ 曾明，曾薇. 内源式扶贫中的乡村精英参与——以广西壮族自治区 W 市相关实践为例. 理论导刊，2017 年，第 1 期.

⑤ 胡文显，苏孝永. 欠发达地区低收入农户内源式增收机制探讨——源于温州的实践. 改革与战略，2012 年，第 4 期.

⑥ 海南省社科联（社科院）课题组. 丰富和践行中国特色扶贫开发理论. 中国社会科学报，2017 - 06 - 15，第 001 版.

总的来看，十八大以来，基于中国特色扶贫开发道路的理论创新，内源扶贫的理念和思想也得到进一步的深化和拓展，在强调贫困人口参与扶贫发展主动性、能动性的同时，也更加注重通过社区发展、农民合作等方式激发社区内生动力；强调政府引导的内源扶贫过程中，也更加注重社会组织、市场组织的协同作用。

（二）基于内源性发展的扶贫机制创新

十八大以后，特别是国家提出精准扶贫精准脱贫作为打赢脱贫攻坚战的根本方略，内源扶贫也进入更加以人为本、促进共享发展的新阶段。在习近平总书记内源扶贫重要论述指导下，国家和各级地方政府围绕提升贫困地区贫困人口内生动力、增强减贫发展可持续性的目标，实施扶贫资金整合和管理体制改革，进一步构建完善政府、市场、社会协同参与的大扶贫格局，开展党建扶贫和干部驻村帮扶机制以及探索村集体经济发展等一系列扶贫机制创新，推动中国特色内源扶贫的制度创新。

1. **改革扶贫资金整合和管理机制** 物质资源的输入是实现农村减贫发展的必要条件。由于贫困地区的特殊性，激发其内生动力，实现可持续发展有赖于外部资源特别是政府扶贫资源的投入和扶持。中国扶贫工作历程中，逐步构建了针对贫困地区、贫困人口的财政综合扶贫政策体系，中共中央和地方各级财政通过多种渠道增加扶贫开发的资金投入。而如何管好用好各类财政资金，是进一步发挥好扶贫资金在内源扶贫过程中积极作用的基础和关键。

2013 年年底，中共中央办公厅、国务院办公厅印发《关于创新机制扎实推进农村扶贫开发工作的意见》，提出了改革财政专项扶贫资金管理机制。包括增加扶贫资金投入，增强资金使用的针对性和实效性；将资金分配与工作考核、资金使用绩效评价结果相结合，探索以奖代补等竞争性分配办法；简化资金拨付流程；整合扶贫和相关涉农资金；探索政府购买公共服务；加强资金监管；坚持和完善资金项目公告公示制度等要求。2016 年，国家提出优化财政涉农资金供给机制以及改革财政涉农资金管理使用机制的意见，以提高资金使用效益，保障贫困地区集中资源实现脱贫发展。一方面，涉农资金整合机制赋予贫困县统筹整合使用财政涉农资金的自主权，逐渐形成"多个渠道引水、一个龙头放水"的扶贫投入新格局，以激发贫困县内生动力；另一方面，国家提出支持贫困县围绕突出问题，通过政府和社会资本合作、政府购买服务、贷款贴息、设立产业发展基金等有效方式，充分发挥财政资金引导作用和杠杆作用，撬动更多金融资本、社会帮扶资金参与脱贫攻坚，以提高资金使用精准度和效益。同时，进一步下放资金使用管理权和项目审批权，在选择扶贫项目时，充分尊重贫困群众的意愿①。

改革扶贫资金管理机制，建立财政涉农资金统筹整合使用机制，具有重大的现实意义，对于进一步优化财政涉农扶贫资金使用方向、使用结构、使用效率等具有重大而深远的影响。不仅有利于国家和各级政府加大扶贫项目的投入，也为充分发挥财政涉农扶贫资金使用效率提供了制度保障。

2. 构建完善大扶贫格局　长期以来，动员政府和全社会力量共同参与扶贫开发，是中国扶贫开发事业的成功经验，也是中国特色扶贫开发道路的显著特征。自中国正式启动农村扶贫开发进程以来，逐渐形成了政府专项扶贫、行业扶贫、社会扶贫等扶贫形式，推动建立起政府、市场、社会协同参与，专项、行业、社会"三位一体"、互为补充的大扶贫格局。

2013 年，国家将"创新社会参与机制"作为推进农村扶贫开发工作机制创新的主要内容，提出建立和完善广泛动员社会各方面力量参与扶贫开发制度。充分发挥定点扶贫、东西部扶贫协作在社会扶贫中的引领作用。支持各民主党派中央、全国工商联和无党派人士参与扶贫开发工作，鼓励引导各类企业、社会组织和个人以多种形式参与扶贫开发。随后，中央不断提出建立和完善广泛动员社会各方面力量参与扶贫开发的制度，包括 2014 年出台《关于进一步动员社会各方面力量参与扶贫开发的意见》，2015 年发出《关于进一步完善定点扶贫工作的通知》，2016 年出台《关于进一步加强东西部扶贫协作工作的指导意见》等，以进一步动员社会各方面力量参与扶贫开发，全面推进社会扶贫体制机制创新。同时，健全社会力量参与机制，通过开展扶贫志愿活动、打造扶贫公益品牌、构建信息服务平台、推进政府购买服务等创新扶贫参与方式，构建社会扶贫"人人皆愿为、人人皆可为、人人皆能为"的参与机制，营造全社会共同参与扶贫开发的社会氛围。

构建和完善政府、市场、社会广泛参与的大扶贫格局，不仅有利于整合和集聚扶持贫困地区贫困人口减贫发展的资源和力量，增加对贫困地区各类资本的投入和支持，同时也有利于充分发挥不同扶贫主体、不同扶贫模式的积极作用，为提升贫困地区贫困人口内生发展动力，建立可持续的生计模式奠定基础。

3. 建立干部驻村帮扶机制　中国早在 20 世纪 80 年代启动农村扶贫开发工作时，就已经提出并实施了驻村帮扶的扶贫机制。即通过引导国家机关和行业部门开展多种形式的帮扶活动，调动贫困地区内生发展动力。

---

① 国务院办公厅关于支持贫困县开展统筹整合使用财政涉农资金试点的意见.2016-04-28，中华人民共和国中央人民政府网，http：//www.gov.cn/zhengce/content/2016-04/22/content_5066842.htm

2013 年，在《关于创新机制扎实推进农村扶贫开发工作的意见》中，国家提出将健全干部驻村帮扶机制作为六项扶贫开发工作机制创新之一，要求在各省（自治区、直辖市）现有工作基础上，普遍建立驻村工作队（组）制度。确保每个贫困村都有驻村工作队（组），每个贫困户都有帮扶责任人。2014 年 3 月，国务院扶贫开发领导小组召开第二次全体会议，进一步要求各地把驻村帮扶工作和第二批党的群众路线教育实践活动结合起来，认真总结现有帮扶经验，选拔有经验、有能力、懂扶贫、善于同农民打交道的干部，在 2014 年上半年派驻到每个贫困村。

目前来看，全国各地采取了多种形式的驻村、联村帮扶模式，驻村工作队（组）在广泛宣传党和国家关于农村工作特别是扶贫开发重大方针政策，帮助贫困村民更新观念、开拓思路；深入了解贫困村民的情况与需求，有针对性开展工作；制订具体帮扶规划，协调有关各方，争取资金、项目和政策支持，确保贫困村民直接受益；实施做好组织动员工作，激发贫困村民脱贫的志向、动力；以及帮助加强基层组织建设，提高村党支部的执行力和战斗力，培养带领村民脱贫致富的带头人等方面承担了具体的工作任务。不仅充分发挥了驻村干部在基层扶贫政策和项目实施中的积极作用，提高了基层扶贫开发工作的有效性和针对性，也有力推动了贫困村基层组织建设和干部能力建设，并为国家发现、培养和锻炼干部人才提供了重要途径和平台。

4. 探索发展村集体经济　村集体经济是农村建设发展的必要物质基础，也是提高农村基层党组织凝聚力、号召力和战斗力的重要保证。贫困地区往往具有地理位置偏远、资源匮乏、村级组织涣散等特征，村庄发展大多面临集体经济匮乏的困局，不仅影响到村庄对国家和上级扶贫资源的承接和传递，也进一步加剧了村庄内部的公共性溃败和组织涣散，影响村庄内生动力的激发和凝聚。因此，贫困村庄探索发展村集体经济，不仅是当前实现脱贫攻坚任务的重点和难点，也是进一步激发村庄内生动力、实现内源式可持续发展的关键。

事实上，伴随国家扶贫工作单位逐渐由县级向村庄转变，贫困村组织建设和集体经济发展越来越受到国家和各级政府的重视。2011 年，《中国农村扶贫开发纲要（2011—2020 年）》就提出要加强基层组织建设，选好配强村级领导班子，以强村富民为目标，以强基固本为保证，积极探索发展壮大集体经济、增加村级集体积累的有效途径，拓宽群众增收致富渠道。2013 年，《关于创新机制扎实推进农村扶贫开发工作的意见》继续提出发展集体经济，增加村级集体积累，以及尊重贫困地区群众在脱贫致富中的主体地位，鼓励其发扬自力更生、艰苦奋斗精神，通过自身努力增加收入，改变落后面貌等要求。2016 年，中共中央办公厅、国务院办公厅在《关于建立贫困退出机制的意见》中，也明确提出贫困村退出将贫困发生率作为主要的衡量标准，统筹考虑村内基础设施、基本公共服务、产业发展、集体经济收入等综合因素。

结合实证研究看，贫困地区根据自身特点，探索发展村集体经济的路径模式，形成了多元化的经营方式。包括以土地、水资源等为主的资源发包，集体土地入股企业的股份合作经营，村集体经济组织的"反租倒包"经营，房地产租赁和物业管理经营，以及争取政府转移支付、部门扶持和社会捐赠等。① 而村集体经济的发展壮大，也为提高村级扶贫资源承接和传递能力、促进村民扶贫参与和合作、提升村庄公共服务水平等奠定了基础，有助于形成经济发展、组织建设和公共服务加强的良性循环。

三、十八大以来各地内源扶贫的实践创新

中共十八大以后，我国内源扶贫进入更加以人为本、强调发展成果共享的新阶段。特别是习近平总书记提出内源扶贫、精准扶贫精准脱贫战略重要论述，以及国家出台一系列有助于实现内源扶贫的制度安排，贫困地区在贯彻落实中共中央、国务院各项决策部署过程中，也不断强调和注重内源扶贫方式的探索和实践。形成了包括社区主导型发展、民间组织参与扶贫、基层党建引领扶贫扶贫以及社区精英带动扶贫等内源式扶贫典型，不仅为完成脱贫攻坚阶段性任务奠定了基础，也进一步丰富发展了我国内源扶贫的实践模式，推动形成中国特色的内源扶贫道路。

（一）社区主导型发展：重庆万州区走马镇内源扶贫实践

社区主导型发展模式（以下简称 CDD 模式）是一种全新的发展和减贫方法，其主要特点是将资源和决策的控制权交给社区和贫困人口，通过社区构建相应制度和规则来决定其自身发展的相关事宜。21 世纪以后，这一模式在世界银行等国际机构推动下，逐渐形成了包括宣传发动、竞争定村、组建村级管理组织、项目准备、项目竞争、项目审核、项目实施、竣工验收、后续管理、项目总结等一整套固定的操作流程和步骤，并被迅速引入发展中国家的减贫项目中。

2010 年以来，世界银行与国务院扶贫办合作，在重庆万州区走马镇启动开展第五期扶贫项目。项目覆盖了走马镇坝梁村、凉风村、渡河村等 12 个行政村，涉及社区基础设施和公共服务、社区发展基金和能力建设、可持续土地

---

① 郭海霞，陈敏，王景新. 村级集体经济的贫困与干预发展——以湖北汉川、老河口两市为例. 广西民族大学学报（哲学社会科学版），2012 年，第 1 期.

管理和适应气候变化、项目管理等四个方面。项目实施以 CDD 模式为主，将村民作为扶贫主导性力量，瞄准村民急需解决、最想发展的项目优先实施，引导村民在项目建设中主动参与、管理和执行。

项目落户走马镇后，当地镇政府和项目村村委会积极进行宣传动员，并在乡镇、村、组成立了三级小组。通过召开临时院坝会议、举行项目小组会议等方式，项目组将村民召集起来，一起商讨村里与生产生活息息相关的大小事宜。村民组则成立项目实施小组和监督小组，具体负责项目的申报、实施、组织、管理、后续维护以及监督工作。项目实施过程中，给予村民充分的选择权、决策权，尊重社区本土化的需求与资源条件，由社区主导扶贫项目的选择和实施，逐渐改变了村民"等、靠、要"的思想观念，增强了村民主动参与建设家园的意识和热情。

CDD 项目的实施，不仅改善了当地村民的生产生活条件和人居环境，推动了地区农业产业化的发展，也有效提高了贫困人口的民主意识和自我组织、自我管理、自我发展能力，加强了农村基层组织建设。参与村庄项目实施以后，村民普遍感觉管理能力得到很大提高。后来一系列强农惠农政策的落实，他们都会组织村民"一事一议"，采取听证会、票决制等方式决策，力求公开、公平、公正。

与一般政府主导的扶贫项目相比，CDD 模式不仅有助于解决传统扶贫方式中贫困人口参与度和扶贫资金的使用效率低的问题，也能够充分激发和培育贫困人口的内生发展动力，对于村庄实现内源式和可持续发展具有重要的价值和意义。

（二）民间组织参与扶贫：云南波多罗村的内源扶贫实践

民间组织参与扶贫是中国近四十年扶贫开发工作的显著特点和经验。与政府主导的扶贫工作相比，民间组织更加注重采用参与式的扶贫工作方法，强调以人为本、以社区为本的减贫发展，确保扶贫项目中贫困人口的参与，保障贫困者享有合理权利，与贫困人口、地方政府或其他伙伴机构合作推行发展项目，被证明是贫困村及贫困人口内生动力的激发培育的重要途径和模式。

云南丽江拉市乡，属于典型的"一坝一乡"和多民族聚居区。而拉市海水源区的波多罗村，曾是当地最贫困的彝族村寨。由于土地资源有限、生产方式落后，村民难以从土地中获得足够的收入，大多以伐木为生。国家实施禁伐政策以后，村民失去了主要的生计来源。而长年的过度砍伐令生态环境日趋恶化，不仅加剧了农业的衰落，更造成雪灾、风灾及泥石流等自然灾害，反过来影响到村民生计，导致贫困现象频发。

（三）基层党建引领扶贫：黑龙江绥棱的内源扶贫实践

我国以政府为主导的扶贫开发工作模式，充分发挥了社会主义国家的制度优势和政治优势。十八大以来，国家大力开展党员干部结对帮扶、驻村帮扶工作，用组织的力量推动精准扶贫精准脱贫。同时，通过加强贫困村基层党组织建设，发挥农村党员模范带动作用，以基层党建引领扶贫，不仅丰富了我国党建扶贫的工作模式，也有助于从贫困村内部出发，发挥先进党员的人力资本和社会资本作用，引领和调动贫困人口脱贫致富的内生动力，真正推动村庄实现内源式发展。

绥棱县是黑龙江 28 个省级贫困县之一，2016 年年初共有贫困村 17 个，建档立卡贫困人口 20 645 人。十八大以来，绥棱县委坚持把扶贫开发作为各级党组织的一项重要政治任务，努力找准党建工作与精准扶贫的结合点，推动县域经济社会发展和脱贫攻坚。

一方面，绥棱县积极开展农村基层党员的教育培训，提高党员素质能力，突出党员主体地位，培养贫困村脱贫致富的"引路人"。借鉴职业教育方法，绥棱在全县 76 个村挂牌创办"农民夜校"，解决农村实用技术人才短缺问题；并将农业生产技能培训安排在村活动中心、党员中心户、农业合作社等村民生产生活一线。通过探索组建村集体主导、村民以土地入股的合作社模式，鼓励党员干部通过建立产业基地、兴办合作社、组建产业协会等形式，带动贫困户实现分红、务工"双重"收入，促进农民增收致富。另一方面，通过贫困村党员干部队伍建设，强化基层党组织的政治功能和治理能力，为脱贫攻坚奠定组织基础。按照政治素质好、引带能力强、依法治理能力强、服务群众能力强、廉洁自律意识强的标准，绥棱县在致富能手、农民合作社负责人、专业大户等群体中择优选拔村党组织书记，增强村级领导班子的发展能力。并按照建强班子治"软"、强化外力帮扶治"弱"、深化教育治"散"的工作思路，采取处级领导包、实力部门帮、下派"第一书记"等办法，整顿软弱涣散的村级党组织。①

脱贫的根本在于找准穷根、拔穷根，激发贫困村庄贫困人口的内生动力，从根本上解决贫困问题。绥棱县通过基层党建引领扶贫，将村党总支打造成为基层扶贫开发的"一线指挥部"，村党支部书记成为村庄脱贫致富的"指挥员"、"引导员"，从群众中来，到群众中去，寻找脱贫致富的地方性举措，激发贫困村庄贫困人口内生动力，从而走上社区为本、以人为本的内源发展道路。

---

① 王安. 以党建引领精准扶贫的四个发力点. 党的生活：黑龙江，2016 年，第 8 期.

（四）社区精英带动扶贫：河南兰考代庄村的内源扶贫实践

十八大以后，伴随"大水漫灌"的粗放式扶贫逐渐转向"精准滴灌"的精准扶贫，从地方性资源入手的、以人为本的内源式扶贫路径愈加受到研究者和扶贫工作者的推崇，以构建基于内生资源的可持续的减贫发展机制，挖掘贫困地区内在资源优势，形成内生发展动力。社区精英作为农村社区的重要组成部分，虽然在以往研究中往往与扶贫资源俘获密切关联，但由于其对地方资源和文化传统的充分了解，在促进贫困人口合作、转变思想观念等方面具有先天优势，在农村内源式扶贫，特别是关注贫困主体自我发展能力、探求地方特色反贫困路径过程中具有独特作用。①

河南兰考县仪封乡，是个典型的农业大乡，长期以来主要以小麦、大豆等传统粮食作物种植为主，具有工业化程度低、城镇化水平不高、农村社会事业发展滞后、贫困人口致富能力差等典型特点。在精准扶贫精准脱贫过程中，仪封乡代庄村的 80 后大学毕业生代玉建，主动放弃省会城市的事业，回乡带领村民致富。2014 年 5 月，经代庄村老支书的推荐和村民选举，代玉建开始担任仪封乡代庄村第一支部书记。随后，代玉建组织村两委，建立健全代庄村的基层组织四项机制，完善村级活动中心的硬件和软件设施，逐渐改变村干部的工作作风。在村委规范化管理形成以后，代玉建开始谋划带领村民脱贫致富。通过向多个部门申请协调，代庄村改善了道路交通、电力建设、灌溉设施和安全饮水，农民生产生活环境得到极大改善。2014 年 10 月，代玉建发起成立怡心农民合作社，以"引导群众走共同发展、共同富裕的道路"为宗旨，并承诺将合作社 20% 的收入作为村集体经济收入，用于发展村内公益事业。他带领村"两委成员"以合作社为平台，协调流转村庄土地 400 多亩，先后推出了苗圃基地建设项目、林下养鹅、日光温室、水产养殖等项目，并试行探索了农民土地经营风险担保制度、土地托管制度，以怡心合作社为品牌，努力打造绿色有机农业。同时，通过向政府部门争取扶持资金，村庄实施了高效农业免息帮扶项目、农资零利供应项目、土地经营风险担保制度，保证村民致富增收以后再还种钱、苗钱。目前，怡心合作社社员已经发展到 98 户，村民收入是以前的 2～3 倍。

社区精英作为农村社区本身的一员，具有无可替代的地方性知识优势。将社区精英纳入农村贫困治理体系，不仅有利于发挥社区精英的个人优势和引导作用，也有利于引导和激发贫困人口的脱贫积极性，增进扶贫资源与贫困人口

---

① 曾明，曾薇. 内源式扶贫中的乡村精英参与——以广西壮族自治区 W 市相关实践为例. 理论导刊，2017 年，第 1 期。

需求的耦合性，减少社区对外援扶贫力量的依赖，增促贫困人口自身"造血"功能的产生。

四、我国内源扶贫的经验启示

我国自启动正式的农村扶贫开发工作进程以来，一直十分重视贫困地区贫困人口的内源发展，通过贫困劳动力技能培训、以工代赈、参与式扶贫、村级组织建设和集体经济发展等方式，立足贫困地区内生资源开发，有效结合政府、市场、社会等外部扶持力量，培育和提升贫困地区贫困人口可持续的内生发展能力和动力，走出了一条具有中国特色的内源扶贫道路，形成了政府引导、以人为本、三维资本协同开发、内源与外援相结合的内源扶贫经验和启示。

（一）政府引导下的内源扶贫

内源扶贫源于 20 世纪 60 年代西方经济学内源式发展理念的提出和演进，是对以往传统经济增长模式的进一步反思和批判，反对普遍性的、规模化的资源输入以及外部机构主导的发展模式，倡导以区域内的资源和文化传统为基础，以当地人作为开发主体和成果受益者，同时充分调动社会各方面的积极性和创造性，保持和维护本地生态环境和文化传统。但与西方最初的内源扶贫理念不同，中国农村扶贫开发是在政府引导下的、协助式的内源扶贫，也即强调政府扶持与贫困地区内生动力相结合的发展模式，强调外部资源输入与内部资源开发并重，强调将自上而下的政府干预与自下而上的农民参与相结合。特别是注重发挥中国特色的政治优势和制度优势，通过基层党建引领、践行群众路线等方式，不仅强调政府对贫困地区的物质资源输入，也强调人力资源的配置以及社会资本的培育和植入等，可以说是一种政府协助式的内源扶贫道路。

（二）强调以人为本的扶贫理念

我国社会主义的本质决定了消除贫困、实现共同富裕的根本目标。事实上，我国扶贫开发从一开始就注重以人为本的扶贫理念，不仅关注和解决经济社会发展过程中贫困脆弱群体的生存和发展问题，也注重扶贫开发工作过程中贫困人口的参与和合作。特别是在当前精准扶贫精准脱贫阶段，国家不仅提出贫困人口的精准识别和瞄准，也倡导实施多元化的、有针对性的精准帮扶模式；不仅强调自上而下制定相应扶贫措施，满足贫困人口的多元需求，也强调自下而上尊重贫困人口发展诉求，鼓励贫困人口参与减贫发展；不仅突出有发展能力贫困人口的开发式扶贫，也注重弱势贫困人口的兜底保障，进一步凸显了以人为本、发展成果共享的内源扶贫理念。

（三）物质、人力、社会三维资本的协同开发

从世界范围来看，减贫发展经历了从早期物质资本投入到人力资本以及社会资本的投入和开发。我国内源扶贫发展过程中，也经历了不同的发展阶段。同时，我国内源扶贫不仅注重外部物质资本的输入以及贫困地区内生资本的开发，也注重人力资本和社会资本的投入和开发，逐渐形成了基于物质资本、人力资本和社会资本三维资本协同的反贫困机制模式。在此过程中，既通过物质资本的扶持，持续改善贫困人口的生产生活环境，帮助其构建可持续的生计结构和生计模式，为提高收入水平奠定基础，也通过人力资本的建设提升贫困人口综合素质，并通过社会资本的培育，营造起更有凝聚力和公共性的社区，为贫困人口的生存发展创造更好的社会环境，激发和产生持续的内生动力，促进内源式扶贫和发展目标的实现。可以说，基于物质、人力、社会三维资本的协同扶贫发展机制，是我国内源扶贫过程中的一项重要经验。

（四）内源发展与外援扶贫相结合

政府主导是我国扶贫开发工作的显著特征，也由此形成了政府引导下的内源扶贫道路。但同时，我国农村扶贫开发过程中不仅注重政府主体的资源投入和政策扶持，也注重社会组织、市场组织等其他外部主体的参与，并将外部扶持资源的整合投入与贫困人口内生动力的培育激发相结合，形成内源发展与外源扶贫相结合的特点。特别是十八大以后，我国一方面加强干部驻村扶贫、党建扶贫等政府帮扶模式，建立贫困地区贫困人口内生动力的生产平台和组织基础，另一方面也注重贫困地区合作组织、社会组织、社区精英的培育和引导，借助其草根性、灵活性、创新性以及掌握地方性知识的组织和个体优势，立足社区本身，从深层次激发和培育贫困地区贫困人口的内生动力，将多种形式的外源扶贫与贫困社区的内源发展相结合，形成以贫困社区为平台、以贫困人口为主体的内源式发展路径。

参与式扶贫的制度化与本土化

李小云

　　摘要："参与式扶贫"概念是源自于西方社会科学中的"参与式发展"理论，并逐渐被本土化的一种扶贫方法。其核心强调的是在扶贫的过程之中尤须重视作为扶贫客体贫困人口的本身需求与能动性。"参与式扶贫"理念自20世纪80年代末被引入中国以来，在扶贫领域开始应用并逐渐发展成为一种主流的扶贫模式和发展方式。从政策本身演进的过程来看，"参与式扶贫"在中国经历了试验尝试阶段、大规模推广阶段和深化提高等三个阶段。在中共十八大之后尤其是"精准扶贫"战略提出之后，"参与式扶贫"已经逐渐被全国各个贫困地区广泛采用并结合各地不同情况加之创新取得了巨大的扶贫成果。从理论本身来讲"参与式扶贫"之中提倡的扶贫瞄准单位下移、贫困户本身参与扶贫项目以及扶贫的民主治理等理念都是与"精准扶贫"政策目标相契合的。发展到现在，"参与式扶贫"早已不仅仅是一种发展工具，已经超越了最初西方倡导的程式化的范式，作为一种方法与理念的"参与式扶贫"渗透到了扶贫瞄准、扶贫帮扶、扶贫管理以及扶贫考核等扶贫的各个方面之中并且结合中国独特的扶贫实践逐步地制度化与本土化。但是随着扶贫攻坚行动的进一步推进以及扶贫本身所面临的各种变化与挑战，"参与式扶贫"的理论与实践也必将继续深化。

　　李小云：中国农业大学人文与发展学院教授、博士生导师。

一、前　言

从严格学术角度来看，"参与"的概念大概出现在 20 世纪 40 年代末期，这一概念在其后的 20 世纪 50—60 年代中可逐渐发展到了具有实践意义的"参与"式方式。20 世纪 50—60 年代期间，"社区发展"（Community Development）是当时国家发展的主流思想。社区发展的框架主要支持在发展中国家的城乡社区进行基层设施建设。当时的"参与"主要是指动员和鼓励地方群众参与建设并管理这些设施，同时，支持开发当地群众的能力，并鼓励他们在社区的事务中发挥作用。20 世纪 70—80 年代，国际发展领域开始对其发展援助进行反思。可以说，20 世纪 70—80 年代是"参与式"概念实践化最活跃的阶段，当然，也还是一个初步的阶段。20 世纪 90 年代以后，"参与式"的概念经过了 20 年的实践，更加趋向于成熟，其涵盖的方面也更加广泛，从而开始成为当代国际发展领域最常用的概念和基本原则[①]。

参与式扶贫是 20 世纪 80 年代以来逐渐发展起来的扶贫方法，其核心是在扶贫开发实践中外来的施援方与当地贫困人口之间的相互关系和作用。参与式扶贫是"参与式发展"理论被用于农村扶贫工作而形成的一种扶贫模式，"参与式发展"最初由美国康乃尔大学的 Norman Uphoff 教授最早提出，他认为：发展对象不仅要执行发展，还要作为受益方参与监测和评价。这个思路引申出了"参与式计划监测与评价体系"，当这种方法的理念和实施程序被扶贫实践所采纳，就成为提高扶贫效果的有效手段，我们将之称为参与式扶贫模式[②]。

"参与式扶贫"是对社会弱势群体赋权，使社会各种角色在发展进程中平等参与，最终共同在社会变革中发挥作用的一种发展观。"参与式"方法，是把当地社区及村民作为自然资源管理的主体，通过能力的培养、赋权和管理机制的建立等，从而实现山区自然资源、社会经济的可持续利用和发展。参与式发展被广泛地理解为在影响人民生活状况的发展过程中，相关决策主体积极全面介入的一种发展方式，带有多元化发展道路的价值取向。参与式扶贫，就是在扶贫项目的设计、规划、实施、监管和验收过程中，将参与式理念和工作方法贯穿始终，通过采用自下而上的决策方式，激发群众的积极性、主动性和参与性。

"参与"对于中国来讲并不是一个陌生的东西，在革命战争年代，参与得到了最广泛的运用，"从群众中来，到群众中去"便是对参与的最好注解。中

---

① 李小云. 参与式发展概论：理论—方法—工具［M］. 北京，中国农业大学出版社，2001.
② 李兴江，陈怀叶. 参与式扶贫模式的运行机制及绩效评价［J］. 开发研究，2008（2）.

国基层社会的村民小组也存在广泛的参与现象，由选举产生的村民小组长和所有村民一起对组内的大小事务进行着参与式的管理。学术意义上的参与式发展是在 20 世纪 80 年代末才被引入中国的。关于"参与"的最早中文概念可能最先出现于联合国等国际组织的中译本出版物中。1989 年，原北京农业大学综合农业发展中心（CIAD）翻译了德国的《区域农村发展》一书，正式对"参与"等相关概念进行了解释。此后，CIAD 为参与式发展理论的引进和在中国的实践和研究做了大量的工作。1990 年以后，国外的许多基金会和多边发展组织陆续在中国各地开展参与式发展的研究和实践，涉及农、林、牧等各个领域。在这个过程中，国内一大批研究机构也相继进入参与式发展这个研究领域，并形成了制度化的机构设置，这些机构为国内参与式发展的研究和专业人才的培养做出了巨大的贡献。经过几十年的发展，国内参与式发展的研究和实践方式已经广泛地用于扶贫、资源管理、农村社会经济评估、社区发展和管理、发展计划、小流域治理、小额信贷和农村医疗等各个领域，从而成为了一种主流的发展模式。更值得一提的是，李小云等人所研发的"中国参与式村级发展规划"在 2001 年被国务院扶贫办采纳并在全国范围内实施，基于他的研究与实践，中共中央、国务院在《中国农村扶贫开发纲要（2000—2010 年）》中采纳了参与式扶贫村级规划方法，在全国 27 个省开始试验性推广，2000 年按此技术系统确定了约 14.8 万个贫困村，并完成约 9 万个贫困村的村级规划。以此，参与式方法在国内扶贫领域取得了主流化的地位。"参与式"方法在我国扶贫工作中方兴未艾。应该说，从参与式发展引入中国到其成为国内的一种主流发展模式，参与式发展在中国经历了一个吸收与消化的过程①。

从历史上来看中国的参与式扶贫主要经历了以下三个发展阶段：即试验尝试阶段、大规模推广阶段和深化提高阶段②。

（一）参与式扶贫的试验尝试阶段（1993—2000）

参与式方法是由福特基金会引入中国的。1993 年福特基金会邀请 Robert Chambers 教授到云南和北京介绍参与式方法，在此之前，云南农村发展调研中心组织翻译了 Robert Chambers 的著作《农村评估：快速、轻松、参与》。大约在 1994 年，联合国开发计划署（UNDP）在支持贫困地区干部培训的项目中，也介绍了参与式方法。这是参与式方法首次与中国政府扶贫系统见面。从此，参与式方法开始在中国应用的历史。

参与式扶贫的试验尝试活动可以大致分为两个大类。一类是国内外 NGO

---

① 明亮. 参与式发展的中国困境［J］. 乐山师范学院学报，2009（9）.
② 郑易生. 中国西部减贫与可持续发展［M］. 社会科学文献出版社，2008.

的参与式扶贫尝试。最初阶段（1996 年前）的参与式方法应用主要集中在中国西南贫困地区。另一类是政府扶贫系统开展的参与式扶贫试验尝试。最早试验活动可以追溯到 1996 年，大多数试验活动主要围绕如何设计和实施村级扶贫规划来开展。按照时间顺序，扶贫部门主导参与式扶贫试验有以下几个标志性事件：①秦巴山区扶贫世行贷款项目开展"农户选择项目"（1996 年）；②"农户参与式村级脱贫规划"研究（1998—2000）；③"国家基础工程扶贫试验项目"开展参与式项目识别（1999 年）；④中国农村扶贫项目的途径和方法研究（1999 年）；⑤国务院扶贫办"村级参与式扶贫开发规划研究"项目（2001 年）。

（二）参与式扶贫大规模推广阶段（2001—2004）

2001 年，中国政府颁发了《中国农村扶贫开发纲要（2001—2010 年）》。根据农场贫困人口分布从过去的区域性转变为地域性分布的现实，以及在参与式扶贫试验探索阶段取得的经验，国务院扶贫办调整了扶贫瞄准模式，提出以村为单位，采用参与式方法制订和实施村级扶贫规划的思路。"以村为单位"、"参与式规划"和"一个村一个村地解决贫困问题"被整合成"整村推进"，在全国范围内大规模推广，成为政府扶贫体系中参与式扶贫的主要内容。

2001 年，国务院扶贫办的甘肃、河北和广西举行参与式扶贫规划培训，甘肃省提出的"群众参与式整村推进"得到全面认同，以后逐渐演化和简化成为"整村推进"。新华社记者姜雪城在《扶贫开发：让贫困农民自己做主》的报道中，描述当年在中国兴起的"参与式整村推进"新模式："确定重点贫困村后，村民们便被组织起来召开全体大会，采用民主投票选举的方式推选出自己的代表。这些代表与干部一起分析致贫原因，找出脱贫办法且提出开发项目，经相关部门和专家评价论证后，再交给全体村民大会民主表决。最后，政府根据村民意愿和实际，制定出全村的扶贫开发规划，再交付村民项目小组负责监督实施。"

这一阶段，各地在整村推进方面创造出许多经验，如"资金项目公示制""以群众选定项目为主、以群众选定贫困户为主、以群众参与制定实施方案为主"的"三为主"原则等。黑龙江省在 2002 年把扶贫开发整村推进战略具体表达为"一次规划、两年实施、逐村验收、分批推进"。湖北省强调由村民"海选"项目，"项目跟着规划走，资金跟着项目走，监督跟着资金走"。通过大规模培训、宣传发动、能力建设、总结交流等努力，参与式扶贫的理念逐渐被全国扶贫系统甚至是各地政府接受。

（三）参与式扶贫的深化阶段（2004—）

参与式扶贫深化的一个重要特征是，更突出和更有效地建立贫困群体的主体地位和强化对扶贫主体的赋权。从这个意义上来说，2004年中共中央组织部（简称中组部）和国务院扶贫开发领导小组联合颁布的《关于加强贫困地区农村基层组织建设，推动扶贫开发整村推进工作的意见》则是参与式扶贫从大规模推广阶段转入深化阶段的标志。该文件着重强调在参与式整村推进过程中要通过具体的制度建设来推进基层民主制度，"要重点抓好村务公开和民主管理，特别是财务公开制度、村民代表会议制度、民主决策制度、民主监督制度的落实；要坚持贫困农户参与讨论扶贫开发项目，实行扶贫资金项目公告公示制度，切实保证扶贫项目、工程招标、款物发放、项目承包、财务收支等情况全面公开，接受群众监督。"2005年，国务院扶贫办颁发《关于加强扶贫开发"整村推进"工作的意见》，进一步强调了群众的主体地位和相应的权利，"由贫困村群众民主认定贫困农户，民主确定扶贫项目，民主监督资金使用和项目实施，使群众成为整村推进的参与者、实施者、管理者和监督者"，并要求整村推进不搞形式主义和形象工程，要求各地严格执行"扶贫资金专款专用专户运行""扶贫资金报账制"和"项目公示公告制度"等。此后，各地的参与式扶贫继续深化。许多地方把整村推进和推动基层民主制度建设相结合，政府治理有了很大的改善。整村推进和参与式扶贫理念已经逐渐主流化。这一阶段政府扶贫部门比较有影响的深化参与式扶贫探索的行动主要有：①"扶贫开发建构和谐社会试点"（2005）；②民间组织和政府合作扶贫试验（2005）；③中国社区主导型发展试点（2006）。

二、参与式扶贫在当代的实践与发展

传统的贫困治理方式呈现出自上而下、部门主导和行政推动的特点。不管是以贫困县为瞄准重点还是以贫困村为瞄准重点，都没能直接对接贫困主体，深入了解贫困村民的需求，从而造成资源的浪费和腐败的滋生。精准扶贫重新重视贫困群众的主体地位，充分调动、积极引导其参与贫困治理的全过程。这种参与式的贫困治理新理念，将以往处于"被脱贫"地位、参与脱贫工作缺乏积极性的贫困群众转变为积极主动、自愿的参与到扶贫开发工作中来，从而提高扶贫工作的效率和满意度[①]。中共十八大尤其是"精准扶贫"以来，参与式

---

① 李萍，李飞. 精准扶贫实践中的重点难点与有效治理，人民网（理论频道），http：//theory. people. com. cn/n1/2017/0421/c40 531-29227256. html

扶贫的理念已经广泛地运用在全国各地的反贫困实践之中，从根本上来讲，在扶贫瞄准、扶贫帮扶、扶贫管理以及扶贫考核等各个方面"参与式扶贫"的理念都是与"精准扶贫"的政策目标相契合的。参与式扶贫在近年来的实践与发展主要表现在以下几个方面。

（一）参与式扶贫瞄准的地方实践

扶贫开发是一个瞄准穷人的扶持计划，包括瞄准的区域、瞄准的群体和瞄准的政策。从区域瞄准来说，先后经历了从大片区的、区域性的瞄准，到县级瞄准、整村式的村级瞄准以及到户到人四种方式。研究表明，与县级瞄准相比，村级瞄准覆盖的贫困人口更少，主要原因是村级瞄准的错误率更高，2001贫困县的瞄准错误率是 25%，而贫困村的瞄准错误率为 48%。同时，各项财政扶贫资金瞄准出现偏离，缓贫效率与效果不佳。财政扶贫资金分配逐年流出扶贫重点县，2001—2003 年间重点县获得的财政发展资金从 66% 依次下降到59.8% 和 52%，以工代赈资金从 2001 年的 79.4% 下降到 2003 年的 75.2%，少数民族发展资金从 50% 依次下降到 34.9% 和 22.9%。各种扶贫资金到达贫困村的比例不理想，财政发展资金用于重点村的比例最高平均为 80.3%，三西扶贫资金、以工代赈资金和少数民族发展资金分别为 72.8%、53.0% 和28.6%。到村项目的瞄准也发生严重的偏离，贫困户、中等户和富裕户在扶贫项目中的受益比分别为 16%、51% 和 33%，非贫困户排挤了贫困户。由于贫困人口呈现出"大分散、小集中"的特征，甚至是极小范围内聚集，并不主要以贫困村为单位，而是成片状、成特殊经济地理带状分布的，为了提高扶贫的瞄准率，于是就开始探索直接的贫困家庭瞄准。至于瞄准的政策，采用参与式发展的办法，把识别贫困人口的权力交给贫困人口、基层组织和社会组织，是一种有效方法[①]。扶贫有几个核心问题：一是瞄准的区域；二是瞄准的群体；三是瞄准的政策。从区域瞄准来说，我们大概经历了从大片区的、区域性的瞄准，到县级瞄准及整村式的村级瞄准以及"精准扶贫"到户到人的四种方式。

"精准扶贫"的重要思想最早是在 2013 年 11 月，习近平总书记到湖南湘西考察时首次作出了"实事求是、因地制宜、分类指导、精准扶贫"的重要指示。"精准扶贫"政策的提出使得瞄准单位进一步下移，从瞄准村开始转向了瞄准到户到人的更加精准的方式。2014 年 1 月，中共中央办公厅详细规制了精准扶贫工作模式的顶层设计，推动了"精准扶贫"思想落地，精准扶贫"瞄准机制"扶贫新模式由政府主导转为政府引导与社会力量参与解决贫困问题；

---

① 汪三贵，Albert，Park，等. 中国新时期农村扶贫与村级贫困瞄准［J］. 管理世界，2007(1)：56 - 64.

扶贫工作的瞄准对象由贫困区域转为直接探至贫困农户或贫困人口；扶贫工作机制在政府主导的同时又保障了贫困人口的知情权、主动权、管理权与受益权。"精准扶贫"将瞄准单位下移到户到人是与"参与式社区发展"中"扶贫到户"的理念相契合的，它们对于贫困农户的直接支持以及对扶贫资源有效利用的结果显示出了生命力。

在"精准识别"的过程之中，为了找到贫困户，各地纷纷采取了入户调查＋民主评议等参与式的方法来识别出贫困户并对其建档立卡。比如在精准识别贫困户的过程中，并不是简单采用单一贫困线来进行识别，而是采取并明确精准识别"六必看"法，以此确保贫困人口评定核实工作的真实性。"六必看"法即：一看房屋，确定第一印象；二看粮食，计算生活用粮和余粮斤数；三看劳动力，家中的体力活和田间的劳动由谁去做；四看有否读书郎，家中的子女就读状况要摸清；五看有否病人卧在床，掌握病情和身体状况；六看有否恶习被沾染，让村干部先介绍、然后听邻居讲、再让本人如实说。这是一种综合了各种因素在一起的多维贫困的识别办法，在"六看"的过程之中伴随的是扶贫干部以及周围群众的互动与参与。同时在确定建档立卡贫困户的时候在程序上普遍采用民主评议的办法，让贫困户本身以及村民代表都参与到贫困户的识别过程中来，而不是自上而下的确定指标，有效地识别出真正的贫困户。

专栏一　群众参与　民主评议

——青秀区刘圩镇全面开展精准识别两评议

"梁映松家庭成员有一人患重大疾病，半年不能参加劳动了""李荣宁有一个小孩在读大学，是我们坡最困难的家庭之一了……"近日，刘圩镇良合村那布坡龟山屯村民评议小组正热烈讨论着本组精准识别入户评估的得分统计表。

村民小组评议是"两评议一公示"的第一步。刘圩镇严格按照精准识别"两评议一公示"阶段程序开展各项工作，按要求选出坡里村民小组长、老党员、村民代表、教师等5～9人组成村民评议小组成员，重点评议本组农户评分的真实性、合理性，认真鉴别真贫和假贫。评议后如实填写《村民小组精准识别入户评分情况评议表》，参加评议的代表在评议表上签名并按手印确认，评议结果要获得三分之二以上代表通过。同时，村民小组把评议后每户所得分数在村民活动较集中的地方进行为期 3 天的公示，并设立群众监督热线，保证评选结果的公平、公正、公开。目前刘圩镇各村村民小组陆续开展评议阶段工作。

在前期开展"两评议一公示"工作布置会上，刘圩镇党委政府要求各参加评议的人员本着公平、公正、公开、实事求是的原则，充分发挥民主评议功能，积极组织发动群众参与，共同识别贫困户，确保贫困户的精、严、实，从而稳步推进刘圩镇精准扶贫工作有序开展。而这样在广大农户共同参与和评议基础上形成的贫困户名单就得到了大家的认同，真正的识别出了贫困户，有效地减少了在精准识别过程之中的矛盾和冲突。

（二）参与扶贫项目的地方实践

专栏二 陕西柞水创出"四瞄准"精准扶贫模式

一是包村包户瞄准人。按照"宜种则种、宜养则养、宜林则林、宜培训转移则培训转移"的思路，对能人大户，激励创业，领办合作经济组织，带领贫困户增收脱贫；对有一技之长的明白人，扶持发展个体经济、家庭、农场，依靠产业稳定脱贫；对丧失劳动能力、严重残疾、五保户等特殊群体，采取"保"的办法，实行政策托底，保证他们有饭吃、有衣穿、有房住，能就医，实现能人带动、明白人创业、"五类人"保障。

二是增加收入瞄准业。牢固树立"产业第一"的扶贫理念，按照"龙头企业主导，农户全程参与，统分结合经营，扶企扶户配套，技术服务支撑，基金化滚动发展"的思路，坚持以市场为导向，以资源为依托，帮助贫困村、贫困户培育壮大特色产业。结合全县三大产业发展布局，逐步形成"企业＋基地＋贫困户"、"农民专业合作社＋贫困户"等产业发展模式，促使农村分散生产向规模化、集约化、现代化、品牌化迈进，以产业化提升农业，以农业现代化带动农村整体脱贫。

三是抓点示范瞄准型。围绕"企业引领型、产业配套型、套餐扶持型、科技支撑型、园区承载型、因户施策型"六个示范典型模式，在全县打造 10 个双包双促典型示范村，按照"县级财政拿一点、扶贫部门给一点、包扶部门筹一点、金融部门贷一点"的方式筹集抓点示范资金，重点用于产业发展和基础设施建设。落实"县级领导牵头、责任部门包扶、工作队驻村包抓"机制，明确发展理念，创新发展模式，探索发展路子，加快脱贫致富步伐。

四是全面脱贫瞄准能。将扶贫与扶智相结合，充分依托县内外各职业院校及雨露计划培训、人人技能工程等技能培训平台，把劳动力转移技能培训和农民实用技术培训相结合，作为农村脱贫致富的一项长期性、根本性措施来抓，不断增强外出务工人员的劳动技能。进一步加大惠农政策宣传力度、致富信息的供给力度、技能技术的培训力度，积极推行参与式扶贫，每年完成 100 个职业农民培训任务，使每个贫困户都能掌握 1～2 门实用技术，实现贫困群众自我脱贫能力大提升。

参与式扶贫的核心是"赋权于民"，就是符合群众需求、顺应群众期盼、满足群众意愿，这与当前开展的党的群众路线教育实践活动主旨高度一致。在扶贫项目的设计、规划、实施、监管和验收过程中，将参与式理念和工作方法贯穿始终，通过自下而上的决策方式，激发群众的积极性、主动性和参与性，增强群众对项目的拥有感，真正实现从"要我脱贫"到"我要发展"的转变。扶贫项目采用地理区域集中瞄准机制，瞄准最边远山区的连片贫困村，在项目工作人员的协助下采用参与式贫困分析（PPA），由贫困村群众对贫困状况及脱贫策略进行评估，制定项目清单和规划，确保项目瞄准最贫困人群，提高扶贫精准度和扶贫资金使用效率。

参与式扶贫项目的实施与管理就是对扶贫开发项目的实施过程实行全方位地、科学地、有效地管理，是指在一定范围内，采用各种组织方式、管理方法、管理制度，充分利用有效的人力、物力、财力，通过项目的实施，达到最终的扶贫目标。实施项目的过程是一个对各类人员组织领导的过程，是扶贫项目的执行过程，是技术方案的实施过程，是扶贫资金的使用过程，是方方面面参与的过程，也是对规划目标检测评价的过程。项目规划指导小组（这里可以是扶贫干部、驻村干部和第一书记、村干部等）和村民一起完成对贫困村的参与式扶贫规划以及扶贫台账的编制工作之后，经乡镇政府审核上报县扶贫开发领导小组，县政府将各个贫困村的扶贫开发规划整合成为县级扶贫开发规划，经过几个反复的评估过程，有县级扶贫开发领导小组对贫困村扶贫规划作出评审和批复①。扶贫项目与扶贫规划的形成过程是多元主体共同参与而形成的符合贫困村实际情况结果，而非简单的自上而下的规划。同时在这个扶贫规划与扶贫项目实施的过程之中也是调动广大贫困户共同参与的过程，贫困户在项目

---

① 王国良，李小云．参与式扶贫培训教程［M］．北京：中国财政经济出版社，2003．

实施的过程之中积极性被调动了起来。

 专栏三　东乡县全面推行参与式扶贫打通精准扶贫"最后一公里"[①]

　　临夏回族自治州东乡族自治县高度重视，周密部署，总结经验，强化宣传，抓典型带全面，在全县重点贫困村全面推广参与式扶贫模式，充分调动群众脱贫致富和参与建设扶贫项目的积极性，打通精准扶贫"最后一公里"，确保按期完成稳定脱贫任务。截至目前共有 10 个乡镇、21 个村开展参与式扶贫试点工作。

　　一是创新理念，激发内生动力。参与式扶贫是改变过去政府定项目、基层干项目的传统扶贫模式，发挥群众主人翁作用，发动群众自己选择发展项目，广泛参与项目管理，加强项目监督，变过去"给钱给物要我干"为"主动参与我要干"，从而激发贫困群众发展热情，培养自我发展能力，促使群众更好地发挥聪明才智，更多地凝聚发展力量，更快地实现脱贫小康。

　　二是创新主体，转变思想观念。传统扶贫模式采取政府大包大揽，而参与式扶贫突出群众主体地位，通过召开村两委会、村党员会、村民代表会、全体村民大会等"四会"，最大限度地保障了群众的知情权、参与权、监督权、收益权"四权"，真正实现从"要我脱贫"到"我要发展"的转变。

　　三是创新方式，汇聚民心民智。与传统扶贫自上而下相比，参与式扶贫采用自下而上的决策方式，由群众投票表决选择出最需要实施的项目，制定项目清单和规划，项目内容更加广泛，不仅涉及水、路、房、田等基础设施和养殖、林果等产业，还包括技能培训、妇女刺绣、公共服务以及村容村貌等方面；项目扶持更加精准，既满足共性需求，又满足个性化需要，具有广泛的民意基础。

　　四是创新管理，密切党群关系。通过成立村级项目实施小组、产业开发小组、技术培训小组、青年小组、妇女小组、矛盾纠纷调处小组等，群众全程参与项目的筛选、设计、规划、实施、监管和验收过程，既能有效提高扶贫精准度和扶贫资金使用效率，又能增进党群、干群关系更加牢固密切，真正把扶贫工作做到点上、做到群众心坎上。

---

　　①　东乡族自治县人民政府网站，东乡县全面推行参与式扶贫打通精准扶贫"最后一公里"［OL］. http：//www.dxzzzx.gov.cn/show.asp? id＝7929

专栏四 "参与式"扶贫"造血式"扶助

——广西天等县扶贫注重可持续①

2007年以来，天等县根据自治区、崇左市扶贫办关于开展参与式扶贫工作要求，以扶贫项目为载体，以贫困村为平台、以贫困群众为主体，赋予贫困群众知情权、发言权，充分激发贫困群众的参与意愿、参与热情、参与动力。从解决群众最基本、最紧迫的要求和最关心、最直接、最现实的切身利益问题入手，选择贫困群众急需的事来扶，选择贫困群众关心的热点难点问题来扶，使扶贫开发内容源自民意、合乎民心，增强了扶贫开发的针对性。各个项目按时、按质、按量完成，项目的效果不断显现，实现了社会效益和经济效益双丰收。

对天等县进结镇爱乐村三卡屯在外务工的村民黄道坚来说，屯里通了公路是参与式扶贫带给村民最大的"礼物"。2009年，天等县开展社区主导与参与式扶贫管理机制创新试点，该屯经过竞选得到了10万元修路的项目。当时在外务工的黄道坚听说三卡屯公路建设被列入社区主导与扶贫机制创新试点项目，感到兴奋不已。2009年7月26日，他告别女友返回家乡参加施工建设，直到2010年3月3日通路后才返回务工地。

参与式扶贫激发了村民的积极性，就连80多岁的农村留守老人冯桂莲也参与到劈山开路的劳动中。在外地教书的农胜老师，为三卡屯公路建设捐款1万元，项目实施过程中，他积极联系修路所需物资，做好协调工作，利用假期组织全屯男女老少上山修路。时隔半年，一条长3 570米、宽5米的乡村公路终于竣工。并创下了广西11个县社区主导与参与式扶贫管理机制创新试点项目中的几个之最：垫资最多——142 138元，修路最长——3 570米（其中石山路2 940米），户均132米，人均28米；义务投工投劳最多——17 850工日，户均661工日，人均141工日；开凿土石方打炮眼最多——29 400立方米，户均1 089立方米，人均231立方米，打炮眼2 940眼。节省了道路施工费用至少35万元。

参与式扶贫使当地群众全面参与了本村屯扶贫规划制定、项目选定、实施管理、监督检查、评估验收的全过程，使贫困群众真正做到当家做主，

---

① 天等县委宣传部，"参与式"扶贫"造血式"扶助［OL］. http：//www.xyshjj.cn/bz/xyjj/sib/ 201 411/73439.html

有效地激发他们参与扶贫开发的热情，克服了他们"等、靠、要"的思想，积极地投身到扶贫开发和新农村建设中。

◆ 专栏五　贵港推进参与式扶贫激活群众积极性①

如何破除长期以来贫困村群众"等靠要"思想，提高群众主动参与扶贫的积极性？在实施新一轮扶贫开发攻坚战中，贵港市扶贫部门创新引入项目竞争机制，采取"先行先得"办法，对群众积极性高、主动做好各项基础工作的贫困村（屯），优先安排项目，进一步激发了群众参与扶贫开发的积极性，推动贫困村基础设施建设。据了解，2011 年以来，贵港市累计投入财政扶贫资金 7 836 万元，建设屯级道路 685 条 775 千米。其中，群众自筹资金投入 4 613 多万元，占总投资的 60%。贵港市的这一做法得到了自治区扶贫部门的充分肯定，并在全区扶贫开发工作现场会上作了典型交流。

桂平市罗秀镇中西村合水屯是自治区级贫困村，行路难问题一直阻碍了该屯的发展。听说上级要给屯里出钱修路，该屯的群众热情高涨，积极行动起来，有钱出钱，有力出力，投工投劳，还发动本村在外工作的贤达人士积极捐资。桂平市扶贫部门充分根据合水屯群众加强基础设施建设的要求，2013 年安排项目资金 38 万元，加上群众自筹款所得的 16.4 万元，优先安排了该村修建 2 条村道硬化项目。

列入自治区重点扶贫县的桂平市，以全市 99 个贫困村为主战场，把增加扶贫对象收入，提高发展能力，加快脱贫致富为首要任务，在扶贫规划编制、项目选定、项目实施管理、项目验收等过程中，充分发扬民主，广泛征求群众意见，把项目的选择权、资金的使用权交给群众讨论，主动赋予群众知情权、选择权、决策权和监督权，让群众积极参与到扶贫开发中，增强了群众在扶贫开发中的主体作用。该市罗秀镇侣化村，扶贫部门投入财政扶贫资金 122 万多元修建村屯道路后，当地群众积极主动，不等不靠，按照项目实施方案积极开展工作，自筹资金 122.67 万元，发动村民捐资 25 万元，硬化了全村主干道 3.4 千米、屯级道路 9 条 6.2 千米，全村面貌焕然一新。

---

① 贵港推进参与式扶贫激活群众积极性［OL］. http：//news. gxnews. com. cn/staticpages/20140924/newgx54224669-11232306. shtml.

目前，贵港市在推进贫困村基础设施建设及产业开发中已全面推行参与式扶贫新模式，对群众积极性高，主动做好项目前期工作的村屯，优先安排资金，引进产业，形成扶贫竞争机制，既激活了群众的参与积极性，保证了扶贫项目的实施效果，还树立了政府为民办实事好事的"一举三得"成效。

（三）参与扶贫评估的地方实践

参与式社区评估方法使得扶贫资源更加容易向贫困人口集中，增加农民的积极性，减少扶贫资源的分散与浪费，弥补了传统扶贫方式的不足。参与式方法是真正能做到"真扶贫、扶真贫"的好方法。参与式评估的常用方法，包括有半结构访谈、问卷调查、村民（农户）会议、排序与矩阵打分，以及制作参与式社区资源图、问题树分析、季节历、优势劣势—机遇风险（SWOT -矩阵分析法）等多种形式。参与式评估在扶贫项目中，强调扶贫工作来自农户、依靠农户、与农户一道学习、了解农村、发展农村。通过调查人员对当地人民进行半结构式访谈，并开展合理的实地考察，从而快速收集本地农村的基本信息、资源状况与优势、农民愿望等资料；同时不断增强当地农民对自身和本村环境条件的理解，使其在调查工作中起主导作用，并与发展工作者一起制定出发展计划最后付诸实施的方法。

精准扶贫开展以来，在扶贫评估考核方面不断提升群众的发言权，从中共中央办公厅、国务院办公厅印发的《省级党委和政府扶贫开发工作成效考核办法》的具体内容来看，其主要体现在两个方面，一是扶贫的考核主体延伸至省级党委和政府，有力敦促地方政府将扶贫工作摆放在更突出的位置，继而加大对扶贫的重视、投入与方法创新；二是扶贫绩效的评估体系更优化，如引入第三方扶贫成效评价机制，并提升民众在扶贫考核中的"发言权"，进一步防范扶贫政绩造假和"被脱贫"现象。第三方评估大致分为四种类型：一是高校专家评估模式；二是专业公司评估模式；三是社会代表评估模式；四是民众参与评估模式。在以上的四种评估模式之中，都是通过对于贫困户的直接调查与走访而形成最终的评估结果，在这个评估的过程之中贫困户本身作为评估的主要对象而直接提供信息、发表意见，贫困户的真实需求得到了反映。地方介入改变了分权治理模式之下中央政府的信息劣势，为贫困人口将意见有效反馈给中央政府提供了渠道，同时改变了地方政府的行为逻辑，驱使其主动了解、回应贫困人口的发展诉求。这就为贫困人口发挥贫困治理的主体作用开辟了新的空间，构成了一种具有中国特色的贫困问题民主治理模式①。

参与式扶贫就是在扶贫工作中充分发挥贫困群众的积极性、主动性和创造性，让群众直接参与到扶贫规划制定、项目实施及监督的全过程。其核心是"赋权于民"。参与式扶贫符合群众需求、期盼和意愿，是改善党群干群关系、密切联系群众的最直接最有效的举措②。由此看来"参与式扶贫"并非完全是外来移植过来的理论和方法，在具体实践的过程之中与中国共产党的工作理念和方法（群众路线、民主集中等）等也都是深深的相互契合。

专栏六 "第三方评估"为精准扶贫护航③

引入"第三方评估"，其实质是一种更客观的社会监督。由"第三方"调查产生的"群众满意度"，既可有效反映出整个考核过程的透明度和接地气，又充分保障了贫困群众在脱贫成效考核中的参与度和话语权。

近日印发的《省级党委和政府扶贫开发工作成效考核办法》提出，考核指标的数据来源除了扶贫开发信息系统、全国农村贫困监测等"官方"数据外，还将适当引入第三方评估，确保对扶贫开发成果检验的公平公正和精准无误。

曾几何时，由于"贫困县"帽子可以给当地带来政策优惠和资金倾斜等诸多"好处"，导致很多贫困县不愿"摘帽"，甚至存在"争戴穷帽"或"戴帽炫富"等怪相。这不仅悖逆了扶贫济困的"造血"本意，严重影响了扶贫开发工作的正常进行，更使得大量扶贫资金难以有的放矢。新修订的考核办法，就是要明确地方党政官员责任，矫正"等、靠、要"，规避弄虚作假、"数字脱贫"，剑指扶贫"不作为、乱作为、假作为"等乱象。

纵观扶贫考核新规，扶贫成效与"官帽"挂钩无疑是突出亮点。把扶贫开发作为干部政绩考核的硬指标，不仅抓住了扶贫"空转"旧疾的真正病根，更契合了发挥"关键少数"引领作用的监管思路，不失为激发和调动各级官员"真扶贫"积极性的紧箍咒。而有奖有罚的"精准"问责，无疑需要科学合理、客观公正的绩效考核。"第三方评估"就是彰显公开透明、公平公正的最佳途径。

---

① 陆汉文，梁爱友. 第三方评估与贫困问题的民主治理［J］. 中国农业大学学报，2017（5）.
② 汤闻博，韦松龙，王奕. 参与式扶贫创新与成效［J］. 中国扶贫，2014（11）.
③ 张玉胜. "第三方评估"为精准扶贫护航 http://ddsx. ishaanxi. com/2016/0318/498753. shtml.

早在 2014 年 6 月对中央重大政策落实的全面督查中，国务院就曾在各地自查和实地督查的基础上引入"第三方评估"，并要求成为常态化的考核机制。由于"第三方"具有的中立身份和专业视角，便可有效规避官方"自说自话"式的评价模式，使考核结果更趋于客观现实和公众感受。也就是说，做出评估结论的机构或个人既非政策制定者，也非具体执行者。这就避免了政府部门既当运动员又做裁判员的身份尴尬，提升了评估结论的含金量与说服力。

引入"第三方评估"，其实质是一种更客观的社会监督。由"第三方"调查产生的"群众满意度"，既可有效反映出整个考核过程的透明度和接地气，又充分保障了贫困群众在脱贫成效考核中的参与度和话语权。试想，把扶贫考核置于民众的参与和监督之下，何愁没有客观公正的评估结果，由此产生的奖罚问责，又如何不让人心服口服？

三、参与式扶贫存在的问题分析

随着"参与式扶贫"在全国各个贫困地区的实施以及扶贫对象和扶贫环境的变化，"参与式扶贫"本身也面临着很多挑战。在参与式扶贫实践的过程中一方面缺乏一种整体性理解发展对象地方性知识体系的发展观，就如何将社会文化因素切实引入扶贫开发实践的问题仍没有很好解决；另一方面过分重视参与的过程与程序，而容易忽视农户能动性的培育以及社区权力结构的改变，造成了很多参与式扶贫项目没有发挥最初的扶贫效果，也就是贫困户并没有最终受益。"参与式扶贫"存在的问题这主要表现在以下几个方面：

第一，以经济、技术为中心的发展模式影响深远。技术和物资的扶贫模式仍是参与式扶贫的核心，扶贫项目仍然以治贫、治愚、治病为主要内容，局限在物质资源的单方面输入和分配，缺少从社会文化因素方面着手的有效反贫困措施，并没有从文化观念上改变贫困户的思想。对于地方性知识的关注，带有明显功利性和工具性，对影响贫困和脱贫的社会文化因素，尤其是外部发展力量对贫困的影响理解不够全面和深入，且考察手段也十分有限。项目之前开展社会经济文化调查的时间很短，其目的也主要是为了帮助项目援助能够顺利的推行。这就导致人们缺乏对地方性知识的整体性研究，而仅仅关注了与项目有关的文化事项，如经常被提及的地方性技术知识、生物学知识、医疗知识等，但忽视了对当地人价值观层面的地方性文化逻辑的探询。

第二，以当地人是否赞同项目作为项目是否适合于地方性知识的标准。这个标准在参与式发展项目中得到特别推崇，但这并不一定能保证项目适合于地方性知识体系的逻辑。但很多时候，生活在自己文化中的人们，往往很难总结出自己文化的逻辑，并不能意识到他们自己的文化其实并不赞同外来的发展援助。缺乏在发展项目中自始至终关注地方性知识的机制。即便是在参与式扶贫，对于地方性知识的关注也主要是在项目的设计阶段。一旦项目设计完成了，这套项目方案就被认为是符合当地地方性知识体系而被加以实施。如果项目失败了，人们容易以当地基础太差、穷人素质低等原因解释，而地方性知识体系对于项目成败的决定性作用，则很少有人会关注①。

第三，许多部门在开展工作时通过机构"代理人"不断给村民进行项目参与式管理培训灌输"参与式"思想，强调其自主性和参与性，以便提高项目的质量和培养村民对发展项目的社区拥有感。事实上，村民的这种认同感非常低。因为这种所谓的"参与"其实只是外在形式上"表演"，并没有真正把"参与"思想根植于村民的思想深处②。参与式扶贫过分重视程序和过程，文件表格越来越繁琐，"参与"最终成为了一种形式，并没有发挥实际上是的作用。

第四，参与式扶贫对于贫困地区资源的输入和项目的扶植，虽然短期之内可以使得贫困地区基础设施条件得到很大的改善，但是由于贫困村内部固有的权力关系结构的影响，仍然难以避免精英捕获的现象，甚至可能会出现由于外来资源的输入使得社区内原有精英权力加强的现象，村庄精英对于扶贫资源的俘获手段也越来越隐蔽化，随着监督的加强，现在直接的扶贫资金贪污截取的情况越来越少，但是间接地控制扶贫项目以及对于扶贫资源资本化的运作等都会不同程度的排斥贫困户。

第五，随着当下农村劳动力大量外出，乡村出现空心化等新的农村治理环境，也为参与式扶贫的实施提出了新的挑战。20 世纪 90 年代中期以后参与式扶贫模式在中国广大贫困地区开始得到倡导与推广。但是，随着乡村空心化程度的不断提高，扶贫主体开始缺失，这种建立在农民广泛参与基础上的工作机制开始难以发挥作用。一些基层干部表示，由于村庄很多人外出打工导致现在村民代表会议和村民大会难以召开，另外很多产业扶贫项目由于缺乏青壮年劳动力也很难落地与实施。

① 杨小柳. 参与式扶贫的中国实践和学术反思——基于西南少数民族贫困地区的调查 [J]. 思想战线，2010（3）.

② 郭占锋. 走出参与式发展的"表象"——发展人类学视角下的国际发展项目 [J]. 开放时代，2010（1）：130 - 139.

四、结论与讨论

参与式方法贯穿脱贫攻坚始终，有利于发挥群众主体作用。在扶贫项目的设计、规划、实施、监管和验收过程中，将参与式理念和工作方法贯穿始终，通过采用自下而上的决策方式，激发群众的积极性、主动性和参与性，增强群众对项目的拥有感，真正实现从"要我发展"到"我要发展"的转变。地理区域集中与参与式贫困分析结合，提高扶贫精准度。项目村选择采用地理区域集中瞄准机制，瞄准最边远山区的连片贫困村，然后在项目办人员的协助下采用参与式贫困分析（PPA），由贫困村群众特别是贫困和弱势群体对贫困状况及脱贫策略进行评估，制定项目清单和规划，确保项目瞄准最贫困人群，提高扶贫精准度和扶贫资金使用效率。

参与式理念和方法虽然是从国外引进的，但是其宗旨和中国共产党的"群众路线"有很多类似的地方，和中国现行的政治体制并不冲突，很多时候可以引导中国目前的社会形态和政府治理向更好的方向发展。参与式扶贫的初衷是为了提高扶贫工作的效率和效果，而实践表明，推动应用参与式扶贫方法所带来的效益远远比所期望的更多。参与式扶贫改善了扶贫工作的效果，实现了中国扶贫机制的历史性创新，甚至可以说在很大程度上引领了中国农村的治理和进步。十八大以来尤其是"精准扶贫"战略提出来源，参与式扶贫的思想在全国各个贫困地区政策实践过程之中得到了有效的使用，从"精准识别""精准帮扶""精准管理"和"精准考核"的各个环节都充分尊重贫困户的意愿和需求，在扶贫的过程同时也调动了他们的能动性，将扶贫"输血"逐渐变为"造血"，从根本上实现了扶贫方式的转型。

参与式扶贫是把参与式理念和方法运用于中国扶贫事业的新生事物和新概念，世界上没有哪一个国家把参与式方法这样大规模地用于扶贫事业而产生巨大的社会影响，也没有哪个国家宣称自己开展的政府扶贫是参与式扶贫。从当年的扶贫效果来看，中国参与式扶贫的发展过程就是在政府的主导下所推行的最为行之有效的扶贫方式。从这个意义上来说，参与式扶贫在很大程度上是一个诞生于中国本土的概念。参与式扶贫的发展是一个不断探索、不断修正和不断完善的过程，是不断和中国现实相结合、不断和国家推行的政治体制改革潮流相融合的过程，是中国扶贫体制的伟大创新[①]。参与式扶贫已经在中国实现了主流化，随着中国脱贫攻坚行动的进一步推行，参与式扶贫的理论与实践也必将继续深化。

---

① 郑易生.中国西部减贫与可持续发展［M］.社会科学文献出版社，2008.

驻村帮扶打通扶贫"最后一公里"

王晓毅

摘要：驻村帮扶是实施扶贫攻坚，完成精准扶贫目标的重要保障，充分体现了中国扶贫中的制度优势。驻村帮扶被证明是行之有效的方式，在实施精准扶贫中，驻村帮扶发挥了关键作用。与以往的驻村帮扶和向农村派驻工作队不同，党的十八大以后，驻村帮扶充分体现了精准扶贫的顶层设计，帮扶的力度得到空前加强，有着明确的责任和严格的监管制度，驻村帮扶获得了稳定的帮扶资源，并与第一书记、党员干部联系贫困户相结合，形成更加完善的制度。在实施精准扶贫中，驻村帮扶有效地完善了基层的贫困治理、扩大了扶贫资源、与贫困从一起制定了更加可行的脱贫发展规划，并保障规划的落实。"驻村帮扶"之所以可在打通扶贫最后一公里方面发挥积极作用在于中共十八大以后的驻村帮扶实现了组织机制、工作机制和管理监测机制的创新。驻村帮扶的实践表明，坚持党在扶贫工作中的领导作用是驻村帮扶的保障，驻村帮扶工作队员的选拔和培训对于扶贫效果有着重要的影响。动员扶贫资源和完善贫困治理是驻村帮扶能够完成扶贫任务的关键。驻村工作队的工资机制需要适应扶贫的需求而不断完善创新。如何建立一支稳定不走的驻村帮扶工作队是贫困村可持续发展的关键。

驻村帮扶是实施扶贫攻坚，完成精准扶贫目标的重要保障，充分体现了中国扶贫中的制度优势。到 2017 年，全国共选派 77.5 万名干部驻村帮扶，期限 1～3 年；选派 18.8 万名优秀干部到贫困村和基层党组织薄弱涣散村担任第一

王晓毅：中国社会科学院社会学研究所农村环境与社会研究中心研究员。

书记，实现了对所有贫困村的全覆盖。向农村派驻工作队是我党多年的传统，在继承这个传统的基础上，驻村帮扶在人员选派、组织管理、发挥作用和监督考察等制度上都做出了重要创新，从而使驻村帮扶更好地服务于精准扶贫。

一、驻村帮扶是扶贫的重要手段

在中国大规模农村贫困问题解决以后，有针对性地解决贫困村和贫困户的问题就成为扶贫的核心问题，而贫困村普遍存在着自身发展能力不强、村级组织带动能力不强，以及信息闭塞等问题，向贫困村派出干部帮助贫困村发展就成为许多贫困地区共同的选择。

2001 年开始实施《中国农村扶贫开发纲要（2001—2010 年）》，扶贫的重点从国定贫困县转向贫困县和贫困村，提出了"把扶贫开发的政策措施真正落实到贫困村、贫困户"，为了切实落实纲要，国务院扶贫办在全国范围内确定了 14.8 万个贫困村实施整村推进规划。整村推进意味着需要整合资源，高度关注村级的贫困治理，提升贫困村的能力，《纲要》提出"从中央到地方的各级党政机关及企事业单位，都要继续坚持定点联系、帮助贫困地区或贫困乡村。有条件有能力的，要结合干部的培养和锻炼继续选派干部蹲点扶贫，直接帮扶到乡、到村，努力为贫困地区办好事、办实事。"这开启了驻村帮扶的先河。

为了落实纲要中提出的整村推进扶贫战略，国务院扶贫开发领导小组下发了《关于加强扶贫开发"整村推进"工作的意见》，正式提出驻村帮扶的概念，"应将工作重心下移，紧紧围绕'整村推进'开展工作。省（自治区、直辖市）扶贫开发领导小组要搞好统筹协调，确保每个正在实施扶贫规划的贫困村有一名县处级（含）以上领导干部联系帮扶、有一名干部驻村帮扶、有一个单位定点帮扶，努力做到贫困户都有党员结对帮扶。党政机关要在帮扶工作中发挥示范带头作用。鼓励青年志愿者到贫困村去服务和锻炼。"

在这种背景下，各地以不同名义、采取不同形式向贫困村派驻帮扶干部或驻村工作队。

第一种方式是选派干部帮扶贫困村、后进村，以及村级组织薄弱的村庄，帮助村庄发展。比如安徽省从 2001 年开始，连续分六批从省、市、县党政机关和企事业单位中，选派 2 万多名年轻干部到贫困村、难点村、后进村和软弱涣散村担任党组织第一书记。小岗村的第一书记沈浩就是第二批派驻的第一书记。河南则采取驻村工作队的方式，向农村派驻工作队，帮助农民解决实际问题，发展生产。浙江则出现了农村指导员制度，选派机关干部到农村任指导员，指导农村发展。这些第一书记、指导员和驻村工作队并非仅关注扶贫问题，但是他们的目标是解决贫困村和落后村的问题，因此在扶贫中发挥了重要的作用。

第二种方式是与对口帮扶、定点帮扶相联系的驻村帮扶。在开展整村推进以后，许多地区建立了领导干部联系贫困村制度和对口帮扶制度，在对口帮扶单位提供资金、项目支持贫困村脱贫的同时，也向贫困村派驻干部，比如在2012年之初，甘肃就启动了"双联活动"，提出"单位联系贫困村、干部联系特困户"，落实贫困村和贫困户的帮扶责任。浙江的指导员也有许多是从对口帮扶的单位派出。

建立贫困村的帮扶责任制度，向贫困村派驻干部和工作队，增加了贫困村扶贫资源，明确了贫困村的发展规划，完善了贫困村的治理结构。中组部、中央农办和国务院扶贫办在《关于做好选派机关优秀干部到村任第一书记工作的通知》中指出，"多年来，一些地方和单位探索选派机关优秀干部到村任第一书记、选派党建指导员、派干部驻村等做法，抓党建、抓扶贫、抓发展，取得了明显的成效，积累了有益经验。"

向贫困村派出驻村干部取得了明显的成效，在实施精准扶贫中，通过顶层设计，向贫困村派驻工作队被进一步制度化，并覆盖了所有贫困村，对于实现精准扶贫的目标、打通扶贫的最后一公里发挥了重要作用。

二、以精准扶贫为目标的驻村帮扶

中共十八大以来，中共中央确定了精准扶贫的战略，提出要在2020年实现现有标准下农村贫困人口全部脱贫的任务，各级政府层层签署军令状，社会各界广泛参与，形成了各界大扶贫的格局。驻村帮扶作为精准扶贫战略的重要组成部分，其重要性不断得到提升，投入力度不断增加。

2013年习近平总书记在湘西考察时提出来精准扶贫的概念，提出要"实事求是、因地制宜、分类指导、精准扶贫"，精准扶贫的核心就是要基于贫困村和贫困户的致贫原因，采取有针对性的措施。要实现精准扶贫就意味着从下而上的信息传导机制能够准确地反应贫困村贫困户的贫困状况，同时自上而下的机制能够准确地将各级政府扶贫的政策在基层落实，而贫困村着普遍存在着领导班子力量不强，干部老化，村庄比较封闭等问题，向贫困村派驻工作队可以加强贫困村的领导，增强其发展能力。

（一）驻村帮扶的顶层设计

2014年在中共中央办公厅、国务院办公厅印发《关于创新机制扎实推进农村扶贫开发工作的意见》明确提出要"健全干部驻村帮扶机制。在各省（自治区、直辖市）现有工作基础上，普遍建立驻村工作队（组）制度。可分期分批安排，确保每个贫困村都有驻村工作队（组），每个贫困户都有帮扶责任人。"2015 年中组部、中央农村工作领导小组办公室和国务院扶贫开发领导小组办公室联合发出通知，要求向党组织涣散的村庄派驻优秀机关干部任第一书记，并要求对所有建档立卡贫困村实行全覆盖。

是否能精准地选派合格的干部到贫困村工作，对于贫困村和贫困户能否按时脱贫具有重要的影响。习近平总书记在阐述精准扶贫的六个精准时候强调了"因村派人精准"，要选拔那些有能力且有经验的干部到扶贫第一线发挥作用。在 2015 年发布的《中共中央、国务院关于打赢脱贫攻坚战的决定》中，进一步强调了驻村帮扶的工作，指出："注重选派思想好、作风正、能力强的优秀年轻干部到贫困地区驻村，选聘高校毕业生到贫困村工作。根据贫困村的实际需求，精准选配第一书记，精准选派驻村工作队，提高县以上机关派出干部比例。加大驻村干部考核力度，不稳定脱贫不撤队伍。对在基层一线干出成绩、群众欢迎的驻村干部，要重点培养使用。"

在《"十三五"脱贫攻坚规划》中，强调"加大驻村帮扶工作力度，提高县以上机关派出干部比例，精准选配第一书记，配齐配强驻村工作队，确保每个贫困村都有驻村工作队，每个贫困户都有帮扶责任人。"要使驻村帮扶真正发挥作用，还需要克服形式主义，针对驻村帮扶中的一些问题，国务院扶贫办发布了《国务院扶贫办关于解决扶贫工作中形式主义等问题的通知》，在通知中也强调需要"完善驻村帮扶工作。主动沟通协调，会同有关部门整合帮扶力量，加强驻村工作管理。防止'只转转、不用心''只谈谈、不落地'。坚决杜绝'走读式''挂名式'帮扶。普遍建立驻村干部召回制度，对不作为、不务实、不合格的驻村干部坚决撤换。"

中央对驻村帮扶给予了高度重视，各地也出台了驻村帮扶的管理细则，包括驻村干部的选派、工作职责，必要的资源保障和驻村干部的考核及奖惩机制，都做出了明确的规定。在精准扶贫的背景下，驻村帮扶受到了前所未有的重视。

（二）十八大以来驻村帮扶的新格局

驻村帮扶是中国共产党的优良传统，为了配合中心工作，在不同时期都曾向农村派出不同的工作队。为了推动贫困地区农村发展，全国各地也采取不同形式向贫困村派出工作队，帮助贫困村发展。这个传统在十八大以后得到了继承和发扬，通过广泛派驻、提供支持、加强制度和强化责任，驻村帮扶在精准扶贫中发挥了至关重要的作用。

第一，驻村帮扶的力度空前。十八大以前的驻村帮扶多是由省或市县组织实施，覆盖部分问题比较严重的贫困村或一些典型村，且驻村的力量也不尽相同，有些是一个干部驻村帮扶，有些是几个干部一起驻村；时间也不固定，有些驻村并不是长期驻村，而是短期到村解决一些问题；各地驻村的方式多种多样，缺少严格的管理和监督制度，驻村帮扶只是地方或部门层面的工作。在十八大以来，作为顶层设计，驻村帮扶成为一项制度，受到各级党委政府的高度重视，派驻的人员增加、且每个村都是多人组合的队伍，县级以上机关干部所占比例增加。据国务院扶贫办的数据，全国驻村工作队共有 77.5 万人，覆盖了所有 14.8 万个贫困村，平均每个村超过 5 人。我们的一些典型调查也表明，一般的驻村工作队都有 5 名左右的队员，一些重点村的工作队员更多。每个贫困村都配备了第一书记，参与贫困村党组织建设，第一书记制度和驻村帮扶相结合，将扶贫、发展和基层党组织建设紧密地结合起来。此外，县以上单位派出的工作队的比例在增加。县以上部门往往有更多的社会关系，可以调动的资源更多，派出的工作队有更强的帮扶力度，因此他们在解决贫困，特别是深度贫困问题具有优势。随着精准扶贫的深入，脱贫的难度也越来越大，提高县以上机关的派出比例有利于提高驻村帮扶的力度。由于县级以上机关有限，不能覆盖所有贫困村，所以在许多贫困地区，县以上机关的驻村帮扶工作队往往被派驻到贫困程度较深、脱贫难度较大的贫困村。

第二，驻村帮扶承担了更重要且明确的责任。从中央层面上对驻村帮扶提出了明确的要求，中共中央办公厅和国务院办公厅印发的《关于创新机制扎实推进农村扶贫开发工作的意见》中指出，"驻村工作队（组）要协助基层组织贯彻落实党和政府各项强农惠农富农政策，积极参与扶贫开发各项工作，帮助贫困村、贫困户脱贫致富。"在中组部等三部门《关于做好选派机关优秀干部到村任第一书记工作的通知》明确第一书记要"推动精准扶贫。重点是大力宣传党的扶贫开发和强农惠农富农政策，深入推动政策落实；带领派驻村开展贫困户识别和建档立卡工作，帮助村'两委'制定和实施脱贫计划；组织落实扶贫项目，参与整合涉农资金，积极引导社会资金，促进贫困村、贫困户脱贫致富；帮助选准发展路子，培育农民合作社，增加村集体收入，增强'造血'功能。"基于中央的要求和各地实际情况，各省为驻村帮扶工作队和第一书记制定了具体的责任要求，比如宁夏制定了《扶贫开发驻村工作队及农村基层党组织第一书记管理暂行办法》，其中为驻村帮扶提出了 5 项责任——分别是理清发展思路、加强基层组织建设、推动精准扶贫、提高服务能力和提升治理水平。由于许多贫困村都存在着程度不同的组织涣散和能力不强的问题，在贫困程度较深的地区，驻村帮扶承担了主要的扶贫责任，特别是规定不脱贫不撤出以后，许多驻村帮扶更感受到责任重大。

◆ 专栏一

一是整合财政扶贫资金。按照每村60万元专项扶贫资金，70万元村内公路建设资金，20万元村内公益事业建设"一事一议"财政奖补资金的标准，连同文化大院、体育健身器材、村庄绿化等项目资金，共为每个省派第一书记帮包村落实180万元资金，让第一书记到村里开展工作时，手里有资金、有项目、有政策。二是整合行业扶贫要素。整合农业、林业、水利、财政、教育等行业和涉农扶贫资源，编印《第一书记行业扶贫政策操作手册》，明确政策内容、操作流程和责任处室，简化办事程序，下放审批权限，组织建立专家库，为第一书记提供技术支持和信息服务等。三是统筹利用社会资源。先后组织831家省农业龙头企业与第一书记帮包村结对帮扶。派出单位当好帮包工作的指挥部、协调部、保障部，单位党员干部联系帮包村的困难户，形成"第一书记打头阵、派出单位当后盾、党员干部齐上阵"的生动局面。第一轮已脱贫584个村、10.1万人，第二轮609个村、9.1万人可望如期脱贫。（山东省扶贫办）

第三，制定了完善的监管制度。从2015年开始，各地都建立了严格的驻村干部管理制度。对于驻村帮扶的管理主要从两个方面进行，首先是日常管理，比如在贵州为了保障驻村干部的驻村时间，要求驻村干部与原单位的工作脱钩，驻村干部每个月在贫困村的驻村时间不得少于20天。为了便于对驻村干部进行管理，各地都制定了具体的制度并利用的新的技术，比如要求驻村工作队每天都要有日志，记录当天的工作和活动，不仅可以督促驻村干部，也便于检查。一些地方对驻村干部进行突击式的抽查，防止干部在规定时间不驻村，一些地方还利用网络和大数据来监督驻村干部的工作地点和工作内容。日常管理可以解决驻村干部住下来的问题，避免驻村干部走读不驻村。对驻村干部不仅有日常的监督，更重要的是考核，不仅组织部门和乡镇政府参与对驻村帮扶干部的考核，而且贫困村的村民也参与对驻村干部考核。一年一度的考核结果被反馈到干部的原单位，对干部的晋升提拔有重要的影响。驻村帮扶不仅仅是扶贫的手段，也是锻炼干部的机会，通过驻村帮扶，发现优秀的干部，并将不符合条件的驻村干部召回，通过有效的奖惩机制，驻村工作队的工作积极性被充分调动起来。比如甘肃就明文规定，对于驻村帮扶工作队的考核要作为干部使用、公务员考核的依据。有效的考核机制提高了驻村干部的工作积极性。为了取得好的帮扶成绩，许多驻村干部是动员了单位和个人的大量资源，创造性地开展了驻村帮扶工作。

专栏二　建立七项工作制度，确保规范有序

一是考勤和请销假制度。明确了乡镇党委承担平时考勤的主体责任，每季度将考勤情况反馈县（区）党委组织部，由县（区）党委组织部向派驻单位反馈，并作为平时考核的依据。驻村工作队成员请假3天以内由乡镇党委批准，3天以上由县（区）党委组织部和派驻单位共同批准。

二是工作日志制度。建立了驻村成员记录驻村期间的工作、学习情况和民情日记等制度。乡镇党委结合平时考核，及时检查并通报相关情况。

三是联系群众制度。做出了驻村工作队成员要经常深入农户了解民情等规定，并通过村务公开栏和党员服务承诺等形式，围绕履行职责、工作目标、服务群众、组织纪律等方面内容作出承诺，主动接受群众监督，公开个人联系方式，保证群众有困难第一时间找到工作队成员，真正做到提户知人、提人知事、提事知情。

四是定期汇报制度。建立了驻村工作队定期汇报制度，要求工作队每季度向乡镇党委和派驻单位汇报一次工作，每半年以书面形式向县（区）党委组织部、扶贫办汇报一次工作，年末以书面形式向派驻单位和同级党委组织部、扶贫办汇报年度工作情况。

五是教育培训制度。明确了各级组织、农办、扶贫部门和乡镇党委在驻村工作队成员教育培训中的职责，要求每年都要采取专题培训、现场观摩、经验交流、理论和业务学习等形式，对工作队成员进行不少于5天的培训。自2014年派驻工作队以来，共开展了省级培训71期，市级培训64期，县级培训166期，驻村队员的参培率为95%。

六是巡回督导检查制度。建立了自治区党委、政府督查室联合组织部、农办、扶贫办不定期联合巡回督查和市、县（区）相关部门经常性检查的督导检查机制。2016年3月份自治区党委督查室牵头督导后形成的督查报告，受到自治区领导的高度重视，自治区党委副书记崔波等领导分别作出了批示，要求认真解决工作中存在的问题，抓好驻村工作队工作。

七是管理考核制度。建立了自治区统筹协调、地级市指导协调、县（区）负责管理考核、乡镇负责日常管理考核的工作机制，对驻村工作队怎么管理、由谁管理、怎么考核、谁来考核、考核结果使用和优秀等次评定等作出了明确规定。在对驻村工作队员的考核管理方面还明确，驻村队员年度考核为基本称职或不称职等次的，群众意见较大不适合继续驻村工作的，派出单位要予以调整。截至目前，固原市已调整了作用发挥不好的驻村工作队员231人。（宁夏扶贫办）

第四，驻村帮扶与第一书记、干部联户等扶贫措施实现了有机的结合。在实施精准扶贫过程中，各地也相应地出现了许多与驻村帮扶相联系的帮扶措施，如第一书记制度，第一书记覆盖了所有贫困村，但是不仅仅局限于贫困村。在许多贫困村，第一书记就是由驻村帮扶工作队长兼任，这样就将帮扶工作与党建工作有机地结合起来，解决驻村帮扶与村级组织的关系问题。此外，在贫困地区广泛开展了党员干部联系贫困户的制度，每个贫困户都有一个党员干部负责帮扶联系。这些制度相互配合，共同在贫困村产生影响，对于驻村帮扶起到了支持作用。

（三）驻村帮扶推动了精准扶贫

中共十八大以来，中国的扶贫进入了精准扶贫时代，驻村帮扶在精准扶贫中发挥了不可替代的作用。

第一，驻村帮扶完善了贫困村的治理结构。贫困村普遍存在着基层组织软弱涣散、人员老化，村庄缺少发展动力的现象，在缺少监督的情况下，扶贫资源资源分配中优亲厚友的现象比较普遍，这影响了干群关系，也影响了扶贫的效果。驻村工作队要想实现脱贫的目标就必须推动贫困村完善治理结构。驻村帮扶的工作队员来自村庄之外，他们与村庄没有直接的利益关联，这保证了驻村工作队可以在村庄中以客观公正的身份参与村庄事物。在贫困户识别、扶贫资源使用和产业发展中，驻村工作队和村级组织既相互配合，又相互监督，从而改善了村级治理格局。

驻村帮扶以精准扶贫为突破，帮助贫困村建立村务公开制度，推动村民参与，对村级组织的运行产生示范影响。驻村帮扶要求驻村工作队遍访贫困户。在我们调查的一些村庄，工作队员不止一次地走访贫困户，他们能够认识大部分的村民，了解多数家的状况，深入的走访促进了村庄信息的透明。驻村帮扶与村级组织共同完善了村级治理制度，比如村务公开制度，涉及扶贫的信息，不管是贫困户的识别还是扶贫资源的使用，都要在村内公开，重要的事情都要通过上墙的方式公开，并接受村民的监督。村庄事物公开和村民参与决策的机制并非始于驻村帮扶，一直以来村务公开和民主监督都是改进村庄公共事务治理的重要手段，但是由于缺少有效的监督，以及村民对村务不熟悉，这些制度在许多贫困村并没有认真落实，通过工作队的推动和监督，特别是与遍访贫困户相结合，在贫困村村务公开和民主监督被认真落实。

驻村帮扶也改善了村级治理的技术手段和工作人员构成。贫困村的村级组织往往是比较弱的，表现为村干部的受教育水平低、年龄偏大和缺少工作积极性，这形成了贫困村发展的制约因素，也不能适合精准扶贫的需要，特别是贫困村的管理进入信息化以后，许多贫困村的干部甚至没有人会操作电脑，也不会处理村庄中的大量档案，不能利用现代化手段改善村庄治理。驻村帮扶在很大程度上提高了村级的管理技术，比如在贫困户的调查技术、档案管理和信息电子化方面，都发挥了关键作用。围绕着精准扶贫所建立的乡村治理结构和治理技术，是在驻村帮扶的协助下完成的，从这个意义上说，驻村帮扶推进了村级治理的现代化。

第二，驻村帮扶实现了更有效的扶贫资源动员。驻村帮扶工作队来自上级机关，具有更强的资源动员能力，他们的加入大大增加了贫困村的帮扶资源。与驻村帮扶密切相关的扶贫资源投入主要有帮扶单位的投入。由于驻村工作队多是由对口帮扶的单位派出，许多驻村工作队就是代表对口帮扶单位在贫困村开展工作，因此与驻村帮扶相配合，对口帮扶单位向贫困村投入了大量的扶贫资源。由于不同的帮扶单位的帮扶力度不同，有些帮扶单位可能投入数百万元资金，有些投入数十万元，有些单位则将本单位主管项目向贫困村倾斜，从而增加了贫困村的扶贫力度。帮扶单位不仅从本单位主管的项目、自有资金中给贫困村增加了投入，他们更利用本单位优势，通过单位的关系，动员更多部门投入资金，比如有的单位利用部门与私营企业联系较多的特点，动员私营部门参与到对口帮扶村的帮扶中；有些部门利用与社会组织联系较多的特点，动员社会组织参与贫困村的扶贫。此外，帮扶单位还会动员本单位的职工通过献爱心捐赠的方式对帮扶村庄的贫困户提供直接而有效的帮扶。爱心捐献可以满足贫困户的直接需求，体现出帮扶单位对贫困户的温暖。驻村工作队的另外一项重要工作是帮助贫困村设计项目，争取政府项目支持。政府不同的部门都有支持农村建设的项目，从基础设施到文教卫生，但是由于村级组织对这些项目管理单位不熟悉、对于项目申请的程序不熟悉，因此许多农村发展项目不能落户到贫困村。驻村工作队多来自政府机构，对政府农村发展项目的程序比较熟悉，在基于贫困村深入调查的基础上，可以将贫困村的需求与农村发展项目有效地结合起来，帮助贫困村获得政府部门的项目支持。在工作队的支持下，贫困村更容易获得政府支农项目。在一个典型的贫困村，如果驻村帮扶的力度较大，我们就会看到政府项目、对口帮扶资金和社会的扶贫援助被有效地正在一起，共同发挥扶贫的作用。

第三，驻村帮扶推动了贫困村的产业发展和脱贫攻坚任务的完成。在驻村帮扶工作队的支持下，贫困村形成了脱贫发展的策略和因户施策的扶贫方案。驻村帮扶在进驻贫困村以后都会根据贫困村的特点和问题，深入分析其致贫原因，并提出相应的发展规划，包括基础设施发展、产业发展和农民文化设施建设。尽管村庄发展规划也不是开始于驻村帮扶，但是驻村帮扶工作队参与的村庄发展规划与以往的规划相比较有许多不同，首先是村庄规划与资源的投入密切结合，驻村帮扶会深入分析贫困村所存在的问题，在综合考虑到各方投入的前提下作出村庄发展规划，因此这些规划具有更强的可行性。大多数规划的活动都能够如期开展。其次，规划意味着各方投入，在规划制定以后，驻村工作队为了规划实现会主动动员各方资源进入贫困村。我们看到一些驻村帮扶工作力度比较大的村庄，在工作队进入以后迅速改变了面貌，村庄的面貌焕然一些，修建了文化广场，村民活动室，一些村庄还建立文化活动中心；交通条件迅速改善，通村公路和村内的道路被整修；村庄形成了主导产业，一些农业企业被引入到贫困村，形成公司加农户的生产和供销模式，在驻村帮扶的推动下，一些贫困村形成了主导产业；村民被组织起来，围绕主导产业建立了农民的合作社。

在村庄规划和发展过程中，贫困户的受益和脱贫被作为第一目标。针对不同的贫困户的具体情况，在深入调查的基础上制定了可操作的贫困户脱贫计划。驻村帮扶工作队要全程参与贫困户的识别，以及帮扶计划的制定。此外，贫困户与党员干部的对口联系机制在解决贫困户的具体问题上也发挥了重要作用。在贫困地区建立了广泛的党员干部帮扶贫困户的机制，如县处级干部帮扶4户，科级干部帮扶3户，股级干部帮扶2户和一般党员帮扶1户的机制，这些党员干部要定期访问帮扶的贫困户，解决贫困户具体的生活和生产困难，在这方面产生了许多新的经验，如帮扶的党员干部为贫困户提供信贷担保，使贫困户可以获得发展生产所需要的资金支持。在党员干部对口帮扶贫困户的机制中，驻村帮扶工作队起到了中间桥梁作用。此外，驻村工作队利用工作队的优势，帮助贫困户解决所面临的许多具体困难，如贫困户要从事经营活动需要办理营业执照，家里人得病需要进入专业的医院、子女毕业以后找不到合适的工作，乃至利用朋友圈帮助贫困户销售农产品。机关干部以驻村帮扶的身份进入到农村以后，与农民有了越来越直接的接触，发现贫困户有许多具体的需求需要满足，这些干部以自身的资源帮助贫困户解决具体问题，就使得机关干部的工作越来越接地气，在这个过程中，一些机关干部也成了农民的朋友。

驻村帮扶使干部有机会长时间住在农村，接触农民，特别是贫困户，并通过制度安排，让他们密切联系贫困户，负有扶贫的责任，这拉近了政府与群众的距离，增强了执政党在群众中的威信。作为顶层设计的精准扶贫面临的最大困难也就在于如何解决扶贫路上最后一公里的问题，如果说精准扶贫是从大水漫灌改为滴灌，那么村庄一级就滴灌的最后一段，因为最终需要扶贫资源在贫困村和贫困中发挥作用。在精准扶贫中需要三个机制共同发挥作用：群众参与、基层党建和驻村帮扶。三项机制的有机结合，为打通扶贫路上最后一公里，提供了坚实的基础。

三、驻村帮扶的模式创新

向农村派驻工作队以配合党的中心工作是中国共产党的重要执政经验，在历次政治运动中，都曾经向农村派驻工作队。但是在驻村帮扶中，为了实现精准扶贫的目标，工作队的组成、工作机制和管理制度也都相应地变化，并产生了积极的作用。

（一）组织机制创新

驻村帮扶首先要选择有能力、素质高的干部作为驻村工作队的队长，负责驻村帮扶工作。为了使派出单位重视扶贫工作并派出得力干部，各地做了许多具体的规定，如广东省明确规定，省直和中直在粤单位要选派副处级以上且年龄不超过 45 岁的干部作为驻村帮扶的工作队长并兼任第一书记。珠三角地区要派出优秀干部作为驻村工作队长，同时贫困村所在市要派出优秀科级干部任第一书记。尽管一些地区在工作之初缺少经验，会有不熟悉农村工作的干部被派驻农村，影响了扶贫工作，但是随着扶贫工作重要性在不断提高，而且扶贫的成效也被作为指标之一，考核派出单位，特别是派出单位主要领导的工作，因此派出单位越来越多地将本单位的得力干部，特别是一些后备干部派驻到贫困村。

驻村工作队长的素质对贫困村的脱贫攻坚起着至关重要的作用。能力强的干部可以有效地协调工作队与村级组织的关系，动员更多资源，制定更加结实可行的规划；如果工作队长不熟悉农村工作，在农村就很难开展工作。强化派出单位的扶贫意识和扶贫责任有助于派出单位派出最得力的干部。

驻村工作队长来自帮扶单位，但是工作队成员往往来自多个部门和多个层面，特别是驻在贫困程度较深且脱贫难度较大的工作队的人员构成往往是复合型的，工作队员有多方面的工作经验和知识背景，代表着不同的帮扶机构，发挥着不同的作用。首先，工作队员来自不同的层面，如果驻村工作队长来自于省市以上单位，那么会配备来自县级单位的工作队员以配合他们的工作，这样可以综合发挥上级单位的资源动员能力和基层干部对贫困村熟悉的优势；其次，工作队的组成可能来自不同的系统或不同的单位，这有利于发挥综合扶贫的作用，比如如果对口帮扶的人员来自农业部门，可能会根据村庄的贫困问题和脱贫需求配备林业部门，或文化卫生系统的干部，从而可以发挥各自优势。此外，一些驻村工作队员还吸收乡镇干部和农村能人参与工作队的工作。乡镇包村干部进入驻村帮扶工作队可以将短期的驻村帮扶与长期的农村工作更好地结合起来。包村干部熟悉贫困村状况，长期在贫困村工作，不会随着驻村帮扶的结束而结束。而村庄能人，特别是村中那些受教育程度较高的年轻人是农村的未来，他们中能力突出的人参与到驻村工作队中，既可以使农村青年受到锻炼，也使工作队更容易了解乡村情况，开展工作。

大部分地区建立了逐层领导的制度，在县一级设立驻村工作总队，在乡镇以及设立驻村帮扶的统一领导机构，通过县、乡、村三级的管理体制，实现了对驻村帮扶工作队的指导、培训和监督。这样一套系统有助于对驻村帮扶工作进行统一领导，统一培训和统一的监测评估。

（二）工作机制创新

驻村帮扶的责任非常清楚，就是要保障完成精准扶贫的任务。围绕精准扶贫的任务，因地制宜，各地都产生了很多工作机制的创新。

精准派人和平衡扶贫力度。由于单位的层级、所管辖的事务不同，单位的帮扶能力也不同，总的来说上级单位的帮扶资源要比下级部门多，比如中央和省级单位资源动员能力比县级单位要强。帮扶单位的不同实力造成了帮扶中的不均衡。在精准扶贫时期，以县为单位，要平衡扶贫的强度，第一种措施是将帮扶能力强的机构派驻到深度贫困村，利用其较强的帮扶能力解决更多的困难。第二种是具体分析贫困村的现状，分析其扶贫需求，给予不同的需求，有针对性地派驻扶贫工作队。比如贵州经验是"科技干部配产业村、经济干部配贫困村、政法干部配乱村、党政干部配难村和退休干部回原村"。

全面开展工作中，驻村帮扶将加强基层党建当成重要的任务来做。驻村工作队有明确的职责，又要依靠党支部村委会，同时对于薄弱涣散的村级组织，又要通过多种方式帮助完成基层党建工作，比如宁夏对驻村帮扶体提出的任务包括"指导村党组织开展星级基层服务型党组织创建活动，推动村党组织晋位升级、创先争优；对村'两委'班子不健全的要协助配齐，着力解决班子不团结、软弱无力、工作不在状态等问题，物色培养村后备干部；协助乡镇党委做好村'两委'换届工作；健全完善村级组织各项规章制度，严格落实'三会一课'、民主评议党员等制度，严肃党组织生活；推动落实村级组织工作经费和服务群众专项经费、村干部报酬和基本养老医疗保险，抓好村级组织活动场所'六个中心'建设，努力把村党组织建设成为坚强战斗堡垒。"

服务贫困人群，实现精准脱贫，是驻村帮扶的核心工作，所有的考核都会围绕精准扶贫进行。在实践中，驻村帮扶要密切联系群众，深入贫困户家庭，详细了解贫困户的困难，脚踏实地开展工作。

专栏三

供需如何对接？天津、江苏、上海、湖北、云南、宁夏等地，组织专门力量排查基层需求情况和干部队伍情况，"菜单式"遴选"对路"干部。放眼全国，党政部门干部派驻软弱村、经济部门干部派驻穷村、政法部门干部派驻乱村、涉农科技部门干部派驻产业村的"一把钥匙开一把锁"模式广为采用。

（三）管理评估创新

在驻村帮扶的管理中充分结合了自上而下管理和自下而上的主动精神。驻村工作队同时受到原派出单位、乡政府的双重领导，为了保证驻村帮扶能够在贫困村真正开展扶贫工作，各地制定了一系列的管理制度，以保证工作队能够在村庄真正住下来并且开展工作。

管理创新体现在自上而下的统一管理和自下而上的监督考评相结合。各个省对驻村帮扶都提出了明确的要求，工作队是否如期完成这些要求，考核多采取自下而上的途径，通过群众评议，地方干部评价，全方位地考核驻村帮扶的成效，并将驻村帮扶的成绩作为干部使用的重要参考。

四、驻村扶贫的经验和启示

在实施精准扶贫中，驻村帮扶发挥了重要作用。作为村庄之外的干部进入到陌生的村庄，能够迅速地了解村庄的实际、采取有针对性的帮扶措施，动员扶贫资源，推动贫困村发展。驻村帮扶之所以能够取得效果，有许多经验值得总结。

1. **坚持党在扶贫工作中的领导作用是驻村帮扶的保障**　如果没有强有力的领导，驻村帮扶就不可能实现，即使勉强派出干部，也不能发挥实际作用。驻村帮扶是一个系统工程，涉及人员的选派、考核和奖惩，涉及扶贫资源的配置，涉及扶贫工作与派出单位日常工作的关系等，如果没有党的强有力领导，如此复杂的任务就很难完成。在驻村帮扶的工作中，扶贫部门和组织部门密切配合，扶贫部门重视驻村帮扶的扶贫工作，而组织部门关注驻村帮扶的组织、管理和考核，两个方面的密切配合保证了驻村帮扶工作队能在贫困村开展扶贫工作，并取得成效。

2. **驻村帮扶工作队员的选拔和培训对于扶贫效果有着重要的影响**　一方面因为派出单位承担了驻村帮扶的责任，因此有积极性将单位内的有能力、熟悉农村工作的干部，特别是后备干部派驻贫困村。另外一方面，各地都将驻村帮扶的工作表现作为干部晋升的重要指标，组织部门也鼓励各单位将后备干部派驻贫困村，这种综合的鼓励机制发挥了作用，使驻村帮扶干部具有主动工作的精神。针对驻村帮扶中所遇到的困难，各级组织和扶贫部门也组织了有针对性的培训，编辑驻村帮扶手册，编辑印刷驻村帮扶的典型案例，并在各个层面组织驻村帮扶干部的交流，在乡、县、省市的层面上都组织交流和表彰活动，加强驻村帮扶的能力建设，提高驻村帮扶的水平。

不同部门的驻村工作队员共同工作也形成了优势互补的格局，农村的问题复杂，需要多方面的知识和能力，来自不同部门的人员有着不同的背景，从而形成了工作队内部的知识互补。

3. 动员扶贫资源和完善贫困治理是驻村帮扶能够完成扶贫任务的关键
扶贫需要配备必备的扶贫资源。随着扶贫的深入，各级政府的扶贫投入也在不断增加，如何管好用好扶贫资金就成为驻村帮扶的重要工作。为了驻村帮扶工作队能够更好地开展工作，各级财政都给驻村帮扶匹配了资金，对口帮扶也向贫困村投入了扶贫资金。资金的进入使驻村帮扶有了抓手。如果说驻村帮扶是精准扶贫的抓手的话，那么扶贫项目和扶贫资金就是驻村帮扶的抓手，把这些资金和项目做好，真正解决贫困村的问题，驻村帮扶就会取得成绩。

然而精准扶贫并不等于简单的救济，动员更多的资源用于扶贫有助于解决贫困问题，但是提高贫困村的治理水平，认真分析贫困状况和致贫原因，采取有针对性的措施更重要。驻村帮扶的首要责任就是加强贫困村基层组织建设，建立必要的制度，形成公开和参与村庄事物决策机制。扶贫资源和贫困治理相辅相成，解决贫困问题需要同时发力。

4. 驻村工作队的工资机制需要适应扶贫的需求而不断完善创新 扶贫工作队的组成和工作机制也经历了逐渐完善的过程。比如由于不同部门的扶贫力度不同，在对口帮扶中，贫困村会感觉苦乐不均，这给驻村帮扶工作带来很多困难，一方面那些扶贫投入资源较少的单位在贫困村开展工作很难，另一方面那些投入多的单位又会忙于项目建设，忽视贫困治理。现在一些省将扶贫力度与贫困程度挂钩，将那些扶贫资源多的单位对口帮扶贫困程度深的贫困村，发挥其扶贫优势；同时根据不同的村庄发展需求，选派不同的单位如疾病致贫的村庄会派出卫生部门对口帮扶，社会矛盾比较多的贫困村会派出政法机构进行帮扶，从而发挥各帮扶部门的长处。这些机制和措施都是在实践中产生并加以完善的。

在驻村帮扶实践中，各种问题也在不断暴露，有些驻村帮扶没有到位，有些驻村帮扶没有认真解决实际问题，针对这些问题，从中央到地方都不断采取措施，不断解决新出现的问题。

5. 相对稳定的驻村工作队是精准扶贫的保障　现在多数的驻村帮扶工作队员的期限是一年，但是调查发现，有一些比较成功的驻村帮扶工作都持续了若干年，在这期间，尽管部分驻村工作队员可能会更换，但是主要领导不换，从而保证了扶贫规划的稳定执行。频繁的更换驻村工作队往往会使驻村帮扶流于形式，因为短期的工作意味着要在短期内见到扶贫的成效，相对长的时间可以保障工作的可持续。在 2020 年精准扶贫结束以后，贫困村的持续发展需要留下一只不走的工作队，这不仅意味着基层党建要充分发挥作用，同时也意味着驻村帮扶也要以新的形式保留下来。

绿色发展理念引领可持续减贫发展

张　琦　冯丹萌

摘要：绿色发展与消除贫困是中国政府提出的 2020 年建设全面小康社会的宏伟规划的任务要求。改革开放以来，中国在经济增长方面取得了举世瞩目的成就，GDP 的年均增长率超过 9%，居民收入也得到大幅提升。但是，过度追求经济增长，忽视经济增长的可持续性和成果的共享性，导致在一段时期内一些地区出现了环境恶化、污染严重的问题，同时由于收入差距和城乡差距的扩大，仍有很大一部分农村人口长期处于贫困状态。绿色减贫是中国新型的减贫模式，也是全球可持续发展的必然选择。打赢脱贫攻坚战、实现贫困地区的可持续发展必须以五大发展理念为统领，必须把扶贫开发促进减贫和绿色增长结合起来，推进绿色减贫。本文主要结合理论与实践，从可持续角度分析中国绿色减贫的理论支撑和形成特点，并分析 2013 年以来中国绿色减贫在内容和方式上的创新和突破，为今后中国乃至全球可持续发展提供一定的经验和启示。

绿色减贫是生态文明建设中减贫方式的创新，是一种符合生态文明发展、实现绿色增长和发展新方式的减贫新理念，是把生态文明与反贫困有机结合起来的减贫新战略，体现了我们党对我国经济社会发展阶段性特征的科学把握。

张琦：北京师范大学经济与资源管理研究院教授、博士生导师，中国扶贫研究院院长。

冯丹萌：农业农村部农村经济研究中心研究人员。

一、十八大以来绿色减贫的发展背景及理论创新

随着经济的快速发展，经济发展与环境保护之间的矛盾越来越突出。绿色发展逐渐成为世界各国以及国际性组织关注和研究的热门话题，也是中国经济社会发展及各行业适应新形势新发展的重要战略议题，逐步成为研究讨论创新扶贫开发方式的关注点。

（一）绿色减贫的发展背景

1. 经济发展"非绿色化"带来生态环境极度恶化　进入 20 世纪 80 年代以来，随着经济的发展，具有全球性影响的环境问题日益突出。不仅环境发生了区域性的环境污染和大规模的生态破坏，而且出现了温室效应、臭氧层破坏、全球气候变化、酸雨、物种灭绝、土地沙漠化、森林锐减、越境污染、海洋污染、野生物种减少、热带雨林减少、土壤侵蚀等大范围的和全球性环境危机，严重威胁着全人类的生存和发展。就中国而言，1978 年以来，中国维持了 30 多年的经济快速增长，目前经济总量已处于世界第二位，但是这种成就的取得在一定程度上是通过采取重化工业化等偏重 GDP 增长的发展路径来进行的，GDP 发展面临着严重的"非绿色化"，粗放发展方式使中国的环境承载力面临巨大压力，部分地区的环境容量已经逼近甚至是超过了临界点，使得环境、经济、社会之间存在着紧张关系。以生态环境破坏情况为例，中国 70%的城市空气质量没有达到新的空气质量标准；酸雨区面积约占国土总面积的12.2%。在中国的地表水系中，70%的江河湖泊受到不同程度的污染，75%的湖泊出现了不同程度的富营养化情况，流经城市的河段有 90%面临严重污染；在地下水中，在 2012 年的地下水质检测中，57.3%的监测点水质为"差"和"极差"，其中 16.8%的监测点水质呈现极差级别。中国有 2 000 万公顷耕地受到重金属污染，约占耕地总面积的 1/5。生态环境的严重破坏使得生态环境效益处于 0 甚至负值，GDP 的发展与环境状况背道而驰，经济与生态之间的内部矛盾愈加突出，整体经济的绿色可持续发展受到严重制约。

2. 脱贫任务和生态环境改善双目标不可或缺　在中国的生态脆弱区中，76%的县为国家扶贫开发工作重点县。这些县的土地面积、耕地面积和人口数量，分别占到生态脆弱地区土地面积的 43%、耕地面积的 68%、人口数量的76%。2010 年，国务院印发的《全国主体功能区规划》将小兴安岭森林生态功能区等 25 个地区划分为国家重点生态功能区，设立了共计 1 443 处，包括国国家级自然保护区、世界文化自然遗产、国家级风景名胜区、国家森林公园、国家地质公园的国家禁止开发区域。根据《全国主体功能区规划》所划分

的重点生态功能区基本上覆盖了 14 个集中连片特困地区，国家禁止开发区域中有 42.9％的区域位于国家扶贫工作重点县。因此，我国大部分贫困地区和生态脆弱地区在地理分布上存在很强的耦合性，贫困地区往往是自然资源富集区，又是重要的生态屏障区和生态脆弱区；既是经济发展、生态保护战略区，又是经济社会相对落后和贫困人口聚集区，具有一般性贫困和生态性贫困叠加的特征。生态脆弱意味着这些地区难以通过重化工业化等方式来推进减贫发展。全面建成小康社会必须补齐扶贫开发和生态环境保护这两大短板。补齐这两块短板，必须把生态文明建设与反贫困有机结合起来。这是贫困地区科学发展的基本原则，也是生态脆弱贫困地区扶贫开发的必经之路。因此，这些地区的发展必须走绿色发展的道路，脱贫攻坚必须以绿色发展为原则。要积极推进绿色与减贫无缝对接，贫困地区要走绿色减贫、生态减贫创新之路。

3. 积极探索绿色减贫成为世界各国共识　伴随气候变化带来自然社会经济发展的历史性新变化，绿色经济作为应对措施受到国际社会广泛关注。早在 2005 年召开第 5 届亚太环境与发展部长级会议上通过了"关于绿色增长的首尔倡议"。以此为契机，韩国开始大力推进绿色经济与绿色增长，将"低碳绿色增长"作为国家的长远构想。日本也在 2007 年将建设"低碳社会"、"循环型社会"、"自然共生社会"作为环境立国支柱。联合国环境规划署从 2008 年开始实施绿色经济倡议，绿色经济便成为一大全球性课题，美国、欧洲、日本、韩国等众多主要国家相继推出了"绿色新政"，其核心在于通过对再生能源产业等绿色产业的大规模投资，刺激经济，创造就业。经济合作与发展组织从 2008 年开始制定绿色增长战略，并将绿色增长作为其成立 50 周年的纪念主题。联合国环境规划署 2011 年 2 月发表了绿色经济报告书，其中绿色发展与减贫战略是其核心。联合国环境计划署发表的《面向政策制定者的综合报告》中专门强调了迈向绿色经济，通向可持续发展和消除贫困的各种途径。2012 年里约召开的联合国可持续发展大会的主题之一就是"可持续发展和消除贫困背景下的绿色经济"。可以说，绿色经济、绿色发展与减贫新战略已经成为世界进行政治、经济和外交等关注、交流与合作的热点，日益受到各国所重视。各种研究表明，目前全球正面临着较为严重的环境危机，集中体现在全球气候变暖。为了控制全球变暖的步伐，各国纷纷提升资源利用效率，保持能源消耗和二氧化碳排放处于低水平。强调绿色发展，正是在经济发展的基础上，更加注重生态文明和环境保护，实际上也是全球共同认定的、解决地球资源和环境可持续的问题的一种必然选择。而绿色减贫正是低碳的扶贫方式，符合绿色低碳这一新的世界规则的发展方向和大趋势。

4. 中国"绿色减贫"呼声日益迫切性　进入新的历史发展新阶段，绿色发展和减贫都已经成为中国国家发展的战略目标要求。在绿色发展方面，中国政府高度重视绿色发展和减贫工作。中共十八大将生态文明放在突出地位，提出要将生态文明融入经济建设、政治建设、文化建设、社会建设各方面和全过程，实现"五位一体"总体布局的经济社会发展。2015 年 10 月 15 日召开的十八届五中全会首次提出"创新、协调、绿色、开放和共享"即五大发展理念，这是中国新时期治国理政思想在发展理念上的创新性成果，绿色发展成为五大发展理念的核心，绿色发展理念居于五大理念之核心位置，进一步证明了中国绿色发展的决心和信心。在扶贫脱贫方面，自 2013 年以来，中国扶贫脱贫的力度不断加大，制定了一系列政策制度，《关于打赢脱贫攻坚战决定》将扶贫脱贫定位提到了"扶贫开发事关全面建成小康社会，事关人民福祉，事关巩固党的执政基础，事关国家长治久安，事关我国国际形象"历史上最高地位。"打赢脱贫攻坚战，是促进全体人民共享改革发展成果、实现共同富裕的重大举措，是体现中国特色社会主义制度优越性的重要标志，也是经济发展新常态下扩大国内需求、促进经济增长的重要途径。"，并提出了到 2020 年，稳定实现农村贫困人口不愁吃、不愁穿，义务教育、基本医疗和住房安全有保障。实现贫困地区农民人均可支配收入增长幅度高于全国平均水平，基本公共服务主要领域指标接近全国平均水平。确保我国现行标准下农村贫困人口实现脱贫，贫困县全部摘帽，解决区域性整体贫困。

（二）理论创新

进入 21 世纪，人类社会进入第四次工业革命，即绿色工业革命，发展模式将从前三次工业革命的"黑色发展模式"转向全面的"绿色发展模式"。中国作为世界最大的新兴经济体，无疑是绿色发展理念的倡导者，从"十一五"规划突出了绿色发展的思路，绿色发展指标被列为约束性指标，到"十二五"绿色发展理念进步一强化，并明确了绿色发展的激励约束机制，进而到 2015 年 10 月 15 日召开的十八届五中全会再次强调绿色发展理念，提出要实现"十三五"时期发展目标，破解发展难题，厚植发展优势，必须牢固树立并切实贯彻包括"绿色发展"的五大理念，绿色发展理念居于五大理念之核心位置。通过在减贫实践中不断创新、摸索，将绿色发展理念紧密的融入进去，探索出一套具有中国特色的绿色减贫理论。

1. **"两山理论"：绿色减贫理论基础**　在经历了用绿水青山去换金山银山，即以牺牲生态环境为代价换取经济增长，之后逐渐意识到生态环境的重要性，所以在对待生产发展和生态环境的关系上更加倾向于探寻两者之间的平衡点从而促进人与自然的和谐发展。早在 2005 年，习近平总书记首次提出"两山"理论，即"既要绿水青山，又要金山银山"，"绿水青山就是金山银山。"两山理论从生态和经济发展的双重角度阐述了两者之间的辩证关系，其本质也体现了绿色减贫的内在机制。首先，对于"既要绿水青山，又要金山银山"，强调在经济发展的同时，要提升对绿色资源的保护意识，经济与绿色发展缺一不可。其本质是突破了以 GDP 为核心的单维度发展意识，正视绿色发展维度对于整体发展的重要性。绿色资源具有一定的自然生产力，如土地、山川、河流、气候以及生物多样性等都属于自然生产力，其完整性和丰满程度决定着生产力总体的容量、空间和潜力。保护生态环境就是保护生产力，相反破坏环境就是在破坏生产力。因此，决不能以牺牲环境为代价发展经济。其次，"绿水青山就是金山银山"从内部将经济发展与绿色资源连接起来，挖掘出绿色资源的经济价值，使其生态优势变成经济优势，形成了一种浑然一体、和谐统一的关系，这一阶段是一种更高的境界，体现了发展循环经济、建设资源节约型和环境友好型社会的理念。这一理论将生态环境纳入了"生产力"范畴，破解了发展中环境、生态与生产力之间的内部矛盾。在"两山理论"的指引下，以"绿水青山"为基点实现经济发展方式的转型，自觉开发绿色经济增长的新动力、新市场和新环境，创建"绿水青山"型经济，为全面建成小康社会提供扎实的绿色根基。

2. **扶贫产业绿色化的理论创新**　绿色产业化是指通过包容可循环的机制形成绿色资源的长效发展，其本质是通过在绿色资源承载范围内达到效用最大化利用。具体而言，可以通过积极采用清洁生产技术，无害或低害的新工艺、新技术，大力降低原材料和能源消耗，实现少投入、高产出、低污染，尽可能把对环境污染物的排放消除在生产过程之中的减贫理念。产业扶贫的绿色化转型主要体现在以下两个方面：①绿色资源理念扶贫。绿色资源理念融合主要指在扶贫开发过程中注重对当地绿色环境的包容性发展，提升当地政府、企业以及贫困人口自身的绿色资源保护意识。②生态补偿扶贫。生态补偿是将生态环境保护与贫困人口减贫完美结合的有效路径。生态补偿主要包括几方面内容：一是从生态统自身角度出发，对恢复或破坏生态环境系统所产生的费用进行补偿。二是通过各种渠道使生态环境产生的外部经济效益内部化。三是对一个区域或个人在生态环境保护方面所投入的真实成本和机会成本进行补偿。四是对于一些具有显著生态价值的生态环境区域进行投入。生态补偿扶贫主要依靠以上途径对贫困地区或贫困人口倾斜，使生态环境受到直接或间接保护的同时，促进贫困人口减贫，同时，提升当地企业和个人对于生态环境可持续发展的意识。

3. **绿色扶贫产业化的理论创新**　绿色产业化扶贫理论的本质是绿色资源价值的转化利用。绿色资源不同于一般其他资源，其具有共享性、可持续性和循环性，而绿色产业化是指通过有效利用绿色资源的多重属性，完成绿色资源本身价值向绿色减贫价值的体现，及绿色资源价值向经济、社会和生态价值的转化，形成贫困地区核心内源驱动减贫动力。绿色资源除了本身具有的生态属性之外，同时还具有消费性，对人类发展而言，生态资源具有除了自然价值外的经济价值，人类在对生态资源利用开发时产生的利益就是生态资源的价值。首先，绿色资源具有一定的观赏属性，人类通过付出一定的经济支出来获取这种观赏需求从而付出一定的观赏需求，从绿色资源来看，就完成了一轮生态资源到经济资源的转化，从而对拥有绿色资源的贫困地区具有一定的经济带动，达到扶贫作用，最典型的例子就是旅游扶贫。其次，绿色资源具有一定的实用价值，通过提升绿色资源的结构从而延长其产业链，提升其经济效益，比如对于农业而言，可以通过有效结合生产-加工-销售为一体，延长农业产品的产业链，降低成本，提升农产品获得的整体经济效益；同时，可以通过拓宽农业产品的消费属性，结合生态环境、地理条件、现代信息科技等因素，形成具有休闲性质的观光体验农业等模式，一二三产业融合，使农产品突破仅靠第一产业带来的经济效益，扩大第二产业、第三产业在农产品中的适用性，增加当地贫困人口的经济来源，从本质讲同样达到绿色资源的价值转化。除此之外，绿色资源具有一定的精神属性，比如不少少数民资贫困地区具有较为鲜明的文化习俗等绿色资源，为贫困地区与外界搭建一个互相交流和沟通的平台，同时也为绿色资源的转化构建一个高效渠道，通过发展文化节、文化展以及各种周边产品，使贫困地区达到文化资源输出的同时，也依靠其他产品获得更高的经济效益。而在此同时，当地文化资源也因更多人的关注得到进一步的保护和延续，达到绿色资源的可持续性利用。

4. 绿色减贫评价机制的创新与发展 关于减贫成效的评价，长期都处于以经济为标准的阶段，然而实践表明经济并不能准确体现贫困人口的减贫水平。绿色减贫评价从理念上打破了以经济为衡量减贫成效的单维度标准，而从可持续发展角度出发，结合生态承载能力、社会保障、教育、文化等多维度因素，对绿色减贫成效进行综合全面的评价。北京师范大学中国扶贫研究中心从2013 年开始进行了深入研究，并构建一套中国绿色减贫指数和指标体系，及时呼应了联合国 2 030 可持续发展议程和十八届五中全会提出的"创新、协调、绿色、开放、共享"的发展理念以及《中共中央、国务院关于打赢脱贫攻坚战的决定》所包含的精神，体现了精准扶贫的绿色路径和绿色减贫的精准化方略，是一套绿色减贫成效评估参照标准，从中可以对各地的绿色减贫效果做出评估和比较，衡量绿色减贫进程进而揭示其中问题，具有非常重要的政策含义和实用价值。绿色减贫指数包含了发展的三个维度，第一是可持续的维度，在发展的同时要保护资源环境；第二是人民福祉的维度，发展和减贫主要不是体现在经济增长，尽管经济增长对减贫有重要贡献，但是发展的目标是改善人民的福祉；第三是公平的维度，发展要缩小差距，实现公平。指数很好地反映了绿色减贫的核心。绿色减贫指数最大的用途在于进行比较，指数提供了三种比较，第一，纵向的比较，以反映进步的速度。第二，横向的比较，反应不同地区的差异。第三，各部分的比较，反映一个地区的发展短板。指数的设计能够较全面、客观、科学地描述各个贫困片区的绿色减贫总体水平，并且可从各个分项指标的高低比较中得出不同片区的不同特点和优劣势，从而揭示出各个片区在绿色减贫进程中面临的问题以及有待改善的方向。指数的设计不仅是从理念上进行创新，更是对未来绿色减贫工作的一种尝试性的新探索、新举措。在不以 GDP 论英雄的时代，绿色减贫指数为决策者，特别是地方的决策者提供了新的目标。贫困地区不再以经济增长速度为目标，绿色减贫指数可以替代 GDP 成为贫困地区的发展的目标。

二、十八大以来绿色减贫的制度设计和实践创新

新一届中央领导集体高度重视生态文明建设和减贫工作，就新时期扶贫开发工作提出了一系列的新思想、新部署和新要求。2015 年 11 月，中共中央、国务院发布的《关于打赢脱贫攻坚战的决定》在指导思想中明确要求，脱贫攻坚要牢固树立并切实贯彻创新、协调、绿色、开放、共享的发展理念。2016 年 11 月，"十三五"脱贫攻坚规划中指出，脱贫攻坚工作必须坚持绿色协调可持续发展，牢固树立绿水青山就是金山银山的理念，把贫困地区生态环境保护摆在更加重要位置，探索生态脱贫有效途径，推动扶贫开发与资源环境相协调、脱贫致富与可持续发展相促进，使贫困人口从生态保护中得到更多实惠。为了将绿色发展理念应用于扶贫工作中，实现绿色减贫，政府做出了一系列的制度设计和政策安排，政策的主要方面包括生态扶贫、绿色产业脱贫、异地搬迁扶贫、文化扶贫以及绿色减贫考核机制等。

（一）制度设计

中国绿色减贫在制度设计层面形成了一定的政策支撑，在国务院、国家发展与改革委员会、农业部、环境保护部以及国家旅游局等部门都制定了绿色减贫相关的政策。

2014 年 5 月，国务院办公厅制定《2014—2015 年节能减排低碳发展行动方案》，进一步硬化节能减排降碳指标、量化任务、强化措施，对今明两年节能减排降碳工作作出具体要求，《行动方案》提出了节能减排降碳的具体目标：2014—2015 年，单位 GDP 能耗、化学需氧量、二氧化硫、氨氮、氮氧化物排放量分别逐年下降 3.9%、2%、2%、2%、5%以上，单位 GDP 二氧化碳排放量两年分别下降 4%、3.5%以上。

2014 年 9 月，国家发展改革委制定《国家应对气候变化规划（2014—2020 年）》，牢固树立生态文明理念，坚持节约能源和保护环境的基本国策，统筹国内与国际、当前与长远，减缓与适应并重，坚持科技创新、管理创新和体制机制创新，健全法律法规标准和政策体系，不断调整经济结构、优化能源结构、提高能源效率、增加森林碳汇，有效控制温室气体排放，努力走一条符合中国国情的发展经济与应对气候变化双赢的可持续发展之路。

2014 年 11 月，国家发展与改革委员会、国家旅游局、环境保护部、农业部等制定《关于实施乡村旅游富民工程推进旅游扶贫工作的通知》，重点任务：加强基础设施建设，改善重点村旅游接待条件；大力发展乡村旅游，提高规范管理水平；发挥精品景区辐射作用，带动重点村脱贫致富；加强重点村旅游宣传推广，提高旅游市场竞争力；加强人才培训，为重点村旅游发展提供智力支持。

2015 年 4 月，国务院制定《中共中央 国务院关于加快推进生态文明建设的意见》，首次明确提出了新型工业化、信息化、城镇化、农业现代化和绿色化的"五化协同"。

2015 年 7 月，国务院办公厅制定《关于加快转变农业发展方式的意见》，到 2020 年，转变农业发展方式取得积极进展。多种形式的农业适度规模经营加快发展，农业综合生产能力稳步提升，产业结构逐步优化，农业资源利用和生态环境保护水平不断提高，物质技术装备条件显著改善，农民收入持续增加，为全面建成小康社会提供重要支撑。

2015 年 8 月，国务院办公厅制定《关于进一步促进旅游投资和消费的若干意见》，坚持乡村旅游个性化、特色化发展方向；2015 年抓好 560 个建档立卡贫困村乡村旅游扶贫试点工作。到 2020 年，全国每年通过乡村旅游带动 200 万农村贫困人口脱贫致富；扶持 6 000 个旅游扶贫重点村开展乡村旅游。

2015 年 9 月，国务院制定《生态文明体制改革总体方案》，《方案》强调，推进生态文明体制改革要坚持正确方向，坚持自然资源资产的公有性质，坚持城乡环境治理体系统一，坚持激励和约束并举，坚持主动作为和国际合作相结合，坚持鼓励试点先行和整体协调推进相结合。

2015 年 11 月，中共中央、国务院发布的《关于打赢脱贫攻坚战的决定》，坚持保护生态，实现绿色发展。牢固树立绿水青山就是金山银山的理念，把生态保护放在优先位置，扶贫开发不能以牺牲生态为代价，探索生态脱贫新路子，让贫困人口从生态建设与修复中得到更多实惠。

2015 年 12 月，国家发展改革委、扶贫办、财政部、国土资源部、人民银行制定《"十三五"时期易地扶贫搬迁工作方案》，"十三五"时期将坚持群众自愿、积极稳妥方针，坚持与新型城镇化相结合，搬迁对象主要是居住在深山、石山、高寒、荒漠化、地方病多发等生存环境差、不具备基本发展条件，以及生态环境脆弱、限制或禁止开发地区的村建档立卡贫困人口，优先安排位于地震活跃带及受泥石流、滑坡等地质灾害威胁的建档立卡贫困人口，加大政府投入力度，创新投融资模式和组织方式，完善相关后续扶持政策，强化搬迁成效监督考核，努力做到搬得出、稳得住、有事做、能致富，确保搬迁对象尽快脱贫。

2016 年 5 月，国务院办公厅制定《关于健全生态保护补偿机制的意见》，确定生态补偿的原则为"谁受益、谁补偿"，提出生态补偿的七大重点领域，主要包括森林、草原、湿地、荒漠、海洋、水流、耕地。

2016 年 8 月，国家旅游局、国家发展改革委、国土资源部、环境保护部等制定《乡村旅游扶贫工程行动方案》，乡村旅游扶贫八大行动：乡村环境综合整治专项行动、旅游规划扶贫公益专项行动、乡村旅游后备箱和旅游电商推进专项行动、万企万村帮扶专项行动、百万乡村旅游创客专项行动、金融支持乡村扶贫专项行动、扶贫模式创新推广专项行动、旅游扶贫人才素质提升专项行动。

2016 年 11 月，国务院制定《"十三五"生态环境保护规划》，《规划》的基本原则是"五个坚持"：坚持绿色发展，标本兼治；坚持质量核心，系统施治；坚持空间管控，分类防治；坚持改革创新，强化法治；坚持履职尽责，社会共治。

2016 年 12 月，中共中央办公厅、国务院办公厅制定《生态文明建设目标评价考核办法》，《办法》建立了生态文明建设目标指标，将其纳入党政领导干部评价考核体系。

2016 年 12 月，国务院制定《"十三五"旅游业发展规划》，明确提出实施乡村旅游扶贫工程。通过发展乡村旅游带动 2.26 万个建档立卡贫困村实现脱贫。

2017 年 4 月，文化部制定《文化部"十三五"时期文化产业发展规划》，加大对中西部地区、少数民族地区、贫困地区、革命老区特色文化产业发展的支持力度，发挥文化产业在脱贫攻坚战略中的积极作用。

（二）实践创新

1. **生态补偿扶贫创新实践**　中国在实践中探索和形成了环境友好产业发展、贫困人口参与生态保护建设和维护、生态补偿和生态移民等主要生态扶贫形式。对于生态补偿的概念，国内还未形成统一共识，目前主要有两种观点：一是以提供者为侧重，仅对提供生态服务提供者进行补偿；二是奖惩并用，在对保护生态环境行为进行补偿同时，也对破坏生态环境的行为进行干预并采取收费。一个地区的贫困不仅仅体现在贫困人口自身的贫困上，同样也体现在这个地区外部环境的贫瘠，主要指绿色生态环境的脆弱性，目前中国较多贫困地区生态环境破坏严重。因此减贫和生态环境保护都是同样重要的两大任务，更确切地说，生态环境的"减贫"也是贫困人口减贫中的一项重要内容。生态补偿是将生态环境保护与贫困人口减贫完美结合的有效路径。生态补偿扶贫主要依靠以上途径对贫困地区或贫困人口倾斜，使生态环境受到直接或间接保护的同时，促进贫困人口减贫，同时，提升当地企业和个人对于生态环境可持续发展的意识。

2. 新型能源扶贫实践　"光伏遇上扶贫"始于 2013 年，在 2016 年渐成气候，国家发展改革委、国家能源局等 5 部门联合下发《关于实施光伏发电扶贫工作的意见》，明确表示在 2020 年前，要以整村推进的方式，保障 16 个省471 个县约 3.5 万个建档立卡贫困村的 200 万建档立卡无劳动能力贫困户（包括残疾人），每年每户增收 3 000 元以上。

2015 年 7 月 30 日，国家能源局、国务院扶贫办印发了实施光伏扶贫工程工作方案，计划利用 6 年时间开展光伏发电产业扶贫工程并开展安徽、宁夏等三十余个首批光伏试点。部分试点在光伏扶贫上已取得一定的成效，"中国光伏应用第一城"合肥，截止 2014 年，已经有 500 户贫困户家庭受益于"光伏扶贫"，农户年均增收 2 500 元，到 2018 年将会完成 1 000 户贫困家庭"光伏扶贫"目标。从全国总体来看，2015 年，光伏扶贫工程帮助近 43 万建档立卡贫困户实现增收，其中包括 8.8 万户失能贫困户，助力 956 个贫困村摆脱了无集体收入的窘境。光伏扶贫是绿色减贫新途径，通过对贫困家庭开安装发屋顶光伏电站等形式促进贫困户增收，有利于人民群众生活方式的变革，开辟了贫困人口增收新渠道，达到绿色减贫效果。

3. 统筹区域发展与绿色减贫的新实践——易地搬迁扶贫　易地搬迁是"四个一批"精准脱贫的重要内容，是中央发出脱贫攻坚战总动员后的第一仗，也是我国打赢脱贫攻坚战的重要内容，在"关于打赢脱贫攻坚战的决定"中第七条就提出"实施易地搬迁脱贫"，"对居住在生存条件恶劣、生态环境脆弱、自然灾害频发等地区的农村贫困人口，加快实施易地扶贫搬迁工程。"截至2015 年，国家累计安排易地扶贫搬迁中央补助投资 363 亿元，搬迁贫困群众680 万余人。尤其对于贫困人口规模大且山区较多的省份来说，易地搬迁扶贫作用尤其明显。例如贵州省自 2001 年以来已累计搬迁了 104 万农村贫困人口。据有关调查资料显示，到 2020 年，我国将对 1 000 万贫困人口实施易地搬迁扶贫，占到整个扶贫脱贫人口的近 15%，国家为此将投资 6 000 亿资金来组织实施。易地搬迁属于生态扶贫和绿色减贫模式的范畴，其主要原因就是易地搬迁遵循自然规律与经济规律，对于生态环境较差地区，实施保护型减贫策略，通过搬迁、因地制宜确定安置方式改善贫困人口的客观生存环境等方式，从而有效缓解扶贫开发造成的环境破坏，促进当地经济社会的可持续发展。

4. 绿色农业扶贫创新实践　2012 年，《国务院关于支持农业产业化龙头企业发展的意见》中指出要坚持因地制宜，实行分类指导，探索适合不同地区的农业产业化发展途径。坚持机制创新，大力发展龙头企业联结农民专业合作社、带动农户的组织模式，与农户建立紧密型利益联结机制；推进农业生产经营专业化、标准化、规模化、集约化，建设一批与龙头企业有效对接的生产基地；强化农产品质量安全管理，培育一批产品竞争力强、市场占有率高、影响范围广的知名品牌；加强产业链建设，构建一批科技水平高、生产加工能力强、上中下游相互承接的优势产业体系；强化龙头企业社会责任，提升辐射带动能力和区域经济发展实力。2015 年《中共中央、国务院关于打赢脱贫攻坚战的决定》中进一步指出要加强贫困地区农民合作社和龙头企业培育，发挥其对贫困人口的组织和带动作用，支持贫困地区发展农产品加工业，加快一二三产业融合发展，让贫困户更多分享农业全产业链和价值链增值收益。2016 年，国务院日印发的《"十三五"脱贫攻坚规划》中指出要开展农林产业扶贫，优化发展种植业，积极发展养殖业，大力发展林产业；深度挖掘农业多种功能，培育壮大新产业、新业态，推进农业与旅游、文化、健康养老等产业深度融合；扶持培育新型经营主体，培育壮大贫困地区农民专业合作社、龙头企业、种养大户、家庭农（林）场、股份制农（林）场等新型经营主体；加大农林技术推广和培训力度，对农村贫困家庭劳动力进行农林技术培训，确保有劳动力的贫困户中至少有 1 名成员掌握 1 项实用技术。农业产业化政策的逐步完善有力地促进了贫困地区利用当地的农业资源实现经济发展，进而达到脱贫致富的目的。

5. 旅游扶贫创新实践　2013 年，中共中央办公厅、国务院办公厅印发《关于创新机制扎实推进农村扶贫开发工作的意见》，明确将旅游（尤其是乡村旅游）定义为农户脱贫致富的主要工具，并提出翔实、因地而异的行动方案，同时也制定出明确的行动目标。2013 年 8 月，国家旅游局与国务院扶贫办共同出台《关于联合开展"旅游扶贫试验区"工作的指导意见》，进一步明确了利用国家级旅游扶贫试验区的示范带动作用，探索旅游扶贫新模式的创新路径及标准。2016 年 12 月，国务院印发《"十三五"旅游业发展规划》，明确提出"实施乡村旅游扶贫工程"。2017 年，国务院、中共中央印发《关于深入推进农业供给侧结构性改革加快培育农业农村发展新动能的若干意见》明确提出"田园综合体"的概念，紧密地将生态、旅游、扶贫融为一体，强调要建设"生产生活生态同步改善、一产二产三产深度融合的特色村镇。"以农民为本的农村发展理念得到凸显，彰显了村庄主体性。同时，为实施生态旅游扶贫提供了具有强操作性的载体。

6. 文化产业扶贫新实践　2015 年，中共中央办公厅、国务院办公厅印发《关于加快构建现代公共文化服务体系的意见》提出要统筹推进公共文化服务均衡发展。因地制宜、分类指导，建立基本公共文化服务标准体系，促进城乡基本公共文化服务均等化，推动革命老区、民族地区、边疆地区、贫困地区公共文化服务实现跨越式发展，保障老年人、未成年人、残疾人、农民工、农村留守妇女儿童等特殊群体享有基本公共文化服务。提升公共文化设施建设、管理和服务水平。与意见一同印发的《国家基本公共文化服务指导标准（2015—2020 年）》，对各级政府应向人民群众提供的基本公共文化服务项目和硬件设施条件、人员配备等作出了明确规定。在标准的基础上，各地将从实际出发，制定适合本地区的实施标准，并落实保障资金。有关部门将加大监督检查力度，对意见和标准的落实情况进行督查。2016 年，《国务院办公厅关于加快中西部教育发展的指导意见》要求以提高教育质量为核心，优化顶层设计，整合工程项目，集中力量攻坚克难，全面提升中西部教育发展水平，培养更多栋梁之材，为促进中西部地区经济社会发展、缩小中西部地区与东部地区差距提供人才支撑。2017 年，文化部发布《"十三五"时期文化扶贫工作实施方案》，提出要以革命老区、民族地区、边疆地区和集中连片特困地区为重点，加大文化扶贫的政策和资金扶持力度。发挥文化在脱贫攻坚工作中"扶志""扶智"作用，推动贫困地区文化建设快速发展，全面提升贫困地区文化建设水平，确保贫困地区与全国同步进入全面小康社会。

7. 绿色减贫考核机制政策　2014 年中国中央组织部、国务院扶贫办联合下发的《关于改进贫困县党政领导班子和领导干部经济社会发展实绩考核工作的意见》，首次提出对贫困县党政领导班子和领导干部经济社会发展实绩考核，应体现贫困地区发展的特殊性和主体功能定位，考虑生态环境脆弱等因素。这一调整对于鼓励和保证贫困地区的党政领导结合自身主体功能，选择和确定适宜的扶贫开发战略和方式，奠定了重要的制度基础，也在一定程度上为生态扶贫提供了保障。党的十八届五中全会通过的《中共中央关于制定国民经济和社会发展第十三个五年规划的建议》提出要加大环境治理力度的要求，开展环保督察巡视，推动地方党委和政府及其有关部门落实环境保护"党政同责"和"一岗双责"。2015 年，《中共中央 国务院关于加快推进生态文明建设的意见》中指出要健全政绩考核制度。建立体现生态文明要求的目标体系、考核办法、奖惩机制。把资源消耗、环境损害、生态效益等指标纳入经济社会发展综合评价体系，大幅增加考核权重，强化指标约束，不唯经济增长论英雄。完善政绩考核办法，根据区域主体功能定位，实行差别化的考核制度。对限制开发区域、禁止开发区域和生态脆弱的国家扶贫开发工作重点县，取消地区生产总值考核；对农产品主产区和重点生态功能区，分别实行农业优先和生态保护优先的绩效评价；对禁止开发的重点生态功能区，重点评价其自然文化资源的原真性、完整性。根据考核评价结果，对生态文明建设成绩突出的地区、单位和个人给予表彰奖励。探索编制自然资源资产负债表，对领导干部实行自然资源资产和环境责任离任审计，从而将自然资源资产的考核纳入干部考核体系中。2016 年，中共中央办公厅、国务院办公厅印发了《生态文明建设目标评价考核办法》，建立了生态文明建设目标指标，将其纳入党政领导干部评价考核体系，这意味着生态责任落实的好坏将成为政绩考核的必考题，这将为推动绿色发展和生态文明建设提供坚强保障。年度评价按照绿色发展指标体系实施，主要评估各地区资源利用、环境治理、环境质量等方面的变化趋势和动态进展，生成各地区绿色发展指数。进一步把中央关于"不简单以 GDP 论英雄"的要求落到了实处，突出"以生态文明建设论英雄"，树立了政绩考核新导向，这对于促进地方各级党委政府和领导干部树立正确政绩观，推动经济社会科学发展，具有重要意义

三、绿色减贫的实践特征

（一）绿色减贫内容多维度化

十八大以来，随着生态文明建设的推进，绿色减贫理念在中国逐渐凸现出来，从以往单纯的以经济维度为目标的单维度减贫逐渐向绿色减贫转变。从内容来看，绿色减贫主要以可持续发展为原则，以提升贫困人口生活水平为目标，根据"两不愁三保障"的建设目标而制定的多维度内容。根据北京师范大学中国扶贫研究中心所研究的《中国绿色减贫指数报告》中，绿色减贫内容主要包括经济增长绿化度、资源利用与环境保护程度、社会发展能力和扶贫开发与减贫效果四项内容。与以往进依靠经济为标准的减贫模式相比，绿色减贫多维度内容主要有几点优势：第一、内容更全面。更能较为准确的衡量贫困人口的生活状态和需求，从根本审视贫困问题，更有助于精准扶贫精准脱贫。第二、更可持续性。绿色减贫从生态保护为原则进行减贫，为贫困地区提供较好的外部环境，可以更长效的保证当地的发展条件。同时，绿色减贫从社会保障、健康等多方面对贫困人口进行扶持，降低仅靠经济扶贫造成的返贫现象出现，因此减贫效应较为长效。

（二）绿色减贫机制可持续化

绿色减贫机制中主要包含两层意思，第一层意思就是所谓的"既要金山银山，也要绿水青山"，其本质是站在生态环境保护的角度进行减贫，为减贫工

作确立了一个生态红线。因此在这样的原则下绿色减贫保证了贫困地区的生态环境的承载能力，为贫困地区整体的可持续发展奠定一个较好的外界条件。第二层意思是"绿水青山就是金山银山"，本质是通过合理开发贫困地区生态资源的生态价值，使其转化为经济和社会价值，惠及于贫困地区。同时，产生的价值可以再一次投入到当地的绿色资源上，形成新一轮的转化，形成贫困地区内部的可持续发展动力。

（三）绿色减贫方式多元化

绿色减贫的理念也促进了减贫方式多元化，不仅突破了以往政府主导的减贫方式，也拓展了企业带动扶贫的模式。贫困地区的绿色企业拉动是贫困人口脱贫的一个重要路径。企业通过对贫困人口采取绿色项目倾斜支持、减缓贫困人口就业压力等方式对贫困人口进行直接和间接的经济带动作用，主要表现为以下几方面：①对贫困户进行优先务工，促进贫困户脱贫。企业对于贫困人口的最直接带动渠道，由于大多数贫困人口收入水平低，没有能力和资金进行自主创业，或者有一部分贫困人口因为子女、老人、及自身原因无法外出务工，因此，企业针对于这部分人群采取直接务工的方式进行扶持。②入股分红，通过对贫困户创业资助。除了直接务工以外，企业还会对贫困人口提供一定的投资机会，贫困人口可以用一部分扶贫资金入股，由农民变为股民，享受到企业带来的红利，按股分红，使贫困人口不仅获得务工带来收入，同时通过入股也能得到的经济效益，获得双向收入。③通过与贫困村专业合作社及大户开发项目直接和间接带动贫困户。由于贫困人口分散，贫困类型多样化，因此企业对贫困人口"一对一"式的扶贫毕竟规模小，拉动能力有限。因此，对于部分贫困人口比例较多的贫困村，企业可以通过直接与当地大户以及专业合作社进行项目合作从而带动贫困人口脱贫。企业对大户或者专业合作社提供产业贷款资金、技术培训、产品销售等全方位的扶持，保障了整个产业的经济效益，而在整个扶持过程中，为了进一步带动当地贫困人口脱贫，使经济效益尽可能的精准到贫困人口上，企业和政府对大户和专业合作社都有一定的要求，比如分配贫困人口一定的参与比例、给大户或者专业合作社一定的扶贫脱贫任务，从而激励对贫困人口的倾斜扶持。

（四）绿色减贫是中国扶贫方式的升华，它是开发式扶贫的深化和提升

绿色减贫是中国扶贫工作的创新和突破，是开发式扶贫的进一步深化探索，主要表现在：首先，是在开发扶贫基础上的升华。改革开放后，中国扶贫开发创新探索了像开发式、参与式扶贫、产业化扶贫等多种扶贫模式，集

中的特色就是剔除了开发式扶贫中的高消耗高污染高投资的弊端带来的隐患。其次，从扶贫开发"输血"变"造血"功能升华到"造好血"大转换。开发式扶贫的最大功效就在于变单纯的"输血"功能为造血功能，激发贫困人口内源动力和积极性，通过主体参加意识增强，从而激发自身的内在动力机制。而绿色减贫则是将"造血"功能机一部提升到"造好血"新阶段。"造好血"显然，无论从造血的功能、力量、纯洁度、健康程度等都是一下新的大变革。

（五）绿色减贫是推进精准扶贫精准脱贫的最有效方式

绿色减贫是中国推进精准扶贫道路的高效途径，主要表现在：其一，绿色减贫有效提高了精准扶贫和精准脱贫的科学性和完整性。一方面，绿色减贫的提出为精准识别提供更为全面科学和完整的识别依据和基础，使精准扶贫内涵更具科学性。其二，绿色减贫是精准脱贫的有序性和持久性效果实现。绿色减贫理念和方式确定并实施的特色差异性扶贫脱贫路径，增强产业发展可持续性和就业稳定性，保证收入稳定性和可持续性。第三，绿色减贫为构建精准扶贫考核机制和贫困退出机制提供基础和参考。

四、中国绿色减贫的启示与建议

绿色减贫模式突破了经济脱贫的局限，从生态可持续发展、经济可持续发展和社会可持续发展角度出发，把生态优化、经济发展与社会效益统一起来形成更符合发展理念的综合发展战略。十八大以来，中国绿色减贫取得一定的成效，积累了属于中国特色的经验，对于今后中国 2020 年全面建成小康社会以及全球可持续发展具有一定的启示。

（一）聚焦转型发展，重点强化绿色性

生态文明建设与经济发展并不矛盾。虽然生态文明建设的提出正是基于对高投入、高消耗、高污染和低产出、低效益、低品质的传统发展方式的系统反思。然而，生态文明建设不是不要发展，而是要高产出、高效益、高品质的发展。发展也不仅仅是指经济发展，更不能简单地等同于 GDP 增长。资源节约、环境保护、生态保育、科技创新、文化繁荣和社会进步等都是发展的重要内容。"绿水青山就是金山银山"，破坏了绿水青山的金山银山，宁可不要；以贫困地区人身健康为代价的发展，宁可不要；损害贫困地区根本利益的发展，宁可不要。因此，应避免走先污染后治理的老路，应以新型工业化、新型城镇化建设为契机，重点强化贫困地区县域经济业发展的绿色性，充分挖掘贫困地

区各具特色的绿色资源，形成持久发展动力。

（二）聚焦理念引导，重点强化文化性

绿色减贫强调在发展中要尊重自然、顺应自然、保护自然，特别强调转变发展理念，同时也强调体制创新、机制创新、科技创新，强调转变生产方式和生活方式，要求从每个人做起、从现在做起。要实现绿色减贫，就必须将相关理念和顶层设计相融合。特别是在发展观念、环境意识上，需要落实到每个公民、每个家庭、每个单位、每个组织的资源节约、环境友好、生态保育等行为上。将生态文明建设理念、可持续发展理念，向基层干部、向群众解释，需要基层政府以具体举措贯彻落实，需要基层政府鼓励和引导。只有基层干部、广大群众认识到绿色发展的好处，才能从根本上促进绿色减贫战略的成功实施。因此，贫困地区绿色减贫不能忽视价值、文化层面的影响，重点应把培育绿色发展和生态文化作为重要支撑，将绿色发展、生态文明纳入社会主义核心价值体系宣传当中，加强绿色发展、生态文化的宣传教育，倡导勤俭节约、绿色低碳、文明健康的生活方式和消费模式，提高全社会生态文明意识。

（三）聚焦脱贫奔康，重点强化包容性

贫困地区能否全面建成小康社会关键在贫困地区、贫困人口能否脱贫，关键在于将绿色发展与包容性减贫相结合，走包容性绿色发展的脱贫之路。包容性绿色发展是通向可持续发展之路，其本质是强调机会平等的增长，为贫困人口创造越来越多的机会，为贫困人口提供创造或提升其能力的方式，为贫困人口提供免遭暂时或持久的生计损失的方法。只有使绿色发展的成果为贫困地区、贫困人口共享，才能进一步坚定贫困地区绿色发展的道路。现行资源开发机制的不公，客观上导致了资源开发过程中利益分配的失衡，积极创新收益补偿机制，建立健全资源补偿制度，完善税收制度，是实现绿色减贫的关键一步。因此，绿色减贫必须强化绿色发展的包容性，通过减税和加大税收返还力度，增加中央政府对资源所在地的地方政府以及居民的经济补偿；建立自然资源的折旧补偿制度，避免资源在开发与利用过程中的流失和消减。通过建立资源耗减及补偿账户，加大对资源开发与利用企业的资源折旧与耗减核算，实现资源的资产化管理，帮助片区将"资源优势"转化为"经济优势"，使资源收益实现共享，最终在各贫困片区内实现包容性发展。

（四）聚焦公共服务，重点强化内生性

绿色减贫之所以有利于贫困地区持续、稳定脱贫，关键在于其可持续发展成果的共享，而共享机制中的公共服务机制尤为关键。特别是就目前连片特困

地区脱贫障碍来看，急需提升的公共服务是教育和基础设施建设。一方面，需要广泛宣传各片区农户脱贫致富的典型，让其他贫困户从身边那些脱贫致富的农牧民身上寻找自己贫困的原因，找到一条适合自身"发家致富"的道路，实现扶贫工作从"要我富"到"我要富"的转变，从根本上激发贫困人口的内生动力，增强贫困人口自身的"造血功能"。另一方面，要高度重视片区与发达地区交通联通以及区域内部交通网；注重继续实施投资基础设施建设的政策，在片区内修建通县公路、通乡公路和村村通等，实现区内部经济一体化，降低区域内部以及与发达地区间的交易成本，为片区脱贫攻坚奠定坚实基础。因此，绿色减贫应重点瞄准公共服务，特别要注重政府政策调控与服务，将生态补偿等绿色经济成果转化为良好的公共服务，特别是要提升教育与基础设施建设水平。

（五）坚持绿色发展，实现绿色减贫

绿色减贫是贫困地区贯彻落实绿色发展理念的重要体现，贫困地区坚持绿色减贫，实现绿色发展是必然趋势。首先要把结合生态保护脱贫作为重要路径牢固树立绿水青山就是金山银山的理念，始终把生态保护放在优先位置，努力实践探索生态脱贫的新路子。这个过程中，要完善坚持绿色减贫的绿色机制制度。当前最主要是要在扶贫开发工作中长效考核体系建设，体现绿色减贫的价值取向。建立干部考核办法，贫困地区在资源产权和用途管制，能源、水和土地节约利用，资源环境承载能力监测预警，生态补偿等方面都需要进一步加强相关的制度建设。同时要加强案例研究，各地在光伏扶贫、旅游扶贫、绿色产业扶贫等实践中创造了很多经验，通过案例总结也可以提炼各地创新发展的思路，因地制宜选择发展环境友好型、生态友好型产业，为同类地区推进绿色减贫提供借鉴。

（六）调动政府、企业和社会各方面的力量，统筹开发与保护

大型生态治理和修复项目，资金需求大、技术难度高，需要政府统筹资金、协调各方力量、搭建合作平台，为推进生态扶贫提供服务保障；生态修复后也需要政府参与管护，巩固生态建设成果。生态扶贫的核心目标是促进农户脱贫增收，要大力实施精准扶贫战略，充分调动农户参与保护和开发的积极性，激发困难群众的内生动力，不断提升农户的可持续发展能力。扶贫开发，产业是支撑，要以市场为导向，积极引导企业参与生态建设，发展生态经济，吸纳贫困人口就业，把生态资源优势、人口资源压力转化为经济优势。

考核机制创新规范扶贫政策落实

张　琦　史志乐

　　摘要：中共十八大以来，精准扶贫考核机制作为顺利实现中国脱贫攻坚的重要保障，经历了贫困人口从收入考核到以"两不愁三保障"为主的考核，党政领导干部从以 GDP 为主转向注重脱贫实绩的考核，考核机制从单一式、独立式考核到全程式、参与式考核的演变。目前考核机制在顶层设计上形成了以精准扶贫精准脱贫为主线的四梁八柱体制机制建设，考核工作贯穿精准识别、精准帮扶、精准脱贫全过程；在制度安排上实现了考核主体、考核内容、考核程序的综合布局，保证了贫困户、贫困村、贫困乡镇、贫困县层层考核、有序脱贫；在政策实践上构建了以第三方评估为特点的上下联动考核体系，从中央到地方针对实际情况制订了相应的政策措施。目前中国精准扶贫考核机制的实践创新模式主要体现在以下几个方面：多方参与、加大力度，建立多元考核主体；凸显扶贫、优化指标，逐步完善考核内容；全程考核、有序脱贫，严格规范考核程序；引入第三方评估，注重提升独立性和社会公认度。总结十八大以来中国精准扶贫考核机制的经验启示有如下几点：从脱贫为目标，更加注重精准性和真实性；以发展为导向，不断改进创新和完善考核指标；以责任担当为职责，强化党建扶贫作用；以创新为驱动力，不断探索多元评估方法科学性和客观性。

　　中共十八大以来，以习近平同志为核心的党中央把贫困人口脱贫、贫困县

张琦：北京师范大学经济与资源管理研究院教授、博士生导师，中国扶贫研究院院长。
史志乐：北京师范大学中国教育与社会发展研究院博士后。

退出作为全面建成小康社会的底线任务，在全国范围内全面打响了脱贫攻坚战。习近平总书记指出："要改革创新扶贫开发体制机制特别是考核机制，贫困地区要把提高扶贫对象生活水平作为衡量政绩的主要考核指标"。汪洋副总理多次主持召开国务院扶贫开发领导小组会议并研究推进脱贫攻坚发展工作，指出"要改革贫困县考核办法，细化指标，引导贫困县切实把主要精力放到扶贫开发上来"。按照中共中央、国务院部署和国务院扶贫开发领导小组要求，各有关部门有序组织、积极配合、强化考核，构建了以精准扶贫精准脱贫为主线的贫困考核机制新格局，精准扶贫考核机制为帮助贫困地区加快发展、支持贫困农户增收脱贫、提高贫困对象可持续发展能力提供了重要保障。

一、精准扶贫考核机制创新的背景和意义

（一）考核机制提出的背景与演变

长期以来，中国并未形成专门的贫困考核机制，更不用说对于贫困地区、贫困人口的识别、认定、退出等问题。在过去相当长一段时间，经济的发展指标被各级政府放在首要位置，虽然有着某种历史的必然性，但也在一定程度上加剧了发展均衡性的矛盾，贫困地区的长期存在就是具体表现之一。2013年底，国务院扶贫办和中组部联合发文，将扶贫的责任纳入到省级政府的考核中，要求各级地方政府能够更加注重均衡与全面发展，真正让发展的成果让民众共享，不让每一个人掉队。

纵观中国扶贫脱贫工作历程，贫困考核机制在不断的演变和完善，主要体现在三个方面：第一，贫困人口经历了收入考核到以"两不愁三保障"为主的精准扶贫精准脱贫考核。在中国扶贫开发过程中，扶贫考核工作对贫困人口的识别所依据的主要是收入贫困线，以此为基础确定贫困县和贫困村，通过专项扶贫开发项目和政策对贫困县和贫困村进行扶贫开发。党的十八大以来的扶贫工作强调"到2020年稳定实现农村贫困人口不愁吃、不愁穿，农村贫困人口义务教育、基本医疗、住房安全有保障"，简称"两不愁三保障"。以此为基础，中国扶贫脱贫考核从多维的角度对贫困人口进行识别和帮扶，并确定贫困村出列和贫困县退出情况。第二，党政领导干部考核从以GDP为主转向注重脱贫实绩考核。长期以来对党政领导干部的考核多是以GDP为主，忽视了贫困群体收入之外的教育、医疗卫生、社会保障等问题。十八大以来脱贫攻坚中党政领导干部的绩效考核发生了重要变化，GDP在贫困县党政领导班子的考核中比重下降，脱贫实绩为主导的考核标准比重上升。目前已经有多个省份制定了对贫困县以及党政班子和党政领导干部的考核办法。在考核体系中以前就是两分三分，高的是五分，现在60%以上的分数是减贫方面的指标，最高的

省达到 80%。第三，经历了从单一式、独立式考核到全程式、参与式考核的转变。综观我国政府绩效考核评价体系会发现，传统地方政府、政府官员的考核主要依据中央的一些政策性文件，地方政府面临的考核目标多取决于中央政府和上级政府的发展目标。这就造成考核主体的单一性和考核过程的封闭性，难以形成全面、动态的考核。而十八大以来的脱贫攻坚工作中，通过引入第三方评估、加强民主党派监督等方式，不断丰富考核主体、公开考核内容、规范考核程序，形成全程式、动态式、参与式考核模式，让考核机制真正发挥作用，保证了脱贫质量。

（二）考核机制提出的意义

第一，精准扶贫考核机制是新阶段中共中央扶贫攻坚战的最新战略指示，也是 2020 如期脱贫的重要保障和推手。2015 年 6 月 18 日，习近平总书记在贵州召开部分省（自治区、直辖市）党委主要负责同志座谈会时，强调各级党委和政府要确保贫困人口到 2020 年如期脱贫。要实现 2020 年如期脱贫，全体人民共同迈入全面小康社会的一个重要推手就是精准扶贫考核机制创新。目前就有关考核机制创新，各级政府层层签订脱贫攻坚责任书、立下军令状，建立年度脱贫攻坚报告和督察制度，把脱贫攻坚实绩作为选拔任用干部的重要依据，激励各级干部到脱贫攻坚战场上大显身手，为 2020 年如期脱贫提供了重要保障。

第二，为精准扶贫机制等其他扶贫机制创新提供有力的保障和重要推动力。精准扶贫考核机制既是建立精准扶贫、健全干部驻村帮扶、改革财政专项扶贫资金管理、完善金融服务和创新社会参与等五大机制的制度管理保障措施，也是促进建立精准扶贫、健全干部驻村帮扶、改革财政专项扶贫资金管理、完善金融服务和创新社会参与等五大机制监督措施，精准扶贫、干部驻村帮扶、财政专项扶贫资金管理、金融服务和创新社会参与等五大机制是精准扶贫考核机制的主要内容，也是贫困考核指标体系重要组成部分，考核机制统领着五大机制的整体推动，又是检验五大机制效果的抓手。

第三，精准扶贫考核机制的完善能为贫困地区全面发展提供坚实基础。扶贫的最终目的是为了提高贫困地区贫困人口的生活水平，减少绝对贫困人口数量。随着时间的推移和脱贫攻坚工作的深入，贫困格局将会出现新的变化，尤其是贫困人口分布的空间布局可能会随着贫困人口识别标准的改变而变化。这样就要求国家在原有贫困的基础上建立完善的考核退出机制和脱贫攻坚效果评估体系，促进脱贫攻坚工作进一步适应新阶段贫困地区发展的新形势。通过引进贫困考核机制，强化贫困考核结果运用，督促戴上贫困县帽子的落实其扶贫开发目标，奖励扶贫效果好的县，促进贫困县早日脱贫摘帽，推动贫困地区全面协调发展奠定坚实基础。

二、精准扶贫考核机制的顶层设计

（一）顶层设计的理论依据

中共十八大以来，以习近平同志为核心的中共中央高瞻远瞩、审时度势，谋划了"四个全面"战略布局，明确指出扶贫开发是全面建成小康社会的短板，进入脱贫攻坚关键期。2016 年 12 月 1 日，中央政治局常委会议专题听取脱贫攻坚首战之年的情况汇报，习近平总书记发表重要讲话，强调要坚持脱贫攻坚目标，要解决突出问题，要狠抓精准扶贫落地，要激发内生动力，要从严考核监督，要在脱贫攻坚中培养锻炼干部。2017 年 3 月 23 日和 3 月 31 日，总书记分别主持召开中央政治局常委会议和中央政治局全体会议，听取 2016 年省级党委和政府扶贫开发工作成效考核情况汇报，审定考核结果，总书记发表重要讲话，强调要发挥考核指挥棒作用，推广先进典型经验，坚决纠正问题，不断完善考核工作。当前，以精准扶贫精准脱贫为主的扶贫战略思想成为现阶段我国扶贫开发工作的重要理论依据。

精准扶贫精准脱贫是坚决打赢脱贫攻坚战的基本方略，其理想、目标和本质要求就是要做到"六个精准"，实现因乡因族制宜、因村施策、因户施法，实现"扶真贫""真扶贫"和"真脱贫"，在此过程中，考核机制贯穿始终。第一，在"扶真贫"方面，对"精准识别"进行考核评估，保证真正贫困人口纳入到扶贫对象之中，并且扶贫对象中不存在非贫困人口；同时也要保证真正贫困的农村人口全部被纳入到贫困人口建档立卡之中，不存在部分甚至是极少数的贫困人口被排斥于扶贫对象框定之外。第二，在"真扶贫"方面，对"精准帮扶"进行考核评估，监督政府、社会等各类扶贫资源是否较为顺畅且完整地传递给扶贫对象，保证扶贫措施与贫困识别结果实现有效衔接，扶贫资金使用安排能够很好地满足不同类型贫困农户的脱贫致富需求，扶贫资金使用达到较高效益水平。第三，在"真脱贫"方面，对"精准脱贫"进行考核评估，严格按照退出标准和程序退出扶贫对象（贫困户、贫困村、贫困县），贫困退出农户和村庄必须达到退出标准要求，不存在没有达到脱贫标准而"被退出"以及达到脱贫标准后"不退出"现象。

（二）顶层设计的制度安排

长期以来，中国的扶贫开发主要以县为单位来开展，对于贫困县的设立也经过三次调整。1986 年国务院首次确立 331 个重点贫困县，1994 年公布的《国家八七扶贫攻坚计划》调整确立了 592 个国家重点扶持贫困县；2002 年国家取消了国家贫困县的称谓，改为国家扶贫开发工作重点县，全国仍为 592

个；2011 年划分了 11 个集中连片特困地区，包含片区县 680 个，其中与之前扶贫重点县重合 440 个，国家贫困县共计 832 个。贫困县的设立与调整很大程度上反映了中国扶贫政策的制度设计体系，如领导干部扶贫绩效考核、对口支援帮扶等。不可否认贫困县体制在中国扶贫历史上发挥了重要而积极的作用，但是这种扶贫方式从本质上说就是"区域扶贫"，缺乏扶贫工作的整体安排与个体关注。

在新一轮脱贫攻坚进程中，国家在顶层设计上高度重视，形成了以精准扶贫精准脱贫为主线的四梁八柱体制机制建设，尤其强调在此过程中的贫困退出问题，对于贫困户、贫困村、贫困乡镇、贫困县层层考核、有序脱贫。为了加强脱贫攻坚成效考核，中央决定实行最严格考核评估制度。一是对各地扶贫开发成效进行第三方评估。由中国科学院牵头，组织相关专家学者进村入户，对各地贫困人口的识别精准度、贫困人口退出的精准度和贫困人口对帮扶工作满意度进行第三方评估。二是组织省级之间的交叉考核。22 个与中央签订了责任状的扶贫任务比较重的省（直辖市、自治区），省与省之间随机进行交叉考核。通过交叉考核，发现脱贫攻坚工作中存在的问题，进一步总结各地好经验。三是国务院扶贫办和财政部组织了对各省扶贫资金绩效的考评。重点对扶贫资金使用情况、涉农资金整合情况和扶贫资金使用效率进行评估。在制度的具体设计上，贫困地区精准扶贫考核机制不仅关注到了各级政府部分的工作特点、各级政府脱贫所付出的努力、扶贫开发工作的质量与效率，同时还考虑了扶贫攻坚中各类资源的节约、扶贫项目的经济和社会效益等，综合来看，无论是考核内容还是考核程序、步骤、流程都更加严格、更加全面也更为细致。

（三）顶层设计的政策框架

中共十八大以来，中央层面不断出台推动贫困地区脱贫攻坚的政策，以《关于创新机制扎实推进农村扶贫开发工作的意见》和《关于打赢脱贫攻坚战的决定》为核心构建了脱贫攻坚顶层设计的四梁八柱。中央和地方围绕脱贫攻坚也出台了大量助推贫困地区脱贫攻坚的政策，据粗略估计，中央和行业部门出台的扶贫政策超过 100 项，全国各地出台的"1＋N"系列文件接近 500 项。

1. 中共中央办公厅、国务院办公厅、国务院扶贫办出台的有关完善精准扶贫考核机制的政策文件

2014 年 1 月，中共中央办公厅、国务院办公厅印发了《关于创新机制扎实推进农村扶贫开发工作的意见》，在扶贫攻坚六项机制改革中明确了要改进贫困县考核机制，指出"由主要考核地区生产总值向主要考核扶贫开发工作成效转变，对限制开发区域和生态脆弱的国家扶贫开发工作重点县取消地区生产

总值考核，把提高贫困人口生活水平和减少贫困人口数量作为主要指标，引导贫困地区党政领导班子和领导干部把工作重点放在扶贫开发上。中央有关部门加强指导，各省（自治区、直辖市）制定具体考核评价办法，并在试点基础上全面推开。同时，研究建立重点县退出机制，建立扶贫开发效果评估体系。"

2014 年 12 月，中组部、国务院扶贫办在《关于改进贫困县党政领导班子和领导干部经济社会发展实绩考核工作的意见》（组通字〔2014〕43 号）中，从操作层面对改进贫困县考核工作提出了从贫困县实际出发考核发展实际，对贫困县党政领导班子和领导干部经济社会发展实绩考核，应体现贫困地区发展的特殊性和主体功能定位，不能把考核其他市县的指标简单套用到对贫困县的考核，把省（自治区、直辖市）、市（地、州、盟）经济增长速度的目标要求简单倒推为贫困县的考核目标。并明确指出把扶贫开发作为经济社会发展实绩考核的主要内容，注重对减贫脱贫紧密关联的民生改善、社会事业发展情况考核，强化生态环境保护情况考核等内容。同时，经中央领导同志批示同意，国务院扶贫领导小组印发了《关于建立贫困县约束机制的通知》（国开发〔2014〕12 号），明确贫困县必须作为、提倡作为和禁止作为的事项，对贫困县的行为做出限制，确保贫困县把更多资源投入扶贫开发。

2015 年 11 月发布《关于打赢脱贫攻坚战的决定》，要求要抓紧出台中央对省（自治区、直辖市）党委和政府扶贫开发工作成效考核办法，各省（自治区、直辖市）党委和政府要加快出台对贫困县扶贫绩效考核办法，明确指出要大幅度提高减贫指标在贫困县经济社会发展实绩考核指标中的权重，建立扶贫工作责任清单。

2015 年年底召开的中央扶贫开发工作会议上，22 个脱贫任务重的省（自治区、直辖市）党政主要负责同志向中央签订了《脱贫攻坚责任书》，立下了军令状。

2016 年 2 月，中共中央办公厅、国务院办公厅印发《省级党委和政府扶贫开发工作成效考核办法》，考核工作从 2016 年到 2010 年，每年开展 1 次，考核内容包括减贫成效、精准识别、精准帮扶、扶贫资金 4 个方面。

2016 年 4 月，中共中央办公厅、国务院办公厅印发《关于建立贫困退出机制的意见》，明确了我国贫困退出的标准和程序，包括贫困人口、贫困村、贫困县退出的标准和程序，贫困人口退出以户为单位，主要衡量标准是该户年人均纯收入稳定超过国家扶贫标准且吃穿不愁、义务教育基本医疗住房安全有保障，并要求在退出过程中"强化监督检查，开展第三方评估，确保脱贫结果真实可信"。

2016 年 7 月，中共中央办公厅、国务院办公厅印发《脱贫攻坚督查巡查工作办法》，明确指出督查工作坚持目标导向，着力推动工作落实；巡查工作要坚持问题导向，着力解决突出问题。

2016年10月，中共中央办公厅、国务院办公厅印发《脱贫攻坚责任制实施办法》，从中央统筹、省负总责、市县落实、合力攻坚、奖惩等方面对落实脱贫攻坚责任制作出安排部署，构建责任清晰、各负其责、合力攻坚的责任体系。

2016年10月，国务院扶贫办发布《关于解决扶贫工作中形式主义等问题的通知》（国开办发〔2016〕32号）指出，在工作推进中，出现了一些形式主义等倾向性苗头性问题，如不及时解决，将影响脱贫攻坚进程，影响党和政府的形象。要求减少不必要的检查评估、填表报数、挂图标牌。

2017年7月，国务院扶贫办发布《关于进一步克服形式主义减轻基层负担的通知》，要求各地扶贫部门要充分利用建档立卡信息系统，严禁层层增加指标和填报频次，切实减轻基层填表报数负担。各地要按照省负总责的要求，以省为单位统筹谋划辖区内脱贫攻坚督查检查、考核评估工作，严禁层层组织，严禁多头重复。

2017年8月，国务院扶贫办印发《东西部扶贫协作考核办法（试行）》（国开发〔2017〕6号）和《中央单位定点扶贫工作考核办法（试行）》（国开发〔2017〕7号），前者从组织领导、人才支援、资金支持、产业合作、劳务协作、携手奔小康行动等方面进行考核，推动县与县精准对接。后者旨在通过对承担定点扶贫工作的中央单位进行考核，压实中央单位的帮扶责任，推动加大帮扶力度。考核的具体内容包括帮扶成效、组织领导、选派干部、督促检查、基层满意情况、工作创新等方面。

2. 基于中央的决策部署，行业部门、片区牵头部委也针对精准扶贫考核工作制定了专业性强、操作性高的政策规划　此类文件多为多部门联合印发，旨在直接支持贫困地区某一领域发展。国务院扶贫办等16部门印发的《关于促进电商精准扶贫的指导意见》，中国证监会《关于发挥资本市场作用服务国家脱贫攻坚战略的意见》，国家发改委等部门出台的《关于实施光伏发电扶贫工作的意见》等，涉及贫困地区发展的多个重要领域，不仅在相关的支持政策力度上给予大力支持，而且在提供专业性监督指导和考核评估。各个部委针对片区的实际情况，在政策设计上也充分考虑片区发展的特殊性，在组织保障、考核评估方面因地制宜、有的放矢。

3. 基于中央的顶层设计，各地方结合发展实际情况制定了具体的实施方案，出台了"1＋N"系列文件　"1"一般是诸如《关于深入推进精准扶贫工作的实施意见》《关于建立贫困退出机制的意见》等总文件，"N"是贫困地区发展具体的考核退出评估办法。比如各省各地制定了脱贫攻坚工作考核办法、贫困退出机制实施意见、实施方案、实施细则等，从考核对象、考核内容、考核方式、考核标准、考核实施、考核奖励、考核应用等方面细致地予以说明。

三、精准扶贫考核机制的实践创新

（一）中国精准扶贫考核机制的实践演进

为确保脱贫成效经得起实践、人民、历史检验，中共中央明确要求实行最严格的考核评估制度。近年来，以国务院扶贫办为核心的主要扶贫单位相继实行了严格的考核制度，确保贫困人口享受到扶贫政策，尤其在在扶贫攻坚考核评估方面，开展了包括国家有关部门的考核、省际交叉考核、委托科研机构进行的第三方评估考核等。

1. 建立多元考核主体：多方参与、加大力度

（1）国家层面。国家层面的创新之处体现在三个方面：第一，考核组织主体是国务院扶贫领导小组。而在之前的试行办法中，规定的是考核工作由各级扶贫开发领导小组统一组织，在中央层面成立扶贫考核工作领导小组和考核工作实施小组，扶贫考核工作领导小组由国务院扶贫开发领导小组牵头，中组部、扶贫办等部门参加。更为重要的是，现在的考核由国务院扶贫领导小组直接组织，即考核组织主体由原来的国务院扶贫办，变为国务院扶贫领导小组。这中间有很大的差别，意味着考核计划制定、工作实施等都由国务院扶贫领导小组组织进行，力度更大，考核层级更高。第二，牵头单位增加了中组部。2016年印发的《省级党委和政府扶贫开发工作成效考核办法》中指出，考核工作从2016年到2020年，每年开展1次，由国务院扶贫开发领导小组组织进行，具体工作由国务院扶贫办、中央组织部牵头，会同国务院扶贫开发领导小组成员单位组织实施。由此一来增加了考核办法的严肃性、权威性和威慑力，促使各地更加重视这项工作，也方便与各省约谈，落实处理意见将更加有效。第三，强调并落实了民主党派对脱贫攻坚开展民主监督工作。中共中央统战部、国务院扶贫开发领导小组办公室出台了《关于支持各民主党派中央开展脱贫攻坚民主监督工作的实施方案》，自2016年6月各民主党派中央脱贫攻坚民主监督工作启动会后，各民主党派中央分别对口了8个全国贫困人口多、贫困发生率高的中西部省份，分别是民革中央对口贵州、民盟中央对口河南、民建中央对口广西、民进中央对口湖南、农工中共中央对口云南、致公中共中央对口四川、九三学社中央对口陕西、台盟中央对口甘肃。各民主党派中央开展脱贫攻坚民主监督，是多年来第一次对专项工作进行监督，对拓展民主党派民主监督的渠道，丰富民主监督的内容和形式都有着重要的现实意义。

（2）省级层面。各省的考核评估均在省级扶贫开发领导小组的领导下统一组织实施，考核过程中由省扶贫办牵头进行，其他涉及扶贫开发的责任部门如省委组织部、省发改委、省教育厅、省工信厅、省民政厅、省财政厅、省住建厅、省交通厅、省水利厅、省农业厅等多个部门参与协助。各省对省内贫困县的考核范围的划定包括了国家级贫困县、省级贫困县和片区贫困县三类（片区贫困县和国家级贫困县有重合），每年初列出全年日常分析研判计划，通过个别访谈、主动约谈、座谈了解、专项调研等方式，对领导干部工作业绩进行实地查验，变"静态考核"为"动态考核"，变"单一考核"为"综合考核"。

（3）县级层面。各省对贫困县扶贫开发工作考核的实施方式均以贫困县（市、区）为单位展开，一般包括五个环节。第一个环节是贫困县根据省统一的考核指标体系填报数据进行自评，评价结果报省级扶贫开发领导小组办公室；第二个环节是省级扶贫开发领导小组办公室对县一级扶贫开发领导小组自评结果进行初审；第三个环节是省级扶贫开发领导小组派出复核小组按照一定比例对贫困县的自评结果进行实地调查；第四个环节是根据初审结果和实地调研情况进行复审；第五个环节是将评价结果报省扶贫开发领导小组，并上网公布。贵州省的考核方式与其余几省略有不同，贵州省对贫困县扶贫开发工作的考核，首先要求各数据来源部门提供数据；其次，由省扶贫开发领导小组对指标数据进行审核和实地核查；第三，将指标数据汇总到省扶贫办，由省扶贫办统一对贫困县的扶贫开发工作进行考核评价。

2. **完善考核内容：凸显扶贫、优化指标** 贫困县考核内容是考核机制的核心部分，考核什么直接关系到考核对象、考核结果以及考核效果等问题。十八大以来，中国精准扶贫考核机制呈现出以下特点：

第一，增加扶贫开发的考核权重，凸显扶贫脱贫实绩。中国历来的地方考核以 GDP 指标为主，但是在 2013 年底，国务院扶贫办和中组部就联合发文，GDP 在贫困县党政领导班子的考核中比重下降，脱贫实绩为主导的考核标准比重上升。比如江西省对 25 个贫困县考核中，经济社会科学发展占 40％权重，扶贫开发占 60％权重；湖北省对 29 个国家和省定扶贫开发工作重点县，及 8 个享受片区开发政策的县（市、区）党委、政府领导班子和主要领导的考核中，经济社会发展占 30％权重，精准扶贫考核内容占 70％权重；山西省对 36 个国家扶贫开发工作重点县和集中连片特殊困难地区党委、政府领导班子和领导干部考核中，有关扶贫开发的权重占 78％，经济发展的权重仅占 12％，并且取消了 GDP、财政收入等指标。

第二，注重考核帮扶工作，全方位考核帮扶成效。十八大以来中国积极贯彻精准扶贫精准脱贫基本方略，实施了对口帮扶、定点帮扶、结对帮扶、驻村帮扶、协作帮扶等多种形式的帮扶方式，全方位考核帮扶成效也是精准扶贫考核机制的重要内容。截至 2016 年末，中国共选派 77.5 万名干部驻村帮扶，各省积极出台干部驻村帮扶考核办法，如《四川省干部驻村帮扶工作考核办法》

《湖南省直和中央驻湘单位干部驻村帮扶工作考核办法》《湖北省干部驻村帮扶贫困村和贫困户工作考核办法》等。2017 年 8 月 8 日国务院扶贫办印发《东西部扶贫协作考核办法（试行）》，从组织领导、人才支援、资金支持、产业合作、劳务协作、携手奔小康行动等方面进行考核，推动县与县精准对接。东西部协作帮扶过程中，中西部地区贫困县是脱贫的责任主体，东部地区帮扶县承担帮扶责任，考核不仅考核东部，也考核西部。

第三，优化精简考核指标，全面反应扶贫脱贫工作。现行的贫困县考核机制从扶贫脱贫实际工作出发，设计了科学合理、规范细致的指标体系，从考核的项目、指标、评分标准、责任单位一一得到落实。在实际工作中，随着扶贫脱贫工作的推进，相关部门也在不断调整和优化考核指标，力求科学评估脱贫实绩。比如江西省于 2016 年将考核指标由 42 项精简至 22 项，原来实行的《江西省贫困县党政领导班子和领导干部经济社会发展实绩考核办法（试行）》（赣办字〔2015〕43 号）中考核内容包括减贫成效、专业扶贫工作成效、基本生产生活条件改善、扶贫工作组织领导等内容以及扶贫经验推广、约束机制要求等 42 项指标，之后将其优化精简为包括减贫成效、精准识别、脱贫体系、资金绩效等 4 个方面的 22 项指标。贵州省对贫困县考核机制进行了"一增一减"的优化调整，一方面增加特色优势产业考核指标和权重，围绕培育和壮大优势特色产业，设置两类 6 项，主要体现特色优势产业带动贫困人口增收方面的考核指标，加大产业扶贫考核的力度；另一方面弱化和减少贫困地区生产总值、工业增加值、固定资产投资等指标考核。

3. 规范考核程序：全程考核、有序脱贫　贫困县考核机制的实施需要严格有序的规范和步骤，考核程序不仅为贫困县考核机制的开展提供了有章可循的依据，避免在实际工作中考核矛盾和问题，更为重要的是保障贫困县考核机制的严肃性、公正性，从而保障了精准扶贫工作的有效开展。目前中国贫困考核程序从静态到动态，从结果到过程、从单一到综合考核的转变，主要体现在以下几个方面：

第一，贫困县党政领导班子和领导干部经济社会发展实绩实行动态考核。动态考核以年度集中考核为主，平时考核和重点工作督查相结合。年度集中考核在次年第一季度，采取省市组建联合考核组，一市一组的方式进行。考核组一般由省委组织部、省扶贫办和市（州）党委、政府牵头，省直有关部门及市（州）有关单位参加。考核工作按照制定评价标准、县级自评、集中考核等程序进行。第二，自评（自查）、复评（复查）、他评（交叉评估）、第三方评估相结合。首先贫困县对于自身县域发展情况和脱贫情况进行逐一对照、核实，完成自评或者自查；自评结束之后，还要进行复评或复查，接受市级、省级抽查；然后再由第三方评估小组"随机抽取、临时定向"，地方扶贫办工作人员只充当"导游"，确保独立客观公正。比如22个与中央签订了责任状的扶贫任务比较重的省（直辖市、自治区），省与省之间随机进行交叉考核；东西部扶贫协作考核也采取交叉考核的方式，江苏考核广东，广东考核浙江，浙江考核山东。通过交叉考核的过程相互学习、相互启发，推动工作。第三，考核涉及精准识别、精准帮扶、精准退出等各个环节。贫困县考核不能只看结果不看过程，尤其是精准扶贫工作涉及的"六个精准"都应该有所体现，这就一方面要求考核工作不是一时之功夫，而应该时时监督、时时参与扶贫工作的整个过程。

4. 引入第三方评估：提升独立性和社会公认度　精准扶贫以来，各地积极引入第三方评估机制全面开展各项考核。2015年《中共中央　国务院关于打赢脱贫攻坚战的决定》明确要求要"建立对扶贫政策落实情况和扶贫成效的第三方评估机制"。第三方评估是新时期创新管理方式的重大措施，也是客观评判省级党委和政府扶贫开发工作精准度、群众满意度的重要依据，充分发挥第三方评估的督查、巡察作用，可为科学转变扶贫工作方式，消除贫困地区体制机制障碍，增强其内生动力与发展活力开辟有效途径。十八大以来，为了加强脱贫攻坚成效考核，中央开始实行最严格考核评估制度，国务院扶贫办组织了由中国科学院牵头的第三方评估，组织相关专家学者进村入户，对各地贫困人口的识别精准度、贫困人口退出的精准度和贫困人口对帮扶工作满意度进行第三方评估，起到查实问题、总结经验、以评促改、支撑决策的作用。中国科学院地理科学与资源研究所还研究制定了《贫困县脱贫退出第三方评估技术指南》，就调研流程、协调部署、应急处理等开展专门培训，统一规范调查问卷类型、内容、填写、记录、编码、数据处理等问题，各项工作在保证技术性、专业性、细致性的基础上，构建独立公正的精准扶贫考核机制。

（二）各地精准扶贫考核机制的创新模式

根据中央层面的政策性文件，各地制定了相应的精准扶贫考核办法。通过对河北省、江西省、云南省、贵州省、湖南省、安徽省、河南省等省份考核办法的调研与分析发现，按照考核评估的统一部署，在主要考核减贫成效、精准识别、精准帮扶、扶贫资金使用管理等方面的基础上，各地涌现出不少考核评估的创新模式。

1. 江西南丰——"5＋X"百分制考核模式　江西南丰县着力完善贫困村班子考核评价体系，结合贫困村社情民意，建立"5＋X"脱贫考核机制，以精准考核带动精准扶贫。该县联合组织、农业、审计等部门组建8支考核组，对照政府下发的《脱贫工作任务清单》《日常联评考核表》，开展季度督查、半年巡视、年终联评。根据各村脱贫任务差异，制定《"5＋X"脱贫攻坚百分制考核表》，其中"5"是指德、能、勤、绩、廉，涉及工作作风、走访入户等15项具体指标；"X"是结合各村基础设施、产业结构、干部带富能力等情况的不同，设置个性化考核项目。将村民纯收入、村产业发展指数等纳入考核指标，设置动态加减分项目，并在年终开展群众满意度测评。按照（日常联评得分＋群众年终测评得分）/2的方式计算总得分，依据考核排名情况对村班子进行奖优罚劣。

2. 贵州毕节——"方阵"差别化考核模式　在2016年领导干部和领导班子年终考核中，贵州毕节市围绕助推脱贫攻坚任务，大力实施"方阵"差别化考核管理。按照"东部突破、中部崛起、西部攻坚"的总体思路，根据脱贫攻坚任务对全市10个县区发展的精准定位划分了"东中西"3个方阵。同时充分发挥考核的"正向激励"和"负面约束"作用，建立了正负面清单纪实考核机制，对干部进行全程加扣分纪实管理，对因工作成绩突出获得上级机关通报表彰、表扬肯定的进行加分登记；对出现因工作不力受到批评、黄牌警告、诫勉谈话、曝光等的领导班子和领导干部进行负面扣分登记，并依据平时正负清单"台账"进行年终综合考核评定。

3. 河北海兴——"平台"倒逼式考核模式　河北海兴县建立了"一项机制、三大平台"，倒逼脱贫各项工作完成。"一项机制"即"三干、三到、四督、两发现"工作机制。"三干"，就是干什么、怎么干、干出什么成效；"三到"，就是责任到人、任务到天、措施到位；"四督"，就是社会监督、人大和政协督导、纪检督察、"两办"督办；"两发现"，就是在干事中发现问题、解决问题，发现干部、使用干部。"三大平台"，即：述职平台、晾晒平台、督考平台。对在"三个平台"交叉点得分高的干部，给予重用或纳入组织视野；对得分中等的干部，在充分肯定成绩的基础上与其谈心，促其增比进位；对交叉点得分较低的干部，根据本人实际情况，进行调整。

4. 甘肃渭源——"双联"精准扶贫实时考核模式　甘肃渭源县制定下发了《关于渭源县精准扶贫业绩考核评价意见》和《渭源县精准扶贫帮扶工作队违反相关规定和纪律的问责处理办法》，推行"日签到、周考勤、月上报、季通报"考勤制度，积极构建每月会议汇报和每季度会议推进机制，全面加强驻村帮扶工作队日常管理。同时，积极推行双联精准扶贫实时考评制度，编印了《渭源县双联融合精准扶贫精准脱贫考核手册》，以此作为督促检查，落实工作，考核双联扶贫干部的重要依据。由县目标办牵头，县纪委、县委组织部、县扶贫办共同组成督查组对109个贫困村驻村帮扶工作队到村工作开展情况进行了全面督查，对在督查中工作履职不到位、脱岗溜岗和"走读"现象严重的驻村帮扶工作队、队长（队员）进行通报批评，起到了较好的工作落实促进作用。

（三）不断解决精准扶贫考核机制运行中存在问题

1. 考核方式和内容：多重考核检查互补性待加强 自开展精准扶贫考核工作以来，考核方式和内容得到了长足的发展，但是在实际操作过程中仍然存在一些问题，比如精准扶贫考核评估方式开放度不高，考核评估的内容往往具有一定的封闭性、神秘性。从考核方式来看，考核评估大多是由上级政府机关执行，社会公众参与少，过分关注工作结果的评估。这种自上而下的政府评估的局限性就是，政府机关"眼睛朝上"，只关注上级领导是否满意，虽然可以把反映公众的呼吁作为指标设计的考虑之一，但是从制度上并没有跨越政府内部评议的框框。评估方式常常表现为"运动式""评比式"，一些指标随意性主观性较强，持续性规范性不强。

引入第三方评估之后，由社会专业组织作为独立的第三方对于扶贫脱贫工作进行客观评估，丰富了评估的方式，也使得评估更加有效。但是在实际操作过程中，却带来了多重考核问题，各项考核检查之间的差异性、互补性并未凸显。这一问题同样也体现在考核的内容方面，不仅仅是贫困考核评估内容的透明度、公开化和客观性不高，同时对于考核内容的对于社会监督和制约也尚未全面完善。当前部分地区一方面依赖传统的考评方式，思维方式固化不愿接受新的考核评估方式，甚至对正在实施的第三方评估产生怠慢和怀疑的态度；另一方面地方政府疲于考核评估，存在"应付考核"的形式主义现象，给地方政府和贫困人口带来了一些负面影响。

2. 考核主体和客体：交叉重叠性需要尽量克服 落实精准扶贫精准脱贫的理论和政策的关键在于相关的主体（相关组织和个人）对精准扶贫工作的有效执行或参与，精准扶贫考核机制要求对相关执行者、参与者进行考核评估，在评估过程中如何处理好主体与客体的关系至关重要。在我国现行扶贫体制机制实际运行中，扶贫资金资源主要来自中央政府，中央财政扶贫资金由中央政府投向地方政府（主要是指县级政府），这样就形成了中央政府与地方政府之间的主客体关系，在实际工作中，地方政府与贫困户之间存在的主客体关系。在贫困考核评估过程中往往又是上级对下级考核，以县级考核为例，村级行政单位需要对各村的贫困户进退进行识别认定，此环节中贫困户是考核的客体，村级行政单位是考核的主体；乡镇政府需要对村两委和驻村工作队的工作进行考核，此环节中是村级行政单位考核的客体，乡镇政府是考核的主体；县级政府需要对乡镇政府的扶贫开发各项工作进行考核和督查，此环节中是乡镇政府考核的客体，县级政府是考核的主体；县级考核目前是由市级、省级、国务院扶贫办三级分别委托第三方机构评估进行，评估的一个重要指标是群众满意度，可见群众成为了考核的主体，县级政府成为了客体。在这样一个考核评估体系中，各个环节仍然存在职能不清、权限重叠的部分，比如贫困县县级政府在对其地方扶贫工作进行贫困考核时由县扶贫办单独完成存在一定困难，需要协调处理地方各个部门机构之间的关系，但是这有时又会影响考核的公正客观性。另外，单纯的第三方评估在协调地方政府的利益关系上往往处于劣势，如何在保持其独立性的基础上开展客观公正的评估仍需得到重视。

3. **考核结果和运用：扶贫脱贫持续性和长远性有待提升** 从目前正在开展的考核退出工作来看，各省市县的退出工作大多是在完成上级政府的工作任务，按照上一级政府的工作安排制定退出计划，成为一项国家主推，政府主导的政治任务，所谓的贫困县、贫困乡（镇）、贫困户脱贫多是出于"被动脱贫""被动摘帽"的状态。这一方面说明政府在退出工作方面发挥了积极主动的作用，同时另一方面却显示出目前退出工作上级对下级的安排、计划痕迹过重，导致被动退出现象。通过实地调研与相关政策资料的研究发现，现行的贫困考核退出工作主要思路是，由国家扶贫办制定脱贫计划（包括脱贫人数、脱贫时间以及各省各项指标），再由省扶贫办将脱贫任务分解下发到各个市，市下发到各个贫困县，贫困县按照指标任务进一步制定出贫困乡（镇）、贫困村的出列计划。整个过程是自上而下的逐级按任务分解，按这种思路执行的脱贫可以在短期内完成任务、达到目标，但是长期来看是不持久、不稳定的，这样的脱贫只能是低水平的，其可持续性较弱。

四、精准扶贫考核机制创新的经验启示与未来建议

（一）以脱贫为目标，更加注重精准性和真实性

从目前精准扶贫考核机制创新与实践情况来看，典型的特征之一就是立足各省各地区发展实际，着重突出自身发展的主体性和特殊性，一方面主动面对省域县域发展真实情况，另一方面不断探寻贫困县、贫困村、贫困人口的贫困特征，在真实性和精准性上下功夫，以求实现真脱贫。贫困地区普遍处于偏远地区，基础设施薄弱，经济发展水平较低，社会事业发展滞后，发展条件、发展方式和发展要求有自身特点。现行考核机制能够从贫困地区实际情况出发考核发展实绩：一方面，能够对贫困县进行专门考核，没有把其他市县的指标简单套用到对贫困县的考核，从制度设计上避免了把省、市经济增长速度的目标简单倒推为贫困县考核目标的情况发生。另一方面，根据各省实际，凸显各省的特殊性和主体功能定位。以贵州为例，贵州坚持绿色发展导向，强调绿色考核，按照贵州省"绿色发展战略"及《贵州省生态文明建设促进条例》的相关规定，在其考核体系中仅环境保护就占到10％的比重；在《全省贫困县党政

领导班子和领导干部经济社会发展实绩考核指标体系》中，对生态环境保护，农村环境连片整治，美丽乡村建设等情况设定了3％的权重。

（二）以发展为导向，不断改进创新和完善考核指标

中共十八大以来，我国精准扶贫工作实绩考核凸显了加快发展、科学发展的要求，把发展作为解决贫困的根本出路，把尽快实现脱贫致富作为首要任务，主要通过考核转变发展方式，解决制约发展的突出情况。现有考核指标中有相当比重的指标都是立足解决发展问题，一方面立足解决发展问题的基础保障，诸如基础设施建设、贫困人口能力提升等方面，另一方面立足直接解决脱贫致富的产业发展方面。部分省市的指标体系中，涉及的基本保障（三基本）、产业培育（四支撑）等与发展问题密切相关，占到40％的权重。其中基本保障中，基本生产生活条件保障、基本公共服务保障、基本社会保障，都是直接解决发展问题的基础建设，包含了贫困户中饮水安全户比例变化；行政村通沥青（水泥）路当年任务完成情况；贫困村动力电覆盖率；贫困户年度计划危房改造任务完成情况；易地扶贫搬迁任务完成情况；学前教育三年毛入园率；九年义务教育巩固率；有标准化卫生室的贫困村比例变化；贫困村乡村舞台建设及运行情况；行政村通宽带率等一系列情况。在其产业培育一级指标下，大幅增加了特色优势产业的指标和权重，弱化了长久以来对贫困县地区生产总值、工业增加值、固定资产投资等指标的考核。通过对相关指标的不断完善与创新，逐步实现引导贫困县立足资源禀赋和产业基础，实现差异竞争和错位发展，凸显考核与其主体功能定位相适应，与当地资源环境可承载的产业发展相适应，以发展促脱贫。

（三）以责任担当为职责，强化党建扶贫作用

中共十八大以来精准扶贫考核机制是在党的统一领导和决策部署下不断完善实施的，尤其是22个中西部省份的一把手与中央签订"脱贫攻坚责任书"，立下"军令状"，实现了有史以来最严格考核督查问责机制。虽然各地因地制宜实施了不同的考核办法，但是均把考核结果与干部的年度考核、综合考核评价挂钩，作为确定年度考核等次、形成综合评价意见的重要依据，作为干部选拔任用的重要依据，作为激励约束的重要依据。围绕脱贫攻坚的重点工作，精准扶贫考核机制就主体责任、严格党风廉政建设、联系群众制度、加强服务党组织建设、发挥基层党组织推动发展等情况设置了考核目标，涉及领导班子重视程度、干部队伍作风状况、基层党组织建设情况、驻村帮扶工作队运转和作用发挥情况、党风廉政建设等方面。当前在全党全社会积极参与脱贫攻坚的新形势下，尤其要注意党政建设，强化责任担当意识，健全党政机关脱贫攻坚机制，明确党员脱贫攻坚目标，用严格的考核机制监督党员扶贫绩效。

（四）创新考核方式，探索多元评估方法科学性和客观性

近年来我国精准扶贫考核机制在考核方式、方法、程序等方面有较大的创新与突破。首先，从考核方法上看，实现了统一标准和分类考核相结合。各地的考核评估体系，能够立足贫困实际，体现贫困地区发展的特殊性和主体功能定位，设定统一的考核指标；同时，针对扶贫攻坚难度差异，也在考核的不同环节设定了不同的分类考核，有的考核体系是根据不同考核对象设置不同的考核体系，有的则根据不同的考核对象调整了各个指标的权重。第二，从考核实施来看，实现了目标考核与过程考核相结合。现行的考核机制创新坚持辩证的分析评价实绩，既看发展成效，又看客观条件、主观努力情况，既考量力而行，又考尽力而为，对贫困县党政领导班子和领导干部的努力程度和作风状况做到客观公正的评价。第三，从民主程度上来看，实现了上评与下评、自评与互评相结合。现行的考核机制创新，注重群众公认度，把群众的切身感受和满意度作为考核评价的重要依据。贫困考核体系中，不仅增加了扶贫工作的群众满意度部分，实现了上评与下评的结合；也在考核的过程中增加了自评与互评的环节，实现了自评与互评的结合，提高了考核机制的民主程度。第四，从考核周期来看，实现了定期考核与督察暗访相结合。现行的考核机制创新实践中，基本实现了定期考核与督察、暗访相结合的考核方式。把平时考核与年度考核相结合，将平时考核作为年度考核的补充。对平时考核制定了相关制度和考核手册以及考核工作台账，对工作完成情况、完成工作量的大小及质量的高低做平时工作情况的记载，使平时考核有理有据，作为年终考核的有效补充。

专 题 报 告 篇

益贫导向的特色产业扶贫路径

刘 杰

摘要：产业扶贫是一种建立在产业发展和扶植基础上的扶贫开发政策方法，相比于一般的产业化发展，产业扶贫更加强调对贫困人群的目标瞄准性和特惠性，更加强调贫困家庭从产业发展中受益。产业扶贫的发展和推进与中国的产业化发展密不可分。20世纪90年代初期开始，农业产业化被纳入到国家层面的发展计划，产业化的概念开始引入到扶贫开发工作当中，产业扶贫开始兴起并逐渐在扶贫开发中占据越来越重要的位置。长期以来，由于产业扶贫的"造血"功能，特别是由于产业扶贫的益贫性、安全性和有效性，在扶贫开发中的重要性日益凸显。习近平总书记提出"精准扶贫"基本方略以来，围绕产业扶贫做出了一系列重要指示和论述，产业扶贫的重要性日渐突出。在此期间，产业扶贫在制度和政策层面围绕精准识别、精准帮扶等方面进行了一系列创新，主要体现在发展特色产业、促进"三产融合"和培育农业新型经营主体方面。全国各地开展了产业扶贫的丰富实践，探索出一系列适合地区区情、能有效解决地区产业发展问题和贫困问题，带动贫困地区经济社会发展的产业扶贫模式，并在组织形式方面进行大胆的创新和实践，推动着产业扶贫的深入发展。与此同时，各地积极探索和创新产业扶贫的利益联结机制，注重构建益贫性的利益联结机制，取得了可喜成效。

刘杰：华中师范大学社会学院副教授。

一、中国产业扶贫的历程与政策演变

产业扶贫是一种建立在产业发展和扶植基础上的扶贫开发政策方法，相比于一般的产业化发展，产业扶贫更加强调对贫困人群的目标瞄准性和特惠性，更加强调贫困家庭从产业发展中受益[①]。产业扶贫的发展和推进与我国的产业化发展密不可分。20 世纪 70 年代末，以家庭联产承包责任制为伊始的农村改革开始启动，农村获得前所未有的发展。80 年代中期以来，东部地区和一些大城市的郊区开始涌现出"产加销一体化""贸工农一体化"的经营方式。这种经营方式是以农村家庭联产承包制为基础，以企业为龙头，以市场为导向的一种新型经营方式，这种经营方式被认为是中国农业产业化的开端或雏形。农业产业化被纳入国家层面的发展计划开始于 20 世纪 90 年代初期，作为实现农业现代化和促进农业经济发展的战略性举措备受重视。在此时，产业化的概念开始引入扶贫开发工作当中，产业扶贫开始兴起并逐渐在扶贫开发中占据越来越重要的位置。

（一）产业扶贫的兴起与发展

1984 年以来，中国启动了"三西建设"工程，这标志着中国大规模扶贫开发工作的开始。从 1984 年到 1994 年"八七攻坚计划"颁布期间，产业扶贫概念尚未明确，扶贫开发工作更多的是享受"农村改革红利"，贫困地区的产业发展更多体现为农村经济发展带动。直到 1993 年，"中国扶贫开发协会"在民政部登记成立，作为国务院扶贫开发领导小组办公室主管的扶贫领域的全国性社团组织，其组织章程中业务范围内专门列了产业扶贫，即"动员和引导会员企业和社会各界力量，在贫困地区开展产业扶贫开发"。

1994 年颁布的《国家八七扶贫攻坚计划（1994—2000 年）》采取扶持与开发并举的策略，文件列举了扶贫开发的 5 条基本途径，其中第一条、第二条属于产业扶贫的途径。第一条途径为："重点发展投资少、见效快、覆盖广、效益高、有助于直接解决群众温饱问题的种植业、养殖业和相关的加工业、运销业。"第二条途径为："积极发展能够充分发挥贫困地区资源优势、又能大量安排贫困户劳动力就业的资源开发型和劳动密集型的乡镇企业。"

《国家八七扶贫攻坚计划（1994—2000 年）》指出了扶贫开发的 7 个主要形式，其中前三个属于产业扶贫范畴。文件规定，扶贫开发要"依托资源优

---

① 殷浩栋. 产业扶贫：从"输血"到"造血"[J]. 农经增刊（农业产业扶贫专刊），2016（增刊）：14-18.

势，按照市场需求，开发有竞争力的名特稀优产品。实行统一规划，组织千家万户连片发展，专业化生产，逐步形成一定规模的商品生产基地或区域性的支柱产业。坚持兴办贸工农一体化、产加销一条龙的扶贫经济实体，承包开发项目，外联市场，内联农户，为农民提供产前、产中、产后的系列化服务，带动群众脱贫致富。引导尚不具备办企业条件的贫困乡村，自愿互利，带资带劳，到投资环境较好的城镇和工业小区进行异地开发试点，兴办二、三产业。"

从《国家八七扶贫攻坚计划（1994—2000年）》指出的扶贫开发的主要途径和主要形式中可以看出，国家在扶贫开发层面开始有意识地培育扶贫开发中的市场主体，主张通过产业发展，利用市场力量解决贫困问题，产业扶贫走上正式化、规模化发展道路。1997年7月，国务院颁布《国家扶贫资金管理办法》，其中第十条明确规定："实施扶贫项目应当以贫困户为对象，以解决温饱为目标，以有助于直接提高贫困户收入的产业为主要内容。"这从资金管理上明确和加强了产业扶贫在扶贫开发中的地位，也是在国家层面对产业扶贫的进一步规范化。

（二）产业扶贫的正式提出与推进阶段

2001年，中共中央、国务院印发《中国农村扶贫开发纲要（2001—2010)》，该文件被认定为产业扶贫概念的正式提出。《中国农村扶贫开发纲要（2001—2010)》的第十四条明确指出要"积极推进农业产业化经营"，"对具有资源优势和市场需求的农产品生产，要按照产业化发展方向，连片规划建设，形成有特色的区域性主导产业。积极发展'公司加农户'和订单农业。引导和鼓励具有市场开拓能力的大中型农产品加工企业，到贫困地区建立原料生产基地，为贫困农户提供产前、产中、产后系列化服务，形成贸工农一体化、产供销一条龙的产业化经营。加强贫困地区农产品批发市场建设，进一步搞活流通，逐步形成规模化、专业化的生产格局。"文件对产业扶贫的具体思路和举措进行了明确规定，为产业扶贫指明了方向和路径。产业扶贫以此为契机，借着农业产业化的东风，获得了长足的发展和进步，产业扶贫在整个扶贫开发体系中占据着日益重要的地位。

2011年，中共中央、国务院印发《中国农村扶贫开发纲要（2011—2020)》，文件进一步明确"产业扶贫"的概念以及产业扶贫发展的方向和路径，文件的第十六条明确指出，要"充分发挥贫困地区生态环境和自然资源优势，推广先进实用技术，培植壮大特色支柱产业，大力推进旅游扶贫。促进产业结构调整，通过扶贫龙头企业、农民专业合作社和互助资金组织，带动和帮助贫困农户发展生产。引导和支持企业到贫困地区投资兴业，带动贫困农户增收。"2012 年国务院扶贫办、农业部、林业局、旅游局四家单位联合下发了《关于集中连片特殊困难地区产业扶贫规划编制工作的指导意见》，该指导意见明确要求各有关省区在编制集中连片特殊困难地区的时候必须编制产业扶贫规划，明确提出每个片区县用于产业发展的扶贫资金要占财政专项扶贫资金的 70% 以上。产业扶贫获得前所未有的重视，在扶贫开发工作中逐步推进。

（三）产业精准扶贫阶段

精准扶贫是扶贫开发进入全面建成小康社会新阶段关于扶贫脱贫的思想理念和基本方略，更是新时期的崭新政策实践。精准扶贫思想的提出、完善到创新实践，经历了一个不断丰富和深化的过程。产业扶贫正是在这个不断丰富和深化的过程中不断完善、不断成熟，成为全面建成小康社会新时期扶贫开发的重要支柱。2013 年 11 月，习近平总书记在湖南湘西考察时指出："扶贫要实事求是，因地制宜。要精准扶贫，切记喊口号，也不要定好高骛远的目标。"基于此思想，2013 年 12 月，中共中央办公厅、国务院办公厅发布《关于创新机制扎实推进农村扶贫开发工作的意见》（又称 25 号文），把扶贫开发的工作机制创新摆到了更加重要、更为突出的位置。25 号文将"特色产业增收工作"列入十项重点工作之中，提出要"加强规划项目进村到户机制建设，切实提高贫困户的参与度、受益度。积极培育贫困地区农民合作组织，提高贫困户在产业发展中的组织程度。鼓励企业从事农业产业化经营，发挥龙头企业带动作用，探索企业与贫困农户建立利益联结机制，促进贫困农户稳步增收。深入推进科技特派员农村科技创业行动，加快现代农业科技在贫困地区的推广应用。"25 号文中分阶段明确了产业扶贫的目标，指出"到 2020 年，初步构建特色支柱产业体系。不断提高贫困地区防灾避灾能力和农业现代化水平。畅通农产品流通渠道，完善流通网络。推动县域经济发展。"

二、十八大以来中国产业扶贫的顶层设计与制度安排

（一）习近平总书记关于产业精准扶贫的重要论述

习近平总书记提出"精准扶贫"基本方略以来，围绕产业扶贫做出了一系列重要指示和论述。习近平总书记指出："贫困地区发展要靠内生动力，如果凭空救济出一个新村，简单改变村容村貌，内在活力不行，劳动力不能回流，没有经济上的持续来源，这个地方下一步发展还是有问题。一个地方必须有产

业，有劳动力，内外结合才能发展。"①

2013 年 11 月，在湖南湘西考察时，习近平总书记就明确指出甩掉贫困帽子的总办法和根本在于发展，指出"贫困地区要从实际出发，因地制宜，把种什么、养什么、从哪里增收想明白，帮助乡亲们寻找脱贫致富的好路子。"2013 年 11 月 26 日，在同菏泽市及县区主要负责同志座谈时习近平总书记指出："要紧紧扭住发展这个促使贫困地区脱贫致富的第一要务，立足资源、市场、人文旅游等优势，因地制宜找准发展路子，既不能一味等靠、无所作为，也不能'捡进篮子都是菜'，因发展心切而违背规律、盲目蛮干，甚至搞劳民伤财的'形象工程''政绩工程'。"在这个座谈会中，习近平总书记根据前期产业扶贫过程中所出现的问题和困境，提出"因地制宜"发展产业的重要思想。

2015 年 6 月 18 日，在贵州召开部分省区市党委主要负责同志座谈会上，习近平总书记首次提出"五个一批"思想，并将"产业扶贫"置于"五个一批"的首位，指出"要因地制宜研究实施'四个一批'的扶贫攻坚行动计划，即通过扶持生产和就业发展一批，通过移民搬迁安置一批，通过低保政策兜底一批，通过医疗救助扶持一批，实现贫困人口精准脱贫。"在贵州座谈会上，习近平总书记明晰了"分类施策"的重要思想，将产业扶贫作为精准扶贫基本方略的重要举措。

随着精准扶贫精准脱贫的不断推进，习近平总书记对"产业扶贫"的重要性愈加强调。2016 年 4 月，习近平总书记在安徽考察时强调："要脱贫也要致富，产业扶贫至关重要。"同时指出产业发展要适应地区发展需要，要做到因地制宜、创新完善。

2017 年 2 月 21 日下午，习近平总书记在主持中共中央政治局第三十九次集体学习时强调："要提高扶贫措施有效性，核心是因地制宜、因人因户因村施策，突出产业扶贫，提高组织化程度，培育带动贫困人口脱贫的经济实体。"2017 年 7 月 18 日，习近平总书记在宁夏考察时强调："发展产业是实现脱贫的根本之策。要因地制宜，把培育产业作为推动脱贫攻坚的根本出路。"2017 年 8 月 31 日，习近平总书记发表《在深度贫困地区脱贫攻坚座谈会上的讲话》，讲话指出产业发展与产业扶贫是深度贫困地区脱贫攻坚的重要手段，强调"深度贫困地区要改善经济发展方式，重点发展贫困人口能够受益的产业，如特色农业、劳动密集型的加工业和服务业等。"

---

① 刘永富. 以习近平总书记扶贫开发战略思想为指导，坚决打赢脱贫攻坚战. 载于中共中央组织部干部教育局、国务院扶贫办行政人事司、国家行政学院教务部编. 精准扶贫 精准脱贫——打赢脱贫攻坚战辅导读本. 党建读物出版社. 2016 年，第 59 页.

从上述习近平总书记关于产业扶贫的系列重要讲话和重要阐述中可以看出，产业精准扶贫思想随着精准扶贫精准脱贫基本方略的不断丰富和完善而不断走向成熟。从最初的强调产业扶贫在精准扶贫中的重要性作用到更加重视产业扶贫对贫困人口目标瞄准的精准性和特惠性，反映出产业扶贫由于其"造血"功能在开发式扶贫、精准扶贫中重要作用不断体现，也反映着由于对贫困户内生能力提升、贫困地区发展能力夯实的重要作用，产业扶贫在精准扶贫基本方略中的战略性地位不断加强。当前，中国的扶贫开发工作进入全面建成小康社会阶段攻坚拔寨"啃硬骨头"的冲刺期，习近平总书记扶贫开发战略重要论述强调了产业扶贫在脱贫攻坚中的作用，要求充分挖掘和发挥产业扶贫的根本性作用，因地制宜发展产业，助力脱贫攻坚。

（二）十八大以来产业扶贫的整体设计

2015 年 11 月 29 日，中共中央、国务院发布了《关于打赢脱贫攻坚战的决定》（以下简称《决定》），这是指导中国打赢脱贫攻坚战的纲领性文件。《决定》再次强调了产业扶贫在脱贫攻坚战中的重要地位，明确指出了产业发展在实现贫困人口脱贫中的目标和任务。《决定》强调："按照扶持对象精准、项目安排精准、资金使用精准、措施到户精准、因村派人精准、脱贫成效精准的要求，使建档立卡贫困人口中有 5 000 万人左右通过产业扶持、转移就业、易地搬迁、教育支持、医疗救助等措施实现脱贫。"

长期以来，由于产业扶贫的"造血"功能，特别是由于产业扶贫的益贫性、安全性和有效性，在精准扶贫精准脱贫中的重要性日益凸显。《决定》基于对产业扶贫重要性的考量，对脱贫攻坚时期产业扶贫的发展规划和具体举措进行了详细规定。《决定》指出要"发展特色产业脱贫"，要"制定贫困地区特色产业发展规划"，强调要从出台专项政策，"统筹使用涉农资金，重点支持贫困村、贫困户因地制宜发展种养业和传统手工业等"。《决定》从六个方面阐述和规定了如何发展特色产业助力脱贫攻坚，包括：一要实施贫困村"一村一品"产业推进行动，扶持建设一批贫困人口参与度高的特色农业基地；二要加强贫困地区农民合作社和龙头企业培育，发挥其对贫困人口的组织和带动作用，强化其与贫困户的利益联结机制；三要支持贫困地区发展农产品加工业，加快一二三产业融合发展，让贫困户更多分享农业全产业链和价值链增值收益；四要加大对贫困地区农产品品牌推介营销支持力度。依托贫困地区特有的自然人文资源，深入实施乡村旅游扶贫工程；五要科学合理有序开发贫困地区水电、煤炭、油气等资源，调整完善资源开发收益分配政策。探索水电利益共享机制，将从发电中提取的资金优先用于水库移民和库区后续发展；六要引导中央企业、民营企业分别设立贫困地区产业投资基金，采取市场化运作方式，主要用于吸引企业到贫困地区从事资源开发、产业园区建设、新型城镇化发展等。通过六个方面的阐述和规划，《决定》对脱贫攻坚时期的产业扶贫进行了整体勾画。

2016 年，《中华人民共和国国民经济和社会发展第十三个五年规划纲要》把产业扶贫放在脱贫攻坚八大重点工程之首，要求到 2020 年，每个贫困县建设一批贫困人口参与度高的特色产业基地，初步形成特色产业体系。2016 年11 月颁布的《"十三五"脱贫攻坚规划》（简称《规划》）又做出了一系列具体的、操作性的产业扶贫的政策、项目和工作安排。《规划》的第二章明确指出，要"立足贫困地区资源禀赋，以市场为导向，充分发挥农民合作组织、龙头企业等市场主体作用，建立健全产业到户到人的精准扶持机制，每个贫困县建成一批脱贫带动能力强的特色产业，每个贫困乡、村形成特色拳头产品，贫困人口劳动技能得到提升，贫困户经营性、财产性收入稳定增加。"《规划》从农林产业扶贫、旅游扶贫、电商扶贫、资产收益扶贫、科技扶贫五个层面对产业扶贫的路径和具体举措进行了详细阐述和规定，为"十三五"期间产业扶贫提供了发展指引。

（三）十八大以来产业扶贫的制度和政策创新

自精准扶贫基本方略提出以来，产业扶贫的重要性日渐突出。同时，产业扶贫在制度和政策层面的创新也逐步围绕精准识别、精准帮扶等展开，更为强调产业发展对贫困人口和贫困地区的带动作用。概括而言，十八大以来产业扶贫的制度和政策创新主要集中在以下几个方面：

一是发展特色产业。十八大以来，在总结前期发展弊端和困境的基础上，产业扶贫致力于结合贫困地区资源禀赋和地域特色，找准适应地区发展的特色主导产业，发展"一村一品"。2013 年 12 月，中共中央办公厅、国务院办公厅发布《关于创新机制扎实推进农村扶贫开发工作的意见》就将"特色产业增收工作"列入十项重点工作之中。2014 年，农业部、国务院扶贫办等七部门制定了《特色产业增收工作实施方案》，为中国 14 个连片特困地区明确了区域主导产业，并对特色产业增收工作的各项任务进行分解，明确各部门职责与目标。2015 年启动的《农业综合开发扶持农业优势特色产业规划（2016—2018年）》编制，要求各级农发机构科学编制区域农业优势特色产业规划，每县确定的优势特色产业不超过 2 个。2015 年 11 月 29 日发布的《中共中央、国务院关于打赢脱贫攻坚战的决定》指出要"发展特色产业脱贫"。2016 年 5 月，农业部、国家发展改革委、国务院扶贫办等九部门联合印发《贫困地区发展特色产业促进精准脱贫指导意见》，将"科学确定特色产业"作为产业扶贫的首要任务。

二是促进"三产融合"。《中共中央、国务院关于打赢脱贫攻坚战的决定》提出要"支持贫困地区发展农产品加工业,加快一二三产业融合发展,让贫困户更多分享农业全产业链和价值链增值收益"。2015年,国务院办公厅发布《关于推进农村一二三产业融合发展的指导意见》,提出要"支持贫困地区农村产业融合发展"。2016年5月颁布的《贫困地区发展特色产业促进精准脱贫指导意见》提到要"促进一二三产业融合发展。积极发展特色产品加工,拓展产业多种功能,大力发展休闲农业、乡村旅游和森林旅游休闲康养,拓宽贫困户就业增收渠道"。2016年,中央财政安排12亿元,在全国选取12个省(自治区)开展农村一二三产业融合发展试点工作。2017年,国家发展改革委会同农业部、工业和信息化部、财政部、国土资源部、商务部、国家旅游局联合印发了《关于印发国家农村产业融合发展示范园创建工作方案的通知》,部署国家农村产业融合发展示范园(以下简称"示范园")的创建工作。《方案》提出,要以示范园建设为抓手,着力打造农村产业融合发展的示范样板和平台载体,带动农村一二三产业融合发展,促进农业增效、农民增收、农村繁荣。

三是培育和扶持新型农业经营主体。2012年12月31日,中共中央、国务院发布《关于加快发展现代农业进一步增强农村发展活力的若干意见》,又称2013年一号文件,指出要"围绕现代农业建设,充分发挥农村基本经营制度的优越性,着力构建集约化、专业化、组织化、社会化相结合的新型农业经营体系""要尊重和保障农户生产经营的主体地位,培育和壮大新型农业生产经营组织,充分激发农村生产要素潜能。"《中国农村扶贫开发纲要(2011—2020)》提出,要"通过扶贫龙头企业、农民专业合作社和互助资金组织,带动和帮助贫困户发展生产"。《关于创新机制扎实推进农村扶贫开发工作的意见》和《关于打赢脱贫攻坚战的决定》均提出要"培育贫困地区农民合作组织和龙头企业""发挥其对贫困人口的组织和带动作用,强化其与贫困户的利益联结机制"。《贫困地区发展特色产业促进精准脱贫指导意见》指出,要"发挥新型经营主体带动作用。支持新型经营主体在贫困地区发展特色产业,与贫困户建立稳定带动关系,向贫困户提供全产业链服务,提高产业增值能力和吸纳贫困劳动力就业能力"。2017年5月,中共中央办公厅、国务院办公厅印发了《关于加快构建政策体系培育新型农业经营主体的意见》。提出要"加快培育新型农业经营主体,综合运用多种政策工具,与农业产业政策结合、与脱贫攻坚政策结合,形成比较完备的政策扶持体系,引导新型农业经营主体提升规模经营水平、完善利益分享机制,更好发挥带动农民进入市场、增加收入、建设现代农业的引领作用。"

三、十八大以来中国产业扶贫的实践创新

（一）产业扶贫组织形式创新

产业扶贫因其益贫性、长效性和安全性的特点，成为精准扶贫基本方略的重要模式之一。长期以来，产业扶贫对于推动贫困群体脱贫致富、带动贫困地区整体发展方面有着重要作用。贫困户、贫困群体由于其本身的群体特质，发展能力弱，难以应对巨大的自然风险和组织风险，难以成为产业发展的独立经营主体。推动贫困地区的产业发展是产业扶贫的重要举措，贫困地区产业发展与开发的程度、深度与涉及产业发展的各类生产要素的组织水平和组织模式密不可分。十八大以来，在各类政策的推动下，各地的产业扶贫在组织形式方面进行大胆的创新和实践，推动着产业扶贫的深入发展。

农业扶贫园区的建设和发展是十八大以来产业扶贫组织形式的重大创新之一，亦是中国农业产业化发展与扶贫开发工作有机结合的重要实践。就发展历程来看，农业园区并不是个新生事物，但农业扶贫园区与一般意义上的农业园区存在两大方面的区别：一是在建设目的上，一般意义上的农业园区的建设和发展是基于经济目的，集聚各类经济资源实现农业现代化以推动地方经济发展，而农业扶贫园区更多的是为了实现扶贫攻坚的政治目标和社会目标；二是在资源类型上，一般意义上的农业园区发展资金更多来源于社会资金，而农业扶贫园区更多的是来源于扶贫专项财政资金，以及部分在扶贫政策优惠下吸引而来的社会资金[①]。贵州省于2015年提出在产业扶贫领域每年打造"十大扶贫产业园区"的目标。根据贵州省扶贫办关于《贵州省农业扶贫示范园区调研报告》的结果显示，截至2016年年底，贵州省建成102个农业扶贫园区，"农业扶贫园区的数量和规模持续壮大，在完善主导产业、新增龙头企业、招商引资、培训农民等方面完成情况较好，已成为贵州农业示范园区建设的重要组成部分。同时农业扶贫园区通过与贫困农户建立利益联结机制，带动贫困农户就业增收、减贫增收、致富增收，农业扶贫园区的扶贫效应日益凸显，已成为带动广大贫困户脱贫致富的新龙头，贵州扶贫开发的新模式。"[②] 四川省蓬安县按照"依托大企业、建设大园区、发展大产业、实现大脱贫"的思路，建立健全龙头企业带动、专合组织领办、贫困群众入股"三方联动"机制，分年度、分步骤规划建设水果、畜禽、水产等脱贫奔康产业园100余个。根据实际情

---

① 邹英. 资本输入与乡村社会秩序的重建：基于M镇农业扶贫菌园的考察 [D]. 华中师范大学博士论文，2017：8.

② 资料来源：贵州省扶贫办. 贵州省农业扶贫示范园区调研报告 [R]. 2016. 内部资料.

况，蓬安县探索出"单村兴建""跨村联建"以及"连乡成片"三大建园模式。依托大型龙头企业、现代农业示范园等主体，整合多个乡镇资源，打造"产销加"一体的全链条产业园，形成了产业与扶贫的"双重亮点"①。

社区营造模式是十八大以来产业扶贫组织形式的另一大创新。全面建成小康社会时期的精准扶贫已然超越提升经济收入水平、促进经济发展的单一经济目标，而是希冀达成经济、文化、政治等综合协调的地区复合发展目标，这一复合目标与社区营造理念不谋而合。"社区营造"是"一个社区的自组织过程，在这个过程中提升社区内的社群社会资本，达到社区自治理的目的。"② 社区营造的开篇布局大都从经济角度伊始，但其最终目标绝不仅仅限于地区产业发展，而往往是综合了文化、生态、旅游观光、教育等多种目的为一体的综合目的。社区经营通过多管齐下的手段以达到社区自我组织、自我发展、自我治理的目的，这是一种可持续的社区发展模式。社区营造理念的贯彻和坚持主要表现在农旅一体化的"三产融合"产业发展过程中：一是使得产业精准扶贫与社区发展相结合，是一种全方位的发展模式，不仅注重经济脱贫，更注重向人文历史传承开发、生态环境保持、生态农产品开发等诸多领域扩展，注重贫困农户的综合发展，也注重贫困地区社区的多维度发展。二是"农旅一体化"的社区营造促使产业扶贫的扶贫方式更向"扶智""扶志"意义层面深化。在介入和扎根农村社区的过程中，更加注重自身扎根的深度，并着重挖掘农户的能力，发现社区的综合资源，并组织农户参与到扶贫产业及社区发展的各个环节，培养其调查、管理、协商等各方面的综合能力，为贫困社区脱贫及长远发展做铺垫。三是注重社区可持续发展。对农户主体性的尊重和培养是实现社区可持续发展的根本，也是脱贫攻坚的根本意义所在。如何实现贫困地区脱贫以及长久发展，说到底还是要归根于人。既包括挖掘培养当地贫困人口的反贫困能力和自组织能力，也包括吸引具有更高知识水平的流动人员和返乡人员，他们是贫困地区未来的主人③。

（二）产业扶贫实践模式创新

十八大以来，在精准扶贫基本方略的指引下，全国各地开展了产业扶贫的丰富实践，探索出一系列适合地区区情、能有效解决地区产业发展问题和贫困问题，带动贫困地区经济社会发展的产业扶贫模式。有学者将十八大以来的产

---

① 四川蓬安：现代农业产业园脱贫致富的奔康路，http：//www. moa. gov. cn/fwllm/tpgj/ztdd/201703/t20170331 _ 5546461. htm
② 罗家德. 社区营造与社会建设［M］. 载于朱蔚怡，侯新渠. 谈谈社区营造（序二），社会科学文献出版社，2015：3.
③ 邹英. 资本输入与乡村社会秩序的重建［D］. 华中师范大学博士论文，2007：77 - 80.

业扶贫实践模式归纳为四类，包括直接带动模式、就业创收模式、资产收益模式和混合带动模式①。

1. **直接带动模式**　采用的主要组织方式是"公司＋合作社＋贫困户"。在这种实践模式中，合作社发挥着重要作用。有能力的农户与贫困户一起按照相关政策要求，在相关扶贫政策的支持下组建专业合作社，与相关公司和企业实现对接。这种模式避免了企业直接与贫困户合作成本过高的问题，节省了大量的服务和交易成本，在一定意义上符合或响应了国家层面鼓励培育和扶持农业新型经营主体的政策要求。在这种模式中，公司主要与合作社打交道，公司为合作社提供产前、产中和产后的全方位技术支持与服务，合作社按照公司的要求负责组织会员，即参加合作社的农户和贫困户进行产品的生产。这种模式，一方面降低了合作社运行的成本和风险，另一方面又降低了公司的生产和运营成本。通过益贫性的利益联结机制的构建，公司在生产环节对合作社特别是贫困户让利，实现公司、合作社、贫困户多方共赢的利益格局。直接带动模式是产业扶贫中的经典模式，更多的学者将之表述为"龙头企业＋合作社＋贫困户"组织形式。长期以来，这种模式在带动贫困地区经济发展、带动贫困户脱贫致富方面有着非常重要的作用，但其内在的弊端也使这种模式备受质疑，其原因之一即为这种模式所带来的精英俘获现象。十八大以来，各种政策对参与产业扶贫的公司或龙头企业增加了诸多约束和规定，有效增强了直接带动模式的益贫性。

2. **就业创收模式**　是十八大以来产业扶贫的主要实践模式之一。当前贫困地区在发展产业、推动产业扶贫的过程中，大都是劳动密集型的农业产业。这些产业在生产和流通环节能够提供大量的工作机会，需要大量劳动力，而且这些工作机会大多是技术含量低甚至没有技术要求、低强度的，特别适合农村"三留"人员参加，适合劳动能力有限、缺乏技术的弱能贫困户，建档立卡贫困户大多能适应这种工作强度和工作要求。如贵州省在推进产业扶贫的过程中，将茶叶、食用菌等作为主导产业之一，在茶叶、食用菌的采摘、种植过程中需要大量劳动力，工资收入成为贫困户脱贫致富的有效途径之一。

3. **资产收益模式**　是十八大以来产业扶贫的重要创新模式之一。在精准扶贫精准脱贫基本方略指引下，资产收益模式以产业发展为平台，将自然资源、农户自有资源、公共资产（资金）或农户权益资本化或股权化，相关经营主体或经济实体以市场化的方式进行经营，产生经济收益后，贫困村与贫困农户按照股份或特定比例获得收益。这种模式在一定程度上可为贫困户带来可持

---

① 殷浩栋．产业扶贫：从"输血"到"造血"［J］．农经增刊（农业产业扶贫专刊）．2016（增刊）：14-18．

续的财产性收入，从而达到持久脱贫、长效致富的目标。殷浩栋指出，产业扶贫的资产收益模式的具体形式主要有四种：第一种是贫困村、贫困户将农村土地、森林、荒山、荒地、水面、滩涂等集体资产及个人土地承包经营权、林权进行流转，直接取得租金等资产收益。第二种是将农村土地、森林、荒山、荒地、水面、滩涂等集体资产以及个人土地承包经营权、林权资产量化入股到龙头企业、农民合作社、种养大户等经营主体获取分红等资产收益。第三种是在不改变资金性质的前提下，将财政扶贫资金或其他涉农资金投入设施农业、养殖、光伏、水电、乡村旅游等项目形成的资产，或投入到有能力、有扶贫意愿、带动能力强、增收效果好的龙头企业、农民合作社、种养大户等经营主体，折股量化给贫困户，贫困户按股分红。第四种是贫困村、贫困户将资金或土地经营权、宅基地使用权等投入到营利性的城乡供水、供热、燃气、污水垃圾处理、公园配套服务、公共交通、停车设施等市政基础设施或营利性的教育、医疗、养老、体育健身、文化设施建设，再利用这些资产以租赁、经营收费或入股分红等方式获取收益①。比较而言，资产收益模式有着以下三个方面的优势：第一，该模式强调贫困户收入增长和收益的稳定性，能实现和保证贫困户的长效脱贫；第二，该模式不依赖农户的产业发展能力和经营能力，对于全面建成小康社会时期的"啃硬骨头"有着更好的针对性和有效性；第三，该模式强调贫困户的参与，致力于提升贫困的自我发展能力和内生动力。

4. **混合带动模式**　是一种机制设计相对复杂、操作稍为繁琐的产业扶贫模式。该模式一般是将农户参与生产或就业创收模式与资产收益模式结合起来，从整体上看，混合带动模式是一种扶贫效果最好的产业扶贫实践模式，既能带来稳定收益，又强调农户的参与性，有利于贫困户内生动力的增长和自我发展能力的提升。贵州六盘水的"三变"模式便是混合带动模式的成功经验。

除了上述四种实践模式创新以外，十八大以来，在精准扶贫精准脱贫基本方略的指引下，还出现了电商扶贫、旅游扶贫、光伏扶贫、保险业扶贫等多种模式。各地地方政府根据地方资源禀赋与产业发展特色要求，进行了多方探索与实践。尤其值得一提的是，保险业扶贫是十八大以来农村产业扶贫的重大突破。河南省兰考县在推进产业扶贫的过程中，发展农业保险，成立金融租赁公司，大胆引入保险制。2016 年，与中原农险公司签署协议书，县财政列支 1 000 万元，为全县所有的贫困户购买住房保险、人身意外险、种植作物保险（小麦、玉米、花生、水稻、棉花、大豆）、日光温室保险、塑料大棚保险、鸭棚保险。在不增加贫困人口经济负担的情况下，保障兰考县贫困人口不会因

---

① 殷浩栋. 产业扶贫：从"输血"到"造血"[J]. 农经增刊（农业产业扶贫专刊）. 2016（增刊）：14－18.

灾、因伤返贫。与中原银行合作，创新实施"四位一体"扶贫模式，将保险方作为产业扶贫重要一方，提供贷款保险服务。保险公司收取贫困户或扶贫企业贷款额度的3%作为保费（其中，贫困户交纳20%，其余80%由财政交纳；扶贫企业交纳40%，其余60%由财政交纳），在贫困户或扶贫企业遭遇风险、无力偿还贷款债务的时候，保险公司在10个工作日后启动赔付程序，代贫困户或扶贫企业偿还贷款。此措施不仅降低了贫困户或扶贫企业的风险，同时解决了银行担心的偿还不了贷款的问题，消除了银行的后顾之忧，为银行降低贷款门槛提供了可能性。银行承诺，接到乡镇主要领导、驻村工作队签字的推荐表格后，银行将无条件放款。并且，中原银行承诺提高放款额度上限为保证金的15%，也就是说，企业最高单笔贷款额度可以达到150万元，将从根本上解决部分企业反映的贷款资金额度不够的问题。扶贫企业带动贫困户的模式也进行了改革创新，第一种方式：扶贫企业交纳贷款额度5%（去年需要交纳10%）作为扶贫基金给推荐乡镇，由乡镇自主调配，用于支持贫困户脱贫；第二种方式：扶贫企业不用交纳扶贫基金，采用直接带动贫困人员务工的方式，扶贫企业每贷款10万元额度就要带动一个贫困人员务工。这两种方式由贷款扶贫企业自选，目的就是发动各种力量，充分动员社会参与，带动贫困户发展增收。

（三）产业扶贫利益联结机制创新

在产业扶贫的过程中，深化改革，扩大有效供给的一个关键环节即为形成合理的利益联结机制。分散的农户特别是贫困户在市场中通常处于弱势地位，在资源整合和利益分配的过程中需要政府的协助来保障自己的利益[1]。十八大以来，各地积极探索和创新产业扶贫的利益联结机制，注重构建益贫性的利益联结机制，取得了可喜的成效。贵州省按照精准扶贫的要求，突出产业扶贫的效益到户、带动到人，推动市场主体和贫困农户双赢。根据贵州省扶贫办的总结，贵州省探索出六类益贫性的利益联结机制[2]：

第一类是"龙头企业＋合作社＋基地＋农户"。主要运作方式："龙头带动，统分结合，兜底销售，二次返利"；"直补到户，折资入股，合作自愿，入股分红，退股还本"；"良种引领，三级经营，联户养殖，统分结合，全产业链推进"；"以场带户，流转荒山，统筹种草，打工培训，订单种养"；"国土整治，公司建园，先建后补，农户分包，保护价收购"；"公司＋合作社＋分社＋

---

① 汪三贵. 创新机制提高产业扶贫效率［N］. 农民日报，2016/11/3/006.
② 资料来源：关于印发《创新产业扶贫利益联结机制的指导意见》的通知. 黔政扶通〔2014〕15号文件.

微企＋农户";"校企合一机构＋雨露计划培训＋回乡生产实践＋订单回收学员作品"等。农户第一次收益＝保护价定价收购＋龙头垫资发展得到的收益,第二次收益＝龙头经营利润返利;合股经营的,一次投入,滚动发展,永久分红。

第二类是"农业扶贫园区＋龙头企业＋合作社＋基地＋农户"。主要运作方式:"流转土地,集约经营,外引内联,先建后补";"培训示范,反租倒包,龙头兜底,互利共赢";"超市＋园区＋基地＋农户"等。以园区为平台,县乡政府统一流转土地并建设基础设施→招商引资龙头企建示范基地→对各龙头企业所建基地及其设施实行先建后补。农户初期收益＝土地流转费＋工资,农户可持续收益＝经培训掌握技能的农户反租倒包生产经营的收益。

第三类是"乡村党政＋企业＋合作社＋基地＋农户"。主要运作方式:"村企合一,以债(资)转股,村民持股,市场运作,保本付息""分类施策,退保扶贫,激活内力,龙头带动""引智引资,整乡推进,全民培训,滚动发展"等。以村办企业为平台,争取支持和融资→将各类借(贷)款折成股份→村民自愿认股,以"三权"作为反担保,保本付息;对现有低保人员实行应保尽保、应退尽退,动员有劳力的退保人员参与扶贫项目开发,引进和培育龙头带动;招才引智带动招商引资,干部分片包干,实施全民培训,层层示范,滚动发展,整村整乡推进。

第四类是农户互助合作。主要运作方式:"建园→运营→出租(移交)""五统一分,联保互助,抱团出山""大户带小户,联户发展,合作分成"等。扶贫资金补贴农户建园(场)并管护到投产→出租或移交园(场)→有劳力的农户或流转土地的农户租赁经营进行分成;社员联保互助,有效争取贷款;大户流转土地建园→传授打工农户技术→农民带苗自建果园→以大带小合作分成→统分结合形成规模。

第五类是"技术部门＋乡镇(合作社＋协会)＋基地＋农户"。主要运作方式:"技术部门建设示范基地或农户以土地入股共建基地,统一规划、种草、销售,分户饲养、管理、核算""借母还(母)羔,利益分成,滚动发展""建设示范育苗中心,开展商品化育苗→扶贫资金补贴种苗→分户生产经营"等。

第六类是"政府＋银行＋企业＋合作社＋农户"。主要运作方式:"政府引导产业,企业申报贷款,专家银行评估,扶贫资金贴息,农企利益联结,企业承贷承还""四制一放大,政银共管,风险补偿"等。建立"四台一会",县乡建立融资、担保、管理、公示四个平台,村建信用协会;实行申请贷款、偿还利息、借款义务"三统一",借贷户以房产、林权、工资等反担保;政府、银行、产业部门协同推进,建立风险补偿金、贷款审核把关、联保责任、共管责任等制度;贷款实行三户联保,由合作社集中使用,封闭运行,统一偿还,金融部门发放贷款，扶贫资金给予贴息。

河南省兰考县在推进产业扶贫的过程中要求各乡镇（街道）坚持扶贫开发与经济社会发展相互促进，结合村情民意，按照"宜工则工、宜农则农、宜牧则牧、宜商则商"的原则，支持培育和发展特色种植、农业基地、产业集群、专业园区、扶贫创业园、示范园建设等，找准优势富民产业，确保"项目安排精准"。在利益联结机制上，要求充分发挥比较优势，大力发展有利于贫困户增收致富的产业项目，推动"一村一品、多村一品"产业的形成；鼓励贫困人口积极参与到产业主体和交通运输、服务等产业链中来，促进一、二、三产业融合发展，让贫困户更多分享产业和产业链增值收益，切实做到以"产业＋扶贫"的模式带动贫困户脱贫增收；建立企业与贫困户的利益联结机制，完善"公司＋基地＋贫困户""公司＋合作社＋贫困户"模式，提高贫困群众的产业参与度和受益度。兰考县将发展肉羊产业作为兰考县畜牧业重点发展方向，在发展肉羊产业的过程中创新模式，采取"政府引导、部门服务、银行支持、龙头带动、农户养殖"的产业扶贫模式，生产模式采取"龙头公司＋养殖合作社＋养殖基地＋农户"，与兰考县精准扶贫相结合，采取政府扶贫资金扶持一点，农户自筹一点，政府协调金融部门为农户贷一点（由试点龙头公司作担保）的方式。龙头公司免费做好技术指导与售后服务，按合同约定回收农户肉羊。对于合同合作养殖户，公司按照"五统一"模式进行合作，即"统一种羊供应、统一技术培训、统一饲料配方，统一疫病防疫、统一市场销售"。实践证明，该模式比较成功地构建了益贫性的产业扶贫利益联结机制。

四、中国产业扶贫的经验与启示

十八大以来，中国确立到 2020 年现有标准下的农村贫困人口实现脱贫、全面建成小康社会的宏伟目标。精准扶贫成为实现这一宏伟目标的基本方略，在这个过程中，产业扶贫逐渐成为中国脱贫攻坚的重要目标内容和实现路径，十八大以后产业扶贫模式的探索丰富了中国特色扶贫理论和政策体系。

（一）产业扶贫要着眼于当前农村农业改革大局

2014 年 1 月 19 日，中共中央、国务院发布《关于全面深化农村改革加快推进农业现代化的若干意见》，意见指出："全面深化农村改革，要坚持社会主义市场经济改革方向，处理好政府和市场的关系，激发农村经济社会活力；要鼓励探索创新，在明确底线的前提下，支持地方先行先试，尊重农民群众实践创造；要因地制宜、循序渐进，不搞'一刀切'、不追求一步到位，允许采取差异性、过渡性的制度和政策安排；要城乡统筹联动，赋予农民更多财产权利，推进城乡要素平等交换和公共资源均衡配置，让农民平等参与现代化进程、共同分享现代化成果。"意见认为，全面深化农村改革需要从完善国家粮食安全保障体系、强化农业支持保护制度、建立农业可持续发展长效机制、深化农村土地制度改革、构建新型农业经营体系、加快农村金融制度创新、健全城乡发展一体化体制机制和改善乡村治理机制等方面入手。2015 年 11 月，中共中央办公厅、国务院办公厅印发《深化农村改革综合性实施方案》，《方案》明确指出，"全面深化农村改革涉及经济、政治、文化、社会、生态文明和基层党建等领域，涉及农村多种所有制经济主体。当前和今后一个时期，深化农村改革要聚焦农村集体产权制度、农业经营制度、农业支持保护制度、城乡发展一体化体制机制和农村社会治理制度等 5 大领域。"从时间序列上而言，精准扶贫的深入开展与全面深化农村改革保持一致性，这既是产业精准扶贫开展的契机，同时又是难点。产业精准扶贫的开展与推进需要与全面深化农村改革双向联动，这样才能产生应有的效益。从一定意义上而言，农业产业化、农民职业化、农村社区化，既是当前我国全面深化农村改革的目标所在，又是中国农村社会的发展趋势。在推进产业精准扶贫的过程中，我们既要将之作为产业精准扶贫的重要依托和支柱，又要将之列为产业精准扶贫的目标所在，唯有如此，产业精准扶贫才能达到有效性、安全性、益贫性及长久性的效果。

（二）产业扶贫要回应当前农村存在的问题

长期以来，在城乡二元结构的社会背景下，在"快速城镇化""政治城市化"的作用下，中国的农村社会出现诸多问题。笔者用"乡村空心化"来概括快速城镇化背景下中国农村社会存在的问题，认为乡村"空心化"至少包括五个层面的内涵：一是人口学意义上的"空心化"，意指乡村人口特别是青壮年人口的大量外流，乡村人口结构以"389961"①为主体，生育率下降，人口总量大幅度减少；二是地理意义上的"空心化"，随着"村村通"乡村道路建设工程的推进，依然居住在乡村的农民不断地将房屋建于"村村通"道路两旁，或集中在集市等交通要道，农村原有的聚落点逐渐荒芜，村庄内部处于中心地带的老村址悄然变成废墟，留下一片破旧、闲置或废弃的旧房。这种内部闲置、外围新房的"内空外扩"现象我们可视为地理意义上的乡村"空心化"；三是经济意义上的"空心化"，意指农村青壮年劳动力大量外流，大部分青壮年在外长期务工拥有一定经济实力以后在城镇或城市租房或购房定居，乡村留居人口老龄化、贫困化趋势日益明显，人口、资金等关键生产要素流向城市，

---

① "389961"意指妇女、老年人和儿童。"38"指妇女群体，"99"是指重阳节，"61"特指儿童节。

农业生产逐渐荒芜，乡村经济日益衰退；四是基层政权意义上的"空心化"，意指乡村基层政权组织中有一定文化素质的青壮年劳动力外流，造成乡村基层政权组织在人口年龄结构上出现脱节甚至老龄化，人员构成出现真空，使政府职能在乡村基层得不到有效地发挥，各项政策无法贯彻；在城乡二元社会结构和户籍制度的限制下，乡村基层政权内部人力、物力、财力呈现流失与断层局面，基层政权职能、权力和责任逐步弱化；五是公共性意义上的"空心化"，这既是乡村空心化的表征之一，又是上述层面"空心化"的后果，意指乡村社会联结、地域文化以及公共事务层面的空心化，人口学、地理、经济以及基层政权意义上的"空心化"作用于乡村社会，不可避免造成地域文化和社会联结的解体，乡村公共服务无力承载，公共生活无法开展①。上述问题的存在，是当前阻碍中国农村发展的障碍所在，产业扶贫必须正视这些问题的存在，有针对性地选择产业，制定政策，做到产业扶贫与农村社会发展的密切关联。

（三）产业扶贫要避免趋同化

当前，大力推进产业扶贫，扶贫项目产业化已经成为脱贫攻坚战的共识，产业扶贫成为精准扶贫精准脱贫的重要举措，成为脱贫攻坚的重要模式之一。但是我们必须清晰地认识到，产业扶贫已然出现了局部性、区域性产业趋同现象。产业趋同的最直接后果就是"伤农"，由于没有摸清或者忽视市场规律，在推进产业扶贫的过程中没有突出产业发展的地域性和特色性，导致部分农产品价格波动幅度过大，有的农产品甚至严重滞销，贫困户损失惨重，雪上加霜。从相关调研的情况分析，产业扶贫出现产业结构不合理、产业布局混乱现象的原因可以从三个方面进行分析：首先，其根本原因是产业扶贫的过程中政府干预痕迹过重，忽视或无视市场经济的规律性，在政绩取向驱动下，盲目拍板上马新产业，趋利性的在产业类型的选择方面进行决策和布局，导致短时间内产业趋同。其次，产业趋同现象的出现与区域和地区之间的地方政府协调不足密切相关。一般而言，同一区域、统一地区的基层地方政府往往存在相对较为激烈的利益竞争关系，在这种关系下基层地方政府之间往往缺乏应有的信息和市场沟通机制，忽视或者无视产业发展之间的协调性、配套性，在选择产业项目的过程中一哄而上，难以制定具有客观性、可行性和执行性的符合地区资源禀赋现象、符合地区发展现状的特色产业发展规划。十八大以来的产业扶贫特别强调发展特色产业，2015 年 11 月 29 日发布的《中共中央、国务院关于打赢脱贫攻坚战的决定》指出要"发展特色产业脱贫"，提出要"制定贫困地区特色产业发展规划"，实施贫困村"一村一品"产业推进行动，扶持建设一

---

① 刘杰．乡村社会空心化：成因、特质及社会风险［J］．人口学刊，2014（3）．

批贫困人口参与度高的特色农业基地。2016 年印发的《贫困地区发展特色产业促进精准脱贫指导意见》更是将"科学确定特色产业"作为产业扶贫的首要任务。精准扶贫思想是十八大以来中国扶贫开发工作的基本方略，落实到产业扶贫方面，就是要在精准扶贫基本方略下把产业做精做强，定向打靶。这首先要求政府在推进产业扶贫的过程中，要尊重市场规律，避免扶贫产业同质化，应在仔细研究地区资源禀赋与产业发展意愿的基础上，因地制宜地发展产业扶贫，在地区、区域之间实行差异化竞争。各地要在充分尊重市场规律的基础上，对市场行情进行充分的分析，结合地区的地形、气候、土壤等自然地理条件和特色资源优势，找准适合当地资源禀赋和地方发展的"特色"主导产业，发展"一村一品"，形成"特色"的主导产业带，汇聚资源，集中生产要素投入，把握产业的比较优势，推进产业扶贫的健康有序发展，充分发挥产业扶贫在脱贫攻坚中的基础性作用。

精准扶贫方略下的易地扶贫搬迁

覃志敏

摘要：易地扶贫搬迁是中国扶贫开发的重要举措。从 20 世纪 80 年代实施探索以来，易地扶贫搬迁政策在农村减贫中历经了不同的发展形态，以契合经济社会发展和减贫形势。十八大以来，易地扶贫搬迁工作坚持把精准扶贫、精准脱贫作为基本方略，以贫困人口脱贫和致富为根本目标，将"挪穷窝""换穷业""拔穷根"作为政策顶层设计的核心，不断创新易地扶贫搬迁工作机制，并取得积极成效。在创新实践过程中，易地扶贫搬迁形成了精准搬迁精准安置，易地扶贫搬迁与新型城镇化、农业现代化相结合，"挪穷窝"与"换穷业"并举等多个方面的宝贵经验。

十八大以来，国家制定实施了精准扶贫、精准脱贫方略，致力于打赢脱贫攻坚战和贫困地区全面建成小康社会。精准扶贫方略对易地扶贫搬迁工作提出了新的要求，将易地扶贫搬迁作为脱贫攻坚"啃硬骨头"的重要手段。在新的时期，易地扶贫搬迁的形势发生了变化，其政策内容也做了相应调整，致力于实现到 2020 年 1 000 万建档立卡贫困人口的搬迁安置和稳定脱贫目标。

一、中国易地扶贫搬迁的演进与成就

（一）易地扶贫搬迁的政策演进

1. "三西"农业建设中的易地扶贫搬迁　中国易地扶贫搬迁实践探索始于

覃志敏：广西大学公共管理学院讲师。

20 世纪 80 年代的"三西"农业建设计划。1982 年 12 月，国务院办公厅发布《关于成立三西（河西、定西、西海固）地区农业建设领导小组的通知》，宣布成立"三西"地区农业建设领导小组，加快甘肃河西走廊商品粮基地建设，改变甘肃定西、宁夏西海固地区的贫困面貌。国家设立"三西"农业建设专项补助资金，制定"三西专项资金"管理规定和办法，推进实施"三西"地区农业建设和易地扶贫搬迁。在扶贫开发方略上，"三西"农业建设遵照"兴河西、河套之利，济定西、西海固之贫"，以及"有水走水路，没水走旱路，旱路不通另找出路"的建设方针，重点开发和建设河西、河套地区农业，从干旱的定西和西海固山区迁移部分人口，到河西、河套和沿黄河两岸水、土、光、热资源丰富地区开发荒地，并修复三西地区的生态植被[1]。"三西"农业建设计划提出"拉吊庄"式扶贫搬迁方式：一是鼓励当地农民向河西、河套自流，或投亲靠友，同那里的农民联合办家庭农场，扩大多种经营，迁出地和迁入地政府都积极提供方便；二是招民工承包水利工程，以工代赈。河西、河套新建水利工程，分别有计划地从甘肃中部和西海固招民工。资金安排方面，易地扶贫搬迁虽是"三西"农业建设计划的重要组成部分，但相对于其他建设内容，其资金投放比例较低。作为解决极端贫困问题的有益探索，易地扶贫搬迁将贫困人口迁移出生存条件恶劣、生态环境恶化地区，有效缓解了迁出区的生态紧张，同时移民在迁入地获得了相对好的发展资源和相对多的发展机会，有助于贫困人口在较短时间内解决温饱问题。

　　2. 八七扶贫攻坚计划中的易地扶贫搬迁　　步入 20 世纪 90 年代，中央政府于 1994 年颁布实施《国家八七扶贫攻坚计划（1994—2000 年）》（简称《八七扶贫攻坚计划》），提出了"力争用 7 年左右的时间，基本解决全国农村 8 000 万贫困人口的温饱问题"的扶贫攻坚总体目标。易地移民搬迁被列入扶贫开发的基本途径之一，对极少数生存和发展条件特别困难的村庄和农户，实行开发式移民[2]。1996 年，中共中央国务院印发的《关于尽快解决农村贫困人口温饱问题的决定》指出，"对缺乏基本生产生活条件的少数特困村，要按照农民自愿的原则实行开发式移民"[3]。同时，在中央政策指引下，广西、云南、湖北等中西部省份也大力实施易地扶贫搬迁，以期望解决本地区缺乏基本生存条件地区的极端贫困问题。可见，进入 20 世纪 90 年代，在中央政策的指导

---

　　① 国务院办公厅. 国务院"三西"地区农业建设领导小组关于"三西"地区农业建设进展情况和今后五年建设意见的报告（摘要）. 中华人民共和国国务院公报，1988 年，5 期，第 145 - 152 页.

　　② 国务院办公厅. 国务院关于印发国家八七扶贫攻坚计划的通知. 江西政报，1994 第 11 期，第 4 - 9 页.

　　③ 中共中央、国务院关于尽快解决农村贫困人口温饱问题的决定. 黑龙江政报，1997 年，第 5 期，第 10 - 15 页.

下，易地扶贫搬迁被正式纳入国家扶贫开发手段，并由在个别地区实施向不同区域铺开。

3. 21世纪初始十年的易地扶贫搬迁　21世纪伊始，根据中国减贫形势的变化，《中国农村扶贫开发纲要（2001—2010年）》提出了"一体两翼"扶贫开发战略。易地移民搬迁作为主要扶贫手段，也得到了全面阐述：对极少数居住在生存条件恶劣、自然资源贫乏地区的特困人口，结合退耕还林还草实行搬迁扶贫；在搞好试点的基础上，制定具体规划，有计划、有组织、分阶段进行；坚持自愿原则，充分尊重农民意愿，不搞强迫命令；因地制宜、量力而行、注重实效，采取多种形式，不搞一刀切；细致做好搬迁后的各项工作，确保搬得出、稳得下来、富得起来；经济发达的省市从全局出发，适当增加吸纳和安置来自贫困地区的迁移人口；地方各级政府制定鼓励易地扶贫搬迁的优惠政策，处理好迁入人口和本地人口的关系，尽快提高迁入人口的收入水平和生活质量；县内易地扶贫搬迁由县政府组织，跨县易地扶贫搬迁由省级政府统一组织；做好迁出地的计划生育和退耕还林还草工作，确保生态环境有明显改善[①]。国家计划委员会印发《国家计划委员会关于易地扶贫搬迁试点工程的实施意见》，提出在西部地区开展易地扶贫搬迁试点工程，由国务院统一领导、有关省区政府负责组织实施。试点工程包含减少贫困人口和改善生态环境双重目标，坚持扶贫与生态建设相结合、群众自愿等基本原则，被视为21世纪扶贫工作和实施西部大开发战略的重要举措[②]。2007年，国家发展和改革委员会印发《异地扶贫搬迁"十一五"规划》，系统阐述了易地扶贫搬迁的形势、指导思想与原则、搬迁对象、搬迁与安置方式、搬迁目标与任务、主要建设内容、资金筹资等，提出了相关保障措施。根据该文件，移民搬迁扶贫对象为生活在缺乏基本生存条件地区，且具备搬迁和安置条件的农村贫困人口。2011年，中央颁布实施《中国农村扶贫开发纲要（2011—2020年）》，提出将集中连片特困地区作为扶贫开发的主战场，实施扶贫攻坚工程。易地扶贫搬迁被摆在了更为突出的位置。移民非农安置政策首次见于中央文件，也表明在中央整体设置中，易地扶贫搬迁的安置已由农业安置转变为农业安置与非农安置相结合。

（二）易地扶贫搬迁的主要成就

进入21世纪以来，中国移民搬迁实施力度逐步加大。根据国家发展和改

---

①　国务院办公厅.国务院关于印发中国农村扶贫开发纲要（2001—2010年）的通知.中华人民共和国国务院公报，2001年，第23期，第34-39页.

②　国家计划委员会.国家计划委员会关于易地扶贫搬迁试点工程的实施意见.市场经济研究，2002年，第S1期，第4-6页.

革委员会统计，"十五"期间，国家累计安排国债投资 56 亿元，搬迁 122 万人；"十一五"期间，国家累计安排易地扶贫搬迁中央预算内投资 76 亿元，连同地方投资总投资 106 亿元，搬迁 162.7 万人[①]。"十二五"期间，国家累计安排中央预算内投资 231 亿元，是 10 年前投入的 1.75 倍；累计搬迁贫困人口394 万人，同时带动其他中央部门资金、地方投资和群众自筹资金近 800 亿元[②]。将扶贫开发、生态环境建设和防灾避灾结合起来开展移民搬迁工作，不仅可以从根本上解决贫困人口的温饱和发展问题，促进了贫困地区的经济社会发展，而且能够对迁出地、迁入地产生明显的生态效益。总体来看，移民搬迁的成效主要体现在以下几个方面：

一是稳定解决了特困人口的温饱问题，贫困人口通过移民搬迁成功实现脱贫致富。搬迁之后，移民的生存发展环境和思想观念发生了很大变化，通过利用迁入地条件较好的发展条件，能够在较短时间内解决温饱问题。通过实施易地扶贫搬迁工程，建设了一大批安置住房和安置点配套公共设施，大幅改善了贫困地区生产生活条件，推动了贫困人口、产业集聚和城镇化进程，引导搬迁对象发展现代农业和劳务经济，大幅提高收入水平。部分移民进而融入到一个更加开放的经济社会系统中，迈上了脱贫致富和实现小康的发展阶梯。

二是恢复和保护了迁出地的生态环境。易地扶贫搬迁降低了迁出地资源环境的人口压力，人口与水土林草资源间的矛盾得到缓解，有利于土地利用方式和农村产业结构的调整，有利于自然植被的恢复保护和陡坡地退耕还林还草，从而促进了生态系统由恶性循环向良性循环转变，实现了脱贫致富与生态保护"双赢"。以宁夏为例，20 世纪 80 年代至 21 世纪初，全区建立了 20 多处吊庄基地，安置移民 35.3 万人，按照山区乡村人均耕地面积计算，腾出 235 万亩耕地。在人口迁出相对集中的地区，走出了一条迁出贫困人口、恢复当地生态的路子，促进了人口和土地资源的合理配置。如泾源县在 20 世纪 80 年代初到90 年代初的 10 年中，人口自然增长 1 万人，移民 2 万，致使实际人口减少了1 万，这对于减轻当地的生态压力、促进六盘山水源涵养林地区恢复生态起到了重要作用；固原、彭阳、隆德等县的一些地方，在向吊庄基地搬迁部分人口后，在迁出地山梁退耕种草造林，为贫困山区掠夺式农业经营向生态农业经营的转化创造了条件[③]。

三是促进了迁入地的经济发展，加快了新型城镇化步伐。移民安置住房和

---

① 国家发展和改革委员会．易地移民搬迁"十一五"规划．2001 年；国家发展和改革委员会．易地移民搬迁"十二五"规划．2012 年 7 月．

② 国家发展和改革委员会．全国"十三五"易地扶贫搬迁规划．2016 年 9 月．

③ 宁夏回族自治区发展和改革委等．宁夏回族自治区易地扶贫搬迁专题之十三：生态移民理论与实践研究．国家发展和改革委门户网站，http：//www.sdpc.gov.cn/

相关各类基础设施、公共服务设施的建设，以及移民生产生活资料的需求，刺激带动了迁入地相关产业的发展。移民群体建设新家园的劳动和创造，特别是产业开发，构成了迁入地经济发展的新生力量，甚至成为经济发展的新增长点。另外，移民集中安置往往是选择城镇或距城镇不远的中心村进行安置，或者按集镇建制设计规划与建设，有利于加快城镇化步伐。

二、十八大以来易地移民搬迁的顶层设计

（一）易地扶贫搬迁的形势

十八大以来，中国进入全面建成小康社会决胜期。让贫困人口和贫困地区同全国一道迈入全面小康社会是党和国家对人民做出的庄严承诺。打赢脱贫攻坚战，是兑现这个庄严承诺的具体行动。经过多年的扶贫行动，剩余贫困人口都是贫中之贫、困中之困，脱贫难度大，贫困问题成为全面建成小康社会的"短板"。为此，国家将扶贫开发摆在治国理政的重要位置，制定实施以"六个精准""五个一批"和"四个切实"为核心内容的精准扶贫精准脱贫方略。易地扶贫搬迁是精准扶贫"五个一批"脱贫路径的重要内容，即通过易地扶贫搬迁脱贫一批。国家将易地扶贫搬迁作为解决"一方水土养不起一方人"特殊类型贫困问题的重要方式，采取超常规举措补齐这块短板，持续增进贫困地区人民福祉，促进贫困人口共享发展成果。另外，随着中国易地扶贫搬迁政策的演进，易地扶贫搬迁除了具有积极减贫效果外，还有助于生态保护，推进新型城镇化和农业现代等功能。在脱贫攻坚阶段，国家将易地扶贫搬迁列为脱贫攻坚的"一号工程"，全力推进易地扶贫搬迁工程。

（二）易地扶贫搬迁的目标与原则

十八大以来，扶贫开发成为贫困地区工作的重中之重，要求扶贫攻坚工作要与经济社会各领域工作相衔接，与新型工业化、信息化、城镇化、农业现代化相统筹。易地扶贫搬迁坚持与新型城镇化、农业现代化建设相结合，坚持"挪穷窝"与"换穷业"并举，加大投入、创新机制，因地制宜选择搬迁安置方式，选好安置点，完善搬迁后续扶持政策，确保搬迁对象有业可就、稳定脱贫，做到搬得出、稳得住、能致富，确保搬迁一户、脱贫一户，打赢易地扶贫搬迁攻坚战。

1. **基本原则**　根据《全国易地扶贫搬迁"十二五"规划》（发改地区〔2012〕2221号）和《全国"十三五"易地扶贫搬迁规划》（发改地区〔2016〕2022号），易地扶贫搬迁坚持的基本原则可以概括为：一是群众自愿原则。充分尊重搬迁群众意愿，不搞强迫命令，防止以易地扶贫搬迁之名搞"运动式"

搬迁；二是精准搬迁原则。易地扶贫搬迁要瞄准"一方水土养不起一方人"地区中的贫困人口，提高搬迁对象精准识别和动态管理水平。易地扶贫搬迁各项政策、各项资金都要精准聚焦，优先保障贫困人口搬迁安置和后续脱贫，防止"大水漫灌"；三是统筹整合资源原则。围绕搬迁对象脱贫目标，突出扶贫搬迁对象后续发展，因地制宜、多措并举，实现贫困人口稳定脱贫；四是保障基本、完善配套原则。按照"保障基本、安全适用"要求，做好贫困人口安置住房规划和建设，防止因建房面积过大而增加搬迁人口负担。统筹规划，合理确定安置方案，做好安置区配套基础设施和基本公共服务设施建设。

2. **目标**　确保搬迁群众住房安全得到保障，饮水安全、出行、用电等基本生活条件得到明显改善，享有便利可及的教育、医疗等基本公共服务，迁出区生态环境得到有效治理，确保有劳动能力的贫困家庭后续发展有门路、转移就业有渠道、收入水平不断提高，实现建档立卡搬迁人口搬得出、稳得住、能脱贫。"十三五"时期则是到 2020 年搬迁安置约 1 000 万建档立卡贫困人口。

（三）易地扶贫搬迁的政策结构

十八大以来，国家出台了《全国"十三五"易地扶贫搬迁规划》等多个政策文件，易地扶贫搬迁迎来快速发展时期。十八大以来，特别是进入"十三五"时期，易地扶贫搬迁的政策结构主要围绕挪穷窝、换穷业、拔穷根展开。

1. **"挪穷窝"**　主要是指为搬迁人口建设安置住房及安置区配套基础设施。在住房建设标准上，"十三五"时期按照"保障基本、安全使用"原则，贫困人口住房建设面积严格控制在 25 平方米/人，单人单户安置可采用建设公寓、幸福院、养老院等方式，具体建设标准由地方政府确定。同步搬迁人口住房建设面积可参考贫困人口标准，由当地市县级政府确定，依托小城镇或工业园区安置的可采取回购符合面积标准的城镇商品房方式为搬迁贫困人口提供住房，依托乡村旅游区安置的住房等建设要符合乡村旅游发展特色，促进安置区与景区和谐统一。在住房建设补助方面，中央预算投资专项用于住房建设补助，并按照区域类型实行 7 000 元/人、8 000 元/人和 10 000 元/人三种补助标准的差异化补助政策。安置区的配套基础设施包括了水、电、路、基础电信网络及垃圾、污水处理设施等。安置区配套设施建设按照"规模适宜、功能合理、经济安全、环境整洁、宜居宜业"原则，在建设标准上执行相关行业标准。

2. **"换穷业"**　指贫困人口在易地搬迁形成新的生计途径。"换穷业"是实现贫困人口摆脱贫困的关键关节，十八大以来在国家易地扶贫搬迁中的内容比例日益增大。"十二五"时期，易地扶贫搬迁的"换穷业"主要强调对贫困人口搬迁后的后续产业扶贫和劳动力专业培训等方面。"十三五"时期，"换穷业"在易地扶贫搬迁规划中的比重大幅增加，提出要立足安置区资源禀赋，依据不同搬迁安置模式，通过统筹整合财政涉农资金，支持贫困人口通过发展特色农林产业、发展劳务经济、发展现代服务业、探索资产收益扶贫、社会保障兜底等方式保障每个贫困人口都能如期实现脱贫。可见，"十二五"时期，"换穷业"从发展产业和就业创业中实现，而"十三五"时期则是从发展产业、就业创业、财产收益、社会保障兜底等多方面实现，进一步增强了搬迁人口稳定脱贫。

3. **"拔穷根"** 指从根本上解决贫困问题，阻断贫困代际传递。易地扶贫搬迁通过在安置区建设基本公共服务设施或搬迁后在教育、医疗、就业、社会保障等公共服务方面享受安置地居民同等待遇等方式，阻断贫困代际传递，拔掉"穷根"。在安置区公共服务设施建设上，"十三五"时期要求按照"缺什么补什么"和"适当留有余地"的原则，在充分利用现有基本公共服务设施能力基础上，统筹考虑今后一个时期人口流量流向，同步规划、同步建设一批教育、卫生、文化体育，以及商业网点、便民超市、集贸市场等公共服务设施。公共服务设施建设从基本公共服务拓展向服务于日常生活的便民服务设施。

4. **资金筹措** 易地扶贫搬迁是一项涉及经济、社会、文化、生态环境等各方面建设的系统性工程。涉及住房建设、生产生活条件和配套设施基础设施建设、公共服务设施建设，以及后续产业发展、就业创业培训、生态恢复等多项工作，建设内容广，工作量大，建设资金投入大。为确保易地扶贫搬迁工程顺利推进，十八大以来特别是"十三五"时期，易地扶贫搬迁在建设资金做出诸多制度创新，形成了多元化的资金筹措机制。根据《全国"十三五"易地扶贫搬迁规划》，资金筹措包含了中央层面的预算投资、地方政府债务资金、通过国家开发银行和国家农业发展银行发行专项建设债券的专项建设资金、国家开发银行和中国农业银行发行低成本长期贷款、农户自筹资金。每个渠道资金都划定了使用范围，专款专用，如国家开发银行和中国农业银行发放的低成本长期贷款主要用于规划范围内建档立卡搬迁人口住房建设，以及包括同步搬迁人口在内的安置区配套基础设施、公共服务设施建设。在资金运作上，组建省级投融资主体并同步组建市（县）项目实施主体。省级投融资主体主要承接通过专项建设基金、地方政府债务注入的易地扶贫搬迁项目资本金，以及国家开发银行、中国农业发展银行等金融机构提供的低成本长期贷款。市（县）项目实施主体与省级投融资主体签订资金使用协议，从省级投融资主体承接易地扶贫搬迁相关资金，专项用于易地扶贫搬迁工程建设。

三、十八大以来易地移民搬迁的实践创新

十八大以来，精准扶贫方略统领扶贫开发各项工作，也对易地扶贫搬迁实践提出了创新要求，做到与精准识别结果相衔接，使建档立卡贫困人口通过易地搬迁措施实现脱贫。

（一）搬迁贫困人口精准识别实践创新

贫困人口精准识及建档立卡工作是实现精准扶贫、精准脱贫的基础，为贫困问题精准干预提供了标靶。易地扶贫搬迁要瞄准建档立卡贫困人口，需要做多易地搬迁贫困人口精准识别，精准瞄准贫困人口和搬迁区域。在易地搬迁人口精准识别上，贵州省的做法具有创新性。

贵州省易地扶贫搬迁对象条件确定分为区域确定和搬迁个体确定两个层面。只有同时满足区域确定条件和家庭个体确定条件才能成为搬迁人口。其中设定 4 项区域条件，满足其中的一项可以划定为易地搬迁区域，设定了 5 项家庭个体搬迁条件，满足其中 1 项也并且满足区域条件才能成为建档立卡搬迁贫困人口。另外，搬迁贫困人口的识别程序对精准搬迁有很大的影响，识别工作程序不完备和周全，可能会使不符合搬迁条件的农村人口获得搬迁机会或者是符合搬迁条件且有意愿搬迁的贫困人口被排除在外。贵州省政府部门在搬迁贫困人口识别上制定了发改、扶贫和移民等部门共同参与、普查筛选与贫困群众自愿申请相结合的搬迁贫困人口识别工作程序。该工作程序包含了 11 步工作程序，最大限度保障了搬迁对象选择的精准性。另外，在搬迁对象管理方面，贵州省将易地扶贫搬迁农户信息与全省农村宅基地确权数据共享，实现数据精准到户到人，制作易地扶贫搬迁工作作战图和项目进度图，挂图作战，并依托"扶贫云"和"大数据"，精准管理搬迁对象，及时做好脱贫销号和搬迁对象动态管理。

专栏一　贵州省易地扶贫搬迁迁出区域与搬迁对象筛选条件

一、迁出区域选择条件

迁出地区域应满足下列条件之一：

1. 土地贫瘠、人地矛盾突出、水资源匮乏等生产生活条件恶劣，通过就地就近帮扶促进生产或就业仍无法让农户脱贫的区域，重点是贫困程度相对较深的贫困村，尤其是一、二类贫困村；

2. 生态环境脆弱，属于石漠化重度或中度的地区；

3. 属于主体功能区的限制开发区或禁止开发区，或处于其他限制或不宜开发的区域；

4. 地理位置距离中心城（集）镇和县级以上交通干道偏远，交通、水利、电力等基础设施和教育、医疗等基本公共服务落后，严重制约区域发展，并且延伸基础设施和公共服务成本远高于易地扶贫搬迁成本的区域。

二、搬迁家庭个体条件

搬迁对象除居住地满足迁出地区域条件外，还要符合以下条件之一：

1. 住房条件相对较差，愿意参加易地扶贫搬迁的建档立卡贫困户；

2. 受教育程度低，或劳动能力弱，或家庭农业生产资源相对较少，靠就地就近从事农业生产仍不能有效脱贫的建档立卡贫困户；

3. 愿意通过易地扶贫搬迁避让地质灾害的建档立卡贫困户（非建档立卡贫困户搬迁按国土部门地质灾害防治途径统筹解决）；

4. 满足迁出地区域条件的 50 户以下、且贫困发生率在 50％以上自然村寨，进行整体搬迁；

5. 对鳏寡孤独残等特困户需要易地扶贫搬迁的，由政府根据家庭实际人口统一提供相应的安置房免费居住，产权归政府所有，也可结合民政供养服务机构进行安置。

所整理资料来源：贵州省发展和改革委：《贵州省易地扶贫搬迁工程实施规划（2016—2020 年）》，2016 年 12 月。

（二）搬迁人口住房建设实践创新

搬迁人口在安置区的住房建设一直是易地扶贫搬迁的重点工作内容之一，因为安置区的住房建设是搬迁人口资金投入占比最大的。安置区住房供给以及搬迁人口在住房建设中的投入情况，对贫困农户的搬迁意愿有重要的影响。另外，不同家庭结构、不同家庭规模的搬迁家庭对住房的要求也不一样。因而，搬迁人口安置住房建设工作也是易地搬迁的一个难点。十八大以来，中央政府强调不能让搬迁人口因建房而负债，并逐渐将安置住房建设补助标准按照区域差异细化，并将制定标准的部分权力下放给地方政府。如《全国"十三五"易地扶贫搬迁规划》中规定："在中央预算内投资补助标准基础上，各地应综合考虑区域发展水平、安置资源条件、工程建设成本等因素，制定本地方住房建设补助标准，并向社会公告"。这就为地方在住房建设实践创新上提供了条件。

贵州省在搬迁人口住房建设补助方面，统筹考虑两类搬迁户的补助水平，建档立卡户人均按 2 万元补助,同步搬迁户按人均 1.2 万元补助,对拆除旧房复耕复绿原宅基地的,按照每人 1.5 万元给予奖励,避免因补助标准差距过大引发社会问题。陕西省则从提高补助标准、控制自筹标准、严格把关面积红线标准、合理控制建房成本等方面完善政策设计,促进贫困户"住房不举债"。广西易地扶贫搬迁建(购)房补助采取分区域差异化补助和县域差异化补助两类:①区域差异化补助。滇桂黔石漠化片区县(不含"天窗县")和国家级贫困县基准补助金额每人不低于 2.4 万,滇桂黔石漠化片区"天窗县"、自治区级贫困县和享受待遇县补助金额每人不低于 1.8 万元,其他面上县补助标准每人不低于 1.35 万元;②县域差异化补助。以县政府精准识别划定的建档立卡贫困户分数线为基准,确定本县每人基准补助标准即最低一档补助标准,将搬迁对象按一般贫困、中等贫困、特别贫困、极端贫困四种情形按人进行分档补助,上下档之间补助标准相差最多不超过 15%,实际补助金额不得高于控制面积内的实际建(购)房成本;对属于安置到边境 0~3 千米范围内的搬迁对象,在相应档次补助标准基础上每人增加 0.2 万元;对属于人口较少民族的搬迁对象,在相应档次补助标准基础上每人增加 0.1 万元。

(三)搬迁人口生计发展脱贫实践创新

建档立卡搬迁人口脱贫是易地扶贫搬迁的核心工作。而生计发展是实现建档立卡搬迁人口稳定脱贫的关键。十八大以来,国家易地扶贫搬迁政策将搬迁人口生计发展脱贫摆在重要位置,提出了实施发展特色农林业、发展劳务经济、发展现代服务业、资产收益扶贫、社会保障兜底等多种类型的贫困人口生计发展路径。国家对建档立卡搬迁人口生计发展多维实现路径的制定,为各地推进搬迁人口生计发展实践创新提供了政策支持和执行依据,形成了"乡村旅游+特色产业"扶持方式、"就业培训+公益岗位"扶持方式、"资产收益+物业经济"扶持方式等丰富多样的搬迁人口生计发展扶持方式创新。

1. **"乡村旅游+特色产业"扶持方式**　重庆市给予全市每个安置点补助特色产业 10 万元以上,对搬迁建档立卡贫困户发展乡村旅游和特色产业给予专项资金补助,引导金融机构通过扶持小额信贷、农村产权抵押融资等支持易地搬迁后续产业发展;安徽省实施"小城镇乐业工程",将搬迁人口就业创业和推进小城镇建设结合,支持发展农产品加工、休闲农业、乡村旅游、农村服务业等产业;河南省大力实施"一村一品"产业基地扶贫工程、"一乡一业"产业园区扶贫工程、扶贫龙头企业带动工程、乡村旅游扶贫工程等,其中依托旅游景区及周边安置区,大力发展乡村旅游,实现农民下山、游客上山。

2. **"就业培训+公益岗位"扶持方式**　山东省每年组织搬迁人员参加新型职业农民培育工程,兴办乡村旅游的全部纳入全省乡村旅游教育培训计划。对成功创业的搬迁对象给予不低于 1.2 万元的一次性创业补贴,对符合条件的给予最高 10 万元的创业担保贷款;湖北省通过完善"订单式""定向式"培训模式,强化工业园区定向培训,实现"培训一人、就业一人、脱贫一户"目标。四川省根据安置地产业发展、搬迁对象的技能水平、就业意愿和人力资源市场需求,有针对性地组织其参加技能培训或创业培训。对参加培训的搬迁对象,按规定落实培训补贴和职业技能鉴定补贴政策。

3. **"资产收益+物业经济"扶持方式** 广西将迁出地土地承包经营权、林权、宅基地使用权直接流转或折股量化到户,就地发展产业或物业经济。将安置点的商铺、厂房、停车场等营利性物业产权量化到搬迁户,推行物业合作社。甘肃省将财政资金投入设施农业、规模养殖等项目形成的资产,折股量化给贫困村和贫困户,按照"保底+分红"的方式,负盈不负亏,年分红比例原则上不低于入股资金的 10%;贵州省鼓励各地依托易地扶贫搬迁工程配套建设门面、摊位、柜台、停车场等营利性物业,并将产权优先量化到建档立卡贫困人口,增加搬迁对象资产收益。

◆ 专栏二 贵州省惠水县"五个三"促进搬迁人口脱贫实践创新

贵州易地扶贫搬迁人口生计发展的"五个三"经验,指的是盘活"三块地"、做好"三就"工作、衔接"三大保障"、建好"三个场所"和推进"三项变革"。该经验首先在贵州惠水县试点,并在全省范围内总结推广,最后写入《贵州省易地扶贫搬迁工程实施规划(2016—2020 年)》当中。

一、统筹资源盘活"三块地",建立助增收机制。承包地、林地、宅基地"三地",是搬迁农户在迁出区的核心资产,惠水县以土地资源、集体荒山、自然景观等资源为抓手,通过入股方式,让迁出区各类资源成为搬迁户的收入来源,使撂荒土地恢复生机,使废弃荒地变废为宝,使绿色景观变成真金白银。让搬迁农户按照对"三块地"的应有权属关系分享收益,实现有稳定收入来源。

二、做好"三就"工作,确保搬迁农户稳定发展。就业、就学、就医是搬迁群众最根本的民生问题。惠水县统筹迁出地和迁入地教育、就业创业、医疗卫生等公共服务资源,通过多渠道促进就业创业,合理调整优化安置点周边学校规划布局和加大助学补助满足搬迁人口子女就学需求,同步规划建设医疗卫生服务机构、建立搬迁群众健康信息档案、对患有重大疾病和慢性病的搬迁群众制定"一人一策"靶向治疗方案等多种方式提高医疗服务能力。确保搬迁群众就业有岗位、创业有平台、公共服务同待遇，解决搬迁群众的后顾之忧。

三、用足政策衔接"三大保障"，织牢搬迁农户安全底网。搬迁后的保障衔接及待遇水平是搬迁群众最为关心的切身利益问题。惠水县全面做好群众从迁出地到迁入地低保、医保和养老保险的转移接续工作，按照群众自愿和从高从优原则提供便捷服务，确保在搬迁过渡期内"三类保障"不断档、不脱节、不漏人，织牢低保医保养老安全保障网。

四、整合资金建好"三个场所"，建立为民解忧机制。充分发挥县城、小城镇、中心村等区位优势，整合各类资源，在安置区因地制宜建好经营性服务场所、农耕场所和公共服务场所。规划和配套建设安置点商业门面、平价超市、停车场等便民惠民场所，大力发展物业经济，让搬迁户从中分享经营惠利；在安置点周边流转一定的农业生产用地，开辟农耕场所，满足搬迁农户日常生活基本需求和"乡愁"情感需要；支持和指导开办社区服务中心和老幼集中看护中心，提供便民服务，解除搬迁户外出就业后顾之忧。

五、推进"三变"改革，增加搬迁群众财产性收入。结合"资源变资产、资金变股金、农民变股东"农村"三变"改革试点工作的推进，探索易地扶贫搬迁配套设施资产变股权、搬迁农户变股东的资产收益扶贫模式。对投入安置区的设施农业、养殖、乡村旅游等项目和以工代赈示范项目形成的资产，具备条件的可折股量化给搬迁农户。水电、矿产等资源开发占用集体土地的，通过赋予集体股权方式，让搬迁农户分享资源开发收益。引导搬迁农户以农村土地承包经营权、林权等折价入股专业合作社和龙头企业，增加资产性收益，实现稳定收入来源。

所整理的资料来源：国家发展和改革委员会地区司《"十三五"时期易地扶贫搬迁工作政策指引（第16期）——贵州省紧扣脱贫抓搬迁全面推广"五个三"经验》，2016年12月8日；贵州省发展和改革委员会《贵州省易地扶贫搬迁工程实施规划（2016—2020年）》，2016年12月。

（四）易地扶贫搬迁其他内容的实践创新

易地扶贫搬迁是一项系统性工程，需要多部门协调合作与资源整合，才能做好易地扶贫搬迁各项工作，实施统筹推进。中央政府在易地扶贫搬迁中提出了中央统筹、省负总责、市县抓落实的管理体制。省级政府对本省易地扶贫搬迁工作负总责，组织编制省级规划、确定目标任务、制定配套政策和资金筹措方案、监督检查、考核验收等工作。在中央政策的指引下，各地在组织领导易地扶贫搬迁工作中也形成一些实践创新。

为统筹推进各类资源整合，贵州省人民政府批准成立贵州省易地扶贫搬迁领导小组和贵州扶贫开发投资有限责任公司。领导小组由省人民政府分管易地扶贫搬迁工作的副省长担任，省政府对口联系副秘书长和省财政厅、省水库和生态移民局法定代表任副组长，省直有关部门为成员单位构成，受省人民政府委托承担贵州扶贫开发投资有限公司的管理职责。领导小组下设办公室在省水库和生态移民局，由省水库和生态移民局分管副局长任办公室主任，承担领导小组日常工作。相应的，各相关县区设立易地扶贫搬迁工作领导小组和易地扶贫搬迁投融资公司。易地扶贫开发领导小组的主要职责包括审定扶贫开发投资公司章程、发展战略规划，推荐投资构思高级管理干部，研究解决扶贫开发投资公司运行发展中的问题。扶贫开发投资有限责任公司负责根据"十三五"易地扶贫搬迁规划和年度任务编制融资方案；负责易地扶贫搬迁资金的统贷统还；根据规划和年度实施方案做好融资工作，即时下达资金计划；配合财政部门、国土部门提出公司债务偿还方案。

另外，为确保易地扶贫搬迁用地，中央提出新增建设用地指标优先保障易地扶贫搬迁工程用地需要，城乡建设用地增减挂钩指标进一步向易地扶贫搬迁区域倾斜，集中连片特困地区、国家扶贫开发工作重点县和开展易地扶贫搬迁的贫困老区，可将增减挂钩结余指标在省域范围内流转使用。各地也纷纷探索城乡建设用地用活增减挂钩支持扶贫开发。如河南省充分利用城乡建设用地增减挂钩政策，设计并实施宅基地复垦券省域内公开交易政策，建立起贫困县与省内经济发达地区复垦交易的供求关系，积极筹集资金支持易地扶贫搬迁。

◆ 专栏三　河南省推行宅基地复垦券交易

一、复垦券交易制度设计

复垦券指符合国家规定条件的集中连片特困地区县、国家扶贫开发工作重点县和贫困老区县等腾退的农村宅基地及其他农村集体建设用地，扣除自身安置用地后结余的农村建设用地指标。复垦券分为A、B两类，A类复垦券是易地扶贫搬迁建档立卡贫困户和同步搬迁户农村宅基地及相应的其他农村集体建设用地拆旧复垦产生的复垦券，B类复垦券为其他农村宅基地及农村建设用地拆旧复垦产生的复垦券。河南省以国家政策为依据，积极开展制度创新，对宅基地复垦券的申请、验收、交易、使用等运行各环节流程和责任主体予以细化明确，形成了一套复垦券交易政策体系，从制度层面保障了复垦券交易规范、有序、高校运转。

在申请与验收环节，农户、农村集体经济组织等按照有关规定，对腾退的农村建设用地提出复垦申请，经审查汇总后，由乡级政府上报县国土资源部门核准备案，并由县级人民政府组织复垦和核实验收工作；在交易环节，县级政府依照有关规定，持省国土资源厅核发的《河南省农村建设用地复垦备案确认书》申请交易，复垦券交易可采取挂牌、拍卖等方式进行；使用环节，全省范围内新增建设用地需要办理农地转用手续的和报国务院审批建设用地的，8个中心城区可使用复垦券，相关地区使用复垦券除棚户区改造等特殊民生项目外，必须预先购买复垦券，实行"持券准入"。

二、主要做法

1. **精准识别** 对产生A类复垦券的易地扶贫搬迁户和同步搬迁户精准识别，将搬迁户人口、腾退建设用地面积、安置用地面积、结余增减挂钩指标面积等信息由出让县人民政府及时公示，保证复垦券认定过程公开透明。

2. **公开交易** 在河南日报、河南省政府采购网等门户网站提前发布交易公告，保障广大房企的知情权和参与权。在同一公告批次复垦券全部成交后，及时在门户网站公布成交结果，对有异议的进行复核。

3. **严格监管** 加强对转拨到指标出让县制定账户交易价款的跟踪监管，做到复垦券交易价款人、户、地、钱"四精准"，实行财政专户管理，确保专款专用；实行"一卡（折）通"到户直拨，收益直接打到农民手中，防止挤占、挪用和截留等。

所整理资料来源：国家发展和改革委员会地区司《"十三五"时期易地扶贫搬迁工作政策指引（第18期）——河南省推行宅基地复垦券交易挖掘土地增减挂钩政策红利》，2017年3月3日。

四、中国易地扶贫搬迁的经验与启示

十八大以来，精准扶贫成为扶贫开发工作的重心和经济社会发展的主题词。改变以往扶贫工作中的"大水漫灌"弊端，通过工作机制创新瞄准贫困人口和其发展需求是精准扶贫工作的新要求。易地扶贫搬迁工作按照中共中央、国务院关于打赢脱贫攻坚战的决策部署，把精准扶贫、精准脱贫作为基本方略，瞄准建档立卡贫困人口，通过政策和机制创新，有效促进贫困人口通过易地搬迁安置实现精准脱贫。其取得的经验与启示主要体现在以下几个方面。

（一）实施精准搬迁和精准安置

精准搬迁安置包含了两层含义，一是确保对贫困人口实施易地扶贫搬迁，即搬迁建档立卡贫困人口；二是搬迁后的安置和帮扶要符合贫困人口的发展需求。中国易地扶贫搬迁采取中央、地方政府和农户等多主体共同筹资的建设方式。贫困人口的资产少、能力低，且不同贫困家庭的搬迁成本承受能力和安置需求也存在较大差异。为促进有意愿搬迁的建档立卡贫困人口能搬迁，政府不仅加大搬迁补助力度（如建房补助），而且采取了差异化的补助政策，确保贫困人口应搬尽搬。中央预算投资用于建档立卡搬迁人口的建房补助按照区域类型分成三个档次，实施差异化补助政策。各地方政府结合本地情况，也采取相应的差异化补助政策，如广西在区域内实行分区域差异化补助和县域差异化补助的建房补助政策。在住房精准安置方面，中央划定了建档立卡搬迁人口人均住房建设面积不得超过 25 平方米的"红线"，强调"保障基本"和"底线"原则，让贫困人口应搬尽搬，也防止贫困户因搬迁举债，防止因搬迁而难以脱贫。在帮扶措施方面，中央政府提出实施发展农林特色产业、发展劳务经济等六条帮扶路径，各地结合中央政策文件探索多样化的搬迁人口扶持方式。总而言之，政府等外部力量开展差异化、多样化、综合性的易地搬迁工作措施，有效契合了贫困人口家庭差异、能力差异、发展需求差异等多元的搬迁安置差异化需求，保障了搬迁精准和安置精准。

（二）易地扶贫搬迁与新型城镇化、农业现代化相结合

易地扶贫搬迁致力于贫困人口脱贫致富。在城乡经济社会一体化加快发展的背景下，资金、技术、人力等在城乡间的流动日益加快。十八大以来，中国易地扶贫搬迁改变以往搬迁安置方式，运用城乡统筹视角，实施采取城镇和农村安置相结合的安置方式，促进易地扶贫搬迁与新型城镇化、农业现代化相结合。具体而言，在安置方式上探索无农业用地的集中安置（依托小城镇或工业园区安置占 37%，乡村旅游区安置占 5%），通过探索现代服务业、劳务经济、资产收益扶贫方式、乡村旅游等方式促进建档立卡搬迁人口生计发展、脱贫致富和实现市民化，推进贫困地区新型城镇化。探索以行政村内就近集中安置（占比 39%）、新建移民新村安置（占比 15%）等就近农业安置方式，依托移民原有自然资产资源（耕地、林地等）积极发展特色农林业、农牧业、资产收益扶贫等移民现代农业生计方式，促进移民生计发展和脱贫致富，推进贫困地区农业现代化。

（三）"挪穷窝"与"换穷业"并举

易地扶贫搬迁是脱贫搬迁，最终的目的是为了让贫困人口脱贫。中央强调

各地在易地扶贫搬迁规划制定和组织实施过程中，不能将搬迁与脱贫割裂开来，在规划制定、工程实施、搬迁安置等各个环节，提前对搬迁群众创业就业、产业发展、技能培训等做好谋划，把精准支持搬迁对象发展特色产业、促进稳定就业摆在更加突出的位置，实施"挪穷窝"与"换穷业"并举、安居与乐业并重、搬迁与脱贫同步。将产业扶贫、教育扶贫、转移就业扶贫等精准扶贫工程与易地扶贫搬迁有机结合，实施搬迁后脱贫攻坚的其他政策措施要惠及搬迁贫困户，在产业发展、就业培训、劳务输出等方面给予搬迁对象支持。

（四）易地搬迁建设资金投入多元化

为确保大规模建档立卡贫困人口搬迁任务所需资金，国家在大幅增加中央预算内投资规模基础上，通过创新政策工具、拓展融资渠道等方式，进一步提高了建设资金保障能力。在易地扶贫搬迁建设资金中包含了中央预算内投资、专项建设基金、地方政府债务、长期信贷资金和农户自筹资金。中央预算内投资由国家发展和改革委员会在中央预算内投资盘子中统筹安排，专项建设基金通过国家开发银行、中国农业发展银行发行专项建设债券设立，为市场化运作的省级投融资主体注入项目资本金，地方政府债务资金在国务院批准下，省级政府通过发行政府债务，筹集资金后以项目资本金形式注入省级投融资主体。长期信贷资金主要通过国家开发银行、中国农业发展银行发行政策性金融债券筹集，由承担易地扶贫搬迁任务的省级投融资主体负责承贷，中央财政对贷款给予90％的贴息。农户自筹资金，搬迁对象根据自身经济条件自筹解决，原则上户均不超过1万元。易地扶贫搬迁建设资金投入多元化为易地扶贫搬迁工程提供了资金保障，同时降低了搬迁对象在参与过程中的投资成本，促进了易地扶贫搬迁顺利推进。

以生态保护耦合减贫发展

雷 明

摘要：全面实现小康，两个短板就是脱贫和环保。生态扶贫恰好把国家这两项重点工作有效结合起来。2013年9月7日，习近平总书记在哈萨克斯坦纳扎尔巴耶夫大学发表演讲并回答学生们提出的问题，在谈到环境保护问题时他指出："我们既要绿水青山，也要金山银山。宁要绿水青山，不要金山银山，而且绿水青山就是金山银山。"这段回答生动形象地表达了我们党和政府大力推进生态文明建设的鲜明态度和坚定决心，同时也为中国扶贫事业指明了一条光明大道。本文围绕习近平总书记的两山重要论述，对十八大以来中国生态扶贫进行全方位梳理和总结。

绿色发展是十八届五中全会提出五大发展理念之一，是未来中国实现美丽中国梦的重要保证，如何在绿色发展的框架下实现2020年扶贫攻坚全面实现小康的宏伟目标，是摆在各级政府和全社会的一项艰巨任务，而要保质保量完成这一任务，可以说作为五个一批中的生态扶贫就是一条有效的路径。

改革开放三十多年以来，中国在谋求发展、消除贫困方面取得了显著的成绩，但国内贫困现象依然存在。从贫困人口的减少看，2012年底，中国有现行标准下的贫困人口是9899万人，到2017年底，贫困人口在3000万左右，而这些贫困群体大多分布在老少边穷地区、生态脆弱地区，如何摆脱贫困实现小康仍然是亟待解决的迫切问题。

雷明：北京大学光华管理学院教授、博士生导师，北京大学贫困地区发展研究院院长。

可以说，在当今世界推动和践行可持续发展战略大潮中，在构建生态文明实现绿色发展的框架下制定生态扶贫战略，是突破现实扶贫减贫瓶颈，实现广大贫困地区和贫困群体可持续性脱贫走上可持续发展之路的关键。一方面，暂时缓解收入上的贫困并不能称为真正意义上的减贫，必须关注人类的长期发展问题，以防止贫困人口脱贫后重新返贫，同时尽量减小非贫困人口陷入贫困的风险；另一方面，消除贫困的目标不是孤立的，而应当有机融合于我国社会经济发展的总体目标之中，与保护资源和生态环境、促进社会稳定发展、加速经济增长等目标紧密联系，形成一种相互促进的良性循环机制，这样才有助于每个目标的最终实现。

一、习近平总书记生态扶贫重要论述

（一）两山重要论述的提出

2013 年 9 月 7 日，习近平总书记在哈萨克斯坦纳扎尔巴耶夫大学发表演讲并回答学生们提出的问题，在谈到环境保护问题时他指出："我们既要绿水青山，也要金山银山。宁要绿水青山，不要金山银山，而且绿水青山就是金山银山。" 2016 年 7 月习近平总书记在贵州考察时进一步强调，要守住发展和生态两条底线。其实早在 2005 年 8 月，时任浙江省委书记的习近平到浙江湖州安吉县余村考察时，得知村里为了还一片绿水青山而关停所有矿区时，习近平给予了高度评价："当鱼和熊掌不可兼得的时候，要学会放弃，要知道选择，发展有多种多样，要走可持续发展的道路"，提出"绿水青山就是金山银山"的重要重要论述。

（二）两山重要论述深刻内涵

"宁要绿水青山，不要金山银山，而且绿水青山就是金山银山。"这段回答生动形象地表达了我们党和政府大力推进生态文明建设的鲜明态度和坚定决心，表达了我党和各族人民要按照尊重自然、顺应自然、保护自然的理念，立足我国社会主义初级阶段的基本国情和新的阶段性特征，以建设美丽中国为目标，以正确处理人与自然关系为核心，以解决生态环境领域突出问题为导向，保障国家生态安全，改善环境质量，提高资源利用效率，推动形成人与自然和谐发展的现代化建设新格局。贯彻节约资源和保护环境的基本国策，把生态文明建设融入经济建设、政治建设、文化建设、社会建设各方面和全过程，建设美丽中国，努力走向社会主义生态文明新时代。

两山重要论述的提出，指明了生态环境也是生产力，突破传统发展思路。纵观人类发展史，我们经历了要增长不要生态、要增长忽略生态、先发展后保护生态、边发展边保护生态的理念阶段。科学发展、两山理论突破了这些发展框架中始终视生态为人类发展一个旁者、视生态为发展的附属对象的束缚而转为视生态为发展中被保护对象、将生态直接视为发展中主动参与者，视为直接发展要素，将广大贫困地区和贫困群体所拥有的最大资源（自然资源）禀赋，直接纳入发展的要素，将其视为发展直接的动力，从而有效解决了增长与保护、发展与可持续发展、守着金山银山没饭吃等长期以来困扰人类发展的悖论，将当代公平/扶贫减贫与代际公平/可持续发展看似矛盾的发展问题，统一在了一个统一协调发展的框架之下，这是对人类发展观和发展理论与实践的重大贡献，同样也是对人类扶贫理论与实践的重大贡献。

二、十八大以来中国生态扶贫的顶层设计与制度安排

（一）中国生态扶贫的顶层设计

1. **生态扶贫**　生态扶贫旨在以生态经济理论为基础，将农业、林业与牧业以及其他产业发展有机结合，建立高效率的人工生态系统，从而实现经济与生态保护的协调发展，在发展中抓保护，在保护中求发展，实现脱贫和生态保护双赢的良性循环。

生态扶贫包括两大核心思想：一是在贫困地区必须实施可持续型、环境友好型扶贫开发项目。生态文明建设要求我们在实施经济发展项目的同时注意生态环境的保护，要做到对生态环境不伤害、不破坏，扶贫开发项目实施的根本目的在于推进动当地经济发展，从而实现脱贫减贫的政府工作目标，但往往一味地追求经济发展就会忽视项目进行过程中对于当地生态环境造成的伤害，有些扶贫开发项目具有较大的经济效益，可以大程度地帮助地区经济得以大力发展，但很多开发项目却对当地环境造成了不可弥补的伤害，这样的扶贫开发项目不仅违背了生态文明建设的指导方针，而且也与生态扶贫的思想大相径庭。所以想要顺利实现生态保护的脱贫路径，就必须在贫困地区实施可持续型并且对环境友好的扶贫开发项目。

生态扶贫的第二个核心思想是将生态环境看成是一种能够得到有效利用的扶贫资源加以开发，从而实现当地经济发展、人民生活水平提高和保护生态环境的高度统一。以往政府的扶贫工作模式都是"输血型"，为贫困地区的发展提供大量的资源来帮助其脱贫，而当今贫困地区的脱贫减贫模式都趋向于"造血型"发展，只有积极探寻自身发展特色与优势，才能找到更多发展的机会，才是真正意义上的可持续发展。

2. **生态扶贫的思想基础**　在当今社会，生态文明建设不仅是大势所趋，更是地区经济健康平稳持续发展的必经之路。有人认为，对于贫困地区来说，

想要发展经济就一定要走发达地区"先污染后治理"的老路,这样一来,就一定会牺牲生态环境来谋求经济的快速增长,待经济发展到一定程度后再来进行环境改善与生态重建。这是一种错误的观点,通过牺牲生态环境来达到发展经济目的的说法都是错误的,是不符合时代发展要求的,更是违背自然规律的发展方式,一意孤行的后果就是无法挽回的惨痛代价。

在中国,生态环境脆弱地区和贫困地区在地理分布上存在着程度相对较强的耦合性,大多数贫困地区不仅经济发展水平落后,而且生态环境脆弱容易被破坏,这样一来大多贫困地区常常要面对"发展经济还是保护生态"的巨大难题,所以想要解决贫困地区所面临的困难,并且能够利用自身生态优势加速地区经济发展,推进脱贫减贫工作的进程,就要将生态文明建设与反贫困凝练为生态保护发展与脱贫,那么生态文明的建设与反贫困的结合则可以归纳为生态保护发展与脱贫的统一。

"绿水青山就是金山银山"理论的根本要义正在于此,在于守住两条底线,在于树立底线思维。因此说,减贫发展和生态保护是须臾不能松劲的两件大事,目前减贫发展工作中正确处理好减贫发展和生态保护关系至关重要。首先,发展是解决中国所有问题的总钥匙,是减贫富民的关键。不发展,就业和收入就上不去,广大贫困群体就无法从根本上摆脱贫困,深化改革、调整结构就缺乏力度,社会稳定就可能出状况,可持续减贫富民的目标就无法实现。其次,生态底线同样重要,"良好生态环境是最公平的公共产品,是最普惠的民生福祉。"在当前,特别是广大贫困地区,环境承载能力已经达到或接近临界点,生态环境状况好坏关系到社会安定大事,不容小觑。

"绿水青山就是金山银山"系列表述,其实质就是"减贫富民强国、构筑美丽中国梦"的一种形象化表达,是"社会主义生态文明观"的一种形象化表达,也是当下治国理政核心理念的一种形象化表达,它所强调的是通过大力推进"社会主义生态文明"建设,就是要在逐渐解决目前所面临的严峻生态环境难题的同时,找到一条减贫富民,通向中国特色社会主义的人与自然、社会与自然关系,实现减贫富民强国、美丽中国伟大梦想的新型现实道路。

3. 生态扶贫实现路径 如何实现生态减贫,其根本的方法就是要走可持续发展的道路,坚守"绿水青山就是金山银山"理念,守住发展和生态的两条底线。具体来说:

一是不仅要帮助广大贫困群体形成造血机制,而且是要形成好的造血机制,形成良性可持续的造血机制;二是要勇于、善于、专于、精于资源向资本和财富的转换,打造切实可行的自然资源向资本和财富的绿色转化机制,因地制宜地将青山绿水转化为绿色的金山银山,实现可持续减贫和绿色发展的共赢。只有将资源变为资本,资本创造出财富,才是减贫富民的根本之路。

怎么发展，从根本上就是一句老话"靠山吃山，靠水吃水"，其关键在于怎么吃，是饥不择食、暴殄天物，还是精打细算、细水长流，是简单粗暴还是科学合理，这就要在转换思维、创新机制方面狠下功夫。比如通过"空间置换""腾笼换鸟"方式，大力开展生态旅游，余村"由卖石头转化为卖风景"的做法就非常值得借鉴。

其次，生态底线同样重要，"良好生态环境是最公平的公共产品，是最普惠的民生福祉。"在当前，特别是广大贫困地区，环境承载能力已经达到或接近临界点，生态环境状况好坏关系到社会安定大事，不容小觑。

如何保护，从根本上还是一句老话"留得青山在不怕没柴烧"。绿水青山是很多贫困地区安家立命之本，没有了绿水青山，不要说金山银山，就是吃饭的饭碗都没了。可以说留住了绿水青山就是留住了生存的本钱，留住了希望，因此绿水青山就是金山银山，绿色既是理念又是举措，"以空间换时间"，切实防止走粗放增长老路、越过生态底线竭泽而渔的做法。

正确处理好发展与生态的关系，关键要充分认识到"要正确处理好经济发展同生态环境保护的关系，牢固树立保护生态环境就是保护生产力、改善生态环境就是发展生产力的理念"。通过科学布局生产空间、生活空间、生态空间，扎实推进生态环境保护，以更大的智慧和勇气推进经济向绿色转型，加快将已经定好的绿色化政策措施及相关项目落地的步伐，借助"互联网＋""生态＋"的翅膀，通过不断发展新业态，保持住"绿水青山"不变色，创造出无限的"绿色金山银山"。变卖石头（矿藏）为卖风景（景观），卖资源变为卖景观，卖产品变为卖空气，卖物资变为卖文化，实现"看看（旅游）都卖钱（观光吃住行）""闻闻（新鲜空气）都卖钱（洗肺氧吧引起的相关消费支出）""试试（体验）都卖钱（相关花费吃住行）""想想（乡愁）都卖钱（相关文化产品消费支出）"，把"绿色生态化"作为减贫发展新动力和发展新出路，让良好生态环境成为富民强国的增长点。

具体来说，生态扶贫应该重点解决经济发展模式、生态发展模式、社会发展模式、人的行为模式四方面的问题，经济发展、生态发展、社会发展和人的行为都必须同时实现生态转型；经济社会发展要与环境耗减和退化脱钩，四者互利共生；建立现代的生态经济模式，最终解决贫困群体的温饱问题。

（二）中国生态扶贫的制度安排

1. **生态扶贫模式框架** 中共十八大以来，中央对生态扶贫开发工作作出了一系列新的重大决策部署，各地各部门结合各地实际，在坚持以往行之有效做法的基础上，积极探索新途径、新模式、新机制，全面提升扶贫开发的质量和效益。各地在近些年来的生态扶贫开发工作中，能够做到明确目标、多措并举，全力实施扶贫攻坚第一民生工程。为顺利推进各项工作，在学习上各地重点突出了习近平总书记关于牢牢守住发展和生态两条底线，把生态扶贫开发工作抓紧抓紧再抓紧、做实做实再做实的重要指示。认真落实明确"生态扶贫开发体制机制"重点工作任务，由主要领导作为第一责任人，领导班子成员各负其责，紧密配合，明确时间表，推动各项工作按时序圆满完成，开展全国生态扶贫开发攻坚。

具体来说，根据中央要求，各地在生态扶贫开发工作中积极探索，按照扶贫攻坚的总要求，深入贯彻落实习近平总书记、李克强总理等中央领导同志关于扶贫开发的系列讲话精神，以生态扶贫核心思想为原则开发工作，围绕全国生态扶贫，稳定实现生态扶贫工作中要求的"在保护中求发展，在发展中重保护"的目标。积极实施扶贫生态移民工程、抓好重点生态工程、实施绿色项目，提高生态文明建设水平，坚持扶产业就是扶根本的理念，积极探求当地生态产业发展，突出特色资源抓特色产业、区域布局抓产业集聚、转型升级抓结构调整，精细化打造生态保护型产业园区。扶贫生态移民帮助贫困群众"挪穷窝""能增收"，实施扶贫生态移民，做到搬得出、留得住、能就业、有保障，有效改善贫困山区群众的生存条件。在贫困地区实施退耕还林、退牧还草、水土保持、天然林保护、防护林体系建设和石漠化、荒漠化治理等重点生态修复工程，加快了建立生态补偿机制，并重点向贫困地区倾斜，加大了重点生态功能区生态补偿力度，重视贫困地区的生物多样性保护。就目前而言，中国生态扶贫模式有原地生态扶贫和易地生态扶贫两类。

（1）原地生态扶贫模式。是针对位于农牧业生产条件较好或区位条件较好（如地区经济中心郊区）地区的贫困人口和少数民族地区因文化、教育等差异难以移出的贫困人口实施的扶贫开发模式。对于原地生态扶贫来说，无论是精准扶贫"造血功能"的建设，还是生态建设的可持续发展，都离不开市场经济的认可和实现。因此，贫困地区立足生态文明建设，开展原地扶贫，就是要立足生态资源优势，找准扶贫攻坚突破口，以市场为导向，以产业为根本，以制度为保障，实现生态效益、经济效益与社会效益共赢局面。

就原地生态扶贫而言，目前其模式主要有以下几类：

①特色生态产业扶贫模式。这种模式的特点，一是针对当地的特点，发展生态高效农业、中医药产业等特色产业；二是利用贫困地区自然景观保存完整，民族文化和人文文化资源丰富的优势，打造特色旅游产业，进而提升生态农业生产效益，促进农民增收。例如贵州、云南和广西等地先后提出了生态扶贫的思路——特色生态产业扶贫，即把"生态保护＋产业发展"作为扶贫的新模式和新方向。发展循环经济、特色产业，促进生态保护与扶贫开发的良性互动，开发与保护并重。

②乡村生态旅游扶贫模式。在旅游资源有潜力区域，将旅游开发与反贫困有机结合起来不失为一种有效的扶贫途径，目前这种模式主要有四类：一是景区辐射型扶贫，把景区周边村落作为承接景区休闲、观光和民俗文化体验的重要载体，充分发挥"溢出效应"。二是交通依托型扶贫，依托精品旅游线路和交通干线，发展餐饮、住宿型农家乐，生态、休闲型农庄。三是城郊休闲型扶贫，培育发展以"吃农家菜、住农家屋、学农家活、享农家乐"为主题的休闲农业、观光农业。四是新兴业态型扶贫，大力培育旅游新产品新业态。如生态养生旅游、中医药健康旅游等，打造农民增收致富的新渠道。

③生态建设扶贫模式。这种模式的特点是结合退耕还林、退牧还草、公益林补偿、天然林资源保护、三北防护林体系建设及生态综合治理等重点生态工程，挖掘生态建设与保护就业岗位，让有劳动能力的贫困人口就地转成护林员等生态保护人员，为生态保护区的农牧民特别是贫困户提供就业机会，引导贫困农牧民，向生态工人转变，提高贫困户收入水平。如宁夏彭阳县草庙乡结合退耕还林工程，积极为贫困户提供护林员就业岗位，解决贫困家庭困难。

（2）易地生态扶贫模式。易地，是指从一个地方移到另一个地方，即异地。这里的异地是指"不在同一个地方"。中国目前农村最小的行政单位是村委会，异地应当是指本村委会所管辖范围以外的地方。易地扶贫搬迁是将居住在不宜居住地方的贫困户，搬迁安置在本村以外自然和基础设施条件较好的地方，为他们脱贫致富创造条件。

易地生态扶贫模式主要以水源涵养林区、省级以上自然保护区、风沙及荒漠化威胁严重、生态环境脆弱、重要生态功能地域等区域为重点，通过推进生态移民范围和补助力度，以及对处于地质灾害频发地区的贫困劳动力人口，积极探索实施和支持劳务移民、促进就业地落户安家的一种生态扶贫模式。就目前而言，易地生态扶贫主要有以下一些模式：

①山上搬山下模式。顾名思义，这种模式是在以工代赈项目的支持下，通过在山下选择居住条件较好的地方建设移民安置点，在不调整原有土地的情况下，对由于历史原因长年居住在山上、水资源严重短缺、人居环境十分恶劣、基础设施建设滞后的贫困农户进行搬迁安置。

②依托退耕还林模式。这种模式主要是针对退耕还林后无耕地或耕地很少，但享受退耕还林补贴的贫困农户。其主要做法是：以退耕还林规划区贫困户为搬迁对象，农户搬迁后，不安排土地或安排少量土地作菜地，通过继续享受退耕还林补助解决吃饭问题，并根据迁入地的产业发展思路从事畜牧业开发、劳务输出、林副产品开发等第二、第三产业，逐渐摆脱对土地的依赖，从而达到扶贫开发与巩固生态治理成果的双重目的。

③土地和房屋置换模式。这是一种梯级搬迁安置模式，按"等值交换"置

换出搬迁户房屋、田产，就地安置生存条件很差的极贫户，既有利于减轻环境负荷，又极大地改善了极贫户的生产、生活条件，达到了扶贫开发的联动效果。这种模式是在贫困乡村中选择有一技之长，或具有一定经济实力并愿意迁出的农户搬迁到城镇等地安置，再将自然环境恶劣等原因需搬迁的极贫户，或者文化水平低、无谋生手段的极贫户，迁入置换户挪出的居所，并去耕种他们让出的耕地，从而达到使贫困户在短时间内脱贫的目的。

④开垦耕地模式模式。这种模式的对象，主要是严重缺乏生存条件的极贫户，其主要有两种形式：一是根据耕地占用情况，国土部门有计划地在条件适宜区开垦一部分宜农荒地实施耕地占补平衡，各地再利用开垦的这部分耕地集中安置部分搬迁农户；二是根据各地土地资源状况，由乡村划拨宜农荒地，移民项目适当补助给搬迁户开垦耕地安置部分搬迁农户。

⑤依托龙头企业模式。这种模式是用易地移民扶贫资金在工矿企业、龙头企业等附近建立移民新村，搬迁户通过到工矿企业、龙头企业工作或从事第二、第三产业以获得生活来源，达到安置移民的目的。移民搬迁户迁入新村后，居住条件、居住环境得到根本改善，并通过到周边企业从事第二、第三产业或为企业提供服务，收入成倍增加，生活水平大幅度提高；同时，还方便了看病就医、子女入学，并享受到城镇的文化生活。

⑥依托旅游景区模式。这种模式是贫困户脱贫致富的有效途径之一。其主要做法是：在旅游开发过程中，通过在旅游景区内或景区附近建移民安置点，利用移民扶贫资金新建移民住房，完善水电路等配套基础设施，改善就医、入学等条件，选择比较有经营头脑、思想灵活的农户进行搬迁。农户迁入后，通过开设农家饭店和旅游服务摊点、开展民族风情旅游活动、开发旅游服务产品等逐步走上脱贫致富之路。

⑦依托小城镇模式。这种模式是通过易地搬迁项目在小城镇或乡镇建市场，选择有经济头脑的贫困户迁入小城镇或乡镇所在地，转移到第二、第三产业。市场建设主要采取资本置换的办法，乡政府把乡镇规划的土地，特别是集贸市场周围的土地统一征用后，用以工代赈用于基础设施建设的资金启动道路和市场建设，市场建好后，由乡政府管理，壮大乡级财政收入。将移民户建在市场的周围，除利用市场的辐射功能发展绿色第二、第三产业外，有的还可以通过对邻近村组"剩余"土地的调整从事生态农业生产。

⑧依托产业结构调整模式。主要做法是将易地扶贫搬迁安置工作与推动农业产业结构调整、拓宽农民增收渠道有机结合起来，利用有利的自然资源条件如草地资源开发等，大力发展种草养畜，对移民进行安置。移民户搬迁安置后，采用荒山种草、林下种草等模式饲养畜禽，以达到扶贫开发的目的。

⑨依托国有（集体）农场模式。主要做法是用移民资金解决搬迁户住房和

其他附属用房，配套建设水、电、路和沼气池等设施。农户迁入后，通过与场部签订相关协议，承包国有或集体拥有的茶园、果园、林场等，既解决了场部经营的劳动力短缺问题，又通过项目实施帮助农场解决生产生活中的部分配套设施，带动农场生产经营规模的扩大，实现了搬迁农户与农场的双赢。

⑩自助式移民模式。是对由于自然地质灾害等原因造成的、需易地移民搬迁的贫困户，如果其亲戚朋友居住地的生存条件好并愿意接纳，则用以工代赈资金补助其建房等，进行分散插花式安置的一种有效方式。

2. 生态扶贫机制设计　健全的制度是稳步推进生态扶贫的保障。这就需要我们从坚持生态扶贫精细管理、严肃扶贫绩效考核做起，把创新机制作为生态扶贫的根本举措，建立健全生态扶贫机制。通过政策、机制、体制的改革创新来激活各类扶贫资源要素，解放和发展生产力，不断提高生态扶贫质量和效益。因此，建立健全生态扶贫机制，具体来说，就是要按照"准、精、实、效"原则，持续开展生态扶贫、生态脱贫。

（1）就原地生态扶贫而言。

①持续探索生态产业扶贫长效机制，精心组织实施生态产业扶贫。对有发展条件的项目要进行鼓励和支持，要拿出专项扶贫资金，培育主导产品，提高特色产业开发效益。

②构建生态产业扶贫稳定利益共享机制。进一步推进农村产权制度改革，激活资产要素。通过盘活承包农地林地、宅基地、房产以及集体资产股份等提高农村贫困家庭和个体财产性收入。

③构建生态产业扶贫风险共担机制。生态产业扶贫中，存在缺资金、缺技术、缺品牌、缺产业链等难题。如何有效防控风险，让脱贫更加精准高效？需要在贫困户、企业、农场等各主体间，建立起一套稳定持久的利益联结机制。

④建立健全生态扶贫的有效投入机制。引导行业生态扶贫。要加大金融资金对生态扶贫倾斜，以政府为引导，积极整合农业、林业、交通、水利、教育、卫生以及文广等部门的涉农资金，集中投入实施水、电、路、宽带、环境改善等工程，改善贫困群众的生产生活条件。

⑤建立生态扶贫资金有效使用机制。生态扶贫扶持经费要专款专用、直接透明。政府要加强捐款经费的监管，不仅要向捐款人列明款项使用情况，而且要对捐款使用情况定期进行公示，接收群众的监督。

⑥完善绿色金融扶贫机制，积极发展绿色普惠金融。将绿色金融服务和职业培训拓展到贫困地区和社会低收入人群，引导更多金融资源流向农村和贫困地区，不断提高贫困人口对绿色金融服务的可获得性。

（2）就异地生态扶贫而言。

①创新生态移民扶贫机制，大力实施生态移民搬迁扶贫。这就要确保"搬

得出、稳得住、能就业、有保障"，精准确定搬迁对象。实施整村搬迁的，要求为贫困村中贫困人口比例高、生存条件恶劣的自然寨和村民小组；插花搬迁的，必须为建档立卡的贫困户。

②建立生态移民资金筹措机制。首先应从省级层面加强项目资金整合，制定资金整合指导目录，出台具体办法，强化资金整合的制度保障，形成"多个渠道进水，一个池子蓄水、一个龙头放水"的资金筹集和管理机制。建立扶贫生态移民工程专项扶持资金。

③建立有效的生态移民协调机制。尊重群众意愿，对生态移民搬迁群众要加强后期扶持。在加大政策宣传和积极引导的基础上，尊重群众的搬迁意愿，不能让确实不愿意进城的农民"被进城"。鼓励移民安置点周边企业优先吸纳扶贫生态移民群众就业，给予一定的税费减免政策。通过一系列措施加大对移民群众的扶持力度，使移民真正实现"搬得出、留得住、能就业、有保障"。

（3）其他。

①探索生态扶贫分类长效实施的保障机制。一是扎实推进生态教育扶贫。持续优化教育资源布局，完善教育设施设备的同时，加大教育资助力度，完善因学致贫救助长效机制；二是深入开展医疗卫生扶贫。持续改善医疗卫生条件，完善医疗救助长效机制；三是精准开展助残扶贫，完善因残致贫救助长效机制；四是对因灾致死致贫的建卡贫困户，持续开展减灾救灾扶贫，完善因灾致贫救助长效机制。

②建立有效的生态扶贫社会力量参与机制，组织动员社会力量参与生态扶贫。开展村企结对共建活动，拓展社会扶贫筹资渠道。继续探索干部帮扶长效机制，坚持"联乡帮村包户"四项制度，即区级领导联系贫困村制度、区级扶贫集团定点帮扶制度、派驻贫困村驻村工作队制度、干部结对帮扶贫困户制度。

③建立部门信息交换共享机制和公开发布机制。对生态扶贫中贫困人口生产生活改善、参与增收项目、务工创业、得到扶持帮扶等信息建立台账，适时更新，动态管理，进一步完善生态扶贫信息管理系统。坚持公开公示制度，对生态扶贫对象、扶贫项目、扶贫政策进行全程公示，接受社会监督。建立生态扶贫开发信息公开发布机制，接受扶贫对象监督。

④完善生态扶贫退出机制和返贫预防机制，杜绝"争戴穷帽"等现象。对于贫困区县、贫困村、贫困户脱贫摘帽，需要完善生态贫困退出机制，严格考核评估的指标和程序。加强对贫困状况、变化趋势和生态扶贫成效的监测评估，对贫困户的统计监测实行年度动态管理，对贫困村、贫困县的生态减贫监测结果进行评估，达到脱贫标准的，按照相关程序办理退出手续。同时利用各种保险工具帮助贫困家庭和个体规避返贫风险。综合利用公共保障体系、社会互助、市场保险产品等工具，探索建立返贫的预防机制。

3. **生态扶贫组织保障** 充分发挥组织优势，全力推进保障生态扶贫是生态扶贫的一项重要工作。需要进一步解放思想、更新观念，按照新思路，建立片为重点、工作到村、扶贫到户的工作新机制，推动生态扶贫开发事业在新的历史起点上创新发展。

（1）加强生态扶贫基层组织建设。要把开展生态扶贫工作与加强基层组织建设有机结合起来，实现生态扶贫发展与基层组织转化升级同步推进、互相促进。加强生态扶贫服务型党组织建设。选优配强村级生态扶贫领导班子，夯实村级基层基础。为落实"生态扶贫"战略布局，深入推进"生态扶贫"工程，以良好的作风推动生态扶贫攻坚工作，打牢扶贫攻坚同步全面小康的组织基础，必须着力加强村级基层组织建设。一是配强村级班子；二是落实村级工作责任；三是健全工作制度。

（2）明确生态扶贫工作职责。贫困地区县级党委和政府要对本县生态扶贫工作负完全责任，把生态扶贫开发工作列入重要议事日程，树立"一盘棋"的思想，科学组织制定发展规划，加强工作协调和资源整合。要严格按照生态扶贫专项资金规定额度进行匹配投入，集中使用，确保把生态扶贫开发任务和各项政策落到实处。

（3）完善生态扶贫工作机制。结合实际，因地制宜。在做好贫困村识别工作的基础上，根据生态扶贫规划和贫困村的数量及特点，分期分批选派机关干部组成驻村工作队，开展定点驻村生态扶贫，建立完善激励约束机制，实现驻村帮扶长期化、常态化、制度化。建立长效生态扶贫机制，共同构建保生存、促发展的农村社会"安全网"。

（4）完善教育培训制度。一方面，强化提升专职生态扶贫工作人员的业务培训，另一方面，建立健全全体党员干部生态扶贫培训，将生态扶贫工作纳入到各级党校（行政学院）等主体班次的培训内容，纳入到公务员初任培训、领导干部提职培训特别是各级地方和部门党政一把手的任职培训中。结合贫困地区生态扶贫需求，采取专题培训、外出考察、现场培训等方式，有针对性地加强专项培训，着力提升生态扶贫专业化能力。

（5）完善生态扶贫考核机制。明确考核重点。完善对市（地）党政领导干部和重点县生态扶贫开发工作考核激励机制，建立生态扶贫开发效果评估体系，生态扶贫考核工作分为各级政府生态扶贫工作考核和部门生态扶贫工作考核，特别是要研究建立重点县退出机制。实行联动考核。将重点县及所在市（地）的生态扶贫工作指标完成情况，作为党政领导班子和领导干部政绩考核的重要内容，作为衡量政绩的重要标准。

（6）加大宣传力度，为做好"生态扶贫"营造良好氛围。充分利用各种媒体、互联网、板报等载体，宣传推进"生态扶贫"的先进经验，并通过会议动员、入户引导、参观学习等形式宣传政策，着力营造凝聚人心、鼓舞干劲、奋发作为的浓厚工作氛围。

三、十八大以来中国生态扶贫的实践创新

经过中华人民共和国成立六十多年，改革开放三十多年，特别是十八大以来的扶贫实践，我们在生态保护脱贫工作中已经形成很多创新实践案例，下面，我们集中以贵州毕节地区生态保护改革试验区、贵州黔西南州在生态脱贫工作中的经验为典型代表，来说明十八大以来中国生态扶贫的实践创新在生态保护脱贫工作中形成的发展经验。

（一）原地生态扶贫

1. 毕节试验区　1985 年时，毕节占地面积 2.7 万平方公里，但是贫困人口却高达 345 万人，占绝对贫困人口总数的 65.4%；水土流失面积高达 62.7%，相当于每年有 2 厘米活土层流失，人口密度达每平方公里 218 人，分别比贵州和全国平均水平多 34 人和 94 人；文盲半文盲人口超过一半，人均受教育年限仅为 3.8 年，按照传统的发展模式，毕节即使不会走向"人类生存的终点"，也会给长江、珠江中下游地区造成难以估量的生态危害。1988 年 6 月，国务院正式批复同意贵州省委建立毕节试验区的请示，随后，试验区"开发扶贫、生态建设、人口控制"三大主题逐步确立，明确了改革试验的主攻方向。

与当时中国已经启动的其他经济特区、开发区不同，毕节试验区从一开始就不是以单纯的经济增长为目标，而是将经济效益、生态效益、社会效益结合起来作为一个整体目标展开的综合性社会发展试验。这种试验的指向，是将生态建设与开发扶贫共同推进，使生存与生态从"对抗"走向"共赢"。毕节试验区成立时，中国实行改革开放不到 10 年，国家尚不具备开发西部的条件，试验区紧紧依靠毕节和贵州，缺乏充足的自我启动和自我发展能力。贵州省邀请中央统战部、各民主党派中央、全国工商联投入毕节试验，于 1989 年 9 月成立"支援毕节试验区规划实施顾问组"。

毕节试验区"三大主题"率先提出人口、资源、环境与经济、社会和谐发展，比联合国可持续发展共识早了 4 年；率先探索统一战线多党合作推动区域经济社会发展的模式；率先提出生态建设问题，特别是率先提出退耕还林，比国家开展退耕还林试点早了 14 年；率先提出开发扶贫，比国家"八七扶贫攻坚计划"早了 6 年，比 2001 年国务院颁布实施《中国农村扶贫开发纲要》早了 13 年。

自设立试验区之日，特别是十八大以来，面对既要解决温饱又要发展生态的时代使命，着重念好"山"字经，唱好农业戏，探索出"山上植树造林戴帽子、山腰搞坡改梯拴带子、坡地种植绿肥铺毯子、山下发展庭院经济抓票子、基本农田集约经营收谷子""五子登科"的立体农业开发模式。从"上山找粮食"到"下山找票子"。通过大兴"水电路"，狠抓"粮烟树"，治山上保山下，以山下促山上等办法，温饱问题不断解决，贫困人口不断减少，生态环境不断变好。同时，毕节试验区还通过建设生态林、经济林，大力发展中药材种植和林下养殖，将生态建设的绿水青山变成百姓致富的"金山银山"。

25年来，试验区开发扶贫成绩显著，生态建设大步跨越，人口计生进展良好，经济实力逐步增强。毕节在近些年来，"开发扶贫"突出以智力支持为主导，不断提升试验区自我发展的"造血"功能；"生态建设"坚持生态保护与治理并重，促进人与自然的和谐共生；"人口控制"强调数量控制与质量提升的统一，着力促进人的全面发展。

从中国国情看，由于历史起点不同、地理位置不同、资源禀赋不同，西部贫困地区加快发展不能简单沿袭东部沿海地区的发展道路，而要探索符合自身特点的新路子。以"三大主题"为核心的毕节试验区科学发展新思路，为西部贫困地区实现跨越发展指明了正确的前进方向，也为当代中国的科学发展提供了生动的实践参照。

2. **黔西南州**　石漠化是黔西南州的穷根，是贵州之痛，是全国之忧。面对石漠化恶劣的环境，在"星火计划、科技扶贫"工作联合推动组（以下简称"联合推动组"）的支持和帮助下，黔西南人民针对不同情况，经过反复实践，总结出石漠化治理模式的精髓，即因地制宜、生态治理，扶贫开发、帮扶到户，以短养长、滚动发展，科技先行、集成创新，在大西南岩溶地区成功地创造出了破解典型喀斯特岩溶地区经济发展难题的"黔西南模式"。

（1）低海拔岩溶山区：顶坛模式。贞丰县北盘江镇顶坛片区石旮旯地里种花椒，石头缝里形成灌丛，水土流失就大大减少了，而且还能产生经济效益。在广泛查阅资料和反复论证之后，政府出台了鼓励花椒种植的相关政策，极大地鼓舞了顶坛人发展花椒产业和赶走贫困的信心。1993年，黔西南州政府拨专款10万元作为花椒基地发展基金，镇里当年就收购了350多千克花椒种进行大面积育苗，动员4个村的村民种植花椒。到1994年，全片区花椒种植已达106万株、1.06万亩，种植农户占全片区农户总数的90.5%。1996年，全片区共产干花椒6万千克，产值72万元，户均收入达1 076元。种植大户袁超，更是因此而一举实现脱贫。1997年，全片区实现人均粮食200千克，人均经济纯收入1 300元，基本解决了温饱。此后，顶坛片区对喀斯特脆弱生态环境的治理受到了广泛的关注，更为"顶坛模式"的形成与可持续发展创造了条件。

（2）高海拔岩溶山区：晴隆模式。晴隆县是一个典型的岩溶贫困地区，全县 25 度以上坡耕地占土地面积的 65％，181 个村中有 122 个村是扶贫开发的重点村。直到 2000 年末，全县农民人均粮食仅 335 千克，人均收入 1 200 元。2001 年，晴隆县政府充分利用国家科技扶贫政策，利用陡坡岩溶山地开展人工种植优质牧草，养殖优质肉羊，辐射带动全县发展草地生态畜牧业，促进农民增收，逐步探索出了一条喀斯特地区开发式扶贫的新路子，即 TOT 模式（移交—经营—移交），这是 BOT 融资方式（建设—经营—移交）的新发展。促进了晴隆县生态环境的改善，昔日光秃秃的山上，现在"披上了一层绿色地毯"，变成了绿茵茵的优质牧草地。

2006 年，国家农业部、国务院扶贫办、国家石漠化治理考察团相继到晴隆调研，把晴隆"种草养畜"增加农民收入，实现石漠化地区生态、经济和社会"三效益"相统一的扶贫开发经验称为"晴隆模式"，并把"晴隆模式"树立为发展南方草地畜牧业的典范。在全国首批 100 个石漠化综合治理试点县中，就有 33 个县推广"晴隆模式"，发展种草养羊。2006 年和 2010 年，全国科技扶贫（南方草地畜牧业）经验交流暨现场培训会两次在晴隆县召开。

（3）中海拔岩溶山区：坪上模式。20 世纪 70 年代末 80 年代初，安龙县德卧镇大水井村两位老人将野生金银花进行家种，并获取了高额回报的事情在大水井村"炸开了锅"。到 1989 年，全村种植金银花达 14 万棚。随之贞丰县珉谷镇坪上村在乱石堆中种植金银花，获得了水土流失治理和经济效益的双丰收，创建了"坪上模式"。目前，该村的金银花种植面积已发展到上万亩，年产量达到 60 多万千克，种植大户的年收入达 6 万元之多。

从德卧实践到"坪上模式"，黔西南州成功探索出了有效治理石漠化、实现山区农业综合开发和改善生态环境的成功之路，已在贵州全面推广，并通过联合推动在全国范围内形成了影响。"黔西南模式"在政治上形成了中国共产党领导的多党合作和政治协商制度、民族区域自治制度两大中国特色政治制度，基层群众自治制度与集体经济组织，中共中央和国务院、各民主党派中央和全国工商联、国家各部委和贵州省、民族自治地方、基层群众等方面的良性互动，为经济建设提供了支撑。

（二）易地生态扶贫

黔西南州以"七个搬出"落实易地扶贫搬迁。黔西南州地处黔滇桂三省区结合部，是石漠化特困地区。截至 2015 年年底，全州共有贫困人口 43.23 万，全州 9 县（市、试验区）中有 7 个县是国家扶贫开发工作重点县，贵州省 4 个同步小康最困难县中，黔西南有 3 个。根据省委、省政府安排部署，"十三五"

期间，黔西南州规划实施易地扶贫搬迁 26.2 万人（其中：建档立卡贫困人口 17.4 万人），包括省已下达的 25.3 万人规划指标和极贫乡镇新增的 9 200 人搬迁计划。

对这部分贫困群众实施易地扶贫搬迁，搬出困局，并以此推动新型工业化、农业现代化、城镇化、信息化、旅游产业化融合发展，紧紧围绕"搬得出、稳得住、能致富、生活好"的目标，黔西南州坚持以稳促搬、以产带迁、先产后迁原则，大力培育发展食用菌产业、薏仁米产业、农村劳务输出等十大劳动密集型产业，落实以产业促进就业。并建立易地扶贫搬迁文化遗产收集保护区，通过文化传承助推旅游产业促进就业。同时还实施了"乡村发展倍增计划"，根据贫困群众发展意愿，通过党委政府、各级干部及社会各界的帮扶，让搬迁群众"能致富"。坚持以"七个搬出"（搬出渴望、搬出文化、搬出产业、搬出倍增、搬出尊严、搬出动力、搬出秩序）为工作要求，依托"搬心、搬神、搬产、搬家"的工作思路，着力抓好迁出地、安置地自然、人文、社会等资源整合，确保在新家园留住"故土情"，体会"乡愁味"，增强"获得感"。

至 2016 年 11 月底，全州完成易地扶贫搬迁住房 15 317 套，入住 21 112 人，户均 1 人以上就业全面落实，实现脱贫攻坚首战告捷。

四、中国生态扶贫的经验与启示

（一）生态扶贫的经验

总结十八大以来，中国生态扶贫的经验做法：

1. **大力调整优化生态农业产业结构，加快转变生态农业发展方式**　坚持区域生态农业特色化、差异化的发展理念，加快构建以重点生态功能区为核心、以基本农田和耕地林地为基础、以农旅结合绿色生态立体农业为支撑、以主要生态农产品产业带和特色优势绿色农产品生产基地为重要组成部分的生态农业发展格局。围绕产出高效、产品安全、资源节约、环境友好的现代农业发展理念，坚持以市场为导向，以特色高效农业为重点，大力推动特色产业规模化、标准化、专业化、集约化发展，加快转变农业发展方式，开辟农业结构调整新途径，拓宽农民增收致富新渠道，努力实现农业强、百姓富、生态美。

要严格执行耕地保护制度，深入实施高标准农田建设规划，改造中低产田，提高粮食产能。加快农业结构调整，大力发展现代高效农业示范园区和特色种植养殖基地建设，提升农产品附加值，加强农产品标准化、信息化和科技服务体系和重大支撑性平台建设，支持龙头企业等新型农业经营主体创建，打造一批区域名优特农产品品牌，加快建立高产、优质、生态、安全的现代特色高效农业产业体系。

充分发挥现代农业园区示范带动作用，大力推进农业"接二连三"融合发展，推动农业发展从数量增长为主转向数量质量效益并重，走资源节约、绿色生态的现代农业发展道路；延长农业产业链、扩展农业功能，加强利益联结机制，大力扶持农产品加工企业，推进发展农产品加工、贮藏、保险、分级、包装、运销等，推动农产品加工业转型升级；着重抓好规模种养殖农产品的精深加工，培育一批省级农产品加工试点示范企业，因地制宜发展乡村旅游和休闲农业，以城市郊区、农业园区、旅游景区及交通干道沿线为重点，建设一批具有民族特色的旅游村寨，发展休闲观光体验农业。通过完善订单协作、推广股份合作，推动产销联动等模式，使新型农业经营主体之间与普通农户之间形成风险共担、互惠共赢的利益共同体。

2. 积极完善生态补偿机制 各地在生态产业脱贫工作过程中，积极完善当地生态补偿机制，将其作为生态扶贫工作的重要支撑；实施生态减贫战略，转变生态补偿思路，能够做到加强实现从输血型补偿向造血型补偿转变，实现生态补偿与产业发展相结合，建立健全生态补偿、赔付和监督机制，实行"谁污染、谁治理"和"谁受益、谁补偿"，确保生态保护区群众不因保护生态而降低生活质量。例如，贵州省通过着力推进"三位一体"综合治理，在加强生态文明建设上作示范，把生态文明理念、原则、目标深刻融入和全面贯穿到改革发展各方面和全过程，切实加强生态建设和环境保护。在此过程中，贵州省内各地加快实施《各地水利建设生态建设石漠化治理综合规划》，积极推进夹岩、黄家湾、五嘎冲、马岭等大型水库建设，建设一批中小型水库和引提水工程项目。深入推进小水窖、小水池、小塘坝、小泵站、小水渠建设，大力实施78个县石漠化综合治理工程，加强石漠化地区生态用水研究，形成水利工程与生态建设良性互动，大力打造国家级石漠化综合治理示范区。推进退耕还林（草）、天然林资源保护和森林抚育、长江珠江防护林、自然保护区建设、湿地保护与恢复、草地开发利用等工程，加强森林管护，提高河流、湖泊以及森林等生态系统涵养水源、调节局部气候的功能，推进绿色发展、循环发展、低碳发展，努力走出一条破解资源环境制约难题的新路子，初步建成"两江"上游重要生态屏障。

3. 积极实施大生态产业工程 加强绿色技术研发和推广，大力发展先进制造业、绿色建筑业、生态农业、环保型产业和现代服务业，推动形成以低消耗、低污染、经济效益高、生态效益高、社会效益高为主要特征的绿色产业体系。按照"生态产业化、产业生态化"发展理念，因地制宜发展生态种养业，不断加快生态农业示范园区、生态观光园建设。坚持用循环经济的理念引领生态工业发展，以园区产业聚集为依托，科学谋划循环产业链条，建立推行企业绿色低碳发展模式，实现良性循环，既减少废弃物排放，又增加经济效益。立足得天独厚的生态资源优势，重点发展以生态休闲、乡村民俗体验为主体的乡村旅游，促进生态旅游业提档升级。加快发展以节能环保低碳为主的新型建筑建材业，推广绿色建筑和建材。推进建筑废弃物及生活垃圾、餐厨垃圾资源化利用，加快建立覆盖城镇社区和农村乡镇的再生资源回收体系，实现废弃物的高值化、资源化利用。

4. **积极实施特色生态文化产业工程**　各地在生态扶贫工作中，做到发展景区经济的同时发展地区文化，形成具有当地特色的文化产业，既对自身民族文化进行传承和发展，也依托民族文化大力发展生态旅游业。如贵州省依托贵州多民族文化资源，积极建设一批文化产业基地和区域特色文化产业群，深入挖掘民族文化，做大做强以"多彩贵州"为代表的民族歌舞、工艺美术、节庆会展、戏剧、影视、动漫等文化品牌，培育一批有特色、有实力、有竞争力的文化骨干企业，积极引进文化产业领域战略投资者。加强旅游基础设施建设，提升服务水平，着力打造一批精品旅游线路。如贵州省通过大力开展全域旅游，建设了黄果树、荔波、梵净山、雷公山等精品景区，培育了"爽爽贵阳""梵天净土""水墨金州"和"凉都六盘水"等一批旅游休闲度假胜地。加强了遵义、镇远、习水、青岩、西江等历史文化名城（名镇、名村）以及旅游资源富集城镇保护和建设，大力发展红色旅游，实施红色旅游二期建设方案，加强以遵义会议纪念体系为重点的经典景区基础设施建设。积极开发了蜡染、服饰、银饰、苗绣、漆器、紫袍玉带石雕等特色旅游商品，同时支持贵州符合条件的地区申报世界自然遗产。

各地区要充分整理、挖掘和传承各类文化资源，以民族民间节庆和文化会展为平台，推进文化与旅游深度融合发展，将其转化为产业优势和经济优势，推动文化产业大发展。实施民族特色文化强县工程，均衡配置公共文化资源，鼓励和引导社会力量参与公共文化服务，基本建成覆盖县乡、便捷高效、保基本、促公平的现代公共文化服务体系。深度挖掘和保护研究当地民俗传统文化，深入研究当地少数民族语言、服饰、饮食、建筑等民族文化，力争将我县建成当地特色民俗文化研究基地。加强民族文化遗产保护和传承，制订和完善少数民族文化保护与发展规划，重点加强少数民族文化遗产、抢救性文物和传统民族村落的挖掘和保护性建设，高度重视文物和非物质文化遗产保护工作，挖掘传承民俗民间文化潜力，让民族文化基因代代相传、发扬光大。挖掘和创作一批经典性民族文化作品，加大民族文学影视作品创作力度，打造文化品牌，提升文化旅游业的竞争力。

5. **加快推进生态旅游扶贫进程**　各地在生态扶贫的攻坚战中，不断加强贫困地区旅游资源调查，围绕美丽乡村建设，依托贫困地区优势旅游资源，发挥精品景区的辐射作用，带动农户脱贫致富。统筹考虑贫困地区旅游资源情况，在研究编制全国重点旅游区生态旅游发展规划时，对贫困乡村旅游发展给予重点支持。结合交通基础设施建设、农村危房改造、农村环境综合整治、生态搬迁、游牧民定居、特色景观旅游村镇、历史文化名村名镇和传统村落及民居保护等项目建设，加大政策、资金扶持力度，促进休闲农业和乡村旅游业发展。

各地区通过大力实施旅游产业融合化发展战略，优化旅游布局，提升服务品质和延伸产业链条，推动旅游业由观光游向度假游转型发展，加快发展以民族和山地为特色的文化旅游，构建大生态、大文化、大旅游格局，积极打造全国养生休闲度假避暑目的地。以景区景点基础设施和旅游综合配套服务设施建设为重点，加快推进旅游公路、供电、供水、信息服务、垃圾污水处理等基础设施建设。加快区域内重点城镇、旅游景区、园区及高速公路等通道快速连接建设，加快景区（点）的道路提级改造，开通通往主要景区的客运线路，推动城乡旅游交通公交化，大力推进重点景区游客服务中心、酒店、停车场等旅游接待配套设施建设。大力发展品牌酒店、连锁酒店、商务酒店和经济型酒店，推进乡村旅社、农家乐、度假村建设。依托重点旅游城市（镇）、景区景点和旅游交通节点，合理发展特色餐饮服务设施，积极引进发展快餐店、西餐厅、可以接待海外游客的寺院素斋，大力发展一批老字号餐馆、地方小吃和夜市小吃，推动形成创新区多元化的特色餐饮体系。加强文化娱乐设施建设，着力完善、提升或新建一批文化娱乐设施，构建重点旅游景区的文化娱乐设施支撑体系，大幅度提高文化娱乐消费档次和水平。

全国其他同类地区要完善旅游重要区域和节点的旅游控规和详规编制，互通旅游集聚中心综合体、历史文化集聚区等特色景观。培育精品观光旅游线，积极发展乡村旅游休闲带，积极推进新兴旅游景区景点建设，按照旅游新六要素要求，以全域旅游为路径，推进景城、景文、农旅、体旅、工旅"五大产业"融合，构建生态旅游、红色旅游、地域文化、休闲度假、民族风情"五大旅游品牌"体系，突出地域文化特色、民俗风情，大力推进旅游产业与民俗文化融合，坚持农业园区景区化、农旅一体化发展，加快推进旅游产业与生态农业深度融合。加快推进旅游与工业融合发展，大力发展旅游商品制造型轻工业，培育特色旅游商品产业园。大力推进旅游产业与体育赛事深度融合，培育壮大民族节庆与民间体育活动、主题自驾游、滨水娱乐休闲等体育旅游活动，大力发展山地户外体育旅游休闲产品。同时要坚持以市场需求为导向，加快文化旅游资源整合，以重点景区和精品旅游线路为载体，重点打造核心节点，连接周边省市地区客源地旅游精品线路，加大旅游市场宣传营销力度，利用国内外强势媒体和节会平台扩大旅游宣传促销，积极发展旅行社等旅游中介服务机构，鼓励和支持国内外有实力的旅行社进入印江，优化旅游人才创业环境，有计划、有重点地培养和引进一批高层次旅游专业人才，提高旅游人才队伍素质。

6. 在生态扶贫考核中发挥指挥棒作用　各地在生态扶贫工作中，不断加强工作落实，以贵州省为例，贵州围绕生态扶贫发扬钉钉子的精神，切实把"六大改革，五大重点"工作落到实处，突出抓好"精准扶贫建档立卡""六个到村到户""六项行动""三个十工程"和"劳动力素质提升"等重点工作。把生态扶贫的目标任务分解到处室、具体到项目、落实到岗位、量化到个人，以责任制促落实、以责任制保成效。严格实行月目标检查制度，列入全年目标任务和评先选优考核，做到以月保季、以季保年，确保全年全面完成和超额完成年度目标任务。同时，改进贫困县生态脱贫工作绩效考核机制，制定贫困县生态扶贫开发工作考核办法，以此加大扶贫开发工作考核力度，做到有目标、有计划、有措施、有检查、有奖惩，加快生态扶贫的立法，把生态扶贫开发工作纳入法治轨道，确保长期化、可持续。

7. 大力实施移民搬迁　各地近几年来生态移民项目的实施，总体效果比较明显，在着力推进扶贫生态移民搬迁、改善人居环境方面上作出典型示范，全面实施扶贫生态移民工程，把扶贫生态移民作为减少贫困人口和推进城镇化的重要手段，对居住在深山区、石山区、生态环境脆弱地区的群众进行生态移民举措。如贵州省，截止 2016 年年底，各地全省共实施扶贫生态移民 62 万人，扶贫生态移民工程规划用 9 年的时间将生态区位重要、生态环境脆弱及生存条件极差地区的 200 万农村贫困人口搬迁到城集镇或产业园区、旅游景区的服务区安置，从根本上改善移民群众生产生活条件，提高自我发展能力，积极消除贫困，在荒地上建新村，在城镇里增人口，在园区里添员工。

（二）生态扶贫实践启示

中共十八大报告指出，建设生态文明是关系人民福祉、关乎民族未来的长远大计。面对资源约束趋紧、环境污染严重、生态系统退化的严峻形势，树立尊重自然、顺应自然、保护自然的生态文明理念，把生态文明建设放在突出地位，融入经济建设、政治建设、文化建设、社会建设各方面和全过程，努力建设美丽中国，实现中华民族永续发展。

贫困地区想要实现生态重建和经济发展良性互动，就必须探求一种可以使得生态保护与经济增长可以有机结合的脱贫路径，让生态环境在发展中得以保护，又能够在发展地区经济的过程中使自身的资源优势得以充分发挥，从而促进当地经济快速增长，为脱贫减贫工作找到新的成长契机产生了重要作用。要积极在加强生态文明建设上作示范，把生态文明理念、原则、目标深刻融入和全面贯穿到扶贫攻坚发展各方面和全过程，切实加强生态建设和环境保护，努力走出一条破解资源环境制约难题的新路子。

全国各地在发展生态扶贫工作期间，紧紧围绕两大核心思想，做到对生态环境不伤害、不破坏，能够有效利用特色资源推进动当地经济发展，实施可持续型并且对环境友好的扶贫开发项目从而实现脱贫减贫的政府工作目标，顺利实现生态保护的脱贫路径。通过对各地在生态扶贫工作中取得的成绩以及未来扶贫工作总体目标的研究，对全国同类地区在今后生态扶贫工作中有如下建议和启示：

对于将生态资源作为可开发性资源发展地区经济，需要注意两个方面：

一是要选对资源。生态资源多种多样，但并不是所有的资源都具有较高的经济价值并且可持续开发的特点，当地政府要依据科学道理，根据专家意见对自身具有的生态资源进行筛选，得到既能够为地区经济发展带来较高价值，又能够可持续开发，对于当地生态环境无负面影响的资源，这样才能够实现真正的资源可利用化，这就是我们前面所说的"靠山吃山靠水吃水"。

二是要合理开发。生态资源的有限性以及易破坏性要求我们除了选对资源，面向联合国 2 030 可持续发展目标，还要应用科学合理的方式对生态资源进行开发，这要求我们不仅要做到最大限度地挖掘当地生态资源的经济价值，还要最大限度地保护当地生态资源不被过度利用，一切发展要以生态保护、环境友好可持续的准则进行，真正做到现有条件下，能用则用，能开发则开发，不能用则缓用或不用，不能开发则缓开发或不开发，这样才能够做到真正的区域经济发展、人民生活水平提高、减贫脱贫进步与生态环境保护的高度结合，这就是我们所说的"留得青山在不怕没柴烧"。

教育精准扶贫阻断贫困代际转递

李兴洲　邢贞良　赵　红　耿　悦　陈　宁

　　摘要：教育扶贫是拔除穷根、阻断贫困代际传递的治本之策。中华人民共和国成立以来，党和国家十分重视发展教育事业，普及九年制义务教育、扫除青壮年文盲、优质教育资源均衡发展、贫困家庭子女精准帮扶等一系列教育扶贫措施和行动，对扶贫攻坚做出了卓越的贡献。十八大以来，在习近平总书记治贫先治愚、扶贫必扶智、教育是阻断贫困代际传递的治本之策等精准扶贫重要论述的指导下，中国教育扶贫顶层设计的核心理念逐渐由追求教育起点公平转向追求教育过程公平，实施教育精准扶贫：学前教育三年行动计划，使贫困地区适龄幼儿接受学前教育的权利得到了更好的保障；城乡义务教育一体化改革行动，不断缩小县域内城乡义务教育差距；普通高中普及攻坚计划，率先为建档立卡的家庭经济困难学生实施普通高中免除学杂费制度；现代职业教育技能富民制度，对连片特困地区农村学生实现了全覆盖；高等教育培养提升行动，为贫困家庭大学生建立起了多种方式并举的资助体系；教育扶贫结对帮扶行动，对贫困地区教育发展提供富有成效的针对性帮助和支持；乡村教师支持计划，确保乡村教师培训的针对性和实效性；春潮行动计划，为农村新成长劳动力提供各具特色的职业培训和创业培训。扶贫先扶智理论、教育精准扶贫理论、优质教育资

李兴洲：北京师范大学教育学部教授，中国教育扶贫研究中心副主任。

邢贞良、耿悦、陈宁：北京师范大学教育学部研究生。

赵红：眉山职业技术学院教师。

源共享理论等，是中国教育扶贫的理论结晶；坚持机制创新和方法创新，充分体现中国特色社会主义教育的本质特征，是中国教育扶贫的经验总结。

一、中国教育扶贫的历程与贡献

（一）中国教育扶贫的发展历程和政策演进

与中国扶贫开发的历史进程相一致，中国教育扶贫大致经历了如下发展历程：

1. **1949—1978 年救济式扶贫时期：普及工农教育的尝试与努力**　中华人民共和国成立后，中国的教育基础落后，发展极不平衡，小学入学率只有20％左右，80％以上的成年人口是文盲，农村中文盲的比重更大。中华人民共和国成立初期，教育发展的战略就是普及与提高相结合，重点在普及阶段。

改革开放之前，中国虽然没有出台专门的教育扶贫政策和专项行动，但在摸索和探索建设新民主主义教育方面，全国农村基本形成了生产大队办小学，公社办中学，"区委会"办高中的农村教育格局，创造了"政府补贴＋公社公共经费分担"的全民办教育模式。尽管当时的农村教育质量水准十分有限，但在当时国家财力严重不足的情况下，用最少的钱，办成了世界上规模最大的农村教育事业，一定程度上提升了人口的文化素质，有益于缓解农村贫困，初步体现了发展教育在扶贫过程中的作用和价值。

2. **1979—1985 年农村经济改革推动减贫时期：普及初等教育与重点发展职业教育**　十一届三中全会后，改革开放和农村经济的快速发展，农村贫困状况有了很大改善，贫困人口大幅度减少。但是，农村贫困人口的绝对数仍然很大，贫困地区教育落后和人口素质低下是导致贫困的重要原因。1984 年 9 月30 日，中共中央、国务院联合发布《关于帮助贫困地区尽快改变面貌的通知》（以下简称《通知》），第一次将消除贫困作为一项特殊的政策提出来，标志着中国政府消除贫困正式行动的开始。在《通知》提出的五点具体措施中，非常明确地把增加智力投资作为其中一条重要措施，要求在贫困地区有条件地发展和普及初等教育，重点发展农村职业教育，加速培养适应山区开发的各种人才。这是中国政府文件中第一次明确提出教育扶贫的标志。

3. **1986—1993 年开发式扶贫时期：普及初等教育及农村实用技术培训与扫盲**　从 20 世纪 80 年代中后期开始，中国政府开始实施有计划、有组织、大规模的区域性开发式扶贫，极大地推进了农村贫困人口脱贫致富的进程。1986年 4 月，全国人民代表大会六届四次会议将扶持老、少、边、穷地区尽快摆脱经济文化落后状况，作为一项重要内容，列入国民经济和社会发展"七五"计划。新的反贫困战略，把提高人的素质和科技扶贫放在重要位置：不断强化对领导干部和专业技术人员的在职培训，将"星火计划""丰收计划""温饱工程"和"燎原计划"等大型科技推广应用到贫困地区，积极发展贫困地区的教育事业，普及初等教育，发展职业技术教育和成人教育，积极扫除青壮年文盲，实施科技扶贫，动员社会各界力量，支援贫困地区教育发展，如"希望工程"等。1993 年 9 月 22 日，国务院贫困地区经济开发领导小组正式更名为国务院扶贫开发领导小组，从组织上强化对扶贫工作的领导。

4. 1994—2000 年国家八七扶贫攻坚时期：普及九年义务教育与扫除青壮年文盲 1994 年，国家制订并颁布实施"国家八七扶贫攻坚计划"，明确提出，要改变贫困地区教育文化卫生的落后状况；减免贫困户子女入学的学杂费，并在助学金上给予照顾；到 20 世纪末贫困地区要基本普及初等教育，积极扫除青壮年文盲；开展成人职业技术教育和技术培训；统筹实施农业综合开发、扶贫开发和"丰收""星火"和"燎原"等计划项目等。

1995—2000 年，政府开始实施第一期"国家贫困地区义务教育工程"，中央财政投入 39 亿元，地方财政配套 87 亿元，实施范围集中在 22 个省、自治区、直辖市及新疆生产建设兵团的 852 个贫困县，成为中华人民共和国成立以来中央级专项资金投入最多、规模最大的义务教育扶贫工程。与此同时，与收费改革体制相配套的奖学金、贷学金、勤工助学、特困生补助等配套政策也在实践中不断得到完善。

5. 2001—2012 年基本消除贫困时期：加强基础教育与普遍提高贫困人口受教育程度 2001 年，国务院印发《中国农村扶贫开发纲要（2001—2010年）》，明确指出，要努力提高贫困地区群众的科技文化素质；切实加强基础教育，普遍提高贫困人口受教育的程度；实行农科教结合，普通教育、职业教育、成人教育统筹，有针对性地通过各类职业技术学校和各种不同类型的短期培训，增强农民掌握先进实用技术的能力。

"十五"期间，中共中央、国务院继续实施第二期"国家贫困地区义务教育工程"。中央财政投入 50 亿元，地方财政配套 23.6 亿元，在中、西部 19 个省、自治区、市和新疆生产建设兵团的 522 个县级单位实施，共覆盖人口1.24 亿，其中少数民族人口 0.49 亿，占总人数的 40%。中央专款的分配向西部地区倾斜，为西部地区安排的资金占到了中央专款的 90% 以上①。

6. 2012—2020 年精准扶贫攻坚时期：基本普及学前教育和高中教育与精准教育扶贫 中共十八大以来，中央提出了一系列扶贫开发的新思想、新论

---

① 第二期国家贫困地区义务教育工程实施［N］. 人民日报海外版.2002－05－10（1）.

断、新要求，并明确提出"到 2020 年如期全部脱贫"。2011 年 12 月，中共中央、国务院印发《中国农村扶贫开发纲要（2011—2020 年)》，提出了"到 2020 年，稳定实现扶贫对象不愁吃、不愁穿，保障其义务教育、基本医疗和住房"的总体目标。教育扶贫的主要任务是："到 2015 年，贫困地区学前三年教育毛入园率有较大提高；巩固提高九年义务教育水平；高中阶段教育毛入学率达到 80％；保持普通高中和中等职业学校招生规模大体相当；提高农村实用技术和劳动力转移培训水平；扫除青壮年文盲。到 2020 年，基本普及学前教育，义务教育水平进一步提高，普及高中阶段教育，加快发展远程继续教育和社区教育。"

2015 年 11 月 29 日中共中央、国务院发布《关于打赢脱贫攻坚战的决定》，把扶贫开发工作作为重大政治任务，并把教育扶贫作为脱贫攻坚战的重要措施，要求"着力加强教育脱贫"，"让贫困家庭子女都能接受公平有质量的教育，阻断贫困代际传递。"2016 年 12 月 16 日，教育部等六部门联合印发《教育脱贫攻坚"十三五"规划》，提出了发展学前教育，巩固提高义务教育，普及高中阶段教育的奋斗目标，坚决打赢教育脱贫攻坚战。

（二）中国教育扶贫的贡献

中华人民共和国成立以来，教育扶贫在提高贫困人口科学文化素质、阻断贫困代际传递等方面取得了巨大的成就，主要表现在以下方面。

1. **贫困地区基本普及九年义务教育**　1986 年公布实施的《中华人民共和国义务教育法》，为普及九年义务教育奠定了法律基础。经过实施贫困地区"两基"攻坚计划、免除西部地区农村义务教育阶段学杂费等措施，到 2007 年，西部地区"普九"人口覆盖率达到 98％，到 2011 年，最后 42 个边远贫困县通过"两基"验收。至此，全国所有县级行政单位、所有省级行政区划全部普及了九年义务教育，人口覆盖率达到 100％，初中阶段毛入学率超过 100％[①]。

2. **义务教育均衡发展和学校规范化建设成效显著**　为帮助贫困地区加快发展基础教育事业，教育部、财政部分别于 1996—2000 年、2001—2005 年实施了两期"国家贫困地区义务教育工程"，有效地改进了贫困地区义务教育的办学条件和办学水平；"十五"期间，国家安排 50 亿元用于专项补助中西部困难地区发放农村中小学教师工资，安排 30 亿元用于"中小学危房改造工程"，

---

① 王定华．中国义务教育改革发展的回顾与展望［J］．中国教育科学．2013（4）．

并有 1 亿元助学金和 1 亿元免费提供教科书专项经费①。2012 年《国务院关于深入推进义务教育均衡发展的意见》印发，首次从中央政府的层面明确了推进义务教育均衡发展的指导思想和基本目标，为贫困地区义务教育的均衡发展提供了政策和基本条件保障。

3. 乡村教师生存和发展状况不断改善　2000 年国家启动民族、贫困地区中小学教师综合素质培训工作（2000—2004），从 2001 年起建立了中央财政支持中西部贫困地区农村中小学教师工资保障机制，2004 年教育部开始实施"民族、贫困地区中小学教师综合素质训练项目暨新课程师资培训计划（2004—2008）"，同年教育部启动农村学校培养教育硕士师资计划，2013 年 10 月开始实施"农村校长助力工程"，2014 年 6 月又开始实施中西部农村校长培训项目等。这些对策的实施，有效促进了贫困地区中小学教师的专业发展。2013 年 10 月教育部、财政部下发了《关于落实 2013 年中央 1 号文件要求对在连片特困地区工作的乡村教师给予生活补助的通知》，有效改善了乡村教师的生存状况。

二、十八大以来中国教育扶贫的
顶层设计与制度安排

（一）习近平总书记关于教育扶贫的重要论述

中共十八以来，习近平总书记围绕"全面建成小康社会"提出了一系列新思想、新论断、新要求，对扶贫工作做出了一系列重要部署，对教育扶贫提出了明确要求，是中国当前和今后一个时期教育扶贫攻坚的重要指导思想。

1. 教育扶贫阻断贫困代际传递思想　习近平总书记历来高度重视扶贫工作，重视教育在扶贫开发中的重要作用。早在 20 世纪 80 年代，他在福建宁德工作期间写下《摆脱贫困》一书，特别强调"越穷的地方越需要办教育，越不办教育就越穷"。2013 年 12 月，习近平总书记到河北阜平考察时专门指出，"治贫先治愚，要把下一代的教育工作做好，特别是要注重山区贫困地区下一代的成长。把贫困地区孩子培养出来，这才是根本的扶贫之策"。2015 年 9 月，习近平总书记在给北京师范大学贵州教师研修班参训教师的回信中指出，"扶贫必扶智，让贫困地区的孩子们接受良好教育，是扶贫开发的重要任务，也是阻断贫困代际传递的重要途径"。2015 年 11 月下旬，习近平总书记在中央扶贫开发工作会议上特别强调指出："教育是阻断贫困代际传递的治本之策。贫困地区教育事业是管长远的，必须下大力气抓好。扶贫既要富口袋，也要富

---

① 2002 年中国教育年鉴［EB/OL］. http：//www. moe. edu. cn/jyb_ sjzl/moe_ 364/moe_ 302/moe_ 368/tnull_ 4417. html

脑袋。"2015 年全国两会期间，习近平总书记在参加代表团审议时指出："扶贫先扶智，绝不能让贫困家庭的孩子输在起跑线上，坚决阻止贫困代际传递。"习近平总书记关于教育扶贫阻断贫困代际传递的重要论述，彰显着扶贫攻坚的决心和毅力。

2. **优质教育资源共享思想**　习近平总书记关于优质教育资源共享的重要论述，是其"五大"发展共享理念在教育领域的具体化。他指出，"要让人民共享公平优质的教育。教育是人的基本权利之一，仅次于生存权。教育也是立国之本，强国之基"①。习近平总书记在联合国"教育第一"全球倡议行动上说："中国将坚定实施科教兴国战略，始终把教育摆在优先发展的战略位置，不断扩大投入，努力发展全民教育、终身教育，建设学习型社会，努力让每个孩子享有受教育的机会，努力让 13 亿人民享有更好更公平的教育，获得发展自身、奉献社会、造福人民的能力。"2015 年，习近平总书记致国际教育信息化大会的贺信中提出，"我们将通过教育信息化，逐步缩小区域、城乡数字差距，大力促进教育公平，让亿万孩子同在蓝天下共享优质教育、通过知识改变命运。"习近平总书记关于教育公平和优质教育资源共享的重要论述是开展教育扶贫的重要指导思想和行动指南。

3. **乡村教师发展思想**　2015 年习近平总书记给"国培计划（2014）"北京师范大学贵州研修班全体参训教师回信时强调，"发展教育事业，广大教师责任重大、使命光荣。希望你们牢记使命、不忘初衷，扎根西部、服务学生，努力做教育改革的奋进者、教育扶贫的先行者、学生成长的引导者，为贫困地区教育事业发展、为祖国下一代健康成长继续作出自己的贡献。"2015 年习近平总书记主持召开中央全面深化改革领导小组第十一次会议，审议通过了《乡村教师支持计划（2015—2020 年）》，指出"发展乡村教育，要把乡村师资建设摆在优先发展的战略位置，多措并举，定向施策，精准发力。"习近平总书记对教育扶贫过程中乡村教师的地位、功能、作用等方面的论述，不仅表达了他对贫困地区教育事业的高度重视，同时也表达了对乡村教师的关注，为贫困地区打造一支留得下、用的住、素质优良、甘于奉献、扎根乡村的教师队伍奠定了基础。

4. **职业教育扶贫思想**　2014 年 6 月，在全国职业教育工作会议上，习近平总书记指出，职业教育是国民教育体系和人力资源开发的重要组成部分，是广大青年打开通往成才大门的重要途径，肩负着培养人才、传承技术技能、促进就业创业的重要职责，必须高度重视、加快发展；要加大对农村地区、民族

---

①　习近平谈"十三五"五大发展理念之五：共享发展篇，中国共产党新闻网，http：//cpc. people. com. cn/xuexi/n/2015/1114/c385474 - 27814876. html

地区、贫困地区职业教育支持力度，努力让每个人都有人生出彩的机会。这充分肯定了职业教育在扶贫攻坚中的重要作用，也为贫困地区办好职业教育指明了方向。

（二）十八大以来中国教育扶贫的顶层设计

十八大以来的教育扶贫顶层设计是根据《中国农村扶贫开发纲要（2011—2020年）》《国家中长期教育改革和发展规划纲要（2010—2020年）》等的战略部署，以及《中共中央、国务院关于打赢脱贫攻坚战的决定》《"十三五"脱贫攻坚规划》等制定的，具体体现在《关于实施教育扶贫工程意见》《国家贫困地区儿童发展规划（2014—2020年）》《教育脱贫攻坚"十三五"规划》等系列教育扶贫文件中。其最终目的是要充分发挥教育在扶贫开发中的重要作用，帮助贫困地区从根本上摆脱贫困，阻断贫困的代际传递，从而实现全面建成小康社会的奋斗目标。

1. 核心理念

（1）由追求教育起点公平转向教育过程公平。中国教育扶贫工程一直坚持对教育公平公正的价值追求，主要体现为三个层次：一是确保人人都享有平等的受教育的权利和义务；二是提供相对平等的受教育的机会和条件；三是教育成功机会和教育效果的相对均等。十八大以来，教育扶贫的重大行动包括2011年开始施行的"农村义务教育学生营养餐改善计划"，2013年开始施行的"农村义务教育薄弱学校改造计划""人才支持计划——教师专项计划"以及"农村校长助力工程"等，这些教育扶贫行动表明，国家更加关注贫困地区教育条件的改善，为贫困地区争取"更好"的教育资源。《教育脱贫攻坚"十三五"规划》，要求通过发展学前教育，巩固提高九年义务教育水平，加强乡村教师队伍建设，加大特殊群体支持力度，加快发展中等职业教育，广泛开展公益性职业技能培训，积极发展普通高中教育，继续实施高校招生倾斜政策，完善就学就业资助服务体系，加强决策咨询服务等措施，切实改善贫困地区的办学状况，不断提高教育水平。这些措施改变了过去只注重经费投入和机会均等的起点公平思想，更加注重办学过程和办学质量的提升，由追求教育起点公平转向追求教育过程公正。

（2）精准扶贫理念。精准扶贫是新时期中共中央和国家扶贫工作的精髓和亮点，教育精准扶贫，具体体现为更加聚焦扶贫对象和更有针对性的教育扶贫举措，《教育脱贫攻坚"十三五"规划》明确将"精准"理念运用到教育扶贫当中，要求把精准扶贫、精准脱贫作为基本方略，以国家扶贫开发工作重点县和集中连片特困地区县及建档立卡等贫困人口为重点，采取超常规政策举措，精确瞄准教育最薄弱领域和最贫困群体，实现"人人有学上、个个有技能、家家有希望、县县有帮扶"，促进教育强民、技能富民、就业安民，坚决打赢教育脱贫攻坚战。

2. **顶层目标**　教育扶贫的目标服务于脱贫攻坚战的总目标。十八大以来，教育扶贫着重从义务教育、基本公共服务指标两个方面明确了教育扶贫目标的具体要求，2013 年 7 月印发的《关于实施教育扶贫工程的意见》明确规定，"加快教育发展和人力资源开发，到 2020 年使片区基本公共教育服务水平接近全国平均水平""到 2020 年，稳定实现农村贫困人口不愁吃、不愁穿，义务教育、基本医疗和住房安全有保障。"《中共中央、国务院关于打赢脱贫攻坚战的决定》要求，"加快实施教育扶贫工程，让贫困家庭子女都能接受公平有质量的教育，阻断贫困代际传递。"《教育脱贫攻坚"十三五"规划》明确提出了教育扶贫的目标是发展学前教育，巩固提高义务教育，普及高中阶段教育，到 2020 年，贫困地区教育总体发展水平显著提升，实现建档立卡等贫困人口教育基本公共服务全覆盖。纵向比较来看，十八大以来教育扶贫的顶层目标也在不断调整：由以前的贫困地区教育基本公共服务指标接近全国平均水平的目标发展到持续提高贫困地区教育基本公共服务水平的目标，再到贫困地区教育总体发展水平显著提升的顶层目标，将极大提高贫困地区教育发展水平。

3. **构成要素**　教育扶贫的构成要素是由教育扶贫实施过程中的主要任务组成的。十八大以来，中国教育扶贫事业涵盖学前教育、基础教育、职业教育、高等教育等各个教育阶段，包括普通教育、职业教育（包括职业培训）、特殊教育、民族教育等各种类型，主要是改善贫困地区教育软硬件条件和环境，以此提高办学水平。根据《关于实施教育扶贫工程的意见》，（以下简称《意见》）基础教育主要解决贫困地区办学条件差、教育基础设施薄弱、优质师资队伍欠缺、教育经费不足等造成的基础教育办学质量不达标以及基础教育普及程度不达标等问题；职业教育要提高促进脱贫致富的能力，提高贫困地区贫困人群的自主发展能力，发展贫困地区区域性经济，解决贫困地区"造血能力"不足的问题；高等教育一方面要与贫困地区的经济、产业、科技发展相结合，促进贫困地区产业结构升级，另一方面要通过"继续实施高校招生倾斜政策"，保障和增加贫困地区学生接受高等教育的机会等。此外，该《意见》还明确了"加快学校信息基础设施建设""推广优质数字教育资源应用"和"推进教育管理信息化健身"等内容。

（三）十八大以来中国教育扶贫的制度安排和行动规划

1. **学前教育三年行动计划**　2011—2013 年，各地按照国务院统一部署，以县为单位编制实施学前教育三年行动计划，"入园难，入园贵"问题初步缓解。2014—2016 年实施的第二期学前教育三年行动计划，国家财政给予了大力支持，财政性学前教育投入已经最大限度地向农村、边远、贫困和民族地区倾斜。同时，加大了对家庭经济困难儿童、孤儿和残疾儿童接受学前教育的资助力度。中央财政已投入 700 多亿元，支持贫困地区学前教育发展。2011—2016 年，全国幼儿园总数从 15 万所提高到超过 22 万所，在园儿童从 2 977 万人增加到 4 264 万人，学前教育的毛入园率提高到 75％①，贫困地区适龄幼儿接受学前教育的权利得到了更好的保障。

2. **城乡义务教育一体化改革行动**　2016 年国务院出台《国务院关于统筹推进县域内城乡义务教育一体化改革发展的若干意见》，通过统筹学校布局、统筹学校建设、统筹教师队伍建设、统筹经费投入使用、统筹解决特殊群体平等接受义务教育问题、统筹完善教育治理体系，着力解决"城镇挤、乡村弱"的问题，不断缩小县域内城乡义务教育差距，全面提高教育质量。教育部也积极统筹推进贫困地区义务教育薄弱校基本办学条件改善行动，持续推进"两免一补"（免学杂费、免教科书费、寄宿生生活补助）政策落实，自 2013 年开始，计划用 5 年时间使贫困地区农村义务教育学校基本办学条件基本达标。截止到 2015 年，中央财政安排补助资金 640 亿元，带动地方财政投入 800 多亿元，惠及 3 000 多万农村贫困学生②。此外，农村义务教育阶段学生营养改善计划，也是教育扶贫的重要措施。教育部等十五部门根据《国务院办公厅关于实施农村义务教育学生营养改善计划的意见》，于 2012 年印发了《农村义务教育学生营养改善计划实施细则》等五个配套文件。财政部、教育部为加强和规范专项资金管理，制定了《农村义务教育学生营养改善计划中央专项资金管理暂行办法》，国家按照每生每天 3 元（2014 年 11 月提高到 4 元）标准为片区农村义务教育阶段学生提供营养膳食补助。截止到 2017 年，全国共有 29 个省（自治区、直辖市）1 590 个县实施了营养改善计划，覆盖学校 13.4 万所，受益学生总数达到 3 600 万人，学生营养健康状况得到显著改善，身体素质得到明显提升③。

3. **普通高中普及攻坚计划**　中共十八大提出要"普及高中阶段教育"，十八届五中全会再次强调"提高教育质量，推动义务教育均衡发展，普及高中阶段教育"。2017 年教育部等四部门印发《高中阶段教育普及攻坚计划（2017—2020 年）》，明确普通高中发展的目标、重点任务等内容，要求提高普及水平，优化结构布局，加强条件保障，提升教育质量，并重点面向中西部贫困地区、民族地区、边远地区、革命老区等教育基础薄弱、普及程度较低的地区，特别

---

①②③　国务院教育督导委员会办公室印发《幼儿园办园行为督导评估办法》力推幼儿园办园"底线标准"全覆盖，中华人民共和国教育部，http：//www.moe.gov.cn/jyb _ xwfb/s5147/201705/t20170517 _ 304791.html

脱贫攻坚理论实践创新研究

是集中连片特殊困难地区，家庭经济困难学生、残疾学生、进城务工人员随迁子女等特殊群体。另外，实施针对普通高中学生的资助政策，率先从建档立卡的家庭经济困难学生实施普通高中免除学杂费制度。从 2010 年起国家实施普通高中国家助学金政策，用于资助普通高中家庭经济困难学生，平均资助标准为每生每年 2 000 元，资助面约为 20%，2014 年 495 万学生享受资助①。

4. 现代职业教育技能富民制度 2012 年出台的《关于扩大中等职业教育免费政策范围，进一步完善国家助学金制度的意见》，进一步加强中等职业学校免费补助金的管理，确保免学费政策顺利实施。从 2012 年秋季学期起，按照每生每年 2 000 元的标准对中等职业学校全日制正式学籍在校生中所有农村（含县镇）学生、城市涉农专业学生和家庭经济困难学生免除学费，并给予全日制正式学籍一、二年级在校涉农专业学生和非涉农专业家庭经济困难学生每生每年 2 000 元的国家助学金资助。这一政策已对连片特困地区农村学生实现了 100% 全覆盖。

5. 高等教育培养提升行动 教育部自 2012 年起，组织实施面向贫困地区定向招生专项计划，在普通高校招生计划中专门安排适量招生计划，面向集中连片特殊困难地区（以下统称贫困地区）生源，实行定向招生，引导和鼓励学生毕业后回到贫困地区就业创业和服务。2013 年教育部、国家发改委、财政部制定了《中西部高等教育振兴计划（2012—2020 年）》，持续落实高等教育学生资助政策，振兴中西部高等教育。目前，高等教育阶段已经建立起国家奖学金、国家励志奖学金、国家助学金、国家助学贷款、师范生免费教育、勤工助学、学费减免、"绿色通道"等多种方式并举的资助体系。

6. 教育扶贫结对帮扶行动 十八大以来，教育部面向连片特困地区先后启动实施了多项结对帮扶政策，如面向 11 个集中连片特殊困难地区的帮扶政策、专门针对新疆南疆四地州、西藏和四省藏区的特殊政策等；组织实施教育援藏项目 148 个，用于学校基础设施建设、教师交流培训、贫困生资助等；教育援疆工作以双语教育和中等职业教育为重点，培训各级各类教师 14 万人次，派出支教教师 3 000 余人；持续落实西藏 15 年免费教育和新疆南疆四地州 14 年免费教育，截止到 2015 年，"三包"政策（包吃、包住、包学习费用）覆盖了从学前至高中阶段所有农牧民子女和城镇困难家庭子女，年受益学生达52.5 万人，资助金额达 15 亿元。新疆南疆四地州实现了 14 年免费教育，覆盖了学前两年教育、义务教育和高中阶段教育，年受益人数 190 万人，资助金

①②　教育扶贫全覆盖有关情况，中华人民共和国教育部，http://www.moe.edu.cn/jyb_xwfb/xw_fbh/moe_2069/xwfbh_2015n/xwfb_20151015_02/151015_sfcl02/201510/t20151014_213306.html

额超过 50 亿元[①]。另外内地民族班、少数民族预科班、少数民族高层骨干人才培养，以及高校对口支援等政策都得到了有效落实。

7. 贫困地区儿童保障政策 2014 年国务院办公厅印发了《国家贫困地区儿童发展规划（2014—2020 年）》，为贫困地区儿童健康和教育扶贫工作提供指导。这个规划由国务院等 9 个部门共同编制，将 680 个连片特困县从出生开始到义务教育阶段结束的农村儿童作为实施范围，重点围绕健康、教育两个核心领域，实现从家庭到学校、从政府到社会对儿童关爱的全覆盖，确保贫困地区的孩子生得好、长得好、学得好，编就一张保障贫困地区儿童成长的安全网，切实保障贫困地区儿童生存和发展权益，实现政府、家庭和社会对贫困地区儿童健康成长的全程关怀和全面保障。

8. 乡村教师支持计划 2015 年国务院办公厅出台《乡村教师支持计划（2015—2020 年）》，并对改革实施"国培计划"提出了明确要求，即调整"国培计划"实施范围，集中支持中西部乡村教师校长培训，下移管理重心，强化基层教师培训机构参与，确保乡村教师培训的针对性和实效性。这对于解决当前乡村教师队伍建设存在的突出问题，吸引优秀人才到乡村学校任教，稳定乡村教师队伍，带动和促进教师队伍整体水平提高，促进教育公平，推动城乡一体化建设和社会主义新农村建设，具有十分重要的意义。

9. 春潮行动计划 "春潮行动"是为贯彻落实中央经济工作会议和中央城镇化工作会议精神，提高农村转移就业劳动者就业创业能力，根据《国家新型城镇化规划（2013—2020 年）》和《国务院关于加强职业培训促进就业的意见》，按照国务院要求开展的面向新生代农民工职业技能提升计划。"春潮行动"实施的重点是面向农村新成长的劳动力，组织实施各具特色的职业培训和创业培训，使他们成为符合经济社会发展需求的高素质劳动者。

三、十八大以来中国教育扶贫的实践创新

十八大以来，在习近平总书记扶贫开发战略重要论述的指导下，中国教育扶贫实践精准施策，不断创新，取得了显著成效。

（一）农村义务教育薄弱学校改善计划

为了更好地贯彻落实习近平总书记"要让人民共享公平优质的教育"的思

---

① 教育扶贫全覆盖有关情况，中华人民共和国教育部，http：//www.moe.edu.cn/jyb_xwfb/
xw_fbh/moe_2069/xwfbh_2015n/xwfb_20151015_02/151015_sfcl02/201510/t20151014_
213306.html

想，国家启动实施了农村义务教育薄弱学校改造计划（简称"薄改计划"），并于 2013 年 12 月出台《教育部国家发改委财政部关于全面改善贫困地区义务教育薄弱学校基本办学条件的意见》。为贯彻落实国家"薄改计划"，切实解决农村地区、边缘、贫困和民族地区等经济社会发展相对滞后，教学条件差，寄宿学校宿舍、食堂等生活设施不足，村小和教学点运转比较困难等问题，各地纷纷结合当地实际出台相应政策，探索有效的实践并取得重大进展，形成了各具地方特色的实践模式。

1. **"全面改薄"保底线**　广西教育厅等五部门在 2012 年年底就下发了《关于编制中小学基本建设发展规划的通知》，要求各地为每一所学校编制基本建设计划任务书，并委托有资质的单位编制校园平面规划，做到"一校一本，一校一图"。为此，广西首先对各个学校教学仪器设备、图书、桌椅、学生用床等情况进行逐校摸底，登记造册。在此基础上，一方面估算资金投入额度，另一方面精心编制实施方案，并按照"勤俭办学""缺什么补什么""保基本、补短板"的原则，对地方"全面改薄"实施方案数据进行多次严格审核并实施。此外，广西制定了一系列规范性管理文件，为"全面改薄"的顺利实施提供了有章可循、有"法"可依的政策和技术保障。

2. **大班额拆解缩差距**　河南省安阳市为实现 2020 年消除大班额的目标，积极统筹城乡义务教育学校布局规划，因地制宜，多措并举，综合施策。一是通过科学规划城乡义务教育布局规模，建立城乡义务教育学校生源变化动态监测机制，构建与常住人口增长趋势和空间布局相适应的城乡义务教育学校布局建设机制；二是坚持义务教育发展与城镇化相协调，确保城镇学校建设用地；三是有序扩大城镇学校学位供给，实施"交钥匙"工程，确保配套学校建设与住宅建设首期项目同步规划、同步建设、同步交付使用；四是统筹城乡师资配置，着力解决当前乡村教师结构性缺员和城镇师资不足问题；五是提升薄弱学校和乡村教育质量，通过城乡义务教育一体化、实施学区化集团化办学或学校联盟、均衡配置师资、利用信息化共享优质教育资源、将优质高中招生分配指标向乡村初中倾斜等方式，加大对城镇薄弱学校和乡村教育的扶持力度，全面改善农村义务教育薄弱学校基本办学条件，努力提高乡村教育质量，缩小城乡教育差距[①]。

（二）贫困地区师资队伍建设实践

贫困地区师资队伍建设一直是习近平总书记关心的重点，国家在帮扶贫困

---

① 安阳市制定《义务教育学校消除大班额专项规划实施方案》，河南省教育厅，http：//www. haedu. gov. cn/2016/12/08/1481161593191. html

地区师资队伍建设方面，主要通过开展包括特岗计划等在内的贫困地区师资支援行动以及以"国培计划"等为主线的贫困地区教师培训行动，不断优化和提升贫困地区师资队伍建设水平。

1. "国培计划"助推乡村教师专业发展　"国培计划"是教育部、财政部于 2010 年开始实施的旨在提高中小学教师特别是农村教师队伍整体素质的重要举措。为加强贫困村学校教师培训力度，云南对省定 510 个贫困村 150 所小学，172 所幼儿园园长、小学校长、在校教师依托国家、省、市教师教育网和教师教育基地，采取远程研修和集中培训相结合的方式，进行全员市级以上培训，要求培训学时不少于 60 学时。陕西省石泉县教体局和师训教研中心依托"国培计划"项目，以"乡村教师培训团队置换脱产研修""送教下乡培训""乡村教师网络研修与校本研修整合培训""乡村教师访名校培训""乡村中小学（幼儿园）校（园）长培训"等多个子项目为培训重点，面向全县乡村中小学和幼儿园教师、校园长开展培训活动①。"国培计划"实现了乡村教师多学科、全学段覆盖培训目的，有效提高了乡村教师的能力素质。

2. "特岗计划"有效补充和提升乡村教师数量和质量　"特岗教师"的补充极大地提高了农村学校教师的专业化水平，尤其是先进的教育理念、现代教育意识通过特岗教师群体渗透到农村教育教学活动中。随着特岗教师队伍的扩大，农村教师队伍的专业化水平、教育教学质量有了明显提高。内蒙古自治区重点为区内"两基"攻坚旗县、国家扶贫开发工作重点旗县、边境旗县、三少民族自治旗以下农村牧区学校招聘"特岗教师"，将"特岗计划"与中小学教师编制管理相结合，为服务期满经考核合格、且自愿留任的"特岗教师"解决编制；"特岗教师"岗位的设置以旗县为单位相对集中，避免过于分散，1 所学校安排"特岗教师"不少于 2 人；"特岗计划"所需资金由中央和地方财政共同承担，有效补充和提升了牧区学校教师的数量和质量。

3. 城乡教师及校长交流培训提升乡村学校办学水平　为提高农村教师专业化水平和课堂教学能力，重庆市江津、吴滩中学联合实施"领雁工程"，以"卓越课堂"建设为抓手，建立城乡校际教师互派制度。江津中学每学期派出优秀教师到吴滩中学上示范课 5 节，以点带面，推进吴滩中学的课堂教学改革。同时，吴滩中学每学期派出各学科教师到江津中学培训学习、观摩听课 20 人次。通过专题讲座、示范引领、结对共进等交流活动，两所学校的教师

---

① 石泉县"国培计划"培训试点工作成效明显—市县教育—教育新闻—陕西省教育厅，http：//www.snedu.gov.cn/jynews/sxjy/201612/31/64416.html

相互学习，共同进步，有效提升了吴滩中学的办学质量①。

（三）职业技术培训助力扶贫致富

为打好扶贫攻坚战，实施精准扶贫，江西省按照国务院扶贫办精神，从2013年开始改革"雨露计划"的实施方式。其中九江市人社局与市扶贫办合作，打造"雨露计划"本地品牌，开办扶贫移民特色班，招收建档立卡贫困户和水库移民户年满14周岁的子女入学，对经扶贫办和市高级技工学校考评合格的学生，学校优先安排顶岗实习和毕业安置，"扶贫班"毕业生就业可获得基本保障，2016年，该班在全市范围内招生100人，并对扶贫班学生全免学费、教材费，每人每年还给予2 000元补助，连续补助两年，为参与培训的学生提供物质保障，实现了"培训一人、脱贫一户、致富一家"的目标②。内蒙古自治区农牧业厅、扶贫办、财政厅共同组织实施国家"阳光雨露工程"，主要在区内的粮食主产区、劳动力主要输出地区、贫困地区开展机械制造、电子电器、焊工、计算机应用、驾驶与维修、服装缝纫与加工等用工量大的工种的技能培训和农畜产品加工业、地方特色产业、农村牧区服务业等行业的相关技能的培训，并大力培育劳务中介组织和经纪人队伍，为农牧民转移就业搭建桥梁。

（四）优质教育资源共享成效显著

山东省济宁市实施"结对帮扶"工程，推进优质教学资源共享。"结对帮扶"活动由市级教育行政部门统筹规划，县级教育行政部门具体确定实施，对省、市扶贫工作重点村学校实行"一对一"形式重点帮扶。通过教研帮扶和联合教研会议，统筹开展学科备课、教学研讨、听课观摩等活动，提高农村学校薄弱学科课程实施水平；利用现代教育技术建立网络课堂，实现教学资源共享，优秀课程资源的共建共享，提高课堂教学质量；推进实施管理人员挂职交流活动，结对帮扶学校每年至少互派1人挂职，指导被帮扶学校建立健全现代学校管理制度，规范学校日常工作，建设学校章程，提高管理水平；建立教师交流机制，实现优秀教师资源共享，优质教育资源共享。

---

① 重庆市江津吴滩中学校"领雁工程"实施方案—学校管理—重庆市江津吴滩中学，http：//www.cqjjwtzx.com/info _ Show. asp？ ClassId＝43&.InfoId＝38

② 九江市打造"雨露计划"本地品牌—市县动态—中国江西省人民政府，http：//www.jiangxi.gov.cn/xzx/jxyw/sxyw/201607/t20160705 _ 1275867. html

四、中国教育扶贫的理论贡献与经验启示

十八大以来，中国共产党和国家始终将教育扶贫作为扶贫开发、扶贫助困的治本之策，在理论创新和实践实施方面做出了积极的探索，积累了宝贵的经验。

（一）理论贡献

1. **扶贫先扶智理论（教育阻断贫困代际传递理论）**　贫困代际传递是扶贫工作最棘手的问题。习近平总书记在给"国培计划（2014）"北师大贵州研修班参训教师的回信中指出："扶贫必扶智。让贫困地区的孩子们接受良好教育，是扶贫开发的重要任务，也是阻断贫困代际传递的重要途径。"治贫先治愚，扶贫先扶智。教育扶贫是拔掉穷根、阻断贫困代际传递的重要途径。扶智理论将是彻底摆脱贫困，实现可持续发展的核心理念。

2. **教育精准扶贫理论**　2013 年 11 月，习近平总书记在湖南湘西考察时首次提出"精准扶贫"概念，后来又在多种场合进一步阐述并丰富了这一概念的内涵，不仅成为指导中国扶贫工作的重要方针，为中国扶贫攻坚全面建成小康社会能够取得成功奠定了思想基础，而且提升了关于社会主义共同富裕的思想认识，是马克思主义中国化的又一个重要的最新成果，具有深远的实践意义和广泛的理论意义。精准扶贫，"关键是要找准路子、构建好的体制机制，在精准施策上出实招、在精准推进上下实功、在精准落地上见实效"。教育精准扶贫，就是在精准识别贫困人口的基础上，进行教育精准投入和精准资助服务，使真正需要帮助的贫困人口等到应有的帮助，使他们掌握一定的知识和技能，提高文化素质和经济收入，最终摆脱贫困。在教育精准扶贫理论指导下，教育领域建档立卡、动态管理、脱贫销号、返贫挂号等措施的实施，改变了以往教育扶贫"大水漫灌"的做法，既节省了有限的教育资源，又提高了帮扶效果。

3. **优质教育资源共享理论**　习近平总书记提出的"让贫困地区每一个孩子都能接受良好教育"，既是教育扶贫的基本要求，也是社会主义核心价值观的根本体现。教育扶贫体现了差别正义原则和教育公平理念，体现了机会均等思想和结果公正理念，体现了基本权利平等和可持续发展理念。《中华人民共和国义务教育法》《中共中央、国务院关于打赢脱贫攻坚战的决定》等国家大政方针都对改善贫困地区和贫困人口的教育状况作出了明确规定，充分保障贫困人口的教育权利和平等机会，并通过教育资源的倾斜和合理配置，实现义务教育均衡发展和优质教育资源共享，不断改善贫困地区的教育现状。

（二）经验启示

1. 教育扶贫必须坚持中国特色社会主义教育的本质特征　习近平总书记指出，"消除贫困、改善民生、实现共同富裕，是社会主义的本质要求，是我们党的重要使命"。扶贫是直接关系到我国是否走社会主义道路的根本性问题。共同富裕是中国特色社会主义的本质，是中国特色社会主义理论的重要组成部分。教育扶贫是阻断贫困代际传递、促进可持续发展的根本手段和重要途径，是治本之策。发展和改善贫困地区和贫困人口的教育事业，实现教育均衡发展和优质教育资源共享，充分体现了中国特色社会主义教育的本质特征和价值追求。

2. 教育扶贫要坚持机制创新　随着精准扶贫的不断深入，教育扶贫也必然要求从传统的救济式扶贫转向造血式扶贫，构建不同层次教育协调发展新机制。为此，中国在贫困地区推进学前教育普及化发展、义务教育全面化发展、高中教育多元化发展、高等教育深度化发展、职业教育优质化发展、继续教育终身化发展，以及特殊教育标准化发展，全方位提升贫困地区教育发展水平，为阻断贫困代际传递奠定坚实的基础。同时，优质教育资源共享也是教育扶贫的有效机制。开展跨地区战略性协作，携手打造共建共享共赢机制，将使更多的优质教育资源源源不断地输送到教育资源薄弱地区，更多的老师、学生将因此受益，教育扶贫工作进一步深化。

3. 教育精准扶贫需要方法创新　十八大以来，中国全面落实教育精准扶贫的基本方略，采取超常规政策举措，精准聚焦贫困地区的每一所学校、每一名教师、每一个孩子，启动实施教育扶贫全覆盖行动。第一，精准识别。教育扶贫必须精准识别工作对象，真正弄清楚每个家庭中优先扶持谁，才能更快脱贫，既要把现有的贫困家庭确定出来，又要把已经脱贫的家庭退出去，把返贫的家庭纳为帮扶对象。这是精准教育扶贫的基础性工作。第二，精准帮扶。依托建档立卡准确资料，对贫困家庭成员在义务教育、学历教育、职业教育及青壮年职业技能培训等方面，视其困难情况，开展针对性帮扶，助力贫困家庭中经济困难学生就学、就业、创业；同时，调动社会各方面力量，采取"一帮一"或"多帮一""一帮多"的方式，开展精准帮扶。第三，精准资助。中国已建立起了从学前教育、九年义务教育到高等教育"全覆盖，无缝衔接"的家庭经济困难学生帮扶体系，确保贫困家庭中的孩子"上得起学"。

4. 强化技能培训和就业创业能力提升　发挥职业教育助力脱贫攻坚的重要作用，面向重点地区、重点人群开展技能培训和就业创业能力，是教育精准扶贫的重要途径。一是面向贫困地区，加快发展农村职业教育，支持中等职业学校改善基本办学条件，开发优质教学资源，提高教师素质；举办内地西藏、新疆中职班，对口支援藏区中等职业教育。二是面向重点人群完善资助政策体系，实施好对贫困地区中职学生的免学费和国家助学金补助政策，确保资助资金有效使用；开展职业教育"求学圆梦行动"；加强农民工学历继续教育与非学历培训。随着《职业教育东西协作行动计划（2016—2020 年）》的推进，西部地区职业院校与东部较发达地区职业院校之间深入开展校际合作、招生合作、劳务合作，提高了贫困地区职业教育人才培养质量和学生的就业创业能力。

5. **大力支持乡村教师专业发展**　加强乡村教师队伍建设，既是教育扶贫的重要目标，也是教育扶贫的有力支撑，通过全面提高乡村教师思想政治素质和师德水平，拓展乡村教师补充渠道，提高乡村教师生活待遇，统一城乡教职工编制标准，职称（职务）评聘向乡村学校倾斜，推动城镇优秀教师向乡村学校流动，全面提升乡村教师能力素质，建立乡村教师荣誉制度等措施，有效解决了当前乡村教师队伍建设领域存在的突出问题，吸引优秀人才到乡村学校任教，稳定乡村教师队伍，带动和促进了乡村教师队伍整体水平提高，为教育扶贫奠定了坚实的基础。

制度优势提升小额信贷扶贫效能

袁 泉 刘 欣

摘要：中国 20 世纪八九十年代开始引入小额信贷扶贫模式，经过多年的探索和发展已成为扶贫开发的重要手段。党的十八大以来，基于精准扶贫精准脱贫方略，相关部门制定了新的扶贫小额信贷政策，作为为建档立卡贫困户量身定做的金融精准扶贫产品，其政策要点是"5 万元以下、3 年期以内、免担保免抵押、基准利率放款、财政贴息、县建风险补偿金"。新的"扶贫小额信贷"政策不仅有效化解了过去小额信贷扶贫实践的弊端和障碍，也充分发挥了这一金融扶贫工具的优势，不仅解决了贫困农户发展的资金约束，也通过综合性的金融服务激发了脱贫的内生动力，并为打赢脱贫攻坚战积累了多方面的经验。

20 世纪 70 年代中期，亚洲和拉丁美洲一些发展中国家的经济学者逐渐认识到穷人在正规金融市场中的弱势地位，开始借鉴传统民间信贷的一些特点和现代管理经验，结合国家经济社会发展的条件以及穷人的经济和文化特征，探索建立适合穷人特点的信贷制度和方式。1974 年，孟加拉国经济学家穆罕默德·尤努斯（Muhammad Yunus）最早创办了小额信贷模式，并于 1983 年正式成立孟加拉乡村银行——格莱珉银行，旨在利用社会压力和连带责任建立起相应组织，为穷人提供有效信贷服务，并实现信贷机构自身的持续发展。由于多数这种信贷方式的制度安排都致力于瞄准具有正常生产能力的自我就业的穷

袁泉：华中农业大学文法学院社会工作系副研究员。

刘欣：北京师范大学经济与资源管理研究院博士后。

人，在设计中都将自我就业的穷人家庭或他们所从事的经济活动视为微型企业对待，因而这类信贷方式被称为微型企业信贷（microenterprise finance）或简称微型信贷（microfinance）。20 世纪 90 年代引入中国时，被译为小额信贷。过去四十多年，小额信贷成功帮助了千百万人脱离贫困，成为经济政策与社会政策并重发展下的优秀范例，并在国际上被大多数发展中国家模仿或借鉴。世界银行行长詹姆斯·D. 沃尔芬森（James D. Wolfinsen）对小额信贷给予高度评价，"小额信贷项目给全世界最贫困的村庄和人们带来了市场经济的震荡。这种缓解贫困的经营方式让千百万人有尊严地通过自己的劳动走出贫困。"

事实上，中国早在中华人民共和国成立初期已经产生了由农村信用合作社运作的小额信贷服务形式，以解决个体农民存在的资金困难问题。20 世纪 90 年代以后，一些非政府组织开始借鉴孟加拉国乡村银行的传统"团体联保贷款"模式，依靠国际捐助和软贷款，在贫困地区农村进行小额信贷扶贫的探索和尝试。如中国社会科学研究院农村发展研究所试点组建的"扶贫社"、国际粮食计划署建立的粮食保障小额信贷项目以及澳大利亚国际开发署援助的青海海东农业银行小额信贷项目等[1]。1998 年，在《中共中央关于农业和农村工作若干重大问题的决定》中，中国政府首次以文件形式肯定了小额信贷扶贫到户的有效做法，提出"总结推广小额信贷等扶贫资金到户的有效做法"，做到"扶贫到户"等要求。此后，随着国家扶贫政策的推进，政策性小额信贷扶贫项目开始在四川、云南、广西等地迅速发展起来，国家扶贫、民政、社会保障、残联、妇联、工会等部门和社会团体先后参与其中，形成了多种多样的农村小额信贷扶贫模式。扶贫小额信贷由此也成为一项重要的扶贫措施，在减缓农村贫困、实现脱贫攻坚过程中发挥重要作用。

21 世纪以来，为进一步解决"农户贷款难"问题，中国农村合作金融机构开始发放"小额信用贷款"和"农户联保贷款"，逐步扩大小额信贷扶贫的资金来源。《中国农村扶贫开发纲要（2001—2011 年)》也再次重申了小额信贷扶贫的重要性。2005 年以后，农村小额信贷的发展环境和市场需求逐渐形成，小额信贷机构逐渐走向多元化小额信贷提供者参与的新阶段，在整体上形成了巨大的规模与影响，并在扩大覆盖面的同时探索实现了农村金融信贷的可持续发展[2]。

一、中国扶贫小额信贷的产生和发展历程

从产生发展的历程来看，中国开展扶贫小额信贷始于 20 世纪 80 年代一些

---

① 郑功成. 中国的贫困问题与 NGO 扶贫的发展. 中国软科学，2002 年，第 7 期.
② 申秋. 农村社会发展与反贫困：农村小额信贷政策研究. 浙江大学硕士学位论文，2013 年.

民间组织和地方政府的试点探索，1996 年以后逐步进入政府推动发展阶段。特别是 2005 年以来，扶贫小额信贷进入多主体参与、多样化形式的发展阶段。

（一） 1986—1995 年：非政府组织和地方政府探索试验阶段

20 世纪 80 年代中期，中国启动了有组织、有计划、大规模的农村扶贫开发，开始由救济式扶贫转向以区域为主的开发式扶贫。即通过国家提供必要的支持，利用贫困地区自然资源进行开发性生产建设，逐步形成贫困地区和贫困户的自我积累和发展能力。由此，中国扶贫开发战略也产生相应调整，从按贫困人口平均分配资金转变为按项目效益分配资金，从单纯依靠行政系统转向依靠经济组织转变，从资金单向输入向资金、技术、物资、培训相结合输入和配套服务转变。

因此，为贫困户提供信贷资金支持成为开发式扶贫的一条重要措施，以便为缺乏资金且不能从银行获得贷款的贫困农户提供资金支持，改善他们的生产条件，提高生产率和收入[①]。这一举措在减缓农村贫困过程中发挥了一定的积极作用，但也出现了扶贫资金瞄准贫困人口的偏离现象，政府补贴难以惠及真正的贫困人口，且贷款还款率很低，进一步催生了小额信贷作为更有效扶贫模式的引入和发展。

1982 年，中国开始出现类似小额信贷扶贫的农村救灾扶贫互助储金会。江西省民政厅率先提出创办的村级 "农村救灾扶贫互助储金会"，主要是为入会会员提供有偿小额借款。这一做法得到国家民政部的肯定，并于 1986 年倡导各地积极兴办农村救灾扶贫互助储金会。这一组织虽然不是严格的小额信贷，但已具备了小额信贷扶贫的某些特征[②]。

90 年代以后，小额信贷作为一种扶贫理念和独特的信贷技术逐渐被引入中国，并开始在国际资金（软贷款或赠款）和技术援助下，由一些非政府组织运行和实施。1993 年底，中国社会科学院农村发展研究所的部分科研人员在孟加拉乡村银行和福特基金会支持下，实施了一项 "行动—研究计划"。在河北易县组建了国内第一个由非政府组织操作的专业小额信贷机构——"易县信贷扶贫合作社"，并在随后的 2 年在河南省和陕西省先后建立起虞城、南召、丹凤三个扶贫合作社。

随后，商务部国际经济技术交流中心、中国扶贫基金会、地方妇联或扶贫

---

① 吴国宝，著. 扶贫模式——中国小额信贷扶贫研究. 北京：中国经济出版社，2002 年，第 115 页.

② 高灵芝，胡旭昌. 中国小额信贷扶贫实践模式的综述与反思. 济南大学学报，2005 年，第 6 期.

办也逐渐探索开展相应的小额信贷项目。这类非金融的民间或半政府项目机构专门向中低收入群体和贫困户（其中多数为妇女）提供小额信贷服务。他们利用社会筹资，其中主要是国（海）外机构和人士的捐助，开展只放贷款、不吸收社会存款的小额信贷扶贫活动。在运营方式上，主要借鉴孟加拉乡村银行模式，实行小组或联保小组方式，小组成员间互相帮助和监督①。

总体上看，这一阶段国家对小额信贷试验主要持旁观、观望和学习的态度，一些国际机构、非政府组织和地方政府试点开展的扶贫小额信贷项目，主要借鉴国外小额信贷主流规范模式，开展以扶贫为目标的单一信贷业务，或将小额信贷作为社区综合发展项目的一部分，体现出显著的扶贫社会效益，且在一定程度上建立了较完善的运作管理制度，为下一阶段政府主导的扶贫小额信贷项目发展奠定了基础。

（二）1996—2004 年：政府推动实施阶段

伴随非政府组织及地方开展扶贫小额信贷项目的探索和试点，国家基本明确了对小额信贷扶贫的态度，地方政府直接参与小额信贷扶贫试验的强度和范围进一步加大，也推动了国家为主体的扶贫小额信贷项目实施。自 1996 年 10 月开始，中国开始实施由国家政府和农业银行主导的"政策性小额信贷扶贫项目"。项目资金主要来自国家财政资金和扶贫贴息贷款，占国家扶贫资金的大部分。扶贫信贷资金主要由农业银行管理并直接以"扶贫贴息贷款"的形式发放到户。

1997 年，为解决贴息贷款到户率低的问题，借鉴国内非政府组织操作小额信贷的做法，国家开始在扶贫贴息贷款的分配管理体制中新建负责贷款小组组建、贷款项目选择和帮助资金回收的扶贫社，使得原来由扶贫办和农业银行组成的二位一体体制，转变为由扶贫办、农业银行和扶贫社三位一体的体制。这一举措一方面延伸了扶贫办在乡镇一级的机构，强化了扶贫贷款项目的基层操作管理，另一方面也在一定程度上减弱了银行部门在贷款对象选择方面的唯商业倾向。1999 年和 2001 年，中国人民银行先后颁布了《农村信用社小额信用贷款管理暂行办法》和《农村信用社农户小额信用贷款管理指导意见》，要求全面推行农户小额信贷，解决农户"贷款难"的问题。

1998 年，在各地开展小额信贷试点基础上，中央政府将小额信贷扶贫提升到政策层面对待。在中共中央作出的《关于农业和农村若干重大问题的决定》中，明确提出"总结推广小额信贷扶贫资金到户的有效做法"。1999 年，

---

①② 杜晓山，张保民，刘文璞，白澄宇．对民间或半政府机构开展扶贫小额信贷的政策建议．红旗文稿，2004 年，第 6 期．

中央扶贫开发工作会议也进一步指出："小额信贷是一种有效的扶贫到户形式，资金到户率高，还款率高，项目成功率高，深受贫困农户欢迎。各地要把小额信贷作为保证信贷资金扶贫到户的重要措施，在总结经验、规范运作的基础上，积极稳妥地推广。"据此，为规范小额信贷扶贫到户贷款工作健康发展，扶持农村贫困人口尽快解决温饱问题，中国农业银行总行颁布了《中国农业银行"小额信贷"扶贫到户贷款管理办法（试行）》。根据这一管理办法，"小额信贷"扶贫是农业银行向贫困农户提供小额有偿扶贫资金而无需农户出具财产抵押的一种扶贫贷款方式，采取"小额短期，贷户联保，整贷零还"的基本运作方式，贷款对象为列入政府扶贫开发规划并建档立卡的农村贫困户，原则上采用孟加拉乡村银行的小组联保型方法，贷款用户组成小组之后才能获得贷款[1]。进入 21 世纪以后，在促进三农发展战略背景下，农村信用社、农村商业银行、农村合作银行等一批政府主导的农村合作金融机构，在中央银行支农再贷款支持下，也开始发放"小额信用贷款"和"农户联保贷款"。

研究资料显示，由于中央政府对小额信贷扶贫项目的支持和鼓励，这一阶段中国小额信贷获得较快发展，项目大概覆盖到二三百个国（省）定贫困县，资金总额约十多个亿[2]。由此，小额信贷成为中国扶贫资金和项目到户的一种重要方式，不仅有助于增加贫困人口发展生产的物质资本，也在此过程中增加了其参与项目选择的机会和权力，减少了决策的盲目性，在一定程度上也强化了政府主导扶贫的组织和管理[3]。

（三）2005 年以来：多主体参与、多元化发展阶段

随着小额信贷成为我国农村扶贫开发的重要行动举措，其在扶贫领域发挥的作用越来越受到重视。同时，也出现了政府主导扶贫小额信贷的局限和不足，并催生了商业性小额信贷的产生发展，中国扶贫小额信贷逐步步入多主体参与、多元化发展阶段。

2004—2006 年，中共中央连续出台的 3 个 1 号文件，对农村金融改革和发展提出了全面、概括的要求，同时对小额信贷的发展也有明确指向，即"鼓励大力推动，试行多种模式，保证健康发展"。2004 年提出"农业银行等商业银行要创新金融产品和服务方式，拓宽信贷资金支农渠道。继续扩大农户小额信用贷款和农户联保贷款"；2005 年提出"有条件的地方，可以探索建立更加

---

① 见中国农业银行关于印发《中国农业银行"小额信贷"扶贫到户贷款管理办法（试行）》的通知（农银发［1999］49 号）.

② 杜晓山，张保民，刘文璞，白澄宇. 对民间或半政府机构开展扶贫小额信贷的政策建议. 红旗文稿，2004 年，第 6 期.

③ 吴国宝，著. 扶贫模式研究：中国小额信贷扶贫研究. 中国经济出版社，2002 年，第 143 页.

贴近农民和农村需要、由自然人或企业发起的小额信贷组织";2006 年提出"大力培育由自然人、企业法人或社团法人发起的小额贷款组织;引导农户发展资金互助组织",并要求有关部门应尽快制定小额信贷机构的具体管理办法①。由此,推动了我国小额信贷扶贫进入"商业性小额信贷"的探索发展阶段。中国人民银行和银监会开始分别支持小额信贷公司和村镇银行试点工作。2006 年年底,中国成立了邮政储蓄银行,开始向农村贫困人口提供小额贷款服务,进一步扩大了扶贫小额信贷项目的参与主体。

伴随国家提出鼓励和支持个人、企业法人或社团法人发起的小额贷款组织,国家有关部门也开始制定相应的指导意见和管理办法,以规范扶贫小额信贷的运行和管理,更好地发挥金融信贷支持的扶贫减贫作用。2008 年,银监会央行发布关于小额贷款公司试点的指导意见,要求小额信贷公司在坚持为农民、农业和农村经济发展服务的原则下,自主选择贷款对象,发放贷款坚持"小额、分散"的原则,鼓励其面向农户和微型企业提供信贷服务,着力扩大客户数量和服务覆盖面。同时,意见要求中国银行业监督管理委员会派出机构和中国人民银行分支机构,密切配合当地政府,创造性地开展工作,加强对小额贷款公司工作的政策宣传和培训指导。

总的来看,小额贷款从最初的国际援助和非政府组织试点探索,发展到国际机构和非政府组织资助小额信贷项目、政府主导的小额信贷扶贫项目和农村信用社的小额信贷、具有商业性质的小额信贷公司和村镇银行多元主体并存的发展格局②。扶贫小额信贷的参与主体不断扩展增加,小额信贷的模式也日趋多样,扶贫小额信贷进入了多主体参与、多元化模式的发展阶段。

但同时,一方面小额信贷在农村减贫发展方面发挥了积极作用,扶贫小额信贷发展的政策环境和社会环境日趋完善;另一方面,中国扶贫小额信贷的持续发展和益贫性建设方面也存在一定的制约因素。如缺乏相应的制度规范,小额信贷组织存在不同程度的临时性观念;小额信贷业务机构受到行政干预、自身实力有限以及小额信贷业务成本高等限制性影响;利率和规模约束下减贫效益的不足等;这些因素导致一部分需要资金的贫困户和农户转向高利贷借款,小额信贷扶贫发展存在需求和供给的不平衡。但作为一种成熟的微型金融扶贫模式,小额信贷无疑是中国农村地区扶贫开发过程中一种现实的并具有巨大潜力的金融产品和金融服务,在本质上具有普惠金融的性质和特点,着眼于解决市场经济条件下,大量贫困人口信贷需求无法被正规金融机构满足的现实问

---

① 上述内容见 2004 年、2005 年、2006 年中央 1 号文件.

② 郑智峰. 农村小额信贷——扶贫与可持续发展研究. 中国农业银行武汉培训学院学报,2010 年,第 1 期.

题，为大量贫困人口实现开发式扶贫脱贫提供了生产动力，并伴随经济社会发展而不断调整和丰富其产品内容和形式，探索更加有效的小额信贷扶贫机制和实践模式。

二、十八大以来中国扶贫小额信贷的政策创新

中共十八大以来，国家加大了金融扶贫力度，小额信贷作为金融扶贫的"主力"备受重视，"扶贫小额信贷"被纳入精准扶贫十大工程。尽管《中国农村扶贫开发纲要（2001—2010 年)》就提出，"积极稳妥地推广扶贫到户的小额信贷，支持贫困农户发展生产"，但长期以来小额信贷还面临若干障碍，其助力扶贫开发的优势也未能充分发挥。中共十八大以来，国务院扶贫办认真学习领会习近平总书记扶贫开发战略重要论述，总结中国过去小额信贷有益经验，结合打赢脱贫攻坚战的现实需要，探索出了一条适合贫困农户资金需求与发展禀赋、兼顾金融机构商业可持续性的扶贫小额信贷政策体系，取得了良好的金融精准扶贫成效。2014 年年末颁布的《关于创新发展扶贫小额信贷的指导意见》，充分体现精准扶贫精准脱贫方略，是十八大以来金融扶贫的重要创新。作为为建档立卡贫困户量身定做的金融精准扶贫产品，其政策要点是"5 万元以下、3 年期以内、免担保免抵押、基准利率放款、财政贴息、县建风险补偿金"。扶贫小额信贷自推出以来，在帮助贫困农户发展生产、增收脱贫等方面发挥了重要作用，深受广大贫困农户欢迎，是精准扶贫精准脱贫方略指导脱贫攻坚实践成效的有力证明。具体来说，这一政策的创新体现在以下几个方面。

（一）完善激励和约束机制，实现信贷服务管全程

习近平总书记指出，做好金融扶贫这篇文章。要通过完善激励和约束机制，推动各类金融机构实施特惠金融政策，加大对脱贫攻坚的金融支持力度，特别要重视发挥好政策性金融和开发性金融在脱贫攻坚中的作用。扶贫小额信贷兼具金融和扶贫两种存在张力的目标，如果缺少合理的激励机制，资金往往无法通过有效的金融途径配置到贫困农户；如果没有约束机制的规范，小额信贷也极易偏离扶贫目标，甚至助推农户间经济地位的分化。"扶贫小额信贷"政策则充分考虑这两种机制的张力，通过合理的制度设计促使二者耦合发力，既使得扶贫小额信贷可以落地落实，又规避了其实践所包含的困境和风险。

具体而言，该政策以激励机制和规范机制创新解决小额信贷实施过程中的关键问题和关键环节，使资金能贷得出，贫困农户用得上、用得好，最终实现能致富、可持续的目标。首先是鼓励各地建立县、乡、村"三级联动、政银合作"服务体系，不仅将贫困农户信贷需求信息有效传递，也将农户的信用信息

与银行共享，利用政府治理资源降低了小额信贷的交易成本。在此基础上，扶贫小额信贷的政策设计还充分考虑贫困农户运用资金致富的各方面，既落实了"谁来管"的责任，"谁来贷""怎么贷""怎么还"以及"怎么还"的一系列问题也有了政策激励和规范，真正实现了促进贫困户贷得到、用得好、还得上、逐步富。

综合运用激励机制与规范机制，减少了过去或强调银行作用，或偏重政府推动单向发力的弊端。政府和银行行为的规范化避免了地方政府为规避责任而使小额信贷扶贫"瞄不准"，也避免了金融机构因高风险和高成本而不愿放贷或高利率放贷，从而解决贫困农户贷款难和贷款贵的问题。具体的政策安排中，一方面强调通过政府引导、市场运作，发挥了政府统筹协调作用，注重按市场规则推动扶贫小额信贷持续健康发展，协调金融机构为建档立卡贫困户量身定制贷款产品，完善信贷服务。另一方面，则积极通过规范运作、防范风险，要求各地加强金融风险防控，探索建立贷款风险分散和化解机制，维护地方金融秩序稳定；同时要求金融机构根据建档立卡贫困户的信用评级，审慎核定授信总额，合理设定贷款管理比率，实现贫困农户资金管理市场和规范化。

总之，"管全程"意味着"扶贫小额信贷"不单是配置金融资源，同样也包含了金融服务下沉和金融生态建构，从而为政策目标不偏离、执行不走样提供了完善的制度基础。有了完善的制度环境，小额信贷的各参与主体的利益和目标有了综合性的协调，从而使得信贷扶贫不仅可能，而且可为、有为。

（二）降低贫困农户贷款门槛，施行"免抵押、免担保"信贷

长期以来，尽管小额信贷扶贫定位于服务贫困人群，但实践中为了规避金融风险或节约交易成本，金融机构仍然保持对贷款对象的甄别和筛选，抵押和担保往往是筛选和甄别的重要依据。然而，越是贫困农户也却越缺乏抵押物品或社会资本，因而越会被排斥在传统的扶贫小额信贷之外。例如在"五户联保"的模式中，村庄内最贫困的家庭往往不易获得足够的联保支持，因而也难以获得贷款。因而在只有银行和农户参与的信贷实践中，农户依然面临一定的信贷门槛。于是，意在解除农户资金约束的小额信贷，却面临其他非资金性质的障碍。而从银行的角度来看，这种门槛的设置又是必需的，在金融稳定运行的前提下，银行难以甄别缺乏抵押和担保农户对资金的真实需求和经营能力，也无法通过利率机制充分覆盖无抵押和担保的风险。

农户有资金需求，银行有资金供给，二者无法充分匹配的困局需要制度创新来突破。"扶贫小额信贷"政策正是建立在对这一矛盾认识的基础上，利用政府掌握的建档立卡贫困户信息以及政府信誉的担保功能，打通贫困农户和银行之间资金流动的渠道。对于已录入建档立卡信息系统的贫困户，政策规定

"凡有发展愿望、生产能力、发展项目和还款能力的，都有资格申请贷款"。同时支持鼓励"金融机构从实际出发，适度放宽申请贷款的年龄条件"。

然而打通农户与银行的对接渠道并非不计后果或者无的放矢，通过"三级联动、政银合作"管理体系，以及全国扶贫信息网络系统与银行贷款管理系统有效对接，贫困农户的资金需求得到充分识别；通过驻村工作队、帮扶责任人、村两委以及第一书记（或者村级组织）对扶贫小额信贷全过程跟踪监督，各级扶贫部门还要实地查看、走访农户开展定期监测，资金的使用过程也得到了政府治理资源的规范，从而使资金"贷得出"，也能"用得好"。

这一系列措施避免了过去为规避风险而造成的贫困户资金需求无法满足的困境，有效实现了小额信贷的精准实践，其"雪中送炭"的功能得以实现。另一方面，这一制度设计也体现了金融配置资源的效率原则，贫困农户的高获贷率并没有以金融资源"错配"为代价，而是利用建档立卡信息以及精准扶贫工作体系来实现信贷的精准。由此银行通过与政府的合作，不仅能降低信贷交易成本，同时也有助于规避信贷风险。

（三）调动农户和银行积极性，进行财政贴息和风险补偿

就其本质而言，扶贫小额信贷政策实质乃是政府、银行和农户三者利益和目标的协调，从而达到有利于改善农户经济状况的平衡。理想情况下，三者在目标上具有一致性，银行放贷、农户发展生产，彼此各得其所。然而生产以及市场竞争的不确定性使三者不仅有利益扩大的诉求，也面临风险规避的问题。由于银行的优势地位，通过利率调节、信贷产品创新等手段尽可能地将风险分摊给农户。纯粹市场竞争条件下，银行更容易将风险转嫁给农户，而做到旱涝保收。因而在风险条件下，小额信贷虽然存在改善贫困农户机会，但一旦发生经营风险，农户的福利状况会因负债而恶化。

银行凭借垄断地位可以有效控制风险，贫困农户抵御风险的能力又弱，完全通过市场机制难以充分实现小额信贷的扶贫功能，因而政府重构小额信贷的利益关系和风险结构则成为扶贫小额信贷创新的突破点。"扶贫小额信贷"政策在探索建立贷款风险分散和化解机制方面做出了重大创新，通过财政资金建立风险补偿金，将金融机构不愿承担，贫困农户难以承担的风险打包由政府来承担。这一做法创造性地实现了财政扶贫政策与金融良性互动，有效克服了信贷中市场失灵的问题，也解决了一些地方财政扶贫资金规模小且分散化的困境。对于农户而言，乃是建立在两个假设之上：一是贫困农户自有资金严重缺乏，而且因缺乏必要的抵押和担保也不能从正规的金融市场上获得贷款，因此为贫困农户提供特别信贷支持就具有重要的意义。二是贫困农户付不起全部市

场利率①。政府分担风险以及贴息则满足了上述假设，使贫困农户信贷成为可能。

为了避免地方政府推卸相关责任，政策也对政府的行为进行了约束，中央和省级政府将扶贫小额信贷县级风险补偿金建立情况、贫困户贷款获得以及贷款偿还情况等分别纳入对地方政府考核的范畴。与此同时，政府责任的边界也得到了明确，并非为贫困农户承担无限的责任，对于非恶意或非故意不还款情形，经村级金融服务组织核实后，贫困户可申请按政策要求办理无还本续贷或展期业务。而对于恶意或故意不还款情形，银行将通过法律途径持续追偿，农户也将承担相应的法律责任。此外，在实际操作中，除县级运用财政资金，建立扶贫小额信贷风险补偿资金，建立银、保、政三方共担坏账损失的机制，制定出《扶贫小额信贷风险补偿资金管理办法》，并按规定对不良贷款进行补偿和分摊，政策还鼓励村级将帮扶单位捐赠的资金用于风险补偿。

总之"贴息"与"风险补偿"的综合运用，一方面有效激发了贫困农户的贷款的意愿，也降低了"风险厌恶"导致的内生动力不足；另一方面通过风险分担机制的设计，减少了金融风险对农户的冲击，也避免了对银行风险控制的干扰。

（四）释放小额信贷优势，拓展信贷规模和期限

一般而言，资金规模小、贷款时间短被认为是小额信贷的重要特点，然而这也是小额信贷的局限所在，是一种银行更多受益的制度设计。事实上，对于农业生产，尤其是特色农业生产而言，其对于资金规模和还款周期都有一定要求，资金太少难以实现产业升级换代，周期短又无法适应一些特色农牧业生产周期长的特点。例如牛羊养殖或者中草药种植，不仅前期资金投入大，而且产品上市所需时间也长。

"像任何事物一样，小额信贷也具有自身的局限性，因此，在具体运作小额信贷时，应注意扬长避短"②"扶贫小额信贷"在风险控制的基础上，将小额信贷资金规模上限设置为 5 万元，周期上限设置为 3 年。这一安排基本可以满足农户一般农业生产的资金需求。而且在具体操作中村级组织除对申请人审查外，还要对申请发展的项目进行评判，根据项目规模和生产周期初步审查其贷款金额或贷款期限。银行对申请人情况进行复核，如情况基本属实，原则上满足贫困户提出的贷款申请额度和使用期限，但贷款额度不超过 5 万元，期限

---

① 吴国宝．扶贫模式研究：中国小额信贷扶贫研究．北京：中国经济出版社，2002 年，第 88 页．

② 杜晓山，刘文璞等．著．小额信贷原理及运作．上海财经大学出版社，2001 年，第 129 页．

不超过3年。此外，贷款资金必须户借、户用、户还，但按照贫困户的意愿，多家多户可抱团发展生产，还可以财务合作社的方式共同发展生产。

资金规模和贷款周期的拓展，不仅有效地助推了贫困农户"摆脱贫困"，同样也为贫困农户进一步发展提供了空间。作为一项金融创新，"扶贫小额信贷"这一制度设计打破了长期以来小额信贷"解决'温饱'有效而对促进'发展'乏力"的局限①。其不仅对打赢我国脱贫攻坚战和全面建成小康社会有积极作用，而且对于世界减贫事业有重要启示，即在发展中解决贫困问题，在解决贫困问题中促进发展是一个连续性的时间过程，而对于贫困治理从"温饱"到"发展"的阶段性认识则可能是一种发展的迷思。

（五）面向建档立卡贫困户，强化配套帮扶

解决贫困农户发展资金的约束只是"扶贫小额信贷"实践的第一步，贫困农户最终致富，还需要资金能够用得好。解决金融精准扶贫中"怎么扶"的问题，不仅需要资金作保障，更需要以"绣花功夫"帮助农户发展产业自力更生。以往小额信贷面临的一个主要矛盾在于农户致富意愿、资金需求与自身能力三者之间的矛盾。越是贫困农户其运用资金发展生产的能力也越弱，即使获得资金也很难充分利用好资金。这一意义上，资金只是贫困农户发展的外因，真正让其能致富，还需要提升其生产能力这一内因。对此，"扶贫小额信贷"不仅构建了贫困农户发展的有利条件，同样也激活和培育其发展的意愿和能力。

"扶贫小额信贷"的一大亮点就在于不仅解决农民的资金需求，也充分利用政府、银行、驻村帮扶队等多种力量来帮助农民用好资金。首先政策明确了农户申请贷款需要同帮扶责任人、驻村工作队、村两委、第一书记等共同协商，从而选择适合自己发展的项目。其次，贷款资金原则上只能用于申请的即贷款合同规定的项目，并且应专款专用。在使用过程中，村级组织、帮扶责任人、驻村干部等要对贷款贫困户进行走访，了解他们的生产生活状况、经营状况，监督贫困户将贷款用于申请发展的项目，对没有按贷款约定发展项目和更改贷款用途的，及时上报。这一安排不仅避免了过去农户将信贷资金视作财政补贴的做法，也通过经常性的互动来影响和鼓励农户专心发展。

为了应对贫困农户技术和能力方面的短板，政策安排也突出了相关部门对于农民的非资金帮扶。农户贷款发展项目需要的技术服务主要通过村级组织来获得，贫困户可以将技术服务需求告之村级组织负责人，由驻村工作队、乡镇驻村干部、"第一书记"并通过他们衔接县、乡镇相关业务部门技术人员开展

---

① 杜晓山，刘文璞等．著．小额信贷原理及运作．上海财经大学出版社，2001年，第132页．

针对性的技术服务。市场服务主要通过帮扶单位、龙头企业、农民专业合作社等新型农业经营主体，积极运用批发市场或电商平台，获取市场信息和产品营销服务。

总之，《关于创新发展扶贫小额信贷的指导意见》符合十八届三中全会"发展普惠金融"的要求，是"接地气"的特惠扶贫举措。《意见》在针对建档立卡贫困户特惠措施、调动银行积极性及支持贫困户发展产业和提供服务等关键环节和关键措施上取得了新突破，同时在顶层设计上体现了用扶贫小额信贷来落实精准扶贫、用机制创新来落实完善金融扶贫机制、用特惠金融措施来实现贫困地区的普惠金融、用制度创新来推进扶贫小额信贷等方面突出特点。

三、十八大以来中国扶贫小额信贷的实践创新及成效

中共十八大以来，国家不断创新和完善扶贫小额信贷政策，小额信贷成为一项专门为建档立卡贫困户获得发展资金而量身定制的扶贫贷款产品。据统计，到 2016 年，全国累计发放小额信贷资金 2 883 亿元，贫困农户获贷率由 2014 年的 2％提高到 2016 年年底的 26.7％。全国共有 740 万贫困农户受益。同时，各地方政府根据国家扶贫小额信贷的顶层设计，结合地方经济社会发展实际，不断探索适合地方的小额信贷扶贫实践模式，取得了显著的减贫脱贫成效。

（一）宁夏盐池：扩展金融服务的扶贫小额信贷模式

宁夏盐池位于陕甘宁蒙四省交界地带，地处毛乌素沙漠南缘，国土面积 8 522.2 平方公里，下辖四乡四镇 1 个街道办，102 个行政村，总人口 17.2 万人，其中农业人口 13.9 万人。盐池是国家级贫困县，同时也著有"中国滩羊之乡""中国甘草之乡"等美称。2016 年共有贫困村 74 个，贫困人口 11 228 户 34 046 人。

2016 年以来，为帮助农户解决发展资金问题，盐池县将小额信贷作为脱贫攻坚第一抓手，率先在全区全面推行扶贫小额信贷，完成了贫困户贷款全覆盖，以及金融扶贫精准统计和信息共享，破解了扶贫小额信贷 10 大难题，在解决建档立卡贫困户贷款难、贷款贵等问题方面取得了显著成效，2016 年全县扶贫小额信贷共发放 5.4 亿元，贫困农户获贷率达 86％，共支持 8 181 户贫困农户发展扶贫产业，户均增收 1.2 万元，金融扶贫的"盐池模式"也受到政府和社会的广泛认可。

1. 健全金融扶贫政策体系，引导多主体协同参与 根据中央及宁夏回族

自治区扶贫开发有关精神，盐池县委县政府认真贯彻部署，结合地区贫困人口普遍缺乏发展资金的实际，将金融扶贫作为打赢脱贫攻坚战的核心举措，先后7次专题研究部署金融扶贫工作，相继制定出台《盐池县金融发展规划》《盐池县加快扶贫开发实施意见》等一系列政策文件，在构建金融扶贫体系、制定优惠政策、防范金融风险等方面提出了一系列创新举措，形成了较为完善的金融扶贫政策体系。

在扶贫小额信贷实施过程中，一方面，积极引导和动员县内各类金融机构参与脱贫攻坚工作，为建档立卡贫困户量身定做金融产品。通过设立风险补偿金与评级授信相结合，解除了银行后顾之忧，确保了扶贫小额信贷六个政策要点全面推广落实。另一方面，充分发挥党员干部、基层干部的示范引领作用，通过多种宣传形式，提高扶贫小额信贷的政策知晓率和参与率。通过建立党员"1＋1""支部＋合作社＋贫困户"等助贷扶贫模式，把支部建到金融链、产业链上，发挥村两委、驻村工作队和党员干部带动作用，将基层党建工作与金融扶贫工作有机结合，为扶贫小额信贷的实施奠定了基础。

2. **完善农村金融信用体系，降低贷款门槛和贷款成本**　为推进扶贫小额信贷实施，盐池县积极探索完善农村金融信用体系。即改变原有评级授信标准，创新推行建档立卡贫困户诚信度占60％，家庭收入30％，基本情况10％的"631"评级授信系统。根据评级结果确定授信额度，发放"金扶卡"，农户一次授信，3年内随用随取，不用时不产生利息，有效降低了贷款门槛和贷款成本。同时，按照"1531"的比例（即精神文明10％、信用情况50％、家庭资产30％、基本情况10％），构建"四信平台"，将全县所有农户的信用情况由低到高分为 A、A+、AA、AAA 四个信用等级，信用等级越高，在贷款项目支持等方面享受的优惠越多。

截至2016年7月底，盐池县共为8 720户建档立卡贫困户给予评级授信，授信额度4.6亿元。全县共评出信用乡镇3个、信用村60个、信用组320、信用户2.32万户。这一创新举措不仅降低了贫困人口贷款的门槛和成本，促进了各金融机构扶贫小额信贷项目的顺利开展，也在全县形成了守信才能发展、失信寸步难行的群众共识。

3. **创新实施融资撬动，建立扶贫资金"蓄水池"和"风险金"**　如何筹集金融扶贫资金，确保扶贫小额信贷可持续，是扶贫小额信贷发展过程中亟待解决的重要问题。为此，盐池县政府牵头成立了中民融盐扶贫担保公司，县财政拿出5 000万元，引导社会融资入股5.5亿元，形成3亿元的扶贫担保基金和3亿元的产业发展基金，撬动银行30亿元的信贷资金，形成了一个可持续发展的"资金池"。两年来，中民融盐扶贫担保公司一家企业就向306户建档立卡贫困户贷款2 336万元，户均贷款7.6万元。这些举措有效解决了参与产品扶贫的龙头企业融资难困境，也促进了其定向精准扶持建档立卡贫困户发展特色优势产业。

同时，为构建金融扶贫长效机制，实现扶贫小额信贷可持续发展，盐池县将风险防控放在重要位置，围绕贷款"有需求、贷得出、能收回"，完善扶贫小额信贷风险防控网络。通过建立政府风险补偿基金，严把评级授信关，以及创建"精准扶贫管理系统"平台，强化金融信贷监督，为扶贫小额信贷健康、可持续发展保驾护航。

4. 推动产业与金融融合发展，促进贫困户增收 盐池虽然是国家贫困县，但域内各类资源丰富，人口稀少，滩羊养殖一直是该县特色产业。然而，由于资金缺乏，贫困农户发展往往陷入资金匮乏导致的"贫困陷阱"。潜在的扶贫资源要转换为贫困地区现实的扶贫生产要素，就需要资金要素来进行"第一"和"持续"的推动①。随着金融扶贫的深化发展，盐池县抓住国家实行金融扶贫的政策机遇，与信用社、农业银行、宁夏银行、邮储银行等金融机构和龙头企业衔接沟通，瞄准产业落实贷款，助推滩羊、黄花、小杂粮等特色产业发展。通过"依托金融创新推动产业发展、依靠产业发展促进农民增收"的产融结合举措，帮助贫困人口争取发展资金，走上脱贫致富的内生发展道路。

截至 2016 年底，全县扶贫小额信贷贷款余额已达 31.4 亿元，贷款户达2.8 万余户。借助这些发展资金，县域内建档立卡贫困户累计存栏滩羊基础母羊达 33.7 万只，种植黄花 2 814 亩（187.6 公顷）、小杂粮 14.9 万亩（约9 933公顷），金融扶贫大大促进了扶贫产业的壮大和发展。

总的来看，盐池县扶贫小额信贷是一种扩展的金融服务形式，其不仅借助传统的"联保"放贷模式，还探索出"信用风险与利率挂钩""黑名单释放"等信贷措施，以实现信贷农户的精准识别以及信贷风险的精准控制。同时，充分利用党建扶贫、村社精英等乡村治理资源完善农村的信用体系，以及龙头企业推动特色产业发展的契机，实现金融资本与社会资本融合，小额信贷与产业发展融合，不仅为金融扶贫建构了良好的金融环境，也有力推动了地方产业发展和贫困人口脱贫致富，促进了扶贫小额信贷模式的稳定可持续发展。

（二）贵州雷山：创新"银保互动"扶贫小额信贷模式②

雷山县是贵州省贫困人口分布相对集中、贫困面较大的区域之一，也是国

---

① 李伶俐，刘小华，王定祥. 论我国农村扶贫金融制度的完善与创新. 上海经济研究，2017 年，第 5 期.

② 谢玉梅，王芳，包兴林. 精准扶贫小额信贷创新个案研究——以贵州省雷山县为例. 贵州社会科学，2016 年，第 10 期.

家扶贫开发重点县和滇桂黔石漠化连片特困地区县。域内总面积 1 218 平方公里，总人口 15.7 万人，其中农业人口 13.79 万人，是一个汉、苗、水、侗、瑶、彝等民族聚居的典型少数民族山区贫困县。

2013 年国家实施精准扶贫以来，雷山县信用社结合其位于山区且自然灾害多发、贫困农户抗风险能力差等特点，以及贫困户缺乏流动资金的现状，创新推出了银保互动的扶贫小额信贷模式，为当地贫困人口脱贫致富增添了动力和保障。

1. 贫困人口精准识别、信用评级、优惠激励　长期以来，由于传统识别方法和机制不健全，产生了贫困人口识别底数不清、情况不明、针对性差等诸问题，导致信贷扶贫资金偏离贫困人口，大大减弱了扶贫项目和资金的减贫作用[①]。为此，雷山县在贫困人口识别过程中，采取自下而上和自上而下相结合方法，通过 305 名驻村干部组成的工作队参与精准识别和贫困人口建档立卡工作，为开展精准帮扶的"个案管理"奠定基础。

随后，为了给贫困户增信，雷山县以县信用社为总指导，以乡（镇）为中心，以村为单位，建立起三级联动的信用评价体系，由信用社对扶贫部门精准识别出的贫困户进行信用评级和贷款额度审批，同时在县域内全面开展信用乡、信用村评级工作。2014 年，雷山县由信用社主任或信贷员、村组干部、村民代表组成信贷小组，负责农户评级授信工作，对农户信用等级和授信额度实行民主评议。村民小组根据农户的家庭年净收入（35%）、家庭净资产（20%）、结算情况（10%）、银行信用记录（20%）和社会诚信度及个人品质（15%）对农户进行打分，评定农户特优、优秀、较好、一般、等外五个信用评级。同时，信用户占应评级农户的 90% 以上，农户贷款面达到 60% 以上，农户不良贷款（四级）面控制在 5% 以内，村干部无不良贷款的村委会评为"信用村"；信用村占 60% 以上，乡（镇）干部积极配合清收不良贷款的乡（镇）评为"信用乡（镇）"。

此外，信用社建立正向优惠激励机制，对信用户、信用乡以及信用村内的信用户实施贷款利率优惠措施，并建立对信用乡、信用村、信用户的动态管理，每年审验一次，对信用度高、经营效益好的农户、村（居）、乡（镇）适当进行晋级，提高授信额度；对信用度较差、不守法经营的信用户给予警告，并调低其信用等级，同时整个村、乡的信用评级也会受到影响。

2. 创新推广"银保互动"小额信贷产品　为防范农户因人身意外伤害而不能及时还款，2014 年以来，雷山县农村信用联社和中国人寿保险股份有限

---

① 王国勇，邢溦．我国精准扶贫工作机制问题探析．农村经济，2015 年第 9 期；汪三贵，郭子豪．论中国的精准扶贫．贵州社会科学，2015 年，第 5 期．

公司合作，针对县域内贫困人口专门设计了一项"银保互动"小额信贷产品，以推动农村金融扶贫发展。

从机制上来看，银保互动是指农户申请贷款时投保与农业信贷捆绑的保险，并将银行设为保险第一受益人，即农业保险与农村信贷相结合的互动机制。从程序上来看，信用社对建档立卡人口中有贷款需求的贫困户发放扶贫小额贷款时，在贷款人自愿情况下，推出"安贷宝"保险，贫困户与保险机构签订保险合同，并以信用社作为第一受益人，保费为贷款金额的 5%。当发生意外导致农户不能还贷时，保险公司将优先向信用社理赔以补偿贷款，保单最高金额为贷款金额，赔付限额以保险金额为限。同时，贫困户获得贷款后，村两委与驻村干部要对贫困户扶贫资金使用情况进行全程指导和监督。

在银保互动机制下，对于购买保险的农户来说，保险类似抵押物，可以增加农户的信用等级，提高农户的融资能力[1]。当没有自然风险、大病风险发生时，获得贷款的农户可以通过扩大生产增加家庭收入，提高其生活水平；一旦发生投保风险导致农户不能还贷时，银行作为第一受益人可以获得保险公司的赔偿，进而降低银行的不良贷款[2]。对银行来说，保险的加入改善了信贷价格和信贷条件，有助于增加银行的放贷意愿。尤其是在精准扶贫背景下，银行实施信用建设工程，通过乡、村和农户三级信用评级，建立三级联动的信用评价体系，开展保险与银行的合作，则有利于信息共享减少银行信息搜索成本和识别客户风险的成本，从而实现多方共赢[3]。

3. 建立完善保险分担机制　在推行"银保互动"扶贫小额信贷模式的同时，雷山县针对地区农户农业生产过程中普遍存在的旱涝、冰雹、病虫害等自然风险与人身意外风险，雷山县政府引导和鼓励种植户参加政策性种植保险，并对投保农户给予保费补贴，其中农户承担 20%，其余部分由中央、省、州、县级财政按照 40%、25%、4.5%、10.5% 的比例承担。

这一举措借助保险机制，为贫困农户从事农业生产和自身人力资本维系提供了一道保护性屏障，不仅有力地促进了县域农业产业的发展，也有利于减轻贫困农户遭遇自然或人身风险时的损失，从而减少贫困人口现金支出，维系和提高其收入和生活水平。

总的来看，贵州雷山的"银保互动"扶贫小额信贷模式，通过精准识别、信用评级及保险机制，在一定程度上缓解了贫困户贷款中的道德风险、自然风

①　张浩，李前进，吴莹．农业保险与农村信贷互动机制研究．上海金融，2010 年第 3 期；李景波，佟国光．农业保险的信贷支持效应分析．农业经济，2011 年，第 9 期．
②　张志军，于涛．农村贷款中的银保合作问题研究．农业经济，2012 年，第 6 期．
③　刘祚祥，郭伦国，杨勇．信息共享、风险分担与农村银保互动机制．广东金融学院学报，2010 年，第 3 期．

险和人身意外风险，且金融机构在扩大贷款的同时也保持了较为稳定的资金回收率，并由此提供资金支持和风险保障，促进贫困户收入水平的提高。特别是由于开发式扶贫进入攻坚阶段以后，面对贫困户增收机会少，对生产性贷款有效需求不足的现状，亟待对扶贫小额信贷的使用方法进行相应调整，以根据贫困户的能力和需求采取不同的资金支持策略，充分发挥扶贫信贷资金的支持作用。

实现精准扶贫到户到人的金融政策、产品和服务，是银行业助推脱贫攻坚的重要举措，也是中国扶贫开发过程中破解贫困人口贷款难、贷款贵问题的有效探索。扶贫小额信贷作为精准扶贫阶段国家为建档立卡贫困人口量身定制的金融服务和金融产品形式，具有定向、精准、特惠和创新等特点。特别是十八大以来，伴随国家有关扶贫小额信贷顶层设计的政策创新和激励引导，地方政府在务实推进扶贫小额信贷工作过程中，结合地方实际，探索出一系列有效的工作模式和工作机制，涌现出一批典型实践案例。如宁夏盐池县扩展服务的扶贫小额信贷模式、湖南麻阳县的产融结合模式、四川巴中市财政资金与金融资金的融合模式、贵州雷山的银保合作模式等，无不体现出各地在推进金融扶贫过程中，将提高贫困人口生产发展动力与促进扶贫金融机构稳定可持续发展相结合的特点和优势。

与此同时，这些实践探索也存在一定的局限性，如贫困人口内生动力不足导致的不敢贷问题，风险补偿金到位不及时导致的银行不愿贷问题，以及产融结合的可持续问题等，这也继续要求扶贫小额信贷理论和实践的进一步创新、完善，以适应我国经济社会发展以及全面建成小康社会阶段，国家和地方经济社会发展及贫困人口现状的发展转变。

四、经验与启示

中共十八大以来基于精准扶贫精准脱贫方略，有关部门对于这一金融扶贫的重要形式进行了系统性和综合性的创新，充分发挥了小额信贷扶贫的各项优势，也规避了其若干弊端，从而有效地落实了习近平总书记做好金融扶贫这篇文章的要求。扶贫小额信贷的成功，不仅为中国金融扶贫积累了基本经验，也对脱贫攻坚工作的其他领域具有其启示意义，具体包括以下几个方面。

（一）坚持政策创新发展，贯彻精准扶贫方略

小额信贷在一定程度是一项舶来的社会发明，其在国内的运用也并非十八大以来首创，然而所取得的实践成就无疑是前所未有的。"扶贫小额信贷"工程不仅将小额信贷扶贫的潜力进一步挖掘，而且很大程度上规避了以往小额信贷扶贫的诸多弊端。这主要得益于十八大以来创新发展理念的运用，以及在扶

贫小额信贷实践中贯彻精准扶贫精准脱贫的基本方略。

首先，扶贫小额信贷在政策设计和制度安排上作了诸多创新，敢于突破既有政策模式和成熟经验。这些创新不仅体现在风险分担机制的运用，融合财政资金和金融资金，充分发挥二者的优势，有效规避过去小额信贷扶贫实践的诸多弊端；还体现在银行与保险融合，通过保险机制来分散金融风险。这种将过去多种相对独立的领域和机制以特殊的方式统筹融合，其对于扶贫开发其他领域具有很好的借鉴意义。

其次，制度创新融合只是技术路线层面的改变，创新不应无的放矢，而是要具有明确的针对性。"扶贫小额信贷"正是紧紧围绕如何实现金融精准扶贫而进行的一系列创新。不仅是要缓解农户发展的资金约束，更是要通过小额信贷激发建档立卡贫困户的内生动力，实现脱贫致富；不仅是要通过金融创新打赢脱贫攻坚战，还是要通过脱贫攻坚行动提升政府治理能力，改善基层社会治理状况。从上文的分析中不难看出，扶贫小额信贷的成功不仅是金融制度的创新，同样也是基层治理的创新，而在这一创新过程中，贫困农户的经济发展与地方社会治理的改进相得益彰。

（二）坚持利益共享发展，平衡利益结构

扶贫小额信贷是普惠金融实践的重要载体，充分体现了以利益平衡为特点的金融资源再分配，通过稀缺资源向贫困人口的倾斜配置来实现社会的整体公平正义。然而，社会公平正义的实现，并非没有成本和代价，考虑到贫困人群金融的高交易成本和利用资源的效率，金融扶贫并非社会整体福利的最优配置。因而以小额信贷实现助力贫困人口脱贫，不仅要充分考虑贫困人口的需求特点与利益诉求，还需要在系统层面来分析小额信贷的运行与功能。

从宏观来看，扶贫小额信贷乃是共享发展理念的有力体现，将金融、财政等资源合理融合共同支持贫困农户发展生产。然而小额信贷相比于财政资金支持的优势也在于充分利用了市场机制，即农户和金融机构在其中均能收益，而且从整体上促进了地区和区域的经济发展。因而小额信贷的实践也必须遵从基于市场机制，获得商业的可持续性。扶贫小额信贷的实践就做到了这一点，具体的政策安排中，政府搭建了平台，设置了市场机制得以运行的条件，从而使银行在扶持贫困农户发展的同时，也获得了可持续的利润来源。

从分配正义的角度来看，上述做法不仅把社会财富的"蛋糕"分得均匀，而且没有以做小蛋糕为代价。金融发展与脱贫攻坚相得益彰，充分落实了习近平总书记以脱贫攻坚引领经济发展全局的战略目标，实现了一条经济发展新常态下促进经济增长的重要途径，实现了在发展中调节发展的不平衡，在增长中平衡利益结构。

（三）坚持输血造血结合，激发内生动力

精准扶贫精准脱贫乃是要通过政策的"组合拳"实现激发贫困群众内生动力改变贫困状况的目标，这就意味着不仅需要运用好政策工具和金融工具，还需要着力激发贫困群体的内生动力。扶贫小额信贷政策创新的出发点，正是以贫困农户的需求和禀赋为核心，去调整政府和银行在政策结构中的角色和功能。在小额信贷扶贫实践中，银行和政府不仅向农户提供资金，也在尊重农户自身发展意愿的基础上帮助其发展产业。这种帮扶的模式中，政府不再是过去"逼民致富"干预者的角色，而是成为农户发展的合作"伙伴"。

"政银农"三者关系的重构，不仅改变了贫困农户的弱势经济地位，同时也为其市场价值的实现提供了途径，从而也为其内生动力的生长提供了空间。对于农户而言，造血能力的实现首先是以输血为前提，但单纯的输血不仅难以培育造血机能，甚至还会损害既有的造血能力。因而对于金融一类具有输血性质的扶贫手段，如果不注重内生动力的激活，不仅无益于贫困农户发展，甚至会造成不可逆的损害。

扶贫小额信贷的经验则表明，内生动力的激活不仅需要外力的引导，更需要内因的充分激发。内生动力的形成意味着贫困农户的行为选择建立于某种价值观念，其形成不仅仅是认知或心理的转变，还包括其偏好结构的系统性重构。而这样一种具有意识形态性质的观念类型的形成，难以完全通过教育和心理干预实现，还需要物质性的刺激来实现。扶贫小额信贷则通过资金的注入与项目的实施将贫困农户带至特定的激励情境中，一方面劳动和经营可以带来更多的收入，另一方面懒惰和退缩不仅意味着收入的减少，还意味着贷款难以还清。正负的双重激励使得贫困农户不得不去改变已有"等靠要"的观念，而以新的价值观念来适应所处的激励环境，内生动力则因此形成。这对于其他领域和扶贫模式的启示则在于，贫困农户的内生动力虽然具有观念的性质，但其形成可以通过外在激励环境的改变来促进其观念的转变。

金融创新拓展扶贫资金渠道

杨志海

　　摘要：中共中央和国务院要求确保到 2020 年实现农村贫困人口脱贫，贫困县全部摘帽，解决区域性整体贫困。实践表明，单兵突击难以攻克贫困，必须在政府主导下，增强社会合力，集中火力向贫困地区发起总进攻。金融扶贫是扶贫开发战略体系的重要组成部分，是打赢脱贫攻坚战不可或缺的利器。十八大以来，政府、监管机构与金融机构相互协同作战，不断创新金融扶贫模式，丰富和拓展中国特色开发道路，不断开创了扶贫开发事业新局面。本报告从以下四个方面总结了十八大以来我国金融扶贫领域的实践和理论创新实践：首先，梳理了中国金融扶贫历程与政策演变，逐步由救济式"输血"向开发式"造血"转变；其次，详细介绍了十八大以来，习近平总书记关于金融扶贫系列重要讲话及其思想内涵，以及金融扶贫的顶层设计与制度安排的具体内容；再次，结合实践案例，总结了中国提升贫困地区金融生态环境的创新探索，充分发挥金融资金的引导与协同作用；最后，总结中国金融扶贫的经验和政策启示：坚持党对金融工作的领导，发动各种金融资源合力扶贫；普及金融理念，提升金融精准扶贫质量；推动产融结合，提高市场机制的益贫性。

一、中国金融扶贫的历程与政策演变

　　消除贫困、改善民生、逐步实现共同富裕，是社会主义的本质要求，是我

　　杨志海：中国证监会办公厅扶贫办副主任。

们党的重要使命。改革开放以来，中国大规模减贫成绩斐然。按照 1.25 美元/天的国际贫困线标准，1981 年中国绝对贫困人口数量高达 8.35 亿，贫困人口占世界总量的 43.1％，贫困发生率为 84％，远远高于世界贫困发生率 55％；到了 2016 年底，中国绝对贫困人口总量减少到 0.70 亿，占世界贫困人口的降低到 10％以下，贫困发生率为 5.07％，远远低于世界贫困发生率。

在减贫过程中，金融扶贫发挥了重要作用。通过金融手段可以在一定程度上增加贫困人群收入，提升贫困人群项目管理、理财等方面的能力，赋予贫困人群信贷权力（郭利华等，2017）。中国从 20 世纪 80 年代开始实施金融扶贫政策。主要相关金融扶贫政策主要包括贴息贷款政策、小额信贷政策和普惠金融政策。

(一) 贴息贷款政策

1986 年国家开展大规模扶贫行动以前，中国长期实施的主要贫困政策是以救济为主要形式的输血式扶贫政策，其负面作用是减弱了贫困地区贫困人口的自我发展动力，容易形成穷人对国家救济的依赖。自 20 世纪 80 年代中期开始，中国转向开发式扶贫，其中为贫困户提供贴息贷款是开发式扶贫的一项重要举措。扶贫贴息贷款政策的实施在一定程度上缓解了贫困人群信贷可得性问题，对减贫起到了一定的作用。

但实施过程中也产生了不少问题，诸如"精英俘获"，资金流向了非贫困人员；扶贫贴息贷款偿还率很低等。为此，国务院扶贫办会同其他部门对扶贫贴息贷款管理系统进行了多次改革（表1）。

2001 年 6 月，中国人民银行、财政部、国务院扶贫办和中国农业银行联合发布《扶贫贴息贷款管理实施办法》；2006 年国务院扶贫办、财政部和中国农业银行联合发布《关于深化扶贫贴息贷款管理体制改革的通知》；2008 年 4 月中国人民银行、财政部、国务院扶贫办和银监会联合发布了《关于全面改革扶贫贴息贷款管理体制的通知》。可以看出，扶贫贴息贷款管理体制逐步向着市场化运作方向发展，以期可以提高扶贫贴息贷款的"贫困锚定"效果。但政策制定者仅将扶贫贴息贷款当做一种投入要素考虑，忽略了实施该项政策所需要的制度安排对可持续扶贫和农村市场发育的影响，因此，无论是借助市场机制还是采取行政手段进行分配，扶贫资金都难以流向贫困人口。有研究显示，按照瞄准性和回收率来衡量的中国扶贫贴息贷款资金运行效率较低。

表 1　扶贫贴息贷款管理体制改革

2001 年：扶贫贴息贷款管理实施办法

项　　目	主要内容
贷款用途	支持能够带动低收入贫困人口增加收入的种植业、劳动密集型企业、农产品加工企业和市场流通企业，以及基础设施建设项目
发放主体	实施指导性计划管理，由中国农业银行按照放得出、收得回的原则自主发放
总量及期限结构	在上年的第四季度根据扶贫贷款实际需求合理确定。期限以一年为主，最长不超过三年
项目选择	中国农业银行与扶贫部门共同确定的贷款项目库范围内挑选项目。发放贷款前，要征得当地财政部门和扶贫部门的认可

2006 年：关于深化扶贫贴息贷款管理体制改革的通知

贷款对象和重点	到户贷款的贷款对象为建档立卡的贫困户。重点支持对解决贫困户温饱、增收有带动和扶持作用的农业产业化龙头企业
发放主体	任何愿意承担扶贫贷款任务的金融机构，均可发放扶贫贴息贷款
贷款利率和期限	期限由金融机构视实际生产周期自主决定，贴息 1 年
项目选择	扶贫部门要根据《中国农村扶贫开发纲要（2001—2010 年）》的要求和扶贫开发规划，会同有关部门认真抓好扶贫项目库建设

2008 年：关于全面改革扶贫贴息贷款管理体制的通知

改革思想	政府引导、市场运作；下放管理权限，引入竞争机制；固定贴息水平，灵活补贴方式；逐步探索建立风险防范和激励约束机制
下放管理权限	将扶贫贷款和贴息资金直接管理权限由中央下放到省，其中发放到贫困户的贷款（以下简称"到户贷款"）和贴息资金管理权限下放到县
发放主体	凡愿意参与扶贫工作的银行业金融机构，均可为扶贫贴息贷款发放主体
贷款投向	扶贫贷款集中用于国家和省扶贫开发工作重点县及非重点县的贫困村
贴息期限	中央财政按贴息 1 年安排贴息资金。具体贴息期限由各省根据具体情况自主确定

（二）小额信贷

　　贫困人口需要包括储蓄、信贷、保险等一系列金融服务，但他们通常难以获得正规渠道的金融服务，只能借助于民间金融等非正规途径。民间金融存在高风险、高成本、不可持续等问题，难以满足贫困人口需要。民间高利贷还会盘剥穷人，增加贫困人口的负担，成为制约贫困群体脱贫的障碍。为帮助贫困人口获得优质的金融服务，70年代在全球开始了以贫困人口为目标客户的小额信贷的探索。

借小额贷款捕捉商机、为孩子付学费或者填补现金流的暂时性缺口可在打破贫困循环中扮演着重要角色。同样，小额信贷也能使小商贩扩大进货，或者帮助贫困户修理漏雨的屋顶，支付卫生保健费用，或送更多的孩子上学。小额信贷还可以帮助贫困户维持歉收时期的消费水平。而且它还在应对突如其来的紧急情况、经营风险、季节性萧条，或者诸如洪水和死亡等足可使一个可怜的家庭陷入贫困的一系列事件时，扮演着一个缓冲器的角色（世界银行扶贫协商小组，2003）。鉴于小额信贷在扶贫中的独特优势，在联合国和世界银行等国际组织的大力倡导和推动下，小额信贷在90年代得以在全球快速发展。

中国在90年代初利用国际援助开展了小额信贷的试点。这一时期主要由非政府组织依靠国际捐赠，逐步探索小额信贷在中国农村扶贫的可能性。经过一段时间发展，小额信贷在扶贫方面取得较好成果。20世纪90年代中期，官方机构开始介入小额信贷扶贫项目。在借鉴国内非政府小额信贷项目的基础之上，农村信用合作社通过改进，推出了农户小额信用贷款和农户联保贷款两种新的贷款形式产品（程恩江和刘西川，2010）。中国人民银行分别于1999年、2000年相继出台了《农村信用社农户小额信用贷款管理暂行办法》和《农村信用社农户联保贷款管理指导意见》。这标志着非政府实行的社会担保贷款方式开始纳入正规金融制度监管框架。

上述小额信用贷款管理办法出台后，人民银行各支行和各地农村信用社认真落实中央农村工作会议精神，按照全国农村信用社工作会议要求，大力推广农户小额信用贷款，转变工作作风，简化贷款手续，支农服务工作有明显改进。但是，部分地区在推广农户小额信用贷款和改进支农工作中还存在一些问题，主要是：思想认识未完全到位，工作进展不平衡，操作不够规范，支农再贷款发放和管理还有待进一步完善。

为进一步做好农户小额信用贷款发放工作，改善支农服务，一系列政策措施相继推出。2002年，中国人民银行发布《关于进一步做好农户小额信用贷款发放和改进支农服务工作的通知》。2007年，中国银监会发布《关于银行业金融机构大力发展农村小额贷款业务的指导意见》，要求金融机构主动适应农村小额融资需求变化，大力发展农村小额贷款，有效解决农民贷款难的问题。2008年，中国银监会和中国人民银行发布《关于小额贷款公司试点的指导意见》，以期有效配置金融资源，引导资金流向农村和欠发达地区，改善农村地区金融服务，促进农业、农民和农村经济发展。2010年，中国人民银行、中国银监会、中国证监会和中国保监会联合发布了《关于全面推进农村金融产品和服务方式创新的指导意见》，要求大力发展农户小额信用贷款和农村微型金融，鼓励和引导金融机构通过零售、批发等多种方式着力扩大农村小额贷款投放，积极发展农户小额信用贷款和农户联保贷款，鼓励开发多样化小额信用贷款产品，努力满足农民多元化信贷需求、支持农民工返乡就业创业和大学生"村官"创业富民；积极扩大农户小额信用贷款和农户联保贷款的覆盖面，努力满足农村商业、服务业、流通业、小手工业和建筑业等专业化、市场化的资金需求；着力研究和解决农村弱势群体的金融服务需求，让更多的农村中低收入人群能够享受到现代化金融服务。2014 年，国务院扶贫办、财政部、中国人民银行、中国银监会、中国保监会五部门联合印发了《关于创新发展扶贫小额信贷的指导意见》，要求完善扶贫贴息贷款政策和机制，推进扶贫小额信贷工作，促进贫困人口脱贫致富；明确对有贷款意愿、有就业创业潜质、技能素质和一定还款能力的建档立卡贫困户，各地金融部门要支持其发展扶贫特色优势产业，增加收入，对符合贷款条件的建档立卡贫困户提供 5 万元以下、期限 3 年以内的信用贷款。

通过上述小额信贷政策演变，可以看出政府不断规范和鼓励小额信贷发展。虽然小额信贷取得了很大的扶贫成效，但也面临一些挑战。公益性小额贷款资金短缺，服务覆盖面受到很大限制；小额贷款公司有资金优势，但逐利性太强。

（三）普惠金融

2005 年联合国小额信贷年提出"普惠金融"理念。"普惠金融"一般是指能够有效地、全方位地为社会所有阶层和群体提供服务的金融体系，特别是为传统金融机构服务不到的小微企业、农民、欠发达地区和贫困人群提供金融服务的机会。尽管中国扶贫贷款贴息政策和小额贷款对贫困人群获取资金发展起到帮助作用，但实践中，依旧存在严重的"金融排斥"。李扬（2017）认为，我国的很多机构和个人都已获得了充分、在一定程度上已经是过度的金融服务，但是，广大的普通居民只是获得了有限的金融服务，而广大的弱势群体却很难获得有效的，甚至根本就得不到金融服务。

2013 年，中国共产党十八届三中全会通过的《关于全面深化改革若干重大问题的决定》做出了发展普惠金融的决策。2015 年，中共中央、国务院发布《关于打赢脱贫攻坚战的决定》，强调要加大金融扶贫力度，鼓励和引导商业性、政策性、开发性、合作性等各类金融机构加大对扶贫开发的金融支持。

为贯彻落实《关于打赢脱贫攻坚战的决定》和中央扶贫开发工作会议精神，中国人民银行等七部门于 2016 年 3 月联合印发了《关于金融助推脱贫攻坚的实施意见》，要求全面改进和提升扶贫金融服务，增强扶贫金融服务的精准性和有效性。发展普惠金融的决策和上述两个文件对我国金融扶贫政策给出了框架性设计和导向性安排，有利于整合各类金融扶贫资源，协同发力。

通过回顾中国金融扶贫政策安排，可以看出在十八大以前，金融扶贫往往是通过信贷政策来支持贫困地区和贫困人口发展来实现脱贫，手段相对单一，金融扶贫还处于低水平徘徊阶段，扶贫效果也不理想。而在十八大之后，特别是《关于打赢脱贫攻坚战的决定》发布后，金融扶贫则进入了整体设计、系统推进、资源整合、协同发力的新阶段，金融扶贫的效果也极大提升。

二、十八大以来金融扶贫的理论创新和顶层设计

中共十八大以来，习近平总书记把脱贫攻坚摆在治国理政突出位置。习近平总书记关于扶贫开发战略重要论述内容丰富、思想深邃、与时俱进，具有鲜明的思想性、理论性、指导性，是中国共产党和中国人民在扶贫开发领域理论创新和实践创新的集中体现。而金融扶贫重要论述是习近平总书记扶贫开发战略重要论述的组成部分，是新时代中国金融扶贫理论创新的集中体现，是中国金融扶贫服务脱贫攻坚战略的行动指南。

（一）习近平总书记关于金融扶贫的重要论述

对做好金融扶贫工作，习近平总书记多次作出重要指示，2015 年 6 月 18 日，习近平总书记在贵州视察时强调，增加金融资金对扶贫开发的投放，吸引社会资金参与扶贫开发，要积极开辟扶贫开发新的资金渠道，多渠道增加扶贫开发资金。2015 年 11 月 27 日，在中央扶贫开发工作会议上，习近平总书记指出，要做好金融扶贫这篇文章，要加大对脱贫攻坚的金融支持力度。2017 年 2 月 21 日，习近平总书记在中央政治局第 39 次集体学习时强调，要突出产业扶贫，提高组织化程度，培育带动贫困人口脱贫的经济实体。2017 年 6 月 23 日，习近平总书记在山西太原市主持召开深度贫困地区脱贫攻坚座谈会，要求加大投入支持力度。要发挥政府投入的主体和主导作用，发挥金融资金的引导和协同作用，新增脱贫攻坚资金主要用于深度贫困地区，新增脱贫攻坚项目主要布局于深度贫困地区，新增脱贫攻坚举措主要集中于深度贫困地区。各部门安排的惠民项目要向深度贫困地区倾斜，深度贫困地区新增涉农资金要集中整合用于脱贫攻坚项目。各级财政要加大对深度贫困地区的转移支付规模。要通过各种举措，形成支持深度贫困地区脱贫攻坚的强大投入合力。2017 年 7 月 14—15 日召开的全国金融工作会议上，习近平总书记指出，要建设普惠金融体系，加强对小微企业、"三农"和偏远地区的金融服务，推进金融精准扶

贫，鼓励发展绿色金融。

（二）金融扶贫的理论创新

习近平总书记关于金融扶贫的系列重要讲话为金融支持深度贫困地区指明了方向，是新形势下金融领域深入做好金融扶贫工作的行动纲领和指南。通过认真学习习近平总书记关于金融扶贫的系列重要讲话，习近平总书记金融扶贫重要论述的内涵主要集中以下几个方面：

金融扶贫贵在精准扶贫。2013年习近平总书记在考察湖南湘西时首次提出了"精准扶贫"，扶贫脱贫对象由区域转到精准的贫困家庭和贫困人口。2015年，习近平总书记在贵州省调研的时候再次强调精准扶贫，"扶贫开发贵在精准，重在精准，成败之举在精准。"这同样是对金融领域提出的一个基本要求。只有精准识别，资金才可能得到优化配置，流向信用状况好的贫困人群。2017年，在全国金融工作会议上，习近平总书记指出，推进金融精准扶贫，发挥金融资金的引导和协同作用，纠正资本的短视和私利行为，出台配套措施，引导资金流向深度贫困地区。

金融扶贫重在开发式扶贫。扶贫不能是简单的赠予，应该以商业智慧来运作，带动社会多种力量参与，实现产融结合，助力产业发展，增强贫困地区造血能力，有效阻止返贫发生。建设普惠金融体系，加强对小微企业、"三农"和偏远地区的金融服务，要发挥金融资金的要素引导作用和市场机制作用。

金融扶贫要协同作战。贫困地区基础条件差，金融扶贫本身具有较高的风险。加大对脱贫攻坚的金融支持力度，需要金融政策、财政政策、产业政策、区域政策协同，金融监管、金融机构、龙头企业、贫困人口协同，银行、证券、保险和金融科技协同，只有全方位、多维度的系统配合和联动机制，才能产生1+1大于2的协同力量。比如资金放款收款困难，需要政府、银行、保险等机构发挥各自功能，共同分担风险。

金融扶贫难在持续投入。习近平总书记强调，"防止返贫和继续攻坚同样重要""已经摘帽的贫困县、贫困村、贫困户，要继续巩固，增强'造血'功能，建立健全稳定脱贫长效机制"。为了防止返贫，取得脱贫攻坚战的彻底胜利，政府部门和金融监管机构要坚持脱贫不脱政策的总体要求，金融机构要持之以恒地加大对贫困地区的资金投入，金融机构、龙头企业和贫困户要建立更加长期稳固的金融扶贫与产业扶贫紧密结合的机制和模式。

习近平总书记关于金融扶贫的系列重要讲话高屋建瓴、分析透彻、思想深刻、内涵丰富，具有很强的思想性、战略性和指导性，为进一步提升金融精准扶贫指明了前进方向，提供了根本遵循。

（三）十八大以来金融扶贫的顶层设计与制度安排

在习近平总书记金融扶贫重要论述指导下，中国对金融扶贫的指导思想、总体要求、基本原则、实施路径、政策保障、关键举措等进行了顶层设计和制度安排。习近平总书记在十九大报告中指出，时代是思想之母，实践是理论之源。这种顶层设计与制度安排正是连接伟大思想与伟大实践的关键环节。

1. 金融扶贫的顶层设计　中共中央和国务院发布的《关于打赢脱贫攻坚战的决定》做出了金融扶贫的决策，要求加大金融扶贫力度。鼓励和引导商业性、政策性、开发性、合作性等各类金融机构加大对扶贫开发的金融支持。运用多种货币政策工具，向金融机构提供长期、低成本的资金，用于支持扶贫开发。设立扶贫再贷款，实行比支农再贷款更优惠的利率，重点支持贫困地区发展特色产业和贫困人口就业创业。运用适当的政策安排，动用财政贴息资金及部分金融机构的富余资金，对接政策性、开发性金融机构的资金需求，拓宽扶贫资金来源渠道。由国家开发银行和中国农业发展银行发行政策性金融债，按照微利或保本的原则发放长期贷款，中央财政给予90%的贷款贴息，专项用于易地扶贫搬迁。国家开发银行、中国农业发展银行分别设立"扶贫金融事业部"，依法享受税收优惠。中国农业银行、邮政储蓄银行、农村信用社等金融机构要延伸服务网络，创新金融产品，增加贫困地区信贷投放。对有稳定还款来源的扶贫项目，允许采用过桥贷款方式，撬动信贷资金投入。按照省（自治区、直辖市）负总责的要求，建立和完善省级扶贫开发投融资主体。支持农村信用社、村镇银行等金融机构为贫困户提供免抵押、免担保扶贫小额信贷，由财政按基础利率贴息。加大创业担保贷款、助学贷款、妇女小额贷款、康复扶贫贷款实施力度。优先支持在贫困地区设立村镇银行、小额贷款公司等机构。支持贫困地区培育发展农民资金互助组织，开展农民合作社信用合作试点。支持贫困地区设立扶贫贷款风险补偿基金。支持贫困地区设立政府出资的融资担保机构，重点开展扶贫担保业务。积极发展扶贫小额贷款保证保险，对贫困户保证保险保费予以补助。扩大农业保险覆盖面，通过中央财政以奖代补等支持贫困地区特色农产品保险发展。加强贫困地区金融服务基础设施建设，优化金融生态环境。支持贫困地区开展特色农产品价格保险，有条件的地方可给予一定保费补贴。有效拓展贫困地区抵押物担保范围。

中国金融扶贫的顶层设计可以用图1来表示。中央和国务院发布的《关于打赢脱贫攻坚战的决定》对金融在扶贫中扮演的角色给予了总体安排。简而言之，需要中央银行、金融机构、资本市场等主体从不同层面和角度进行金融扶贫，不断创新政策工具、依托不同平台将金融资源有效配置到贫困地区，实现金融精准扶贫。

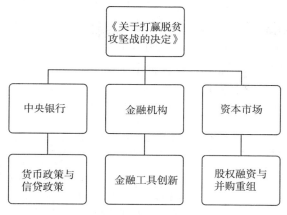

图 1 金融扶贫的顶层设计

中国人民银行要加强货币政策和金融市场工具运用，加大对深度贫困地区扶贫再贷款倾斜力度，强化信贷政策指导和金融精准扶贫政策效果评估，不断提升基础金融服务水平。金融机构在深度贫困地区拓展机构、网点和业务，延伸金融服务，便利农户和小微企业获得金融支持。资本市场要为贫困地区股权融资和并购重组提供支持，促进贫困地区产业资源与资本市场有效对接。

2. 金融扶贫的制度安排

（1）出台《关于金融助推脱贫攻坚的实施意见》。为贯彻落实《关于打赢脱贫攻坚战的决定》和中央扶贫开发工作会议精神，七部委联合印发了《关于金融助推脱贫攻坚的实施意见》，为全面改进和提升扶贫金融服务，增强扶贫金融服务的精准性和有效性提供了制度安排。

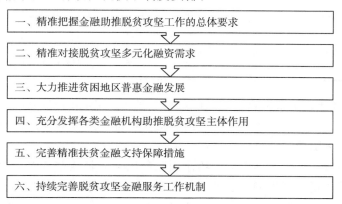

图 2 《关于金融助推脱贫攻坚的实施意见》框架

图 2 列示了《关于金融助推脱贫攻坚的实施意见》的基本架构,从金融精准对接融资需求、推动贫困地区发展普惠金融、鼓励各类金融机构发挥自身优势、具体保障措施和金融服务工作机制六个方面进行了制度安排,努力让每一个符合条件的贫困人口都能按需求便捷地获得贷款,让每一个需要金融服务的贫困人口都能便捷地享受到现代化金融服务,为实现到 2020 年打赢脱贫攻坚战、全面建成小康社会目标提供有力有效的金融支撑。具体内容详见表 2。

表 2 《关于金融助推脱贫攻坚的实施意见》具体安排

精准对接脱贫攻坚多元化融资需求	充分发挥各类金融机构助推脱贫攻坚主体作用
精准对接贫困地区发展规划,找准金融支持的切入点	完善内部机构设置,发挥好开发性、政策性金融在精准扶贫中的作用
精准对接特色产业金融服务需求,带动贫困人口脱贫致富	下沉金融服务重心,完善商业性金融综合服务
精准对接贫困人口就业就学金融服务需求,增强贫困户自我发展能力	强化农村中小金融机构支农市场定位,完善多层次农村金融服务组织体系
精准对接易地扶贫搬迁金融服务需求,支持贫困人口搬得出、稳得住、能致富	加强融资辅导和培育,拓宽贫困地区企业融资渠道
精准对接重点项目和重点地区等领域金融服务需求,夯实贫困地区经济社会发展基础	创新发展精准扶贫保险产品和服务,扩大贫困地区农业保险覆盖范围
	引入新兴金融业态支持精准扶贫,多渠道提供金融服务
大力推进贫困地区普惠金融发展	**完善精准扶贫金融支持保障措施**
深化农村支付服务环境建设,推动支付服务进村入户	设立扶贫再贷款,发挥多种货币政策工具引导作用
加强农村信用体系建设,促进信用与信贷联动	加强金融与财税政策协调配合,引导金融资源倾斜配置
重视金融知识普及,强化贫困地区金融消费者权益保护	实施差异化监管政策,优化银行机构考核指标

《关于金融助推脱贫攻坚的实施意见》加强了各部门协调配合提供制度支撑,有利于整合资源、多方帮扶、精准发力,将更多资源聚焦深度贫困地区,提升了深度贫困地区金融精准扶贫效果。

(2)出台《关于发挥资本市场作用服务国家脱贫攻坚战略的意见》。中国证监会党委认真学习贯彻习近平总书记重要指示精神,围绕"五位一体"总体布局和"四个全面"战略布局,主动把资本市场放在党和国家工作的大战略中谋篇布局,把脱贫攻坚作为分内职责,建立健全脱贫攻坚的责任体系、政策体系和评估体系，组织动员行业资源服务国家脱贫攻坚战略，有效发挥资本市场服务实体经济的作用。

中国资本市场作为社会主义市场经济体系最具活力和效率的组成部分，不仅要强调各类资源在实体经济领域集聚、流转和优化配置功能，也要发挥"雪中送炭"的社会责任，促进社会公平。通过加强政策引导，利用资本市场发行上市、并购重组等市场化机制，引导富裕地区的资金、人才、技术流向贫困地区，解决贫困地区普遍存在的"资本下不来、留不住、不活跃"等问题，提升贫困地区的"造血"能力。优先支持贫困地区的优质企业上市，有利于企业充实资本，提升盈利水平和市场竞争力；同时，由于上市公司的示范效应，有利于为贫困地区引入市场化的经营理念，促进区域产业集群，对增加政府财政收入、扩大就业等也有直接的带动作用。产业发展是脱贫之本，对贫困地区企业在首次公开发行、新三板挂牌，发行公司债券、并购重组时提出要加快审核，"即报即审、审过即发"。为强化东西部扶贫协作，推动产业层面的合作，对于主动到贫困地区发展的企业，同样予以政策支持，推动东部地区优质资源要素进入贫困地区。正是基于这样的考虑，2016年9月，证监会发布《关于发挥资本市场作用服务国家脱贫攻坚战略的意见》，从制度、机制建设上为资本市场服务脱贫攻坚奠定基础，明确更具体的行动任务。对于贫困地区企业上市和并购重组等行为的优惠政策，给予了详细的制度安排（表3）。

表3　《关于发挥资本市场作用服务国家脱贫攻坚战略的意见》具体安排

支持贫困地区企业利用多层次资本市场融资	支持和鼓励上市公司履行社会责任 服务国家脱贫攻坚战略
贫困地区企业满足相应条件，在首次公开发行并上市时，适用"即报即审、审过即发"政策	对涉及贫困地区的上市公司并购重组项目，优先安排加快审核
贫困地区企业在申请新三板上市时，实行"专人对接、专项审核"，适用"即报即审，审过即挂"政策，减免挂牌初费	对符合条件的农业产业化龙头企业的并购项目，重点加快审核
贫困地区企业发行公司债、资产支持证券的，实行"专人对接、专项审核"，适用"即报即审"政策	鼓励上市公司结对帮扶贫困县或贫困村，主动对接建档立卡贫困户，优先录用来自贫困地区的高校毕业生和建档立卡贫困人口
支持和鼓励证券基金经营机构履行社会 责任服务国家脱贫攻坚战略	支持和鼓励期货经营机构履行 社会责任服务国家脱贫攻坚战略
鼓励证券公司开展专业帮扶	鼓励期货公司开展专业帮扶
鼓励上市公司、证券公司等市场主体设立或参与市场化运作的贫困地区产业投资基金和扶贫公益基金	支持符合条件的贫困地区优先开展"保险＋期货"试点
在贫困地区组织行业培训、开展业务交流，为私募投资基金向贫困地区投资提供便利条件	支持贫困地区符合条件的仓储企业申请建设

三、十八大以来中国金融扶贫的实践创新

金融扶贫是中国金融系统按照中共中央、国务院重大部署，改善低收入群体生活质量、实现社会和谐发展的政策工具，更是"十三五"期间助推中国7 000万贫困人群脱贫致富的重要措施（陆磊，2016）。"十三五"规划指出"发挥政策性金融和商业性金融的互补作用，整合各类扶贫资源，开辟扶贫开发新的资金渠道"，中共中央、国务院发布的《关于打赢脱贫攻坚战的决定》也对完善金融扶贫提出了新的要求。

《关于打赢脱贫攻坚战的决定》对金融支持扶贫的要求可以用图3来简要表述，即围绕着货币政策、信贷政策、金融服务网络建设、金融服务基础和农村金融改革等六个方面。各部门和地方政府相互配合，在实践中不断创新金融扶贫机制，充分利用一切金融扶贫资源和金融工具，推动贫困地区企业和产业发展，并对冲可能面临的风险，努力实现开发式扶贫。

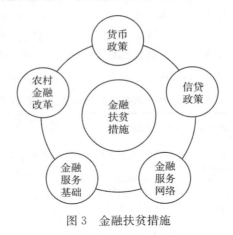

图 3　金融扶贫措施

（一）创新金融机构扶贫模式

1. **灵活运用货币政策**　货币政策包括差别存款准备金率、支农支小再贷款以及扶贫再贷款等。一方面，人民银行在对农村地区法人金融机构实施较低的存款准备金率要求，并通过存款准备金影响货币乘数，释放更多可贷资金，引导资金流入涉农服务领域。2017年9月，人民银行对普惠金融实施定向降准政策，将政策延伸到脱贫攻坚和"双创"等其他普惠金融领域贷款，并提高政策精准性有效性，聚焦真小微、真普惠，指向单户授信500万元以下的小微企业贷款、个体工商户和小微企业主经营性贷款，以及农户生产经营、创业担

保、建档立卡贫困人口、助学等贷款。另一方面，人民银行通过支农支小再贷款、扶贫再贷款和再贴现等工具加大对贫困地区的信贷投入。2016 年 3 月中国人民银行正式开办扶贫再贷款业务，优先和主要支持带动贫困人口就业发展的企业和建档立卡贫困户，积极推动贫困地区发展特色产业和贫困人口创业就业，促进贫困人口脱贫致富。2016 年末，全国扶贫再贷款余额为 1 127 亿元。

2. **优化信贷政策**　信贷政策引导加大对涉农和中小企业的信贷投放。2016 年末，西部地区小微企业贷款余额同比增长 22.4%，高于各地区平均水平 5.5 个百分点；涉农贷款余额同比增长 12.7%，领先于各地区同类贷款平均增速；下岗失业人员、助学贷款、保障房开发、金融精准扶贫等民生领域贷款余额同比大幅增长 67.5%。中部地区小微企业、民生领域贷款余额同比分别增长 29.3%、55.7%，大幅高于各项贷款平均增速。其中，湖北小微企业、涉农贷款余额同比分别增长 25.1%、17.2%，连续六年高于各项贷款平均增速（中国区域金融运行报告，2017）。

3. **债券市场扶贫产品创新**　债券市场产品创新和机制创新不断推进。推出扶贫社会效应债券。在银行间债券市场推出扶贫社会效应债券，规模 5 亿元，发债募集资金专项用于山东沂南县扶贫工程。扶贫社会效应债券的推出，是金融供给侧助推脱贫攻坚所做的创新和探索，为缓解脱贫攻坚资金供需时间不匹配矛盾、统筹和加快推进精准扶贫工作、提高扶贫服务效率和效益提供了可行的金融解决方案（中国货币政策执行报告，2016）。

4. **延伸金融机构服务网络**　延伸金融机构服务网络，创新金融产品，增加贫困地区信贷投放。以临洮县为例，按照全县各银行金融机构布设情况，鼓励银行金融机构增设网点，推动县域、乡镇及以下机构网点合理布局。打造金融服务中心为平台，积极开展企业信贷需求摸底、法律咨询等工作，通过创新产业链、开发供应链金融产品，全方位为小微企业及合作社提供融资、保险、担保等金融服务，加速产融结合，着力破解产业发展过程中企业融资难、金融机构风控难、政府部门监管难的问题。

5. **加强金融基础设施建设**　加强贫困地区金融服务基础设施建设，优化金融生态环境，为贫困低收入群体和小微企业提供金融服务。以兰考为例，建设公共金融服务大厅，率先开设县域扶贫再贷款、再贴现窗口，提供面向基层、面向群众的公共金融服务，开户业务量增长 35.7%，征信查询业务办理增长 2 倍多。中国人民银行兰考县支行已发放再贴现共 2.28 亿元和 10.02 亿元扶贫再贷款。兰考县普惠金融服务中心已试运营，入住 14 家单位，16 个窗口，主要开展金融政策咨询、贷款业务咨询、征信查询、普惠授信、保险业务办理、农村产权抵押登记、还贷周转金等相关业务。

6. **推动农村区域性金融改革**　中国人民银行研究局已牵头组织了一些地

方和一些金融机构进行改革试点。在金融机构改革方面，开发性金融机构（国家开发银行）、政策性金融机构（农业发展银行）、商业性金融机构（中国农业银行、邮政储蓄银行等）、合作性金融机构等持续改革创新，服务农村金融和经济发展。各省信用联社也在积极推动改革，淡化行政管理职能，强化服务和市场化职能，进一步提高服务满意度（陆磊，2016）。全国首个普惠金融改革试验区——兰考普惠金融改革试验区获国务院批准，建立主办银行制度，促进政银企对接，大力推动普惠金融改革创新。

着力解决金融对弱势群体的覆盖率低、满意度低、可得性低的"三低"问题。一是打造新型信用信息体系。建立与"三农"、小微企业融资相匹配的、与中国人民银行征信系统相补充的新型信用体系。二是研发"普惠金融一网通"平台。在兰考研发推出"普惠金融一网通"平台，以手机终端为依托，以微信公众号为载体，整合人行、金融机构、支付、银联等金融资源，为城乡居民提供支付、查询、金融宣传、农技推广等一揽子综合服务。三是完善县域公共金融服务。在中国人民银行兰考县支行建立全省首个公共金融服务大厅，提供国库、外汇、征信查询等业务，设立全省首个县级再贷款（再贴现）业务窗口，恢复设立兰考人民币发行库。

倾斜更多金融资源和优惠政策，精准支持脱贫。本着"政府主导、金融支持、企业自愿、贫困户受益"的原则，积极探索"三位一体""四位一体"新"三位一体"、小额贴息贷款、产业发展信用贷、新型农业经营主体贷款、"脱贫路上零风险""小康路上有保障"等金融扶贫模式，累计为贫困户发放贷款3.5亿元。"三位一体"，即政府、银行、企业合作，由政府向银行注入风险补偿金，银行按1∶10的比例发放基准利率贷款支持扶贫企业，扶贫企业按贷款金额的10%提取扶贫基金，支持贫困户脱贫；"四位一体"，即在"三位一体"的基础上，引入保险机制，由县政府向银行注入风险补偿金和补贴保险费率，并全额贴息，银行按1∶10的比例发放基准利率贷款。扶贫企业单笔贷款金额不超过注入风险补偿金的15%，贫困户个人单笔不超过10万元；新"三位一体"，即在原来"三位一体"的基础上推出的金融扶贫模式，该模式更易操作、更具效率。由县政府向银行注入风险补偿金，并全额贴息，银行按1∶10的比例发放基准利率贷款，其风险由县政府承担80%，银行承担20%；小额贴息贷款，即由县政府向银行注入风险补偿金，并全额贴息，银行按1∶5的比例发放基准利率贷款，对一般贫困户10万元以下的贷款由所在乡镇负责审核，银行直接放贷；产业发展信用贷，即依托信用信息中心农户信用信息系统，对已脱贫建档立卡户开展信用评级，分A、AA、AAA三个等级，分别授信3万元、5万元、8万元；新型农业经营主体贷款，由农商行、邮储银行和省农信担保公司承办，采取政府设立风险补偿金，由县农林局、财政局审核评定贷款户推荐给银行，银行审核通过后，以"政府＋银行＋风险保证金＋贴息＋贫困户"模式，放大10倍向农业经营主体发放贷款；"脱贫路上零风险"，由县财政列支1 000万元，与中原农险合作实施，对全县7.74万建档立卡贫困人口的财产、人身、产业进行保险。

两端发力解决"农业、农村、农民、农民工"问题。一端向新型城镇化发力，支持农民工市民化；另一端向农村发力，解决农田水利等农业农村基础设施建设中长期资金不足问题，支持"三农"现代化（图4）。

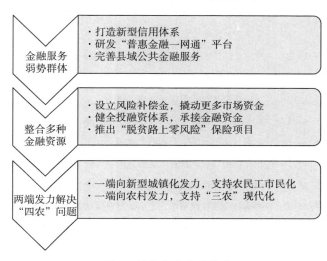

图4 兰考普惠金融模式

兰考是国家级贫困县、传统农业县，兰考具有微缩河南、微缩中国的典型特征，金融对弱势群体、弱势领域的服务不足，制约经济发展。兰考在国家和地方政府支持下，积极探索建设中国特色兼顾公平和效率目标的现代金融体系，创出一条金融扶贫、金融普惠、金融支持贫困县域的可持续、可复制推广的新路子（河南省金融运行报告，2017）。

（二）创新资本市场服务脱贫攻坚战略模式

1. IPO **绿色通道政策引导作用** 表4列示了证监会《关于发挥资本市场作用服务国家脱贫攻坚战略的意见》（以下简称《意见》）出台后，截至2017年底，有三十多家新三板企业迁往贫困地区。由此可以看出，《意见》确实极大地提升了招商引资的吸引力，贫困地区由以前"被嫌弃"到现在"被追捧"。以湖北郧阳区为例，招商局现在谈判招商引资项目应接不暇，优中选优，凡不符合环境保护的项目，直接淘汰，所选项目需与郧阳区资源禀赋相匹配，把外来资金长期留住。在《意见》出台不到一年的时间里，郧阳区引进了来自深圳、杭州、武汉、荆州等地的长江医药、华林杭萧、万润新能源、科聚新材料、控石智能、海天新材料、多瑞医药、缘芝源、裕国菇业、风行九州等 20 余家优质企业。

表 4　新三板企业迁址地区

证券简称	公告日期	迁址贫困地区
瑞霖环保	2016/9/30	西藏自治区山南市乃东区英雄路 21 号
恒信玺利	2016/10/10	西藏拉萨市曲水县人民路雅江工业园 204 室
网虫股份	2016/10/13	宁夏中卫市海原县文昌路建民巷 42♯
灵思云途	2016/10/25	拉萨经济技术开发区 A 区苏州路金凯新能源大厦 606 室
超毅网络	2016/10/26	拉萨市金珠西路 158 号阳光新城 A 区 1 栋 1 单元 3 层 1 号
中云创	2016/11/2	河南南召县产业集聚区迎宾大道
三阁园林	2016/11/4	贵州遵义市正安县凤山社区七小区（原正安县血站）
贵太太	2016/11/9	湖南省邵阳市绥宁县湘商产业园
金润科技	2016/11/10	拉萨市柳梧新区察古大道浙商国际 3 幢 1 单元 13－14 层 1 房号
长江医药	2016/11/10	湖北省十堰市郧阳经济开发区一路 069 号
国路安	2016/11/17	西藏自治区拉萨市堆龙德庆区工业园区 A 区安康路 01 号 301－2 室
安达科技	2016/11/18	贵州省黔南布依族苗族自治州长顺县长寨街道办长征大道人才公寓 10 楼
蓝天燃气	2016/11/21	河南确山县生产街北段路西
山水环境	2016/11/23	河南封丘县工业路与工业三路交叉口产业集聚区创业服务中心
马上游	2016/11/24	湖南省娄底市新化县经济开发区勤三村梅山民俗文化村 2 期 1 栋
缔奇智能	2016/11/28	河南省商丘市民权县高新技术产业开发区工业路 006 号
同禹药包	2016/11/29	黑龙江省大庆市林甸县长青林场 12－B－042－107
玉禾田	2016/11/29	安徽省岳西县经济开发区莲云大道 68 号
胜高股份	2016/12/2	河南省信阳市光山县牌坊路与紫水大街交汇处西北座
酷尾巴	2016/12/8	湖南省平江县天岳工业区东兴北路南侧
梵净高科	2016/12/12	贵州省铜仁市松桃苗族自治县盘石镇桃谷坪村盘古打组
东和环保	2016/12/13	河南省民权县高新技术产业开发区建业路 2 号
中新正大	2016/12/14	广西柳州市三江县古宜镇金桥花园小区 1 栋商住楼 112 与 208－212 号
奥吉特	2016/12/15	河南省兰考县张庄村 6 组 6 号
慧云股份	2016/12/23	河南兰考县迎宾大道 1 号
巨龙股份	2016/12/26	吉林省延边龙井工业集中区管委会中小企业孵化基地
仁创生态	2016/12/28	安徽省岳西县经济开发区将军路 1 号

（续）

证券简称	公告日期	迁址贫困地区
网智天元	2017/1/6	西藏自治区拉萨市高新技术产业开发区
东达物流	2017/4/21	云南省昭通市昭阳区二环西路 1 栋 908 号（荷花蒂斯）
布雷尔利	2017/4/26	河北保定市顺平县大城北村永平路 65 号
源达股份	2017/5/18	河北秦皇岛市经济技术开发区天马湖路 11 号
学海文化	2017/7/20	湖南邵阳县塘渡口镇工业园区内

新引入项目考虑了当地资源禀赋，双方可以产生协同效应，而非单纯地投机上市。新项目的引入改变了郧阳区原有产业单一面貌，初步形成四大支柱产业（图 5）。

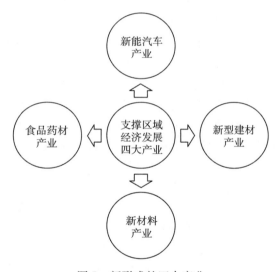

图 5　新形成的四大产业

为何在短时间内，国家级贫困地区便由"丑小鸭"蜕变成"白天鹅"，受到资金项目追捧？这主要受益于证监会的扶贫政策——注册地在贫困地区，只要满足一定条件，就可以在申请首次公开发行股票并上市的过程中，适用"即报即审，审过即挂"的政策。改变落后地区面貌的长效机制是大力发展实业——实业的发展是推动经济增长的原动力。要想快速增长，实业必须得到资本支持。习近平总书记在第五次全国金融工作会议上强调，金融是实体经济的血脉，为实体经济服务是金融的天职。但金融资本具有短视性，若没有"政府之手"干预，贫困地区难以获得资金支持。实践表明，证监会出台的《意见》

具有纠正资本短视行为作用，引导资金流向贫困地区，从事资源开发、产业园区建设，并将带来大量就业岗位，为打赢脱贫攻坚奠定坚实的基石——践行了习近平总书记在主持召开深度贫困地区脱贫攻坚座谈会中要求的发挥金融资金引导作用。

2. **普及资本市场理念**　激活本土企业的自我发展能力是拉动贫困地区经济发展的重要一环。哥伦比亚大学校长尼古拉斯·巴特勒曾经说过："现代社会最伟大的发明就是有限责任公司！即使蒸汽机和电气的发明也略逊一筹。"这表明，现代公司制度是推动现代经济发展的制度保障。中国贫困地区的许多公司因为理念等原因在治理结构、财务制度等方面不规范，是长期健康发展的大敌。而《意见》则不仅对贫困地区企业家观念带来了正面影响，而且在完善公司治理上发挥了重要作用。

湖北华阳汽车变速系统股份有限公司是一家国有企业改制而来，主要从事汽车换挡机构的设计、研发与制造，并致力于汽车零部件轻量化。股权非常分散，如何将公司良好地运营下去成为管理层和员工关注的焦点。公司为了可以让企业传承下去，在走向资本市场的同时，也自觉接收市场监督，规范自己，改善公司治理水平。

湖北郧齿齿轮科技股份有限公司从事齿轮研究与制造，是一家家族企业。对于家族企业而言，若要持续经营，必须解决好传承问题。香港中文大学范博宏教授研究家族企业传承发现，家族企业在交接班过程中要面临巨大的财富损失。这不仅仅是企业家及其家族的损失，更是社会的损失。企业创始人女儿姜萍表示，有这么多员工，希望企业可以持续发展下去。但就如何利用资本市场配置资源功能以前了解甚少。证监会《意见》出台后，地方政府组织证券公司对企业进行培训，认识资本市场——资本市场不单单是融资渠道，同样是控制权配置市场，企业可以通过并购重组实现横向扩张、纵向一体化或多元化发展。市场上有些利益相关者为了争夺公司控制权，不惜损害公司价值和中小股东利益。与此不同，姜萍具有高度的社会责任感，她表示只要有利于企业发展，能为员工谋福利，愿意将公司控制权"拱手相让"。为了更好地利用资本市场，湖北郧齿齿轮科技股份有限公司于 2017 年 1 月 11 日在武汉股权托管交易中心挂牌。

可以看出，证监会《意见》出台后，贫困地区本土企业家意识到了资本的力量和树立现代经营理念的重要性。要想借助资本市场做大做强，必须规范治理，完善财务制度，接受市场监督。通过对贫困地区企业考察，我们感受到贫困地区企业家非常质朴，具有强烈的社会责任感，热心帮扶贫困人口。但以前对资本市场不甚了解，公司治理结构不健全，财务信息不规范，难以做大做强。而证监会《意见》激起了贫困地区企业家学习资本市场知识的热情，成为在贫困地区普及金融理念的重要利器。

3. **证券公司"一司一县"结对帮扶** 发挥政治优势和制度优势，动员行业力量合力扶贫。证监会党委指导各行业协会成立扶贫工作领导小组，把动员行业力量参与扶贫作为一项政治任务，引导行业经营机构和上市公司履行社会责任，服务国家脱贫攻坚战略。证券业协会发布"一司一县"、期货业协会发布"一司一结对"帮扶行动倡议，证券公司、期货公司、基金公司、证券投资咨询机构积极行动，形成了合力扶贫的良好局面。截至 2017 年 7 月底，已有 93 家证券公司与 204 个贫困县结对，将资本市场的知识和服务带到贫困地区。2016 年证券公司在贫困地区开展资本市场教育培训活动近 200 场，4 万余人次接受教育培训。另外，20 余家证券公司派驻挂职干部 40 余人，14 家证券公司设立金融扶贫工作站 23 个。一批上市公司、证券公司积极参与设立贫困地区产业投资基金和扶贫公益基金，增强贫困地区的自我发展能力。

4. **上市公司履行精准扶贫社会责任信息披露** 全国共有上市公司 3 200 多家，涵盖农业、制造业、建筑业、批发零售、交通运输、信息技术等国民经济主要领域。上市公司履行作为公众公司的社会责任，结合自身产业特点和优势，对口帮扶贫困地区，有利于强化与贫困地区的资金对接、资源对接和人才对接，能够显著增强贫困地区经济社会发展活力。证监会积极创新上市公司信息披露制度，将扶贫工作纳入信息披露范围，引导上市公司主动加大扶贫力度。2016 年年底，上海、深圳证券交易所发布通知，全面细化了上市公司扶贫工作信息披露规则，要求上市公司充分披露扶贫工作概要、具体成果、后续计划等内容，鼓励上市公司结合自身生产经营情况开展产业扶贫。目前，已有 591 家上市公司披露了扶贫工作情况，投入资金总额超过 210 亿元，帮助约 41 万建档立卡贫困人口脱贫。其中，上市公司开展产业扶贫项目超过 3 000 个，投入了 110 亿元，帮助了 17 万建档立卡贫困人口脱贫。

四、中国金融扶贫的经验与启示

消除贫困、改善民生、逐步实现共同富裕，是社会主义的本质要求，是我们党的重要使命。"小康路上一个都不能掉队"，以中共中央 2013 年首次提出精准扶贫为起点，以党的十八届五中全会和中央扶贫开发工作会议决策部署为标志，中国扶贫开发进入脱贫攻坚新阶段。最新统计数据显示，全国农村贫困人口由 2012 年的 9 899 万人减少至 2016 年的 4 335 万人，累计减少 5 564 万人，平均每年减少 1 391 万人；全国农村贫困发生率由 2012 年的 10.2% 下降至 2016 年的 4.5%。

扶贫离不开金融资源的支持。《关于打赢脱贫攻坚战的决定》中要求强化政策保障，健全脱贫攻坚支撑体系，强调加大金融扶贫力度。政府和金融部门在创新金融扶贫方面进行了大量探索，为脱贫攻坚战贡献了中国的"金融方案"。

（一）坚持党对金融工作的领导，发动各种金融资源合力扶贫

集中金融资源，采取更加有效的举措，一次投入大于或等于堵住贫困漏洞的资源需要量，才能堵住贫困漏洞，解决贫困问题。在中共中央统一部署下，中国人民银行、中国证监会和中国银监会等部门通过合理设计金融工具和金融机制来增加金融资金对扶贫开发的投放，吸引社会资金参与扶贫开发，缓解"金融排斥"问题，为贫困地区有效地提供发展所需资金。

（二）普及共享理念，提升金融精准扶贫质量

做好金融扶贫的前提是贫困地区也必须认识金融在经济发展中的重要作用，树立现代金融理念。思想、认识、社会思潮对落后地区能否利用后发优势取得经济快速发展起着重要作用。现有贫困大多集中在深度贫困地区。这些地区多是革命老区、民族地区、边疆地区，基础设施和社会事业发展滞后，社会文明程度较低，对现代金融的重要性认识不足。因此，有效金融精准扶贫，普及金融理念需先行。金融系统选派干部到贫困一线挂职锻炼，为贫困地区普及金融理念和金融知识，打造一支金融服务队伍。

（三）推动产融结合，提高市场机制的益贫性

金融是实体经济的血脉，为实体经济服务是金融的天职。贫困地区之所以贫困一个主要问题就是缺乏产业支撑，实体经济落后。要实现金融扶贫的有效性和商业上可持续性，金融资源必须精准流向可带动农户发展的产业和企业，形成"企业发展—推动产业发展—带动农户增收"的发展路子，提升贫困地区的能力建设，即充分挖掘贫困地区资源优势，产融结合，探索产业扶贫，实现"造血式"的开发扶贫。

（四）强化财政金融协同，把市场配置金融资源的决定性作用和更好发挥政府作用紧密结合

作为最具市场化特征的金融领域，在金融资源配置中必须尊重市场的决定性作用。但是，如果不能与更好的发挥政府作用相结合，则容易导致很大的弊端。一方面，金融本身具有金融排斥的特征，也就是弱势群体难以得到基本的、应有的金融服务，从而导致社会贫富差距越来越大。另一方面，我们实行

的是在共产党领导下的社会主义市场经济体制，政府为了打赢脱贫攻坚战等具有社会公益的战略行动，就必须更好地发挥政府作用。当然，在发挥政府作用时，既要注重尊重市场规律，采取经济手段，也要大胆探索，创新实践，创新财政扶贫与金融扶贫协同融合的路径和模式。

东西扶贫协作创新发展

陆汉文

摘要：自1996年启动实施以来，东西部扶贫协作取得了巨大成就，充分彰显了中国的政治优势和制度优势。中共十八大以来，在习近平总书记扶贫开发战略重要论述特别是东西部扶贫协作重要论述的指引下，东西部扶贫协作进一步深化发展，协作关系更加完善，精准扶贫进一步强化，保障措施趋于制度化。东西部扶贫协作制度是优先传统文化和社会理想的传承，同时成功利用了市场经济发展规律，书写了中国特色社会主义的亮丽篇章，蕴含着扶贫济困和共同发展的思想、区域合作和互惠发展的思想、"四个自信"的思想，是一项具有中国特色的扶贫开发制度，要长期坚持。要把东西部扶贫协作纳入治国理政的法制建设，出台专门法律法规；要严格开展考核评估、加强对企业和社会力量的引导和支持，进一步强化激励机制；要正确界定政府、企业和社会力量在东西部扶贫协作中的地位和作用，明确硬件设施建设和教育、医疗卫生、就业产业等方面能力建设的关系，进一步完善协作格局；要突出金融扶贫和产业扶贫的关键作用，强化互利共赢关系，提升西部地区造血机能；要把基层社区作为东西部扶贫协作的重点环节，让社区在东西部扶贫协作投资和具体项目中发挥更大影响作用，充分利用地方文化与自然资源，促进西部地区形成具有地方特色的扶贫产业和自我发展能力。

陆汉文：华中师范大学社会学院教授、博士生导师，中部地区减贫与发展研究院院长。

东西部扶贫协作是指东部沿海较发达地区与西部欠发达地区结成对子，围绕西部扶贫开发开展协作，促进贫困地区脱贫进程，缩小东西部发展差距，迈向共同发展、共同富裕。本报告扼要介绍东西部扶贫协作的历史进程和成效，阐述习近平总书记关于东西部扶贫协作的重要论述，总结十八大以来东西部扶贫协作的实践创新，探索其深层思想价值和理论意义，提出进一步完善东西部扶贫协作的对策建议。

一、东西部扶贫协作的制度框架与实践成效

（一）东西部扶贫协作关系的确定和调整

1994 年，国务院颁布实施《八七扶贫攻坚规划》，初步提出"北京、天津、上海等大城市，广东、江苏、浙江、山东、辽宁、福建等沿海较为发达的省，都要对口帮助西部的一两个贫困省、区发展经济"[①]。1996 年 7 月，国务院办公厅转发国务院扶贫开发领导小组《关于组织经济比较发达地区与经济欠发达地区开展扶贫协作的报告》，明确提出了扶贫协作要求和任务，确定了对口帮扶关系：北京帮内蒙古；天津帮甘肃；上海帮云南；广东帮广西；江苏帮陕西；浙江帮四川；山东帮新疆；辽宁帮青海；福建帮宁夏；深圳、青岛、大连、宁波四个计划单列市帮贵州。这标志着东西部扶贫协作制度的正式诞生。

2002 年，国务院决定由珠海市、厦门市对口帮扶新成立的直辖市——重庆市。2010 年，根据中央西藏工作会议和中央新疆工作会议后对口支援形势的变化，国务院对部分省份扶贫协作关系进行调整，确定了新的东西部扶贫协作关系：北京市帮内蒙古自治区；天津市帮甘肃省（另有厦门市帮甘肃省临夏回族自治州）；辽宁省帮青海省；上海市帮云南省；江苏省帮陕西省；浙江省帮四川省（另有珠海市帮四川省凉山彝族自治州）；福建省帮宁夏回族自治区；山东省帮重庆市；广东省帮广西壮族自治区；大连、青岛、深圳、宁波四城市帮贵州省。

2016 年，为贯彻落实《中共中央、国务院关于打赢脱贫攻坚战的决定》和 2016 年 7 月东西部扶贫协作座谈会精神，国务院进一步调整东西部扶贫协作结对关系。调整后的东西部扶贫协作结对关系为：北京市帮扶内蒙古自治区、河北省张家口市和保定市；天津市帮扶甘肃省、河北省承德市；辽宁省大连市帮扶贵州省六盘水市；上海市帮扶云南省、贵州省遵义市；江苏省帮扶陕西省、青海省西宁市和海东市，苏州市帮扶贵州省铜仁市；浙江省帮扶四川

---

① 国务院扶贫开发领导小组办公室．中国农村扶贫开发概要．中国财政经济出版社．2003 年，第 43 页．

省，杭州市帮扶湖北省恩施土家族苗族自治州、贵州省黔东南苗族侗族自治州，宁波市帮扶吉林省延边朝鲜族自治州、贵州省黔西南布依族苗族自治州；福建省帮扶宁夏回族自治区，福州市帮扶甘肃省定西市，厦门市帮扶甘肃省临夏回族自治州；山东省帮扶重庆市，济南市帮扶湖南省湘西土家族苗族自治州，青岛市帮扶贵州省安顺市、甘肃省陇南市；广东省帮扶广西壮族自治区、四川省甘孜藏族自治州，广州市帮扶贵州省黔南布依族苗族自治州和毕节市，佛山市帮扶四川省凉山彝族自治州，中山市和东莞市帮扶云南省昭通市，珠海市帮扶云南省怒江傈僳族自治州。这次调整在完善省际结对关系的同时，在市州结对层面实现对全国所有民族自治州全覆盖和对西部贫困程度深的市州全覆盖，同时落实了北京市、天津市与河北省扶贫协作任务①。

（二）东西部扶贫协作的主要内容

1996 年，国务院扶贫开发领导小组《关于组织经济较发达地区与经济欠发达地区开展扶贫协作报告》确定的东西部扶贫协作的主要内容包括：①帮助贫困地区培训和引进人才，引进技术和资金，传递信息，沟通商品流通渠道，促进物资交流。②帮助贫困地区发展有利于尽快解决群众温饱的种植业、养殖业和相关的加工业，帮助贫困地区发展劳动密集型和资源开发型产品的生产。③组织经济较发达地区的经济效益较好的企业，带动和帮助贫困地区生产同类产品的经济效益较差的企业发展生产。④根据实际需要，合理、有序地组织贫困地区的剩余劳动力到经济较发达地区从业。⑤发动社会力量，在自愿的前提下，开展为贫困地区捐赠衣被、资金、药品、医疗器械、文化教育用品和其他生活用品的活动②。这些内容勾画出此后东西部扶贫协作的大体轮廓。

2016 年，《关于进一步加强东西部扶贫协作工作的指导意见》进一步将东西部扶贫协作的主要内容明确概括为五个方面：①开展产业合作。支持对口地区结合资源禀赋和产业基础，建设一批贫困人口参与度高的特色产业基地，培育一批带动效果好的合作组织和龙头企业，引进一批能够提供较多就业岗位的劳动密集型企业、文化旅游企业。②组织劳务协作。帮扶双方建立和完善劳务输出精准对接机制，提高劳务输出脱贫的组织化程度。开展职业教育东西协作行动计划和技能脱贫"千校行动"，积极组织引导贫困家庭子女到东部省份的职业院校、技工学校接受职业教育和职业培训。对在东部地区工作生活的建档立卡贫困人口，符合条件的优先落实落户政策，有序实现市民化。③加强人才支援。帮扶双方选派优秀干部挂职，广泛开展人才交流，促进观念互通、思路

① 中共中央办公厅，国务院办公厅 . 关于进一步加强东西部扶贫协作工作的指导意见 .
② 左停 . 东西扶贫协作的进展、评价和展望 . 国务院扶贫办研究报告，2010 年 .

互动、技术互学。采取双向挂职、两地培训、委托培养和组团式支教、支医、支农等方式，加大教育、卫生、科技等领域的人才支持，把东部地区的先进理念、人才、技术、信息、经验等要素传播到西部地区。④加大资金支持。东部省份根据财力增长情况，逐步增加扶贫协作和对口支援财政投入，并列入年度预算。西部地区以扶贫规划为引领，整合扶贫协作和对口支援资金，聚焦脱贫攻坚，形成脱贫合力。⑤动员社会参与。帮扶省市鼓励支持本行政区域内民营企业、社会组织、公民个人积极参与东西部扶贫协作和对口支援。支持东部地区社会工作机构、志愿服务组织、社会工作者和志愿者结对帮扶西部贫困地区，为西部地区提供专业人才和服务保障①。

（三）东西部扶贫协作的巨大成效

长期以来，东部地区有关省市党委政府高度重视并大力推进东西部扶贫协作，建立完善制度，加强联系沟通，突出协作重点，开展了大量工作。1996—2010年，东部通过各种方式和渠道共向西部提供无偿援助资金78.6亿元；援建公路14 699公里、基本农田554.1万亩、学校5 776所；兴修人畜饮水工程，帮助解决了376.9万人、1 090.1万头牲畜的饮水困难；组织安排西部劳务输出265万人次，培训各类人才59.9万人次，引进各种实用技术2 991项；东部地区企业在协作省份投资总额达到6 972.7亿元②。2003—2010年，东部向西部直接派出扶贫挂职干部2 592名（其中地厅级干部68名，县处级干部645名）；协作双方各级领导考察学习62 254人次（其中省级领导1 643人次）。东部地区共有5 249名教师、医生、农技等专业技术人才到西部地区挂职工作和提供技术指导③。

"十二五"期间，东西部扶贫协作迈上一个新台阶。东部9省市投入东西部扶贫协作、援藏、援疆等方面资金达740多亿元，引导企业实际投资2万多亿元，选派挂职干部和科技人员数万名。西部地区主要经济指标增速连续五年超过东部地区和全国平均水平，城乡居民收入大幅提高，部分基础设施和公共服务接近全国平均水平，区域发展协调性增强。

二、习近平总书记关于东西部扶贫协作的重要论述

（一）习近平东西部扶贫协作重要论述的实践基础

1996年9月，东西部扶贫协作正式拉开帷幕，中央确定福建对口帮扶宁

---

① 中共中央办公厅，国务院办公厅.关于进一步加强东西部扶贫协作工作的指导意见.
② 国务院扶贫办.推进东西扶贫协作.内部资料，2011年.
③ 国务院扶贫办.东西扶贫协作情况统计.内部资料，2011年.

夏。当年福建即成立了对口帮助宁夏领导小组，时任福建省委副书记习近平同志担任组长。11月第一次闽宁协作联席会议在福州市召开，习近平同志做重要讲话。1997年4月，习近平同志到访宁夏，深入西海固贫困县乡开展调研，进村入户走访慰问困难群众，在田间地头、在行进的中巴车上与当地干部群众共商扶贫开发大计。至2002年，习近平同志共五次参加闽宁协作联席会议，亲手描绘了闽宁扶贫协作的蓝图，亲力亲为推动其不断转变成现实。

截至2015年12月底，福建省累计向宁夏投入帮扶资金10.05亿元，帮助宁夏新（扩）建学校236所，资助贫困学生9万多名，援建妇幼保健院、医护培训中心等卫生项目323个，建设了一批儿童福利院、体育馆等社会福利项目和文化体育设施。援建公路385公里，打井窖1.5万眼，修建高标准梯田22.9万亩，完成危房危窖改造2000多户，建设闽宁镇等生态移民示范乡镇和160个闽宁示范村，修建了一大批水利水保、农村电网、道路、广播电视等基础设施，近60万贫困群众从中受益。西海固地区国民生产总值增长20倍，地方财政收入增长67倍，农民人均纯收入增长11倍，贫困人口减少220万人，城乡发展面貌得到巨大改变。闽宁协作通过干部交流、人才培训、经贸往来和人流、物流、信息流的互动，为宁夏注入了福建改革发展的创新思想，增强了贫困群众内生发展能力，加快了宁夏扶贫攻坚历史进程，促进了民族团结进步与社会和谐稳定，创造了东西部扶贫协作的典范。闽宁扶贫协作的成功实践为习近平总书记东西部扶贫协作重要论述提供了丰富素材和经验。

（二）习近平东西部扶贫协作重要论述的丰富内涵

习近平总书记东西部扶贫协作重要论述内容非常丰富，概括起来主要包括互利共赢、聚焦扶贫、完善结对关系、发挥政治优势和制度优势等重要思想。

1. **互利共赢的思想**　习近平总书记指出，"西部地区资源富集、投资需求旺盛、消费增长潜力大、市场广阔，这对东部地区发展来说是重要机遇""推进东部产业向西部梯度转移，也有利于推进供给侧结构性改革"。东西部建立和完善劳务输出对接机制，"是一个双赢的制度设计"。东西部扶贫协作"是加强区域合作、拓展对内对外开放新空间的大布局"，在新形势下"要注意由'输血式'向'造血式'转变，实现互利共赢、共同发展"。这些论述深刻揭示出，互利共赢既是东西部扶贫协作应坚持的基本原则和理念，也是市场规律发挥作用的必然结果。

2. **聚焦扶贫的思想**　习近平总书记指出，过去的东西部扶贫协作"聚焦脱贫不够"。要"科学编制帮扶规划，细化帮扶措施，把帮扶资金和项目重点向贫困村、贫困群众倾斜。""要按照精准扶贫、精准脱贫要求开展工作，产业合作、劳务协作、人才支援、资金支持都要瞄准建档立卡贫困人口脱贫精准发力"。要突出抓好劳务对接和教育、文化、卫生、科技等领域的对口帮扶。"向对口帮扶地区选派扶贫干部和专业人才，也要突出精准，缺什么补什么，增加教育、医疗、科技、文化等方面干部和人才比例"。这些论述指明了东西部扶贫协作全面贯彻落实精准扶贫精准脱贫基本方略的具体方向和重点领域、关键环节。

3. **完善结对关系的思想**　一是要改变省际结对的不平衡现象，安排东部实力较强省市帮扶西部贫困程度较深省区。二是"着力推动县与县精准对接"，东部省份"组织辖区内经济较发达县（市、区）同对口帮扶省份贫困县结对帮扶"。三是"探索东西部乡镇、行政村之间结对帮扶"。这些论述明确提出了构建省、县、乡、村多层次、立体化结对帮扶关系的思想，为完善东西部扶贫协作关系提供了指导。

4. **发挥政治优势和制度优势的思想**　"组织东部地区支援西部地区，并且大规模、长时间开展这项工作，在世界上只有我们党和国家能够做到。这就是我们的政治优势和制度优势""长期以来，东部有关省市党委坚持从两个大局、逐步实现共同富裕的战略高度认识和推动扶贫协作"，做了大量工作。根据打赢脱贫攻坚战决策部署，东部地区要进一步"增强责任意识和大局意识，下更大力气帮助西部地区"。要加强考核，确保东西部扶贫协作的实际成效。这些论述将东西部扶贫协作纳入社会主义本质要求的高度进行认识，从政治上明确了其战略地位和长期价值。

（三）习近平东西部扶贫协作重要论述的重大意义

习近平总书记东西部扶贫协作重要论述是一个完整的体系。互利共赢思想阐明了东西部扶贫协作的现实基础和基本思路，聚焦扶贫思想明确了东西部扶贫协作的重点任务，完善结对关系的思想指出了东西部扶贫协作的落实途径和实施机制，政治优势和制度优势的思想揭示了东西部扶贫协作的本质属性和根本保障。

习近平总书记东西部扶贫协作重要论述不仅为东西部扶贫协作提供了科学指导，推动其开创新局面、呈现新气象、取得新成就，凝聚了打赢脱贫攻击战的强大力量；而且大大丰富和拓展了中国特色扶贫开发道路，是中国特色社会主义的道路自信、理论自信、制度自信、文化自信的生动写照。

三、十八大以来东西部扶贫协作的实践创新

（一）协作关系的完善和深化

如前所述，十八大以来，中央对东西部扶贫协作结对关系作出了重要调

整，明确了东部地区经济条件较好的地级市的帮扶任务，强化了对深度贫困地区的支持，实现了对深度贫困市州的全覆盖，并把全国范围内所有民族自治州纳入扶持范围，使东西部扶贫协作从简单的东西部关系拓展至更高层次的先富帮后富的关系。除此之外，中央还启动实施东部省份经济较发达县（市、区）与对口帮扶省份贫困县"携手奔小康"行动，鼓励结对省份探索在东西部乡镇、行政村之间开展结对帮扶，推动东西部扶贫协作关系向下延伸，使结对帮扶关系变得更加具体、更加扎实、更加接地气。

以闽宁扶贫协作为例，两省区在市、县两个层次实现了对宁夏 5 个市和 9 个贫困县（区）结对帮扶全覆盖，并针对贫困县区实施乡镇结对帮扶，引导福建民营企业与宁夏建档立卡贫困村、贫困户开展"村（户）企共建"行动，推动两省区行业部门之间结对帮扶和互学互助，构建了多层次结对帮扶体系。

（二）精准扶贫机制的强化

大力贯彻落实精准扶贫精准脱贫基本方略，把建立东西部扶贫协作与建档立卡贫困村、贫困户的精准对接机制作为重中之重，推进产业合作、劳务协作、人才支援、资金支持精确瞄准建档立卡贫困人口，把解决多少建档立卡贫困人口脱贫作为评价东西部扶贫协作成效的核心指标。根据精准扶贫需要，将东西部扶贫协作纳入西部地区脱贫攻坚规划，相关各类资源由西部地区整合用于脱贫攻坚，聚焦贫困县和建档立卡贫困村、贫困户。

以粤桂扶贫协作框架下深圳—百色对口帮扶为例，双方以百色市精准脱贫的重点需求为中心，研究确定扶贫协作工作重点。一是加强党政干部和教师、医生等专业技术人员挂职交流与实岗锻炼，积极对接经济社会发展各领域人才培训和技术交流。二是建立健全劳务协作对接工作机制，实施百色贫困劳动力"求职需求清单"和深圳市用工企业"岗位供给清单"对接管理，协调深圳市用人单位开展订单式职业技能培训。三是根据双方资源和消费市场互补性特征，把生态农业、旅游、商贸流通等领域作为产业协作的重点，推进百色特色农产品特别是生态农产品进深圳，深圳产业资本、技术和游客到百色，构建"优势互补、合作共赢"产业协作格局。

（三）保障措施的制度化

一是东西部协作双方普遍建立高层联席会议制度，党委和政府主要负责人每年开展定期互访，改变了以往扶贫协作中高层互访依赖于协作双方党政主要领导个人重视的局面。闽宁两省区还分别成立闽宁扶贫协作工作领导小组，依托联席会议机制和高层互访制度建立健全常态化协调对接机制，落实协作规划、协作协议。

二是协作双方编制实施帮扶规划，明确扶贫协作的目标任务、主要内容、保障措施，改变了以往扶贫协作项目缺乏稳定性、长期性和全局意识的局面。

三是建立财政支持资金稳定增长机制，明确逐年加大资金投入力度和纳入年度预算等重要措施，解决了财政援助资金缺乏长期保障的问题。

四是出台《东西部扶贫协作考核办法（试行）》，明确针对协作双方的考核内容和评价指标，区分好、较好、一般、较差四个等次，考核结果向中共中央、国务院报告，并在一定范围内通报；作为对西部地区省级党委政府扶贫开发成效考核的参考依据。这些措施大大提升了东西扶贫协作的制度化水平，使之从带有较多不确定性的"自选动作"向具有明确目标、任务、要求的"规定动作"转变。

四、超越实践：东西部扶贫协作的 理论思考和重大启示

（一）扶贫济困和共同富裕：东西部扶贫协作传承了优秀传统文化和社会理想

中国具有深厚的"文化集体主义"传统，"内圣外王"和"大同社会"的理想上下绵延数千年而不辍，集体是比个人更高位的价值所在，具有道义层面的优先性[①]。在这种文化下，"达则兼济天下"，富贵者自觉帮助贫困者是成就"圣人"人格理想的必然要求，也是提升自身价值的有效途径。换言之，富贵者若不把扶贫济困视为应尽责任自觉承担起来，就不符合社会文化心理对理想人格的期待，就难以得到社会认同，甚至会被扣上"为富不仁"的帽子。

东西部扶贫协作传承了以集体利益为重、以大局为重和扶贫济困、走向共同富裕的优秀传统文化和社会理想，促进了社会认同和社会团结，有助于营造守望相助、协力奔小康、同心谋共富的社会氛围，夯实了中国特色社会主义现代化事业的社会基础。

（二）区域合作和互惠发展：东西部扶贫协作成功利用了市场经济发展规律

改革开放以来，中国经济的发展呈现出明显的梯度发展格局。东部地区经济发展水平已经接近发达国家水平，但支撑其30多年快速发展的劳动密集型产业面临成本上涨、需求萎缩、国际竞争加剧的三重挤压。中西部地区特别是贫困地区经济发展水平明显落后于东部地区，但具有资源丰富、劳动力便宜、

---

① 陆汉文，彭堂超．"文化集体主义"与中国农村减贫．江汉论坛：2016年，第3期．

消费市场发展潜力大等后发优势。

开展东西部扶贫协作可以拓展东部地区产业资本投资空间，促进东部地区形成产业升级和产业转移的双轮驱动格局；与此同时，东部地区资本、技术和产业向西部转移，可以增加西部地区就业机会，促进西部地区资源开发利用和产业发展，提高西部地区特别是贫困地区收入水平和购买能力，进而扩大市场需求，进一步促进东部地区产业升级和产业转移。在此基础上，东西部将形成互惠互利的合作发展、共同发展伙伴关系。因此，东西部扶贫协作顺应了中国经济发展的梯度格局，是生产要素合理流动的内在要求。

（三）"四个自信"：东西部扶贫协作书写了中国特色社会主义事业的亮丽篇章

东西部扶贫协作是改革开放所开创的中国特色社会主义道路的生动写照。20 世纪 80 年代，邓小平提出"两个大局"的经济社会发展构想，指出"沿海地区要加快对外开放，使这个拥有两亿人口的广大地带较快地发展起来，从而带动内地更好地发展，这是一个事关大局的问题。内地要顾全这个大局。反过来，发展到一定的时候，又要求沿海拿出更多力量来帮助内地发展，这也是一个大局。那时候沿海也要服从这个大局"①。至 20 世纪 90 年代后期，东部沿海地区改革开放取得巨大成就，使得帮助中西部地区加快发展、缩小区域发展差距在全国区域发展总体格局中的重要性凸显出来，西部大开发、东西部扶贫协作遂成为新的战略选项。这是中国改革开放与现代化事业按照"两个大局"构想分阶段推进的具体体现。

东西部扶贫协作是社会主义市场经济理论的鲜活实践。如前所述，东西部扶贫协作成功利用了市场经济发展规律。但值得注意的是，东西部扶贫协作须臾也离不开政府的强有力作用，不仅建立在中央的倡导和要求的基础上，而且受到东西部协作双方党委政府重视程度的巨大影响。凡是协作双方党委、政府高度重视东西部扶贫协作的，其实践效果就特别突出。因此，东西部扶贫协作生动阐述了政府、市场协同推进的社会主义市场经济发展实践。

东西部扶贫协作是社会主义政治优势和制度优势的具体体现。维护上级权威和突出整体意识、强调大局观念是中国特色社会主义政治体制和制度体系的一个基本特征，中央政府相当于地方政府、上级相对于下级不仅具有法理上的领导权，而且具有社会文化与心理层面的巨大"权威"和影响力。因此，尽管帮助西部地区脱贫致富表面看起来不是东部地区各级政府法理范围内的职责，但中央政府一旦加以倡导和要求，就能够与社会文化心理相互强化，对东部地

---

① 邓小平.邓小平文选.第三卷.人民出版社.1993 年，第 277、278 页.

区各级政府产生强大影响力，使帮扶工作成为东部地区自愿承担的重大责任。

东西部扶贫协作是社会主义先进文化的厚重载体。消除贫困，逐步实现共同富裕，是社会主义的本质要求，是共产党人的神圣使命，是人民政府的基本职责。20多年来，特别是十八大以来，东西部扶贫协作不断深化，巩固了党和政府的执政基础，得到全社会的广泛认同，彰显了以人民为中心、追求共享发展的社会主义文化价值取向。

概言之，东西部扶贫协作是中国特色社会主义的道路自信、理论自信、制度自信、文化自信的亮丽篇章。

五、完善东西部扶贫协作的几点建议

（一）纳入治国理政的法制建设

东西部扶贫协作是推动区域协调发展、协同发展、共同发展的大战略，是加强区域合作、优化产业布局、拓展对内对外开放新空间的大布局，是实现先富帮后富、最终实现共同富裕目标的大举措，须长期坚持下去。因此，有必要通过立法的方式，确定东西部扶贫协作的目标、任务、保障措施，明确协作双方的权利、义务，为东西部扶贫协作得到长期坚持和不断发展提供法制保障。

国务院有关部门应该加强立法调研，提出东西部扶贫协作立法建议，提请全国人大常委会进行审议。东西部扶贫协作双方也要把协作关系、协作目标任务及双方权利义务纳入法制化轨道，防止出现协作关系、协作事项因人事变动而起落无常的情形。

（二）强化激励措施

1. **对党委政府及公职人员的激励** 严格实施督察巡查和考核评估，保障联席会议制度能够定期召开，保障援助资金和援助项目落到实处。干部人才交流要制度化、正规化，可考虑将对口交流任职经历（1～3年）作为东部地区特定部门（如农业、发展改革等）中部分领导干部岗位任职的必要条件，将东部地区教师、医生、科技等专业技术人员到西部交流任职经历（1年以上）作为评聘专业技术职务的重要加分条件。

2. **对市场主体的激励** 受西部地区资源和市场的吸引，东部到西部投资兴业的企业呈增多趋势。东西部扶贫协作关系为这种市场行为提供了信息和公共服务等方面便利条件。在此基础上，东西部扶贫协作双方政府应进一步采取措施，引导东部地区企业优先向扶贫领域投资，聚焦贫困县、贫困村和建档立卡贫困户。可考虑运用财政金融手段激励东部地区企业到对口援助地区投资具有较好扶贫效果的产业。

3. 对社会力量的激励 一般而言，社会捐赠的发展趋势是通过基金会等公益机构来运作。东部地区政府可以采取措施鼓励公益机构在东西部扶贫协作框架下针对对口援助地区定向开展捐赠及其他公益活动。除此之外，东部地区可以把鼓励和支持离退休教师、医生等专业技术人员到对口支援地区提供志愿服务作为一个工作重点，并通过购买服务的方式引导社会组织、社会工作者等社会力量到对口支援地区开展精准扶贫工作。

（三）完善协作格局

一是正确界定政府、企业和社会力量在东西部扶贫协作中的地位和作用。把企业协作作为东西部扶贫协作最具活力和影响的力量，把企业推向协作舞台的中央，更多发挥市场机制的作用。相关财政资金要更好发挥引导作用，着眼于引导企业协作的方向，主要用于改善贫困地区投资环境，用于解决企业在贫困地区投资面临的公共产品和服务供给不足问题，如基础设施不配套、融资服务滞后等，用于鼓励支持企业更好实现精准扶贫的目标。社会帮扶要充分利用企业协作和党政干部挂职、专业技术人员交流所造就的协作网络和氛围。例如，可以支持在受援地成立援助地商会、企业家联合会、挂职干部与专业技术人员联谊会等民间组织，并通过这些民间组织联络和动员东部地区社会扶贫力量，促进东部地区社会捐赠和志愿服务向对口支援地区集中，与企业协作、人才交流、公共服务领域合作形成整体帮扶作用。这样，政府、企业和社会力量就能够相互支撑和配合，形成强大的协同扶贫力量。

二是正确把握硬件设施建设和能力建设在东西部扶贫协作中的地位和作用。由于道路、水利设施、学校、医院等硬件设施的建设易于操作，且可留下便于观察和见证的实物，因而常常成为东部省份援助西部地区的优先选项。相反，通过教师、医生、科技人员交流任职和开展培训、促进就业等途径进行的能力建设，操作起来更复杂，实际效果更不稳定，且难以留下便于观察的见证物，常常得不到足够重视。但正是在能力建设方面，西部地区与东部地区的差距更加明显，更需要得到东部地区的支持和帮助。因此有必要在今后的扶贫协作中着力加强能力建设方面的探索，增加相关协作项目，提高西部地区教育、医疗卫生、就业创业等方面公共服务能力。

（四）突出金融支持和产业扶贫的关键作用

企业协作是东西扶贫协作中最具活力的部分，金融扶贫和产业扶贫则是企业协作中最重要的两个议题。

1. 加强金融支持 东西部扶贫协作框架下的金融支持主要体现在两个方面。一是为落户西部贫困地区的企业，特别是那些对贫困村、贫困户扶持带动作用大的企业，搞好金融服务。西部省份在统筹使用东部地区财政援助资金时可以考虑依托这些资金专门建立面向东部省份来本省投资企业的贷款担保基金、风险保障基金、贷款贴息资金和中小企业发展基金等，缓解这些企业在西部地区投资面临的融资困难和投资风险。二是为那些参与到东西部扶贫协作框架下相关产业扶贫项目的广大农户，特别是贫困农户，搞好金融服务。西部地区省、市、县可以考虑运用财政专项扶贫资金在西部贫困地区建立农户贷款贴息基金、农业保险发展基金、社区发展基金等，降低农户融资成本，减少融资困难和投资风险。

2. **深化产业扶贫**　东西部扶贫协作机制下的产业扶贫主要应在资源、市场和利益分享机制上做文章。首先是资源。东部地区企业希望前往西部地区开发利用当地资源，这是东西部关系发展的基本特征。在这种情况下，西部地区要加快建立健全资源开发和扶贫相结合的政策措施，力争做到开发一处资源，带动一方脱贫致富。其次是市场。这有两层含义：一是本着互利双赢原则开辟西部市场，既保障东部地区投资收益，又促进西部地区消费品特别是特色消费品优质低价供给，改善西部地区人民群众生活水平；二是开发西部地区特色优势产品在东部地区的市场，既满足东部地区人民群众不断提高生活水平的需要，又增加西部地区农户收入，如可推进西部地区农产品和东部地区超市对接、完善电商扶贫网络等。第三是利益分享。投资领域不同，利益分享的途径和深度也不同。对于非农产业来说，主要通过提供就业机会和纳税促进西部地区发展和减贫。对于农业产业来说，除了就业机会和税收外，更重要的是带动农业的发展，提高农业收益率，直接带动农户特别是贫困农户增收致富。在这种情况下，企业和农户的利益联结机制是利益分享的关键。除了建立合作社和基地外，值得重视的是农民以土地、特有生物资源及资金入股企业这条途径。不论哪一条途径，加强贫困农户能力建设，拓展他们参与产业发展的广度和深度，都是促进利益分享和产业扶贫效果的根本措施。

（五）发挥基层社区的主体作用

中国不同地区地形地势、文化观念、消费习惯、交往方式的地域差异很大，不仅西部地区和东部地区截然有别，西部地区内部也存在众多差别。特别是，中国的少数民族主要居住在西部，各个少数民族在长期历史进程中，形成和积累了丰富多彩的民族文化传统。现代化进程中，中国不同地区城市之间的文化差别快速缩小，但农村特别是西部偏远地区农村的文化多样性依然引人瞩目，构成了经济发展和扶贫开发需要考虑的重要影响因素。显而易见，在经济发展和扶贫开发过程中，如何充分考虑地方文化的特殊性，如何深入开发利用地方文化资源，当地居民更具有发言权。因此，西部地区的扶贫开发并非单向度向东部地区学习。

　　过去 20 年的东西部扶贫协作，多停留于政府和企业的层面，还未广泛深入到基层社区，社区农户特别是贫困农户的参与在大多数援助项目中还没有被视作扶贫工作的一个重点。为了实现聚焦扶贫的目标，为了顺应协作关系向贫困村贫困户延伸的需要，东西部协作双方应该改变过去更多停留在县（区）以上层面开展工作的局面，更加重视基层社区的参与，重视西部地方文化资源的发掘，把文化既看作推进社区参与必须考虑的约束条件，也看作经济发展可资利用的特色资源，实现西部贫困社区经济发展与地方文化资源开发的有机结合，激发基层社区和贫困人口的积极性、主动性、创造性。

社会扶贫参与构建大扶贫格局

向德平　王　维

摘要：中国的扶贫开发事业取得了举世瞩目的成就，形成了专项扶贫、行业扶贫与社会扶贫相结合的"三位一体"大扶贫格局，社会扶贫已经成为拉动贫困地区发展和扶贫开发工作的重要引擎之一。相较于专项扶贫、行业扶贫来说，社会扶贫具有全社会的广泛参与、多元化的扶贫开发策略、可持续的减贫理念与模式创新等明显的特点和优势。现阶段的社会扶贫主要包括定点扶贫、东西扶贫协作、军队和武警部队扶贫、企业扶贫、社会组织扶贫、公民个人积极参与扶贫开发六种模式。作为大扶贫开发格局中的"三驾马车"之一，社会扶贫发挥着不可替代的作用。多年实践中，社会扶贫工作取得了显著的成绩，已经越来越成为扶贫开发工作中最有潜力、最具活力的一个组成部分。《中国农村扶贫开发纲要（2011—2020年）》对社会扶贫提出了指导性意见，社会扶贫已经上升到国家发展的战略高度。扶贫开发新的历史时期赋予了社会扶贫更为深刻的内涵，也决定了社会扶贫的发展方向，具体表现为：拓展社会扶贫的多元化主体、建立社会扶贫的常态化机制、规范社会扶贫的制度化过程、提升社会扶贫的战略地位。

2015年6月18日，习近平总书记在部分省（自治区、直辖市）扶贫攻坚与"十三五"时期经济社会发展座谈会上的讲话中指出，"扶贫开发是全党全社会的共同责任，要动员和凝聚全社会力量广泛参与。要坚持专项扶贫、行业

向德平：武汉大学社会学系教授、博士生导师，中国减贫发展研究中心主任。
王维：武汉大学社会学系博士研究生。

扶贫、社会扶贫等多方力量、多种举措有机结合和互为支撑的'三位一体'大扶贫格局,强化举措,扩大成果。要健全东西部协作、党政机关定点扶贫机制,各部门要积极完成所承担的定点扶贫任务,东部地区要加大对西部地区的帮扶力度,国有企业要承担更多扶贫开发任务。要广泛调动社会各界参与扶贫开发积极性,鼓励、支持、帮助各类非公有制企业、社会组织、个人自愿采取包干方式参与扶贫"。实施扶贫开发,实现到 2020 年现有农村贫困人口全部脱贫是全面建成小康社会的底线目标。打赢这场扶贫攻坚战,必须全面实施精准扶贫战略,必须更广泛地动员全社会参与。多年来,中国形成了中国特色的社会扶贫体系。在新的历史条件下,如何进一步发挥这一体系的作用,激发社会扶贫的活力,释放社会扶贫的能量,需要对社会扶贫的经验进行总结,对社会扶贫面临的问题和挑战进行分析,把握好社会扶贫的发展方向。

一、中国社会扶贫的历程与贡献

回溯社会扶贫的历史与探察社会扶贫的现实,有利于把握我国反贫困的变迁线索,全面理解社会扶贫提出的时代背景。

(一) 社会扶贫的发展历程

1984 年 9 月,中共中央和国务院下发《关于帮助贫困地区尽快改变面貌的通知》,标志着中国政府开始了有组织、有计划、大规模的减贫行动。1986 年,专门的扶贫开发工作机构——国务院贫困地区经济开发领导小组成立,随后各省(自治区、直辖市)分别建立了扶贫开发工作的领导机构和常设办公机构。部分国务院各部委、各直属机构也成立了扶贫开发领导小组及工作机构,并向贫困地区派驻了常年工作组进行蹲点扶贫,还有民主党派、大中城市、社会团体等社会各界,也相应开展了不同形式的扶贫工作。

1996 年,中央扶贫开发工作会议以后,中国全面展开了东西扶贫协作工作[①],以东部发达省份对口帮扶西部贫困地区为主要方式支援西部地区扶贫开发建设,并不断增加对口帮扶的省份数量。东西部之间的协作领域拓宽、协作深度拓展,形成了合作共赢的局面。进入 21 世纪以来,国家开始注重动员民营企业参与扶贫开发,并进一步鼓励社会组织、社会公众参与扶贫开发。伴随着经济社会的发展,越来越多的企业将扶贫开发视为重要的社会责任并积极参与。近年来,各类非政府组织在扶贫开发领域发挥了重要的作用。

多年以来,定点扶贫,东西协作扶贫以及民营企业、社会组织、社会公众

---

① 温家宝. 在全国东西协作扶贫经验交流会上的讲话 [J]. 中国贫困地区,1999 (04).

参与扶贫开发的社会扶贫工作取得了显著成效，社会扶贫已经成为"大扶贫"格局的重要组成部分。

目前，我国扶贫开发已经从以解决温饱为主要任务的阶段转入巩固温饱成果、加快脱贫致富、改善生态环境、提高发展能力、缩小发展差距的新阶段。新阶段在注重定点扶贫、东西扶贫协作和军队武警扶贫的同时，广泛动员社会力量，推动民营企业、社会组织和个人等参与扶贫开发。

（二）社会扶贫的意义

中共十八大进一步明确了深入推进扶贫开发的努力方向和目标任务。社会扶贫是大扶贫格局中的重要组成部分，对于中国特色扶贫开发道路、全面建成小康社会、国家治理能力现代化均具有重要意义。

1. **社会扶贫是中国特色扶贫开发道路的重要组成部分**　中国政府主导的贫困治理取得举世瞩目的成就，并形成了贫困治理的"中国道路"。中国扶贫开发道路的总体构架可以概括为"三位一体"的大扶贫格局，即专项扶贫、行业扶贫与社会扶贫相结合。社会扶贫从广义上讲，是政府专职机构扶贫工作以外所有扶贫工作的总称，包括定点扶贫、东西协作扶贫、国际扶贫、社会组织扶贫等多项内容。在过去的十余年间，中国的社会扶贫工作获得了快速的发展，已经成为拉动贫困地区发展和扶贫开发工作的重要引擎之一。

2. **社会扶贫是实现全面建成小康社会的重要途径**　习近平总书记在十八届二中全会的讲话中强调："贫穷不是社会主义。如果贫困地区长期贫困，面貌长期得不到改变，群众生活长期得不到明显提高，那就没有体现我国社会主义制度的优越性，那也不是社会主义"[1]。"全面建成小康社会，最艰巨、最繁重的任务在农村，特别是在贫困地区。没有农村的小康，特别是没有贫困地区的小康，就没有全面建成小康社会"[2]。社会扶贫的发展促使贫困群众共享发展成果，推动实现全面建成小康社会的目标。

3. **社会扶贫是国家治理能力现代化的重要体现**　在中国，实现国家治理现代化的目标需要执政党、政府、社会、市场各主体共同努力。在扶贫开发实践中，中国政府探索出专项扶贫、行业扶贫和社会扶贫"三位一体"的大扶贫工作格局，通过三种扶贫方式的相互配合，拉动贫困地区发展。近年来，社会扶贫领域快速发展，市场组织和社会组织参与扶贫的广度和深度不断提升。中共十八大确立了全面建成小康社会的宏伟目标，强调要深入推进农村扶贫开

---

①② 习近平在 2013 年 2 月 28 十八届二中全会上的讲话。

发，阐明了动员和组织社会力量参与扶贫开发的重要性①。社会扶贫将利于中国贫困治理体系的结构性调整，提升治理的有效性，是推进国家治理能力现代化内涵的重要体现。

（三）社会扶贫的特点

广泛的社会参与是中国减贫道路的重要特点。一方面，中华民族自古以来就有扶贫济困的优良传统，中华人民共和国更是将共同富裕作为矢志追求的社会理想，"社会扶贫"是对中国社会优良传统和社会主义新传统的继承和丰富。另一方面，社会扶贫领域的潜能不断地增长，已经成为"大扶贫"格局的重要组成部分。社会扶贫具有以下几个特点：

1. **全社会广泛参与** 社会扶贫吸纳和动员了最为广泛的积极力量参与扶贫开发事业，参与主体多元性是其显著特征。

（1）定点扶贫的单位包括中央和国家机关各部门各单位、人民团体、参照公务员法管理的事业单位、国有大型骨干企业、国有控股金融机构、各民主党派中央及全国工商联、国家重点科研院校等。到 2015 年为止，320 家中央国家机关和企事业单位与 592 个国家扶贫开发工作重点县建立了结对帮扶的关系②。

（2）自 1996 年开始，经过多次调整，东西扶贫协作已形成为目前 9 省（直辖市）、5 个计划单列市和 4 个大城市对口帮扶西部 10 个省（自治区、直辖市）的工作格局。

（3）军队和武警部队根据国家和驻地扶贫开发总体规划，发挥优势、主动作为，积极参与实施定点扶贫和整村推进扶贫。

（4）各类人民团体、社会组织、民营企业和普通公民也积极参与扶贫开发③。

2. **多元化扶贫策略** 相对于政府主导的扶贫而言，社会扶贫的方式更加多元化。社会扶贫汇集了民主党派、政府部门、企业、国际机构和民间组织等多元的行动主体，不同主体根据自身特点采用了多样化的扶贫开发策略。社会扶贫的形式是多元的，如智力支边、希望工程光彩事业、文化扶贫、扶贫拉力计划、春蕾计划、博爱工程、幸福工程、农业科技示范入户工程、双学双比、巾帼扶贫等，这些扶贫济困活动都产生了良好的社会效果④。

———————

①　刘永思．适应新形势新任务新要求，深入推进新阶段社会扶贫工作［J］．老区建设，2009（19）．

②　国务院扶贫办，中组部等．关于进一步完善定点扶贫工作的通知．2015 年 8 月 21 日．

③　国务院新闻办公室．中国农村扶贫开发的新进展（白皮书）［M］．北京：人民出版社，2011．

④　蔡德奇，胡献政，龚高健．社会扶贫的意义和机制创新［J］．理论经纬，2006（10）．

3. 可持续减贫模式　社会扶贫是扶贫理念和模式创新最快的领域。随着人们对贫困的认识不断深化，扶贫开发的手段也不断推陈出新。在社会扶贫领域中，尤其相关国际机构和社会组织的不断探索，是新的扶贫理念和扶贫模式不断创新的重要动力之一。在中国国家减贫整体方案中吸纳不少国际机构的减贫经验和贫困治理模式。这些有效的扶贫理念和方法，经过世界银行等国际机构与中国政府合作的国际合作扶贫项目的不断实践，逐渐在后来中国政府的扶贫战略和政策中被充分采纳并向全国推广①。

（四）社会扶贫的成效

经过多年反贫困的实践，中国走出了一条中国特色的扶贫开发道路，形成专项扶贫、行业扶贫和社会扶贫"三位一体"的大扶贫开发格局。社会扶贫作为"三驾马车"之一，发挥着政府扶贫不可替代的作用。在坚持政府主导扶贫的前提下，广泛动员社会力量积极参与扶贫济困，是加大扶贫攻坚力度、促进贫困地区经济社会发展的有效举措。近年来，社会扶贫在资金投入、项目开发和人力支持方面力度渐增。总体来看，社会扶贫的成效主要体现在四个方面：

1. 社会扶贫观念日渐增强　最早参与社会扶贫活动的机构是与农村联系多、资源动员能力强的政府部门。随着扶贫开发纵深推进，社会各界对社会扶贫的认识更加深刻，更加接纳和认同社会扶贫的观念，参与社会扶贫的社会力量增多，参与扶贫的领域拓宽。经过近三十年的社会扶贫实践，社会扶贫取得巨大成效，社会扶贫的观念日益深入人心，为社会扶贫的进一步发展提供了思想基础。

2. 社会扶贫格局初步形成　始于 20 世纪 80 年代的定点扶贫是社会扶贫的开端，经过几十年的发展，社会扶贫的参与主体、扶贫形式、行动领域以及组织形式等都渐趋成熟，逐步形成了政府主导，社会力量积极参与扶贫开发，采取多种扶贫开发形式，共同推进减贫事业发展的局面，社会扶贫格局初步形成。

3. 社会扶贫模式不断创新　"互联网＋"社会扶贫是国家扶贫工程的重要组成部分，是推进社会扶贫工作的有效手段。在企业、社会组织、个人的共同努力下，我国"互联网＋"社会扶贫在各个领域深入推进，其中"万企帮万村"精准扶贫行动已推进 2.65 万家民营企业结对帮扶 2.1 万个贫困村，安置就业 30.76 万人；电商扶贫工程目前在全国共确定示范县 496 个，其中贫困县

---

① 黄承伟．论发展扶贫开发领域国际交流与合作的作用及对策［J］．学术论坛，2005（01）．

261 个，占 52.6％①。截至 2017 年 9 月，中国社会扶贫网注册爱心用户已超 180 万，爱心捐赠 26 万余次，捐赠金额超 5 100 万元，发布贫困户需求超过 50 万个，对接成功超 26 万个，对接成功率达 52.1％②。

4. 社会扶贫成效日益凸显　从近三十年的社会扶贫实践来看，其中定点 扶贫和东西扶贫协作的成效最为显著。截至 2015 年，参与定点扶贫的中央单 位达到 320 个，定点扶贫实现对 592 个重点县的全覆盖。2016 年，定点帮扶 单位直接投入 43.871 6 亿，实施帮扶项目 2 654 个③。东西扶贫协作力度进一 步加大，东部省份加大了对西部对口协作省份的财政资金援助力度。目前，累 计东部 18 个经济较发达省、直辖市与西部 10 个省（自治区、直辖市）建立了 结对帮扶的关系。1996—2016 年，东部通过各种方式和渠道共向西部无偿援 助资金 132.7 亿元，动员社会力量捐助款物 27.6 亿元，引导企业实际投资 1.5 万亿元④；同时，全军和武警部队根据国家和驻地扶贫开发总体规划，开 展多种形式的扶贫帮困活动。此外，企业扶贫正在成为带动贫困地区经济发展 的重要力量，社会组织在贫困地区投放的扶贫资金和扶贫项目对于改善贫困地 区的软硬件环境起到了重要的推动作用，普通公众以捐赠扶贫资金、志愿服务 等形式为贫困地区的发展提供了重要补充。

二、十八大以来我国社会扶贫的 顶层设计与制度安排

社会扶贫是我国大扶贫格局中的重要组成部分。党和政府高度重视社会扶 贫在我国扶贫开发工作中的重要作用。十八大以来，我国社会扶贫的顶层设计 与制度安排不断创新发展，并逐步完善。

（一）十八大以来我国社会扶贫的顶层设计

1. 界定社会扶贫领域　2011 年 12 月，中共中央、国务院印发的《中国农 村扶贫开发纲要（2011—2020 年）》是目前我国扶贫开发工作的纲领性文件， 以"社会帮扶、共同致富"为原则，广泛动员社会各界参与扶贫开发，实现共

---

① 数据来源："互联网＋"社会扶贫深入推进［EB/OL］. http：//www. moa. gov. cn/fwllm/xx-hjs/dtyw/201707/t20170713 _ 5746170. htm. 2017 年 7 月 13 日。

② 数据来源：全国"互联网＋"社会扶贫工作现场推进会召开［EB/OL］. http：// society. people. com. cn/n1/2017/0930/c1008－29570115. html. 2017 年 9 月 30 日.

③ 数据来源：2016 年度中央单位定点扶贫工作总结。

④ 数据来源：深化帮扶　精准聚焦——东西扶贫协作谋划新布局［EB/OL］. http：// www. gov. cn/xinwen/2016－07/22/content _ 5093950. htm. 2016 年 7 月 22 日.

同富裕。"加强定点扶贫、推动东西部协作、发挥军队和武警部队的作用、动员企业和社会各界参与扶贫"明确规定社会扶贫的政策方向与定位①。

2. **创新社会参与机制** 2013 年 12 月 18 日,中共中央办公厅、国务院办公厅出台《关于创新机制扎实推进农村扶贫开发工作的意见》,提出创新社会参与机制。"建立和完善广泛动员社会各方面力量参与扶贫开发制度。充分发挥定点扶贫、东西部扶贫协作在社会扶贫中的引领作用。支持各民主党派中央、全国工商联和无党派人士参与扶贫开发工作,鼓励引导各类企业、社会组织和个人以多种形式参与扶贫开发。"② 2014 年 5 月 12 日,国务院扶贫办出台《创新扶贫开发社会参与机制实施方案》,完善社会扶贫工作体系,创新社会扶贫工作机制,健全社会扶贫支持政策,营造社会扶贫浓厚氛围③。

3. **提高社会扶贫精准性** 2014 年 5 月 12 日,国务院扶贫办等 7 部门联合印发《建立精准扶贫工作机制实施方案》指出,"完善社会扶贫帮扶形式。鼓励引导社会扶贫参与主体,到贫困地区开展形式多样的扶贫帮扶活动,努力做到帮扶重点下移到贫困村、帮扶对象明确到贫困户,帮扶措施到位有效、帮扶效果可持续,实现社会帮扶的精准化、科学化。"④

4. **拓展社会扶贫参与主体** 2014 年 11 月 19 日,国务院办公厅《关于进一步动员社会各方面力量参与扶贫开发的意见》指出,培育多元社会扶贫主体,"大力提倡民营企业扶贫""积极引导社会组织扶贫""广泛动员个人扶贫""深化定点扶贫工作""强化东西部扶贫协作"⑤。

5. **广泛动员社会力量** 2015 年 11 月 29 日,中共中央国务院发布《关于打赢脱贫攻坚战的决定》,"广泛动员全社会力量,合力推进脱贫攻坚""健全东西部扶贫协作机制""建立东西部扶贫协作考核评价机制""健全定点扶贫机制。进一步加强和改进定点扶贫工作,建立考核评价机制,确保各单位落实扶贫责任。""健全社会力量参与机制。鼓励支持民营企业、社会组织、个人参与扶贫开发,实现社会帮扶资源和精准扶贫有效对接。"⑥

6. **落实脱贫攻坚责任** 2016 年 10 月 11 日,中共中央办公厅、国务院办公厅印发《脱贫攻坚责任制实施办法》,强调脱贫攻坚要按照中央统筹、省负总责、市抓落实的工作机制,构建责任明晰、各负其责、合力攻坚的责任体

———————————

① 中共中央,国务院.中国农村扶贫开发纲要(2011—2020 年).2011 年 12 月.

② 中共中央办公厅,国务院办公厅.关于创新机制扎实推进农村扶贫开发工作的意见.2013 年 12 月 18 日.

③ 国务院扶贫办.创新扶贫开发社会参与机制实施方案.2014 年 5 月 12 日.

④ 国务院扶贫办等 7 部门.建立精准扶贫工作机制实施方案.2014 年 5 月 12 日.

⑤ 国务院办公厅.关于进一步动员社会各方面力量参与扶贫开发的意见.2014 年 11 月 19 日.

⑥ 中共中央国务院.关于打赢脱贫攻坚战的决定.2015 年 11 月 19 日.

系。对东西部扶贫协作、定点扶贫、军队和武警部队、个民主党派以及民营企业、社会组织和个人合力脱贫攻坚作出明确规定①。

7. 阐明社会扶贫内容　2016 年 12 月 2 日，国务院印发《"十三五"脱贫攻坚规划》，阐述了在社会扶贫领域中，加强东西部扶贫协作、定点帮扶、企业帮扶、军队帮扶以及社会组织和志愿者帮扶的主要内容及相关举措，是各地脱贫攻坚工作的行动指南，是各有关方面制定相关扶贫专项规划的重要依据②。

（二）十八大以来中国社会扶贫的制度安排

十八大以来，在中国社会扶贫顶层设计的指导下，社会扶贫领域的相关制度安排逐渐完善，为社会扶贫工作的开展提供了相应的制度保障。

1. 定点扶贫

（1）实现定点扶贫县全覆盖。2012 年 11 月 8 日，国务院扶贫办、中组部等 8 部门联合印发《关于做好新一轮中央、国家机关和有关单位定点扶贫工作的通知》，确定了新一轮定点扶贫结对关系，参与定点扶贫的中央和国家机关等单位达到 310 个，第一次实现了定点扶贫工作对 592 个国家扶贫开发工作重点县的全覆盖③。

（2）调整定点扶贫结对关系。2015 年 8 月 21 日，国务院扶贫办、中组部等 9 部门联合印发《关于进一步完善定点扶贫工作的通知》，调整定点扶贫县，又新增了一批没有帮扶任务的单位。参与定点扶贫的单位达到 320 个，实现了中央单位定点扶贫资源与重点县的两个全覆盖。同时，健全牵头联系机制，强化工作考核，做好相关定点扶贫工作④。

（3）落实定点扶贫主体责任。2017 年 3 月 3 日，中共中央办公厅、国务院办公厅印发《关于进一步加强中央单位定点扶贫工作的指导意见》的通知，明确各单位不再是简单地送钱送物办好事，要重点选派干部，开展精准帮扶；深入调研，共谋脱贫之策；宣传动员，激发内生动力；督促检查，落实主体责任；夯实基础，培育基层队伍；总结经验，宣传推广典型六项主要任务，并强化牵头机制与建立考评机制⑤。

（4）建立定点扶贫考核制度。2017 年 8 月 8 日，国务院扶贫开发领导小

①　中共中央办公厅，国务院办公厅 . 脱贫攻坚责任制实施办法 . 2016 年 10 月 11 日 .
②　国务院 . "十三五"脱贫攻坚规划 . 2016 年 12 月 2 日 .
③　国务院扶贫办，中组部等 . 关于做好新一轮中央、国家机关和有关单位定点扶贫工作的通知 . 国开办发〔2012〕78 号，2012 年 11 月 08 日 .
④　国务院扶贫办，中组部等 . 关于进一步完善定点扶贫工作的通知 . 2015 年 8 月 21 日 .
⑤　中央办公厅，国务院办公厅 . 关于进一步加强中央单位定点扶贫工作的指导意见 . 2017 年 3 月 3 日 .

组出台《中央单位定点扶贫工作考核办法（试行）》，以承担定点扶贫任务的中央单位为考核对象，以"帮扶成效、组织领导、选派干部、督促检查、基层满意情况、工作创新"六方面考核内容，按照"单位总结、分类考核、综合评议"的考核程序对定点扶贫单位的工作进行考核①。

2. 东西部协作

（1）界定东西部办作工作领域。2016 年 12 月 7 日，中央办公厅、国务院办公厅印发《关于进一步加强东西部扶贫协作工作的指导意见》，调整东西部扶贫协作结对关系，在完善省际结对关系的同时，实现对民族自治州和西部贫困程度深的市州全覆盖。以"开展产业合作、组织劳务协作、加强人才援助、加大资金支持、动员社会参与"为主要任务，确保西部地区现行国家扶贫标准下的农村贫困人口到 2020 年实现脱贫，贫困县全部摘帽，解决区域性整体贫困，推动西部贫困地区与全国一道迈入全面小康社会②。

（2）细化东西部协作新方式。2017 年 1 月 5 日，国务院扶贫办在扶贫日活动期间正式启动携手奔小康行动，共确定东部地区 257 个经济较发达县（市、区）与西部地区 390 个贫困县开展携手奔小康行动。这是实施精准扶贫、精准脱贫的新举措，是深化细化东西部扶贫协作的新方式，支持西部地区贫困县打赢脱贫攻坚战，如期实现全面建成小康社会的目标③。

（3）制定东西部扶贫协作考核制度。2017 年 8 月 8 日，国务院扶贫办印发《东西部扶贫协作考核办法（试行）》，以东部参加帮扶的省份以及西部被帮扶的省份为考核对象，按照"省市总结、交叉考核、综合评议"的考核步骤进行考核。

3. 军队和武警部队扶贫

整体部署全军和武警部队开展扶贫工作。2016 年 3 月，中央军委政治工作部、国务院扶贫开发领导小组办公室联合印发《关于军队打赢脱贫攻坚战的意见》。军队参与打赢脱贫攻坚战，要按照国家脱贫攻坚总体部署，落实精准扶贫、精准脱贫的基本方略，坚持科学谋划、统筹推进，发挥优势、主动作为，因地制宜、精准发力，军地协作、整体联动，改进创新、务求实效的原则，搞好宣传教育、扶持发展特色优势产业、开展实用技能培训、协助推进教育扶贫、搞好医疗扶持、帮建基层政权组织、帮助改善生产生活、参与生态环境保护、支持乡风文明建设、参加兴边富民行动等工作。地方各级扶贫开发领

---

① 国务院扶贫办.中央单位定点扶贫工作考核办法（试行）.2017 年 8 月 8 日.

② 中共中央办公厅，国务院办公厅.关于进一步加强东西部扶贫协作工作的指导意见.2016 年 12 月 7 日.

③ 国务院扶贫办.携手奔小康行动.2017 年 1 月 5 日.

导机构应吸收省军区系统和扶贫任务重的驻军单位参加①。

4. 民营企业参与扶贫

（1）引导民营企业参与新一轮农村扶贫开发。2013 年 6 月 6 日，全国工商联、国务院扶贫办出台《关于共同推动民营企业参与新一轮农村扶贫开发的意见》指出，要"引导民营企业参与片区产业扶贫、鼓励民营企业参与片区县域经济发展、组织民营企业参与专项扶贫工作、动员民营企业参与贫困农村公益事业、创新民营企业参与扶贫开发的途径与模式、服务片区小微企业和商会组织发展、加大对参与扶贫开发民营企业的支持力度"，形成民营企业参与扶贫开发的新高潮。

（2）开展"万企帮万村"精准扶贫行动。2015 年 9 月 21 日，全国工商联、国务院扶贫办、中国光彩会印发《"万企帮万村"精准扶贫行动方案》的通知，"万企帮万村"精准扶贫行动，以民营企业为帮扶方，以建档立卡的贫困村为帮扶对象，以签约结对、村企共建为主要形式，以产业扶贫、商贸扶贫、就业扶贫、捐赠扶贫、智力扶贫、其他扶贫等帮扶途径，力争用三到五年时间，动员全国一万家以上民营企业参与，帮助一万个以上贫困村加快脱贫进程，为促进非公有制经济健康发展和非公有制经济人士健康成长、打好扶贫攻坚战、全面建成小康社会贡献力量②。

5. 社会组织及公众参与扶贫

（1）改革社会组织管理制度。2016 年 8 月，中共中央办公厅、国务院办公厅印发了《关于改革社会组织管理制度促进社会组织健康有序发展的意见》，明确指出"改革社会组织管理制度、促进社会组织健康有序发展"，提出建立"政社分开、权责明确、依法自治的社会组织制度"，建设"结构合理、功能完善、竞争有序、诚信自律、充满活力的社会组织发展格局"。这为社会组织的发展确立了方向，明确了路径③。

（2）创新"互联网＋"社会扶贫模式。2016 年 10 月，中央网信办、国家发展改革委、国务院扶贫办联合印发的《网络扶贫行动计划》指出，实施"网络覆盖工程、农村电商工程、网络扶智工程、信息服务工程、网络公益工程"五大工程，预计到 2020 年，网络扶贫取得显著成效，建立起网络扶贫信息服务体系，实现网络覆盖、信息覆盖、服务覆盖④。

---

① 中央军委政治工作部，国务院扶贫办．关于军队打赢脱贫攻坚战的意见．2016 年 3 月．

② 全国工商联，国务院扶贫办，中国光彩会．"万企帮万村"精准扶贫行动方案．2015 年 9 月 21 日．

③ 中共中央办公厅，国务院办公厅．关于改革社会组织管理制度促进社会组织健康发展的意见．2016 年 8 月．

④ 中央网信办，国家发展改革委，国务院扶贫办．网络扶贫行动计划．2016 年 10 月．

（3）制定脱贫攻坚志愿服务行动计划。2016 年 12 月 2 日，国务院印发的《"十三五"脱贫攻坚规划》指出，鼓励支持青年学生、专业技术人员、退休人员和社会各界人士参与扶贫志愿者行动。实施扶贫志愿者行动计划，每年动员不少于 1 万人次到贫困地区参与扶贫开发，开展扶贫服务工作。通过政府购买服务、公益创投、社会资助等方式，引导支持志愿服务组织和志愿者参与扶贫志愿服务，培育发展精准扶贫志愿服务品牌项目[1]。

（4）支持社会工作专业力量参与脱贫攻坚。2017 年 6 月 27 日，民政部、财政部以及国务院扶贫办联合发文《关于支持社会工作专业力量参与脱贫攻坚的指导意见》，支持社会工作专业力量参与脱贫攻坚，明确服务内容，"参与贫困群体救助帮扶、贫困群体脱贫能力建设、促进异地搬迁贫困群众融合适应、参与贫困地区留守儿童关爱保护、针对其他特殊困难人群开展关心服务"。扶持壮大贫困地区社会工作专业力量，支持贫困地区加强社会工作专业人才队伍建设、组织建设。"支持实施社会工作专业力量参与脱贫攻坚重点项目"[2]。

三、十八大以来社会扶贫的创新模式

中国社会扶贫主要包括六种模式，分别是定点扶贫、东西扶贫协作、军队和武警部队扶贫、企业扶贫、社会组织扶贫、公民个人积极参与扶贫开发。

（一）定点扶贫

定点扶贫，是指党政机关、企事业单位和社会团体利用自己的资源，以贫困区域的重点贫困县为主要帮扶对象，与贫困地区合作以帮助其脱贫致富的一种开发式扶贫模式，其目的是促进党政机关、国家的企事业单位和社会团体参与扶贫工作[3]。它是中国特色扶贫开发工作的重要组成部分[4]。

依据定点扶贫工作介入点的不同，可以将实践中不同扶贫方式分为：以项目扶持为介入点的扶贫模式、以产业开发为着手点的扶贫模式、以企业发展为推手的扶贫模式。

1. 以项目扶持为介入点的定点扶贫模式　　在该模式下，定点扶贫主体开

---

① 国务院."十三五"脱贫攻坚规划.2016 年 12 月 2 日.

② 民政部，财政部，国务院扶贫办.关于支持社会工作专业力量参与脱贫攻坚的指导意见.2017年 6 月 27 日.

③ 汪三贵.中国扶贫的制度安排与治理问题.载王国良《中国扶贫政策——趋势与挑战》.北京：社会科学文献出版社，2005，第 283 页.

④ 中共中央办公厅，国务院办公厅.关于进一步做好定点扶贫工作的通知［N］.人民日报，2010 年 7 月 8 日.

展扶贫工作以扶持适合当地发展项目帮助其解决贫困问题。水利部在其定点贫困县开展以项目帮扶为主的扶贫工作，采取"项目扶持、资金支持"的方式，以"六大工程"① 建设为重点的民生水利工程，解决当地的基础设施、农田水利、村容村貌、教育等问题，扶贫成效明显。

2. **以产业开发为着手点的定点扶贫模式**　这种模式以产业开发为重点，促进当地产业结构改善，以产业发展带动地区经济发展，提高农民发展能力，实现落后地区的可持续发展，解决贫困问题。科技部在光山、佳县、井冈山、永新、魏县、英山、柞水等定点帮扶县，通过整合科技资源，聚焦关键技术攻关，重视科技示范作用，指导各地科技扶贫工作，促进贫困地区特色产业发展②。

3. **以企业发展为推手的定点扶贫模式**　该种模式以扶持贫困地区的龙头企业，从而带动地区经济发展，转移农业劳动力，解决贫困问题。该模式以中国石油集团定点帮扶台前县为典型代表。2007 年，中国石油集团承接河南台前县定点扶贫任务，发挥石油石化行业优势，扶持当地龙头企业——濮阳市恒润石化公司，带动当地石油石化产业发展，促进经济增长和农民增收。

4. **以结对帮扶为手段的定点扶贫模式**　在中央、省级部门的扶贫推动与宏观指导下，贫困地区的市、县级政府积极响应国家的号召，探索了诸如"对口帮扶""结对助困"等适合本地区特点的社会扶贫发展模式。例如，陕西省榆林市府谷县创造了"3331"的扶贫方式。即利用 3 年时间，每年至少帮扶3 000 户，做到帮扶到村、到户、到人 3 到位，实现全县贫困人口脱贫这一个目标③。

我国定点扶贫工作积累了不少成功经验：①党和国家高度重视，国家的号召与推动以及国家政策的实施为定点扶贫工作开展提供保障。②对贫困地区开展调研，形成切实可行的扶贫措施，促进定点扶贫工作的顺利开展。③干部挂职的长期化，尤其是十八大以来，向贫困地区选派挂职干部成为制度性的安排。这些定点扶贫工作的经验为今后定点扶贫工作的开展提供了指导与借鉴。

（二）东西扶贫协作

东西协作扶贫，即东部发达省、直辖市与西部贫困地区结对开展扶贫协作，是国家为实现共同富裕目标作出的一项制度性安排。自 1996 年开始，经

---

① "六大工程"包括：重点水源、饮水安全、城乡防洪、农田水利、水土保持、中小水电。
② 董健，丁鹏. 倾力帮扶促发展——省人大机关同步小康驻村工作队帮扶工作纪实［N］. 贵州日报，2014 年 5 月 25 日.
③ 丁鹏程，刘贺伟. 府谷实施"3331"扶贫工程［N］. 榆林日报，2012 年 5 月 24 日.

过几次调整和变动，东西扶贫协作已形成为目前9省（直辖市）、5个计划单列市和4个大城市对口帮扶西部10个省（自治区、直辖市）的工作格局。东西扶贫协作形式多样，形成了政府援助、企业合作、社会帮扶、人才支持为主的基本工作框架。

实施东西扶贫协作工作以来，东部发达省份与西部贫困地区在结对治理贫困的具体实践中不断探索扶贫方式与模式，具体有基于企业合作层面的扶贫模式、创建高层沟通机制的扶贫模式和选择贫困重点的扶贫模式。

1. 基于企业合作层面的东西协作扶贫模式　该扶贫模式下以推动东西部地区的企业合作，带动贫困地区企业的发展，增强贫困地区的市场活力，提高贫困地区劳动力素质，解决落后地区的贫困问题。以山东省的14个地级市结对帮扶重庆市的14个国家扶贫开发工作重点县为例，在企业合作的基础上，争取政府援助。同时，积极开展社会帮扶，推动社会力量参与扶贫①。

2. 创建高层沟通机制的东西协作扶贫模式　该扶贫模式是指东西扶贫协作双方创建与坚持有效的沟通交流机制。1996—2016年，福建与宁夏每年召开一次联席会议，确保闽宁协作中的大方针和大方向，保证双方及时获取需要的信息，交流与学习先进管理理念。双方加强省到各区县各层级的对接，提高沟通的时效性。

3. 集中于重点贫困地区的东西协作扶贫模式　这种扶贫模式是指将贫困地区贫困程度更深的地区作为扶贫重点的扶贫方式。该模式在一定程度上促进地区均衡发展，减轻扶贫工作的负担。例如，2010年，根据乌兰察布市、赤峰市两地经济社会发展滞后、贫困面大、贫困面深的实际情况，京蒙扶贫协作做出了调整：由原来帮扶8个盟市调整为重点帮扶乌兰察布市与赤峰市各8个旗（县、市）。

东西扶贫协作积极推动"西部大开发"战略的实施，为减贫事业做出了巨大贡献，据统计，从2011—2015年的"十二五"期间，东部地区向西部地区提供政府援助资金56.9亿元人民币、社会捐助3.8亿元人民币②。在扶贫开发实践中，形成了一些成功的经验：①扶贫协作双方的长期沟通与交流机制，长期沟通与交流机制是双方开展扶贫工作的保障。②重视企业合作，企业的发展能迅速而有效激活贫困地区的市场活力，发展贫困地区经济。③注重人才交流，人才是贫困地区可持续发展的保障。

---

①　山东省人民政府办公厅.关于推进扶贫协作重庆工作的意见.2010年11月26日.

②　搜狐网.东西携手二十载互动双赢奔小康［EB/OL］.http：//www.sohu.com/a/1067033 18_160309.2016年7月20日.

（三）军队和武警部队扶贫

军队和武警部队是中国社会扶贫的一支重要力量。军队和武警部队根据国家和驻地扶贫开发总体规划积极参与实施定点扶贫和整村推进扶贫①。

1. **地方军分区军民结对扶贫模式** 以"131"扶贫工程为代表②。"131"扶贫工程是针对湖北省恩施实际实施的。所谓"131"扶贫工程，就是一个干部带三个民兵，帮助一户特困户在一年内解决温饱。此扶贫工程的实施，帮助特困户发展生产，解决温饱问题，增强自力更生能力。

2. **部队集团式扶贫模式** 各省军区（警备区）把扶贫工作作为经常性援建任务，与地方扶贫攻坚计划结合。湖北黄冈是全国著名的革命老区和重点贫困地区，同时，还是大别山片区扶贫攻坚和试验区建设的主体。2012 年 2 月广州军区驻汉部队 25 个团以上单位集团式定点帮扶红安、麻城革命老区 25 个乡镇（村）③。

3. **部队共建连片特困地区扶贫模式** 这种模式要求各单位应本着"就地就近、量力而行、有所作为"的原则，积极支援贫困地区基础设施重点工程建设，扎实做好保障和改善民生的工作。该种模式特别注重处理好政府主导与部队协作、统筹规划与分步实施、整体推进与分类指导"三个关系"。武警部队参与武陵山国家连片特困地区扶贫开发是此种模式的代表④。

军队和武警部队参与扶贫的核心经验在于，争取军队和武警部队领导的重视，通过党政军途径明确省军区、军分区政治机关和人民武装部作为同级政府扶贫开发领导小组成员单位。在此基础上，按照"就地就近、有所作为、量力而行、尽力而为"原则，逐步实现分类扶贫。

（四）民营企业参与扶贫

企业参与扶贫，是指在政府的引导与支持下，企业利用自身资源，通过多种形式参与扶贫工作。改革开放以后，在国家政策的支持与鼓励下，民营企业发展迅速，社会影响力增大，并成为国民经济的重要组成部分。促使民营企业参与扶贫是发展社会扶贫的重点之一。近年来，"万企帮万村"精准扶贫行动

---

① 国务院新闻办公室．中国农村扶贫开发的新进展白皮书．新华社，北京 2012 年 11 月 16 日．

② 湖北省人民政府扶贫开发办公室网，湖北省扶贫办．"131"扶贫工程的回顾与思考［EB/OL］．http：//www. hbfp. gov. cn/xxgk/dcxj/1172. htm. 2008 年 1 月 31 日．

③ 湖北省人民政府扶贫开发办公室网，黄冈市扶贫办．关于军队帮扶革命老区建设调研报告［EB/OL］．http：//www. hbfp. gov. cn/zwdt/dcxj/10845. htm. 2013 年 8 月 27 日．

④ 张春华．武警部队参与武陵山区扶贫开发试点工作会在重庆召开［N］．人民武警报，2013 年 3 月 16 日．

的开展进一步推动民营企业参与扶贫。这项行动已动员了全国 2.65 万家民营企业与 2.1 万个建档立卡贫困村工作对接，投入产业扶贫资金 470 亿，帮扶了 380 万贫困人口[①]。

1. **公益参与模式**　该模式下，民营企业通过捐赠帮扶贫困对象，同时塑造良好的企业形象。自 2007 年有全国性的捐赠统计以来，民营企业的捐赠数额一直都占据企业捐赠总量的一半以上[②]。民营企业已经成为中国公益事业发展和扶贫的主要力量之一。

2. **产业开拓模式**　该模式中，民营企业利用现代技术与管理提高农产品附加值，推动农业产业化的发展，让贫困农民从产业链中分享到更多市场利润，同时提升农民个人发展能力。产业开拓扶贫模式可持续性强，能够达到企业与农户双赢的目标。

3. **社区综合开发模式**　社区综合开发模式是指企业发掘利用农村经济资源与农村社会文化资源，开展促进农户增收、提供公共服务、进行能力建设等多维度扶贫的模式。该模式在一定程度形成当地政府、企业、农民三者多赢的局面。

民营企业参与扶贫的经验在于：①政府为企业承担社会责任提供优惠措施。②发挥社会组织的中介作用，为企业参与扶贫工作提供平台。③广泛宣传社会扶贫的政策与案例，营造良好的氛围与环境。④重视产业在企业与农户之间的纽带作用，形成利益联结机制，实现两者利益共享。

（五）社会组织参与扶贫

社会组织扶贫，是指包括人民团体在内的各类社会组织采取一系列扶贫措施帮助农村贫困人口或贫困家庭脱贫致富的方式。2017 年 11 月，国务院扶贫开发领导小组印发《关于广泛引导和动员社会组织参与脱贫攻坚的通知》。《中国农村扶贫开发发展纲要（2011—2020 年)》指出，加强规划引导，鼓励社会组织和个人通过多种方式参与扶贫开发，积极倡导扶贫志愿者行动，构建扶贫志愿者服务网络，鼓励工会、共青团、妇联、科协、侨联等群众组织以及海外华人华侨参与扶贫。越来越多的社会组织活跃在农村扶贫领域，且逐渐成为我国农村扶贫的重要主体之一。

1. **支教社团造血的扶贫模式**　该种模式以"常青义教"团队为代表。与

---

① 国务院新闻办公室网站．企业、社会组织和个人是社会创新重点［EB/OL］．http：//www. scio. gov. cn/xwfbh/xwbfbh/wqfbh/35861/36885/zy36889/Document/1557485/1557485. htm. 2017 年 7 月 5 日．

② 彭建梅，刘佑平．2012 年度中国慈善捐助报告［M］．北京：中国社会出版社，2013.

其他支教项目不同的是，"常青义教"是一种"造血"而非"输血"的支教模式，退休教师不直接面对学生授课，而是主要培训当地教师，帮助学校提升管理水平和教师的教学能力[①]。

2. **老促会培育产业的扶贫模式**　该种模式以中国老区建设促进会为代表[②]。中国老区建设促进会是老一辈革命家倡导成立的为革命老区人民服务的全国性社团组织，其重要的工作内容是帮助贫困老区脱贫。

3. **挖掘团体优势的扶贫模式**　该种模式以全国妇联为代表。全国妇联从1998 年开始定点扶贫漳县，在妇联、当地政府以及农户的共同努力下，漳县经济社会有了较快发展，基础设施建设有了明显改善，人民生活水平有了较大提高，发展成效明显[③]。

4. **市场活力注入的扶贫模式**　中国光彩事业促进会以广大非公有经济人士和民营企业家为参与主体，包括侨界工商界人士共同参加，配合国家西部大开发战略的实施，与"老、少、边、穷"地区和中西部地区共求发展，共谋利益，共享文明安乐，以先富带后富，促进共同富裕。

社会组织参与扶贫的核心经验是孵化不同类型的社会组织，使其自身能够生存发展，为其参与扶贫活动提供信息服务、业务指导和规范管理，开展政府购买服务试点，鼓励社会组织承接政府扶贫项目，创新扶贫方式。

（六）社会公众参与扶贫

社会公众扶贫，是指社会中的政府官员、知名艺人、企业人士、普通居民或村民等公民通过自愿方式投入人财物力等来扶贫济困的方式。

1. **直接捐赠扶贫模式**　社会公众参与到社会扶贫中，采用直接捐赠方式参与社会扶贫是一种比较普遍的方式，也是社会公众参与到社会扶贫中一种比较方便易行的方式。社会公众直接捐赠资源大多数以金钱、物资为主。

2. **志愿行动扶贫模式**　志愿者、义工团体的增加，志愿者激励模式的完善以及公众思想觉悟的提升，社会公众作为志愿者参与到社会扶贫活动中。

3. **基金资助扶贫模式**　社会公众在参与社会扶贫的过程中，到了后期就会选择成立一些基金会或者社会组织继续参与社会扶贫。例如，壹基金是由李连杰先生于 2007 年发起成立的公益组织，建立公益平台，专注于灾害救助、

---

① 百度百科：http：//www.baike.com/wiki/%E5%B8%B8%E9%9D%92%E4%B9%89%E6%95%99.

② 傅瑞满，彭祖之．甜蜜的产业——建始县老促会创新扶贫新路侧记 [J]．中国老区建设，2009（6）．

③ 国务院扶贫办网站．全国妇联赴甘肃漳县参加"送温暖·三下乡"活动并调研 [EB/OL]．http：//www.cpad.gov.cn/publicfiles/business/htmlfiles/FPB/ddfp/201103/139101.html.2011 年 3 月．

儿童关怀、公益人才培养三大公益领域。

4. **"互联网＋"扶贫模式** "互联网＋"是做好社会扶贫的有效办法。"互联网＋"社会扶贫的模式可以拓展个人参与扶贫的领域，凝聚社会资源参与扶贫的力度和价值。例如，由国务院扶贫办主管的中国社会扶贫网是社会公众参与扶贫的网络平台。社会公众可以通过登录网站、手机 APP 或者微信公众号等方式参与具体帮扶。中国社会扶贫网还将在医疗、教育、救助方面加强扶助。

从以往的实践来看，社会公众参与社会扶贫取得良好的效果，其核心经验如下：①不以捐资多少来衡量参与社会扶贫的个人或组织的扶贫贡献；②以社会主义核心价值观引领公众参与扶贫；③社会扶贫需要依靠全社会的力量共同参与；④要发挥工作、共青团、妇联、残联等动员优势，鼓励和引导广大社会成员捐助款物，倡导志愿服务精神，构建中国特色的扶贫志愿者网络和服务体系[①]。

四、中国社会扶贫的经验与启示

(一) 中国社会扶贫的经验

社会扶贫在中国扶贫开发进程中发挥着重要作用。结合贫困地区的实际情况，在全国范围内形成了不少颇有成效的社会扶贫模式，取得了显著的扶贫开发成效。各地社会扶贫实践各有特色，从整体来看，全国范围内的社会扶贫成效的取得，主要得益于以下几个因素的推动。

1. **政府主导为社会扶贫奠定了基础** 从社会扶贫的历史来看，政府主导是社会扶贫得以顺利推进的重要保障。在社会扶贫发展尚不成熟的阶段，非政府组织的数量很少以及社会公众的扶贫意识还不成熟的时期，单纯社会力量动员扶贫资源的能力薄弱，由政府出面动员社会力量参与扶贫，便于操作，容易体现成效。政府主导是社会扶贫的政治保障和可持续性保障，有利于推动社会扶贫向常态化、规范化和持续化的方向发展。政府部门的介入有助于整合协调与监督管理扶贫资源。政府主导有助于发挥社会扶贫的示范作用。在今后一段时期内，社会扶贫仍然会延续政府主导，社会力量广泛参与扶贫的格局。

2. **广泛动员为社会扶贫提供了动力** 在三十年的社会扶贫进程中，广泛挖掘社会力量参与扶贫为社会扶贫发展提供了动力。社会扶贫取得成效，与多元化的主体参与和多样化的社会资源投入密不可分。一方面，政府挖掘和鼓励

---

① 国务院扶贫办等．《关于印发〈创新扶贫开发社会参与机制实施方案〉的通知》（国开办发〔2014〕31 号）．2014 年 5 月 12 日．

社会力量参与扶贫，拓宽其参与渠道。各级政府积极鼓励、引导、支持和帮助各类非公有制企业、社会组织、社会公众等力量参与社会扶贫。另一方面，广泛挖掘社会资源为社会扶贫服务。通过努力挖掘民间关爱资源，建立社会、企业参与扶贫激励机制，形成政府的、市场的、社会的资源合力，为社会扶贫的持续发展提供动力。随着社会扶贫力度的加大，参与主体不断扩展，社会扶贫的覆盖面和影响力不断提升，社会力量的扶贫意识得到提高，参与能力和投入力度逐渐增大，为社会扶贫作出了重要贡献。

3. **创新发展激发了社会扶贫的活力**　创新发展一直是社会扶贫稳步推进的重要动力：①创新社会扶贫形式。定点扶贫以及东西扶贫协作，都被视为政府主体参与社会扶贫的创新。随着市场主体广泛参与社会扶贫，发展出企业协作、产业扶贫、投资促进、劳务合作等创新形式。此外，社会团体、民间组织、社会公众等又发展出项目帮扶、志愿服务等多种社会扶贫形式。各种扶贫形式发挥其特有的人才、资金、资源、组织等优势，激发了社会扶贫的活力，共同为社会扶贫贡献力量。②创新社会扶贫实施方式。传统的社会扶贫主要是以直接投入或引进资金、项目方式为主，重在物质帮扶，忽视精神、文化等方面的扶贫。现阶段则更加注重提升当地贫困人口的自我发展能力，由"输血式"向"造血式"转化，从"物质扶贫"向"精神扶贫"过渡[①]。而且，更加注重贫困农民的参与，激发贫困农民的发展意识，增强贫困地区的组织化程度和集体行动能力。扶贫形式和工作机制的创新进一步激发了社会力量参与扶贫的积极性与主动性。

4. **发挥优势提升了社会扶贫的实效**　社会扶贫是扶贫开发工作的一支重要力量，是政府扶贫的有效补充。社会扶贫大多以扶贫项目为载体，具有明确的目标和对象，项目方案更加贴近当地贫困人群的实际需求，项目的监管和评估也更加明确。同时，社会扶贫面对当地的各种既定条件，如经济、政治、文化和传统等，具有较大的适应性，能够灵活制定自己的规划以及应采取的措施。社会扶贫能较好地消除权利与义务的不对称性，明晰扶贫目标、健全问责制度、完善监督体系、提高资源配置效率，增强社会扶贫的实效。社会扶贫所具有的优势能够弥补专项扶贫和行业扶贫的不足，成为提升社会扶贫实效重要因素。

（二）我国社会扶贫的启示

十八大以来，随着我国扶贫开发工作的进一步推进，社会扶贫的作用日益凸显。扶贫已经不仅仅是政府的职责，而需全社会共同关注。然而，社会扶贫

---

①　柯双燕．新一轮西部大开发背景下贵州社会扶贫的机遇和挑战［J］．西部论坛，2011（2）．

仍处于不断探索中，扶贫开发新的历史时期赋予了社会扶贫更为深刻的内涵，也决定了社会扶贫未来的发展方向。

1. 拓展社会扶贫的多元化主体　十八大以来，政府越来越重视社会力量的参与，社会扶贫主体的范围逐渐扩大。从社会扶贫的成效来看，政府力量在社会扶贫中起着突出作用，而社会主体的力量未得到充分发挥。新阶段社会扶贫在扶贫开发中发挥着重要作用，社会主体在社会扶贫中占据主要地位，拓展社会扶贫主体，引导更多社会主体参与扶贫开发，实现全民参与扶贫开发。同时，引导贫困群体的广泛参与，改变传统社会扶贫以"输血式"扶贫方式为主，忽视贫困群体的主动性与积极性的缺陷，注重强调贫困群体和贫困地区的内源式发展，推动贫困群体参与社会扶贫，实现扶贫对象的自我发展。

2. 建立社会扶贫的常态化机制　社会扶贫通常被视为政府扶贫的补充。在一定程度上，社会扶贫被认为是一种剩余扶贫，是给予贫困人群和贫困地区的剩余福利。从概念界定上来看，社会扶贫缺少官方认可的、具有共时性的概念，而是将其看做是专项扶贫和行业扶贫之外的其他扶贫方式的总称。无论是资金投入力度、政策保障力度、扶贫的组织管理都没有上升到扶贫战略层面。在过去，社会扶贫主要体现了应急性、暂时性和阶段性特征，尤其是在贫困地区遭遇重大的自然灾害之际，社会力量的参与扶贫的力度更大。十八大以来，党和政府更加注重社会扶贫作为政府、市场、社会协同推进的大扶贫格局中的重要一极，将其上升到战略层面全面推进，建立社会扶贫的常态化机制，使其成为与政府扶贫同等重要的扶贫开发方式，成为各级政府引领和推动扶贫开发的常规工作。

3. 规范社会扶贫的制度化过程　社会扶贫作为政府扶贫的必要补充，具有重要作用，但其重要性并没有被充分认知，且尚未形成一套行之有效的运作规范。从现有的社会扶贫实践来看，社会扶贫尚未形成完善的运行机制，仍处于探索阶段。尽管国家在扶贫开发过程中出台了不少政策文件，但是社会扶贫仅作为隶属部分提及。尚未形成完善的社会扶贫政策制度体系。因此，推动社会扶贫的制度化、规范化运作成为新阶段发挥社会扶贫作用的重要举措。十八大以来，党和政府逐渐重视对社会扶贫制度化建设，这将会是今后一段时间社会扶贫工作的重心。

4. 提升社会扶贫的战略化地位　当前我国扶贫开发已从解决温饱为主要任务的阶段转入巩固温饱成果、加快脱贫致富、改善生态环境、提高发展能力、缩小发展差距的新阶段。现阶段的扶贫开发同时面临着我国在 2020 年前全面建成小康社会以及推动国家治理体系现代化的战略背景。中共十八大确立了全面建成小康社会的宏伟目标，强调要深入推进农村扶贫开发。十八届三中全会通过的《中共中央关于全面深化改革若干重大问题的决定》指出，"坚持系统治理，加强党委领导，发挥政府主导作用，鼓励和支持社会各方面参与，实现政府治理和社会自我调节、居民自治良性互动"。新阶段的社会扶贫已经上升到国家发展的战略高度。社会扶贫的创新发展，将会为全面建成小康社会和推动国家治理体系的现代化作出重要贡献。

增强社会保障兜底扶贫功能

左 停

摘要：很多贫困与脆弱、风险以及保障不足有关。社会保障体系一般包括社会福利、社会保险和社会救助等部分。一个公平有效的社会保障体系能够对贫困的预防和治理发挥积极的作用，如增强贫困人口生计系统的抗逆性、预防贫困发生，拓展贫困家庭或个人社会性生计资本、帮助贫困人口摆脱生活困境，为贫困人口建立最后一道保护防线、提供兜底保障，减少发展差距、减少相对贫困、促进社会团结和融合等。十八大以来，我国在脱贫攻坚的顶层设计上强化社会保障的制度嵌入，社会保障既是脱贫攻坚目标的重要组成部分，也是脱贫攻坚措施的重要组成部分；中央明确提出"三保障"、医疗保障脱贫、社会保障兜底脱贫、低保和扶贫两项制度有效衔接等政策措施。社会保障有关部门和各地积极探索社会保障扶贫的模式，包括向贫困人口倾斜、持续强化现有社会保障政策的减贫支持力度，探索社会保障扶贫新方式、新模式（开发公共岗位扶贫、退出新的扶贫保险项目），通过社会保障项目的组合提升扶贫覆盖和效果等。社会保障扶贫的探索具有重要理论与政策启示：要把以人民为中心的发展理念落到实处、正视和回应贫困人口多样化的基本民生需求和发展需求，要倡导大扶贫、促进开发式扶贫与保护式扶贫的衔接互嵌，要不断创新拓展社会保障扶贫的模式，要把扶贫治理的重心下移，加强基层面向穷人的社会服务能力。

左停：中国农业大学人文与发展学院教授、博士生导师。

贫困是一种伴随人类社会发生、发展的复杂社会经济问题。1986 年，中国建立扶贫开发领导小组及其办公室，拉开了有计划、有组织、规模化、制度化的扶贫开发的序幕。中国制度化的扶贫开发经历了近四十年的发展，取得了举世瞩目的减贫成就。21 世纪以来，随着绝对贫困问题的逐步解决，相对贫困和生理贫困的特点越来越明显。十八大以来，我国农村扶贫工作进入攻坚拔寨的冲刺阶段，剩余的贫困问题多是难啃的"硬骨头"，以习近平同志为核心的中共中央高度重视扶贫工作，把脱贫攻坚作为全面建成小康社会的底线任务和标志性指标，对脱贫攻坚做出一系列新的部署，提出了许多脱贫攻坚的精准措施，社会保障扶贫是精准扶贫精准脱贫诸多措施中的一个重要政策内容。全国各部门、各地积极实施并创新社会保障扶贫的方式和模式，社会保障扶贫在打赢脱贫攻坚战，进一步缩小贫富差距、全面建成小康社会方面发挥了重要作用。

一、社会保障扶贫的背景与理论逻辑

贫困问题由来已久，其内涵随着时代的改变而不断发生变化，而且在不同国家、不同文化背景之下有所差异。贫困问题不仅仅是收入性生存需求不足，还表现为社会保护性需求的缺乏，解决收入性生存需求的单一扶贫路径已经不能与反贫困要求完全契合。中国是全球最早实现千年发展目标中减贫目标的发展中国家，为全球减贫事业做出了重大贡献。在当前的脱贫攻坚战中，社会保障与脱贫攻坚之间存在密切的内在理论逻辑，社会保障既是脱贫攻坚目标的重要组成部分，也是脱贫攻坚、精准扶贫精准脱贫的重要政策举措。

(一) 社会保障视角的贫困与贫困人群

贫困的产生，一般源自于自身因素、自然环境以及社会因素。贫困人口较之于其他人面临着更多风险，具有较高的脆弱性。换言之，贫困人口具有生理脆弱性特征、自然灾害与自然风险多发特征、易受社会转型、市场经济波动与不确定性影响的特征以及社会保护不足等特征。贫困人口会聚焦于具有某些特殊社会特征或个人特征的群体。从地域分布来看，我国的贫困多发生在山地或丘陵、地表土壤肥力缺乏的地区以及少数民族聚居区；就人口特征而言，贫困人口中老人和儿童为多数，其中农村老人和儿童更是贫困人群的常见主体。21 世纪以来，我国老龄化、高龄化问题开始显现，老年贫困问题也愈发凸显。2013 年 6 月发布的《中国人口老龄化的挑战：中国健康与养老追踪调查全国基线报告》显示，大部分的老年人面临身体健康问题，老年人的健康状况随着年龄的增长急剧下降，健康问题更常见于经济贫困的老年人，独居老年人中很多人有健康问题。在对老年人的经济状况进行过调查后发现，全国有 22.9%

的 60 岁以上老年人（4 240 万人）的消费水平位于贫困线以下（这一调查使用的是基于消费的贫困标准，在农村为 2 433 元/年）①，老年人的贫困发生率（28.9%）大大高于农村人口的平均贫困发生率，也远高于城镇人口（9.5%）。贫困老年人是更为弱势的特殊群体，老年贫困主要源于老年人经济自立能力不足和外部经济支持不足。对于贫困老年人而言，经济上的自立能力，或者说经济收入水平会左右其心理、精神上的自立性②。

由于低收入、恶劣的生活和工作环境，穷人与富人相比营养不良、患病的概率更高，有更多的医疗服务基本需要③。而因病致贫、因病返贫是我国农村贫困人口致贫的主要原因之一。据统计，截至 2015 年底，因病致贫、因病返贫贫困户占建档立卡贫困户共有 838.5 万户，比例达到 44.1%，涉及近 2 000 万人，其中患大病、重病的约 330 万人，患长期慢性病的约 400 万人，其中 15～59 岁劳动力年龄段患者占 41%。在贫困人口中，由于缺乏优质基层医疗资源，"小病拖大、大病拖重"的现象普遍存在。当家庭成员患病时，直接影响的是家庭的财力资本，最先体现在医疗支出的增加。除了诊疗费、住院费的支出，还有看病时的交通费用、营养费、家属的住宿费、康复费、保健品费等；其次体现在收入的减少，患病时患者并不能从事生产活动，自然没有工资收入，患者家庭照顾患者减少了外出工作的时间，造成劳动时间的损失而带来收入的减少。

随着市场经济体系的发展，从穷人自身所具有的脆弱性以及面临的市场和社会转型风险的角度来解释贫困表征和贫困成因，已经成为一种非常重要且现实的视角。脆弱性—风险—贫困分析框架认为，一方面，许多贫困人口本身具有较高的脆弱性，外部环境中的风险对贫困人口造成的冲击比非贫困群体的要大；另一方面，由于贫困人口缺乏社会安全保障机制，无法及时防范和化解风险，当社会风险造成的损失超过脆弱性人群的承受范围时，就会产生贫困。从这个角度分析，为贫困人口建立起完善的社会保障制度，是降低社会风险和贫困发生率的必要条件。总之，21 世纪以来，相对贫困和生理贫困逐渐取代绝对贫困，成为我国当前扶贫工作的需要解决的重要问题。这些贫困群体难以通过促进就业、劳务输出等方式脱离贫困，而且应对风险的能力较差，具有脆弱性。因此，当前贫困问题的解决需要充分发挥社会保障制度的保护性功能。

① 网易.中国老人贫困率高达 22.9%，子女负担将更重［EB/OL］.http：//data.163.com/13/0704/22/92VMF2OO00014MTN.html

② 马丽娜，汤哲，关绍晨，等.北京老年人家庭关系对心理健康的影响［J］.实用老年医学，2010，24（2）：168－170.

③ 胡静，刘亚飞，黄建忠.中国农村贫困老年人的潜在医疗需求研究——基于倾向评分匹配的反事实估计［J］.经济评论，2017（2）：127－137.

（二）社会保障体系框架

从广义上来说，社会保障可被理解为任何通过社会化的手段向社会成员提供的保护与帮助；狭义上来说，社会保障是以国家为责任主体的一种制度建设。一般认为，现代社会保障制度以 1834 年英国《伊丽莎白济贫法》的颁布为开端，时至今日，几乎所有的国家都建立起了不同覆盖程度的社会保障体系，社会保障的理念、方式和范围都发生了巨大的改变，但其本质仍是"社会性的保护措施"。正是因为这个本质，社会保障才是贫困人口最需要一种制度安排。因为贫困人口相比于其他人群来说更加缺少自我保护机制，比非贫困人口更需要通过社会保护机制来弥补个人能力上的缺陷、防止损失对个人造成过重的冲击。

尽管国内国外对于社会保障的定义的表述有所差异，但基本上都认同：社会保障应当由政府为责任主体，以立法为依据，以保护社会成员免于遭受社会风险为目标，以现金或实物或服务等为手段。再者，社会保障制度也是现代国家的一项基本制度，它既是实现社会财富再分配、维护社会公平的一种不可或缺的工具，也是现代国家在经济、政治和社会全面发展的制度的一个重要的目标。社会保障是国家或社会依法建立的，具有经济福利性的、社会化的国民生活保障系统[①]。

改革开放以来，中国政府重视社会保障制度建设，努力补缺这块制度短板。1985 年的《中共中央关于制定国民经济和社会发展第七个五年计划的建议》第一次明确提出，社会保障的内容包括社会保险、社会救济、社会福利、社会优抚四个部分。中共十四届三中全会提出，我国要建立多层次的社会保障体系，包括社会保险、社会救济、社会福利、优抚安置和社会互助、个人储蓄积累保障。十八大报告中将"社会保障全民覆盖，人人享有基本医疗卫生服务，住房保障体系基本形成，社会和谐稳定"作为实现全面建设小康社会目标的新要求之一。随着脱贫攻坚战的打响，社会保障制度建设成为推进我国反贫困的重要措施，社会保障制度建设也迎来发展的重要阶段。

从国际社会保障事业的格局来看，社会保障制度主要以社会救助、社会保险、社会福利三大制度为贫困群体、低收入群体、社会成员提供各类保障。经过近 40 年的建设，中国现已形成一套具有中国特色的社会保障制度体系：以社会福利、社会保险和社会救助为基础，以基本养老、基本医疗、最低生活保障制度为重点，以慈善事业、商业保险为补充[②]。这些在社会保障体系中的地

---

① 郑功成．社会保障学［M］．北京：中国劳动社会保障出版社，2005 年．

② 林闽钢．社会保障如何在精准扶贫中发力［J］．中国社会保障，2017（4）：37－39．

位和功能各有不同。社会福利由政府提供，它既不需要个人缴费，也不需要审查家庭经济状况，而是强调对象的特殊性（如老年人、残疾人、孤儿等）和待遇的一致性。社会保险强调权利与义务的对等，只有参加保险、且履行缴费义务的公民才能获得相应保险待遇。它主要包括养老保险、医疗保险、失业保险、工伤保险等。社会救助属于社会保障体系中的底部，只提供给"穷人"，受助者不需要履行缴费或其他义务，但需要接受家庭经济状况调查。我国已建立了以城乡最低生活保障和特困人员供养为主要内容的基本生活救助制度，以医疗救助、住房救助、就业救助和教育救助为主要内容的专项救助项目，以受灾人员救助、临时救助为主要内容的急难性救助制度①。

（三）社会保障扶贫的理论逻辑

社会保障制度兼具社会性和保护性，其中社会救助、社会保险和社会福利分别从各自不同的路径产生了不同的反贫困效果。在我国当前的脱贫攻坚战和未来的减贫战略中，作为减贫政策工具，社会保障直接且具体的扶贫济困功能越来越明显。在当前脱贫攻坚进程中，中国社会保障制度具有预防贫困发生、提升生计资本、提供解困服务、社会兜底保障以及稳定社会等减贫功能。

1. 增强贫困人口生计系统的抗逆性，预防贫困发生 社会保障在预防贫困发生方面有着独特的作用，社会保障可以帮助一些困难群体渡过难关、避免陷入贫困。社会保障的贫困预防功能主要是通过社会福利和社会保险而实现。社会公共服务是社会福利的重要内容，对于贫困和贫困人口有很好的预防和缓冲风险的功能，基本社会服务的供给降低社会风险。例如，通过免费体检、免费午餐等福利性项目降低疾病的发生率和恶化的可能性，从而降低家庭医疗支出。同时，预防性的社会保险制度（如城乡居民医疗保险制度、大病补充保险制度等）能提升个人的抗逆性而有效防范风险，而且还能在社会层面创造出更安全稳定的环境，即在社会层面防御风险，具有"防贫"的积极作用。

2. 拓展贫困家庭或个人社会性生计资本，帮助贫困人口摆脱生活困境 社会福利制度涉及的内容和对象比较多样复杂，它以普遍公共服务及特殊福利提升全体居民的生活质量和发展能力，可产生普遍性的反贫困效果，一个完善的社会保障既能减"贫"、又可解"困"。我国的社会福利制度主要包括了老年福利、儿童福利、残疾人福利和妇女福利等子项目，是满足社会特殊群体需求、增加其精神慰藉和幸福指数的重要途径，其制度作用不可被替代。再者，社会福利通过投资于人力资本，能够帮助人们积累资产，并且能

---

① 宫蒲光.充分发挥农村低保的兜底作用［J］.行政管理改革，2016（4）：33-35.

够带来收益①。从基本需求上来说，社会福利制度是对那些通过保险制度、救助制度无法充分保障的群体的基本生存需求的满足；从精神方面来看，因为社会福利更加强调为弱势群体提供服务，通过社会福利能够提高精神满足、社会包容和主观幸福感，而这些收益正是当前社会保障其他制度设计所无法带给贫困人口的。当前，除各类农业补贴外，一些地方政府提供的高龄老人津贴、残疾人护理津贴等均是社会福利政策的表现。

3. **为贫困人口建立最后一道保护防线，提供兜底保障** 社会救助能够保基本，是低收入人群跌入贫困的最后一道防线，具有兜底作用。社会救助制度在减贫当中，发挥了直接的、兜底性的作用，也是实现到 2020 年消除绝对贫困、全面建成小康社会的重要保障。在过去，除开发式扶贫以外，对农村深度贫困人口发挥救助和兜底作用的政策主要是低保和五保制度；而随着 2014 年《社会救助暂行办法》的颁布，目前我国已形成"8+1"社会救助体系。再者，新阶段脱贫攻坚计划中，低保与扶贫制度之间衔接的加强也有利于实现对深度贫困人口的切实兜底，防止对贫困人口的遗漏。

4. **减少发展差距、减少相对贫困，促进社会团结和融合** 社会保障制度作为基本的社会制度，能够通过转移支付缩小因市场配置资源导致的收入差距，降低社会中的相对贫困程度。社会保障与国家税收发挥的再分配作用相似，但社会保障与税收相比，更聚焦于对社会弱势群体的收入改善，并且能够带来更多的正外部性，在未来更长时期内帮助社会实现在稳定中发展。完善的社会保障制度，尤其是社会保险制度，也具有分散风险的重要功能。同时，社会保障制度本身也是一项社会基础设施，会成为包容性经济增长的重要环境条件进而促进广泛就业，从而间接地缩小发展差距、减少不平等、缓解相对贫困程度。总之，社会保障制度是社会发展的"压舱石"，具有减少发展差距、稳定社会，促进发展的重要作用。

二、十八大以来中国社会保障扶贫的顶层设计

随着扶贫开发工作的不断推进，扶贫成效的边际效应可能会逐步递减，扶贫的难度会加大。贫困的发生学特征也不断发生变化，从过去的同质性大范围的贫困转变为连片性、异质分散性贫困，从收入型贫困转变为支出型贫困，从有劳动能力的青年占多数的贫困转变为年老和缺乏劳动能力者占多数的贫困等。贫困的变化要求我国扶贫工作要有新站位、新战略。

---

① 林闽钢. 中国社会福利发展战略：从消极走向积极 [J]. 国家行政学院学报，2015（2）：73-78.

（一）十八大以来中国扶贫工作的基本定位

21 世纪前十年，开发式扶贫是中国主流的扶贫方式，即通过整村推进、发展产业和促进就业等缓解贫困问题。然而扶贫开发并不等于开发式扶贫，扶贫开发实质上包含"扶贫"和"开发"两个概念，前者明显具有帮扶的含义，而后者则是对贫困户和贫困地区的开发和发展。与 20 世纪的贫困现象不同，当前中国农村的贫困具有很强的"剩余特点"，贫困人口贫困程度较深，开发式扶贫的难度更大、成本更高，需要在更高层次上定位扶贫工作。

2013 年 11 月在对湖南湘西考察时，习近平总书记首次提出了"精准扶贫"概念，精准识别是打赢脱贫攻坚战的重要前提，精准识别不仅包括精准识别贫困对象，还要精准识别贫困对象的致贫原因，如因病致贫、因学致贫、因缺乏技术致贫、因缺乏劳动力致贫等，如此才能对症下药，有效缓解贫困。目前，中国的贫困人口越来越向生理性贫困群体集中，疾病已成为贫困户致贫的重要原因。据统计，截至 2015 年年底，因病致贫、因病返贫贫困户建档立卡贫困户共有 838.5 万户，占比达到 44.1％[①]。在此贫困背景下，社会保障制度自然而然地进入扶贫领域，成为当前中国扶贫工作需要重点强化的领域。

2015 年，在贵州召开的部分省（自治区、直辖市）党委主要负责同志座谈会上，习近平总书记提出要因地制宜研究实施"四个一批"的扶贫攻坚行动计划，即通过扶持生产和就业发展一批，通过移民搬迁安置一批，通过低保政策兜底一批，通过医疗救助扶持一批。同年，在北京召开的中央扶贫工作会议上，习近平总书记系统地阐述了"五个一批"反贫困组合措施，即发展生产脱贫一批、易地搬迁脱贫一批、生态补偿脱贫一批、发展教育脱贫一批和社会保障兜底一批。其中"社会保障兜底一批"，是指对贫困人口特别是其中完全或部分丧失劳动能力的人，由社会保障政策措施来兜底，这就要求统筹协调农村扶贫标准和农村低保标准，加大其他形式的社会救助力度；同时要加强医疗保险和医疗救助，新型农村合作医疗和大病保险政策要对贫困人口倾斜[②]。"五个一批"的提出不仅体现了我国当前扶贫工作遵循的因类施策的原则，而且也揭示我国扶贫工作会越来越多地使用社会保障性措施。

中国是社会主义国家，社会主义的根本目的就是消灭剥削，消除两极分

---

① 国家卫计委官网．《健康扶贫工程"三个一批"行动计划》解读［EB/OL］．2017 - 04 - 20，http：//www.nhfpc.gov.cn/caiwusi/s3578c/201704/76fb599e9b91427e891396edd5bb6ea8.shtml

② 中国政府网．习近平：脱贫攻坚战冲锋号已经吹响　全党全国咬定目标苦干实干［EB/OL］．2015 - 11 - 28．　http：//www.gov.cn/xinwen/2015 - 11/28/content_5017921.htm

化，实现共同富裕。公平正义是社会主义的基本价值取向和本质特征。中国当前脱贫工作一个直接的背景就是到 2020 年全面建成小康社会，"一个也不掉队"，这实质上是社会主义共同富裕本质的要求。社会保障制度兼具显性的社会功能和隐性的经济功能。社会保障制度中既有具体的兜底性措施，也能提供社会服务，通过多样化的方式从个体、社会和国家三层面发挥保障作用，以实现对包括穷人在内的所有社会成员的保护、进而实现社会融合和发展，从而有效缓解甚至消除相对贫困和绝对贫困。当前我国扶贫工作进入攻坚拔寨的冲刺期，习近平总书记扶贫开发战略重要论述，强调了社会保障（医疗保障、最低生活保障等）在脱贫攻坚中的重要作用，要求发挥社会保障兜底扶贫的关键作用，形成了中国全面扶贫、大扶贫的理论、政策和战略格局。

（二）十八大以来中国社会保障扶贫的整体设计

2015 年 11 月 29 日，中共中央、国务院发布了《关于打赢脱贫攻坚战的决定》（以下简称《决定》），这是指导中国打赢脱贫攻坚战的纲领性文件。《决定》再次明确"两不愁、三保障"的扶贫目标，这一标准与保障人民基本需求的社会保障制度密切相关，肯定了基本社会保障是一项人类基本需求。其中"三保障"的目标不仅是扶贫的新定位，也正视并提升了社会保障制度的地位，强化了完善社会保障制度建设的必要性，使社会保障制度成为中国国家治理制度建设的重要内容之一。

社会保障制度是一种风险分散和缓解机制，提供的是公共产品，具有非竞争性、非排他性和公平指向性。社会保障制度建设除在全社会范围内实现广泛的社会调节，来实现对弱者、对贫困者的帮助外，更为重要的是它可以通过再分配手段来实现社会公平、减少社会不平等的目标。《决定》要求充分发挥社会保障减贫作用，提出了一系列的社会保障减贫的举措。在《决定》中，社会保障既是脱贫攻坚目标的重要组成部分，又是脱贫攻坚政策举措的重要组成部分。《决定》要求要在贫困地区建设县乡基层劳动就业和社会保障服务平台；要促进社会保障与扶贫开发有效衔接，完善农村低保、特困人员救助供养等社会救助制度；社会养老保险和医疗保险要向贫困人口倾斜，健全农村"三留守"人员和残疾人关爱服务体系，实现社会保障兜底。《决定》还特别强调开发式扶贫开发和农村低保制度均是我国反贫困的重要战略举措，要求做好两项制度的衔接，要求 2020 年之前确保贫困地区的低保标准要逐步达到贫困标准。

继《决定》之后，《"十三五"脱贫攻坚规划》（以下简称《规划》）又做出了一系列具体的、可操作性的社会保障减贫的政策、项目和工作安排。《规划》重申了"两不愁、三保障"的贫困人口脱贫目标，明确了就业支持、居住安全、教育、医疗卫生、低保等领域社会保障扶贫的具体要求和内容，同时还提出注重健全社会救助体系与"三留守"人员和残疾人关爱服务体系建设，并且要求提高贫困地区基本养老保障水平的要求①。

（三）十八大以来中国相关部门社会保障扶贫的制度和政策创新

新时期的贫困问题呈现多维性和复杂性，这决定了当前的扶贫工作要打破单一部门负责的局面，需要实现多部门的综合治理和协调合作，让扶贫在政府部门内部主流化，成为各部门的重要工作内容之一。民政部、人社部、教育部、卫计委、残联等社会保障相关部门积极响应中央要求，相继出台部门统领性文件和针对特殊群体的扶贫政策文件。例如，2016年8月，人社部印发《关于在打赢脱贫攻坚战中做好人力资源社会保障扶贫工作的意见》；同年12月，残联等26个部门联合制定了《贫困残疾人脱贫攻坚行动计划（2016—2020年）》。在这些政策文件的基础上，社会保障领域的相关政府部门出台具体的脱贫攻坚的政策和制度安排（表5）。

社会保障领域相关部门分工合作，积极参与扶贫工作中，利用部门优势出台了具体的有针对性的扶贫政策，发挥了显著的减贫功效。民政、人社和财政等社会保障相关部门根据《决定》和《规划》的精神，联合制定了一系列社会保障减贫的制度设计和政策，既有直接面向贫困人口的救助性政策，也有降低贫困人口风险、费用和提高贫困人口公共服务供给水平的保险性、福利性减贫政策。在社会保险方面，建立统一的城乡居民基本养老保险按制度，不断提升医疗保险和养老保险的保障水平，并设立新的社会保险制度，从缴费负担、保障水平以及适用群体等方面改善社会保险，充分发挥社会保险扶贫功能。在社会救助方面，全面推行两项制度衔接，同时实施医疗救助、临时救助等。在社会福利方面，在全国范围内基本建成针对经济困难的高龄、失能老年人的护理补贴制度；全面建立困难残疾人生活补贴和重度残疾人护理补贴制度，不断提升失能老人护理补贴和居家养老服务补贴水平，破解特殊群体的养老困境；普通高中建档立卡家庭经济困难学生免除学杂费政策；对跨省务工的贫困劳动力给予交通补贴等。中国目前已初步形成了包括社会保险、社会救助和社会福利三方面的多样立体的社会保障减贫的制度框架和政策体系，形成了中国特色的社会保障减贫模式。

---

① 中国政府网 http://www.gov.cn/zhengce/content/2016-12/02/content_5142197.htm

表5　脱贫攻坚以来社会保障相关部门扶贫政策文件

时间	政策文件名称
2016/9/17	民政部、国务院扶贫办等《关于做好农村最低生活保障制度与扶贫开发政策有效衔接的指导意见》
2016/6/21	卫计委等《关于实施健康扶贫工程的指导意见》
2016/8/12	人社部《关于在打赢脱贫攻坚战中做好人力资源社会保障扶贫工作的意见》
2016/8/25	发改委等《关于进一步完善社会救助和保障标准与物价上涨挂钩联动机制的通知》
2016/10/21	教育部等《普通高中建档立卡家庭经济困难学生免除学杂费政策对象的认定及学杂费减免工作暂行办法》
2017/1/16	民政部等《关于进一步加强医疗救助与城乡居民大病保险有效衔接的通知》
2017/2/10	残联《贫困残疾人脱贫攻坚行动计划（2016—2020年)》
2017/3/02	卫计委《农村贫困住院患者县域内"先诊疗，后付费"工作方案》
2017/4/06	教育部《关于做好2017年重点高校招收农村和贫困地区学生工作的通知》
2017/4/21	卫计委等《健康扶贫工程"三个一批"行动计划》
2017/6/27	民政部等《关于支持社会工作专业力量参与脱贫攻坚的指导意见》
2017/7/03	教育部等《关于进一步加强全面改善贫困地区义务教育薄弱学校基本办学条件中期有关工作的通知》
2017/7/12	残联《关于做好贫困重度残疾人家庭无障碍改造工作的通知》
2017/7/31	卫计委等《关于印发"光明扶贫工程"工作方案的通知》
2017/8/10	人社部等《关于切实做好社会保险扶贫工作的意见》

资料来源：根据相关网站公布信息查询整理。

三、十八大以来我国相关部门社会
保障扶贫的地方实践

　　健全的社会保障体系能让困难群体对自身的未来生活有一个基本且安全的预期。十八大以来，社会保障在扶贫中的基础性作用愈发受到重视，社会保障扶贫成为扶贫工作的重点领域之一，根据中央的社会保障扶贫顶层设计，省市县地方政府积极探索和实践，因地制宜地进行政策创新和模式创新。

（一）向贫困人口倾斜，持续强化现有社会保障政策的减贫支持力度

政策具有实现工具性目标的功能。中央政府对社会保障扶贫的顶层设计对地方的实践具有重要指导意义，但地区间的社会发展程度、财政实力以及贫困特征存在差异，地方政府基于中央政策的顶层设计会因地制宜地做出适当的调整和创新，不断完善政策设计，面向贫困群体强化政策支持力度。

1. 确保贫困人口参加社会保险，不断提高保险水平　　《农村扶贫开发纲要（2011—2020)》中提出"实现新型农村社会养老保险制度全覆盖"是我国扶贫目标之一，但城乡居民养老保险制度在人群上并没有实现全覆盖，贫困地区的保障水平也亟待提高。为了更好地发挥这一制度的减贫作用，青海等许多省份相继提高基本养老金的水平（表6）。部分地方政府实施了帮助贫困人口参加社会养老保险的优惠政策，由政府给贫困人口代缴养老保险参保费，如江西省南康区从2015年起开始为本区所有建档立卡贫困户由区财政代缴养老保险参保费[①]。同时，地方政府还针对医疗保险制度实施补贴政策，对建档立卡贫困人口参加城乡居民医保的个人缴费部分，财政给予补贴。湖南省提出"扶贫特惠保"家庭综合保障保险项目，对贫困人口的保费，当地政府给予不超过90％的保费补贴[②]。

表6　2012年以来全国和部分省份城乡居民基础养老金标准

单位：元/（人·年）

省份	2012	2013	2014	2015	2016
全国	660	660	840	840	840
河南	840	840	900	900	936
河北	660	660	840	900	960
内蒙古	660	660	780	960	1 020
青海	660	1 020	1 320	1 500	1 680
四川	840	840	840	900	900

数据来源：中国人民政府网和各省市民政厅官网。

一些地方政府针对现有的社会保险扶贫项目进行进一步的完善，例如丰富

---

① 南康区政府网：2015年财政为贫困户代缴养老保险参保费的情况公示 [EB/OL] . 2015 - 11 - 30. http：//www. nkjx. gov. cn/zxjf/12 345. jhtml

② 中国政府网．湖南健康扶贫"对症下药"成效明显 [EB/OL] . 2017 - 08 - 27. http：//www. gov. cn/xinwen/2017 - 08/27/content _ 5220768. htm

医疗保障中报销病种。尘肺病是农民工的职业病之一，治疗成本较高，但农民工一般没有参加工伤保险，针对这一地方性特殊情况，2017 年起，湖南省人社厅于 2017 年起，对符合条件的农民工尘肺病患者提供专项医疗救治救助，以此降低农民工因病陷入贫困的可能①。此外，对于贫困地区和贫困家庭而言，外出务工是一个重要的脱贫渠道，但贫困家庭劳动力收入低，难以承担职工养老保险费用。针对这一问题，一些地方政府大胆探索，2017 年 1 月，福建省开始实行贫困家庭劳动力参加居民养老保险补贴政策，即对实名制求职登记的贫困家庭劳动力参加居民养老保险的，根据相关规定，给予不低于最低标准养老保险费 50% 的补贴②。

2. 提升农村最低生活保障制度的保障能力，推进低保和扶贫两项制度有效衔接　2002 年，中国农村地区开始探索建立低保制度，2007 年在全国范围建立农村最低生活保障制度。低保制度是中国社会救助制度最为核心的内容，低保制度是一种补差型现金救助制度，是政府为无法通过自身努力维持基本生活的群众提供的物质帮助③。低保在整个社会保障体系中充分发挥了"兜底保障"的作用。十八大以来，我国农村低保范围不断扩大，保障水平逐年提升，从 2012 年的 2 068 元/（人·年），提升至 2016 年的 3 744 元/（人·年）。2015 年，我国农村平均低保标准就已超过国家扶贫标准（表 7）。同时，2016 年全国农村低保对象有 2 635.3 万户，4 586.5 万人，平均保障标准 3 744 元/（人·年）。

表 7　农村低保年平均标准水平

单位：元/（人·年）

指　　标	2012 年	2013 年	2014 年	2015 年	2016 年
农民人均纯收入	7 977	8 896	9 892	11 422	12 363
贫困地区农民人均纯收入	4 602	5 389	6 090	6 828	8 452
农村扶贫标准	2 625	2 736	2 800	2 855	2 952
全国农村低保平均标准	2 068	2 434	2 777	3 178	3 744

资料来源：作者根据国家统计局、国务院扶贫办和民政部网站历年公布的数据整理而成。

农村最低生活保障制度和扶贫开发两项制度衔接是当前社会保障扶贫工作的重要议题。目前，许多地区致力于标准线和信息库两方面衔接的探索创新，并取得一定成效。但两项制度衔接并非只是"两线合一"和"两库合一"，还

---

① 中国政府网. 湖南农民工尘肺病患者可获专项医疗救助［EB/OL］. 2017 - 5 - 25. http：//www. gov. cn/xinwen/2017 - 05/25/content _ 5 196 799. htm

② 宁德网. 福建宁德：贫困家庭劳动力参加居民养老保险可享受补贴［EB/OL］. 2017 - 1 - 17. http：//www. ndwww. cn/xw/ndxw/2017/0 117/38 353. shtml

③ 蒲宫光. 充分发挥农村低保的兜底作用［J］. 行政管理改革，2016（4）：33 - 35.

涉及管理、制度、相关政策等方面的衔接。2017 年 7 月，海南省下发文件，将农村低保人员和特困人员全部纳入扶贫政策的受惠对象，农村低保对象、特困人员的教育、医疗、住房保障都按照建档立卡的贫困户享受同等标准的政策待遇；有劳动能力且有脱贫意愿的农村低保对象享受与建档立卡贫困户相当的产业扶持政策待遇①。海南省出台的这一政策进一步推进了两项制度的有效衔接。

3. 扩大贫困地区贫困人口的福利供给，提升反贫困和预防贫困的基础能力 地方政府通过提升补贴标准和补贴范围提高贫困户的贫困预防能力，补贴的项目包括就业培训补贴、教育补贴、高龄补贴、失能老人补贴、残疾人补贴以及能源补贴，很多省份在普惠的高龄津贴之外，设置了针对特定困难老年群体的津贴、养老补贴和困难补贴（表 8）。2016 年四川省人社厅出台意见，提出贫困家庭劳动者参加技能培训或创业培训后，取得职业资格证书（含专项职业能力证书、培训合格证书）的，给予一定的职业培训补贴和职业技能鉴定补贴。组织贫困家庭劳动者免费参加劳务品牌培训。贫困家庭劳动者参加技师培训项目，取得技师或高级技师职业资格证书的，给予 3 000～6 000 元不等的补贴②。广东省各地市属中职学校（含技工学校）的免学费补助标准提高到每年 3 500 元，省直属高职院校生均定额标准提高到每生每年 6 000 元③。2014 年，该政策对片区农村学生就已实现全覆盖④。目前，我国的贫困户识别中存在一定"悬崖效应"问题，帮扶措施主要瞄准降档立卡贫困户，贫困边缘群体难以享受帮扶措施。针对这一问题，部分地方政府将低收入人群纳入社会福利实施的对象。例如，西安市低收入对象中年龄在 60 周岁以上（含 60 周岁）的失能人员每月可享受 260 元护理补贴⑤。2016 年，青海省重度残疾人护理补贴提升至 1 200 元/（年·人），该收入大约是国家贫困线的 1/3。内蒙古每年免费为低收入农牧户发放 1 吨过冬补贴⑥。山西省为每户低收入农户发放 300 元的取

① 中国政府网．海南：农村低保人员、特困人员纳入扶贫政策受惠对象［EB/OL］．2017-01-14 http：//www．gov．cn/xinwen/2017—07/14/content _ 5 210 496．htm
② 中国政府网．四川：19 条意见助推精准扶贫精准脱贫［EB/OL］．2016-06-12．http：//www．gov．cn/xinwen/2016—06/12/content _ 5081144．htm
③ 中国政府网．广东省 2016 年投 2 366 亿元办十件民生实事［EB/OL］．2017-01-17．http：//www．gov．cn/xinwen/2017-01/17/content _ 5160521．htm-2
④ 国家统计局农调队：《中国农村贫困监测报告 2015 年》，中国统计出版社，2015 年，第 57 页。
⑤ 中国政府网．西安将提高失能老人护理补贴标准［EB/OL］．2017-05-11．http：//www．gov．cn/xinwen/2017-05/11/content _ 5192870．htm
⑥ 中国政府网．跨上和谐发展黑骏马——内蒙古辉煌 70 年系列述评之民生发展篇［EB/OL］．2017-08-05．http：//www．gov．cn/xinwen/2017-08/05/content _ 5216127．htm

暖补贴①。此外，脱贫攻坚以来，中国还实施了一些服务型的社会福利，如免费体检、贫困孕妇住院分娩服务、免费疫苗、免费午餐以及免费开展特殊疾病手术治疗等。这些措施对于贫困群体的疾病问题具有重要的预防作用。

表 8　中西部部分省份不同年龄段老人津贴、养老服务
和困难补助标准②

单位：元/（人·月）

省（自治区）	年　龄				
	60～69	70～79	80～89	90～99	100 以上
甘肃	100*	100*	25，100*	60，100*	100，100*
青海	530*	90，830*	100，830*	120，830*	160，830*
湖南	300*	300*	300*	300*	200，300*
吉林	100*	100*	100*	100，100*	300，100*
山西	60*	60*	30**，60*	30**，60*	300
西藏	—	50*	25，50*	41.67，50*	66.67，50*
宁夏	—	—	220	450	450
河北	—	—	50	70	300
贵州	100*	100*	100*	100*	200，100*
黑龙江	—	—	100**	100	100
陕西	—	50	100	200	300
新疆	—	—	50	120	200

注：表中无星号的为高龄津贴，一般为普惠制。表中标星号为针对特定群体（如建档立卡贫困人口、重度残疾人、特困救助对象、抚恤补助对象、失能老人、低保老人、无社会养老保障待遇的老人）的养老服务和困难补贴，表中数字一般为最高档。青海省的数字含服务照料等补贴，不一定直接支付给老人。

4. 完善贫困地区基本社会服务供给体系　《决定》中提出要健全留守儿童、留守妇女、留守老人和残疾人关爱服务体系，服务体系建设向贫困地区和贫困群体倾斜。健全农村社会服务体系是解决扶贫"最后一公里"问题的关键，符合基本公共服务均等化的原则，也为城乡一体化奠定基础。服务体系的建设具体涉及服务内容、服务队伍、服务管理以及服务方式等。

---

① 中国政府网．山西：今冬取暖期低收入农户每户补贴 300 元［EB/OL］．2015 - 08 - 08. http：//www. gov. cn/xinwen/2015 - 08/08/content _ 2910127. htm
② 参见民政部官网．民政部办公厅关于在全国省级层面建立老年人补贴制度情况的通报，ht-tp：//xxgk. mca. gov. cn：8 081/newgips/contentSearch？id=79980

便捷的服务供给方式有利于服务对象更好地获得服务，地方政府大力探索公共服务供给方式。成都市双流区人社局通过整合基层社保服务资源，构建了区、镇街、村社区"1＋12＋N"三级社保服务平台，将30项社保经办业务下沉至镇街、村社区，实现全区镇街、村社区个体业务服务范围全域覆盖、服务项目全员覆盖，提升了社保公共服务的可及性、针对性和时效性，使社保公共服务直达民生末梢，让企业和群众享受更加便捷、高效的社保服务①。贵州省黔西南州郊纳镇打破了常规的、专业化的部门管理，推行"全科扶贫专干"工作制，在镇政府服务大厅为每一个村庄设立办事处，并由专人负责处理扶贫、民政和医保等各项事宜。通过这种跨部门、多层次的服务方式，既方便了群众，又提高了工作效率。

（二）探索社会保障扶贫新方式、新模式

在脱贫攻坚过程中各地社会保障相关部门还根据贫困人口的具体情况，因地制宜地探索和创新了一些新型的社会保障扶贫方式和模式。

1. 面向贫困难就业人员开发和提供公益性扶贫岗位　鼓励公益性岗位的开发和岗位补贴，如2016年6月四川省人社厅出台意见，鼓励乡镇大力开发孤寡老人和留守儿童看护、社会治安协管、乡村道路维护、保洁保绿等公益性岗位，对贫困家庭劳动者实行过渡性安置，确保每个贫困家庭至少有一人就业，并参照就业困难人员享受适当的岗位补贴②。设立公益性岗位是重要的社会保障扶贫方式之一，该方式倡导通过积极的工作换取救助，旨在通过积极的发展型社会救助措施缓解贫困问题。目前，我国扶贫中较为常见的公益性岗位类型有保洁员、护林员等，岗位类型并不丰富，无法满足部门地区的实际需求。近两年，山东省地方政府积极探索，推行公益岗位互助模式扶贫。针对有就业意愿和劳动能力的年龄偏大人群、留守妇女等转移就业能力相对较弱的建档立卡适龄贫困人口，设计出四类互助性公益性岗位，即互助养老公益扶贫岗位、互助托幼公益扶贫岗位、互助照料病患公益扶贫岗位和互助助残公益扶贫岗位③。通过贫困人口在岗工作互助帮扶其他老幼病残贫困人口，既缓解了就业者和被帮助对象两者的贫和困的问题，也有助于社区内互助合作氛围的营

①　央广网. 成都双流：创新构建"1＋12＋N"三级社保服务体系［EB/OL］. 2017 - 07 - 27. http：//sc. cnr. cn/sc/2014dfdt/20170727/t20170727＿523872146. shtml

②　中国政府网. 四川：19条意见助推精准扶贫精准脱贫［EB/OL］. 2016 - 06 - 12. http：//www. gov. cn/xinwen/2016－06/12/content＿5081144. htm

③　中国政府网. 山东面向农村推行公益岗位互助扶贫模式［EB/OL］. 2017 - 06 - 26.　http：//www. gov. cn/xinwen/2017－06/26/content＿5205477. htm? gs＿ws＝weixin＿636386547878820782&from＝timeline

造。这种积极的发展型社会救助在扶贫中的作用愈发凸显。例如，贵州省务川县通过实施"六个就业一批"工程，为搬迁群众提供了 2 500 个就业岗位，其中公益性岗位 300 个，占比 12%①。

2. 开发多样化的扶贫政策保险 贫困问题具有复杂性和多维性，在社会保障扶贫过程中，保障项目组合实施有利于构建更安全的"安全网"。风险无处不在，疾病、衰老、农业生产以及人身安全等，社会保险制度是降低受保人风险损害的重要措施，对贫困群体而言具有重要意义。当前农村社会保险制度主要包括城乡基本养老保险制度和城乡合作医疗制度，主要缓解养老风险和疾病风险。但对于贫困户而言，家庭成员的意外身故会冲击原本就脆弱的家庭，与自然环境息息相关的农业生产也存在较大风险。国家统计局农村社会经济调查总队调查的结果表明，自然灾害是大量返贫的主要原因，2003 年的绝对贫困人口中有 71.2% 是当年返贫人口。在当年返贫农户中，有 55% 的农户当年遭遇自然灾害，有 16.5% 的农户当年遭受减产五成以上的自然灾害，42% 的农户连续 2 年遭受自然灾害②。部分地区在社会保险扶贫方面展开探索，试图为贫困人口编织一张更能全面抵抗风险的社会保险网。

2015 年，河南省兰考县政府与保险机构合作，为贫困户提供 6 个生活风险保障类项目和 10 个生产风险保障项目，大大降低贫困户的人身风险和生产风险③。次年，河南省又探索出"协办农险带脱贫"的"农险＋就业"扶贫模式，在发挥保险的减贫作用的同时，通过从农村贫困人口中培训吸纳助理协保员和宣传员，建立农险发展急需的协保员队伍，为贫困人口直接提供就业岗位。④ 此外，2016 年宁夏政府与中国人寿、人保财险、平安产险 3 家保险机构合作，为贫困户量身打造家庭成员意外伤害保险、大病补充医疗保险、借款人意外伤害保险和优势特色产业保险⑤。宁夏的"扶贫保"模式兜底保障了贫困户人生风险和农产品生产风险，有效避免意外身故致贫返贫和产业风险。在脱贫攻坚与扶贫改革工作实践中，阜新市聚焦贫困人口的生产和社会经济风险，以帮助扶贫对象抵御社会风险为着力点，引入保险机制，以"政

① 中国政府网.2016 年异地扶贫搬迁工作进展顺利［EB/OL］.2016－06－06.http：//www.gov.cn/xinwen/2016－06/06/content_5079929.htm

② 国家统计局农村社会经济调查总队.2003 年全国扶贫开发重点县农村绝对贫困人口 1 763 万［J］.调研世界，2004（6）：11-11.

③ 人民网.脱贫路上零风险 河南兰考整县扶贫上"保险"［EB/OL］.2016－03－25.http：//henan.people.com.cn/n2/2016/0325/c356896－28009094.html

④ 中国政府网.河南推出"农险＋就业"扶贫项目［EB/OL］.2017－07－14.http：//www.gov.cn/xinwen/2017－07/14/content_5210479.htm

⑤ 中国政府网.宁夏 49.9 万建档立卡贫困人口享受"扶贫保"［EB/OL］.2017－08－07.http：//www.gov.cn/xinwen/2017－08/07/content_5216511.htm

银保"金融扶贫＋"人寿保"扶贫小额保险＋"医疗保"医疗保险基金与医疗救助的具体方式，帮助贫困户减少风险、减少支出、增加贷款信用，使贫困人口能够安心发展生产，提高应对意外事故的能力，避免因意外、因病致贫和返贫。

3. **探索资产收益扶贫，扩大弱能贫困群体的福利来源**　《决定》中将资产收益扶贫纳为我国重要的扶贫方略之一。资产收益扶贫是在不改变用途的情况下，财政专项扶贫资金和其他涉农资金投入设施农业、养殖、光伏、水电、乡村旅游等项目形成的资产，具备条件的可折股量化给贫困村和贫困户，尤其是丧失劳动能力的贫困户。资产收益扶贫通过市场方式获得资产收益，收益可直接发放至贫困户，成为一种新形式的社会福利。由于资产收益扶贫是一种优先倾向于弱能、失能贫困群体的分配制度，可以说资产收益扶贫是一种半福利半救助的扶贫措施，具有明显的社会帮扶意义。

地方政府将资产收益的水平与贫困户贫困特征相挂钩，探索更为公平长效的资产收益扶贫方式。淄博市部分贫困村整合村庄自然资源和扶贫资金，因地制宜发展乡村旅游业、果蔬种植、食品加工和观光农业等。考虑贫困户的贫困深度差异和扶贫资金来源等，设立多样化股权结构，如按照扶贫对象的贫困程度分为特困户、中等户和一般户，按照扶贫资金来源的不同分为奔康股、扶贫股和后备股，贫困户依据股种和股数定期获得分红，且股权由贫困户长期持有。

（三）组合和整合现有社会保障项目，提升扶贫的覆盖和效果

十八大以来，社会保障相关部门建立了相应的社会保障扶贫制度，但这些制度部门化明显，制度之间缺乏有效衔接，相对碎片化，导致社会保障制度的兜底性功能难以充分发挥。因此，如何将部门制度的顶层设计与地方贫困实际相结合，在实践中整合制度和政策就尤为重要。这就需要地方政府在实践探索中打破制度限制和政策壁垒，积极探索和创新社会保障扶贫模式，创新社会保障扶贫模式。

疾病风险是导致贫困的主要原因之一，目前普遍是通过医疗服务和医疗保险缓解因病致贫的问题，如通过免费体检提前发现疾病解决问题，通过相关医疗保险减少医疗支出。山西省在实施基本医疗保险、大病保险和补充医疗保险的"三保险"的基础上，实施"三救助"再次减少医疗费用。"三救助"具体是指：①对农村贫困人口个人缴费按城乡居民缴费标准由财政资金给予全额资助。②对省定24类重特大疾病晚期患者由民政部门给予一次性每人5 000元的大病关怀救助，对有需求的持证贫困残疾人免费适配辅助器具。③对少数农村特困人口由民政部门特殊帮扶，重点救助目录内个人自付"136"封顶额和

目录外 15％费用部分的特殊困难人群①。

随着老龄化和高龄化的严重，老年贫困问题越发严重。不同于其他贫困群体，贫困老年人的问题具有一定的特殊性，即贫困老年人问题的解决不仅是政府要履行的责任，也是子女需要承担的义务。但在当前的扶贫工作中，子女不履行赡养义务的案例屡见不鲜。在解决老年人的贫困问题中，政府不仅要承担自身责任，更要激发子女和其他主体参与其中。山东省崇尚孝道文明，在解决老年人贫困问题方面做了大量探索。德州陵城区探索出"孝＋善＋爱"扶贫模式，建立孝善理事会解决老人日常照料问题，并通过公益行动建立孝善基金实施资金救助和购买爱心保险，帮助老人脱贫。其中，将资金救助与贫困老人子女缴纳的赡养费相挂钩，资金救助与否和救助金额取决于子女是否缴纳赡养费以及缴纳的金额，通过政府正面引导和舆论力量强化子女履行赡养义务②。

2017 年以来，医疗救助与城乡居民大病保险有效衔接成为继扶贫开发和农村低保两项制度衔接之后的第二项重要的制度衔接整，目前已在地方有所探索。例如，根据民政部《关于进一步加强医疗救助与城乡居民大病保险有效衔接的通知（民发〔2017〕12 号）》要求，截至 2017 年 2 月，全国已有 93％的地区开展了医疗救助"一站式"即时结算服务③。

四、中国社会保障扶贫的理论贡献与经验启示

中国是全球最早实现千年发展目标中减贫目标的发展中国家，为全球减贫事业作出了重大贡献。十八大以来，我国确立到 2020 年现有标准下的农村贫困人口实现脱贫、全面建成小康社会的扶贫目标，党和政府为实现这一目标而不懈努力，社会保障制度建设也逐渐成为我国减贫发展的重要目标内容和实现路径，十八大以后社会保障扶贫模式的探索丰富了中国特色扶贫理论和政策体系。

（一）要落实以人民为中心的发展理念，正视和回应贫困人口的基本和发展需求

一些发达国家的数据显示，社会保障支出水平与贫困发生率呈负相关关

---

① 财政部官网．三保险三救助——山西省出台新政帮扶 201 万农村建档立卡贫困医疗［EB/OL］．http：//www.mof.gov.cn/xinwenlianbo/shanxicaizhengxinxilianbo/201708/t20170816 2674569.htm

② 陵城区政府网．我区推行"孝＋善＋爱"扶贫模式——1 407 名贫困老人喜领扶贫养老金［EB/OL］．2017－07－15．http：//www.lingxian.gov.cn/n2430028/n2430118/c30032040/content.html

③ 渭南政府网．民政部解读《关于进一步加强医疗救助与城乡居民大病保险有效衔接的通知》［EB/OL］．（2017－2－22）［2017－5－28］http：//www.weinan.gov.cn/gk/zcfg/zcjd/569227.htm

系，即社会保障水平高的国家，其贫困发生率较低；而社会保障支出水平较低的国家，其贫困发生率较高①。社会保障作为一项公共产品，应能够满足人们的基本需要，保障其基本生活。但基本需要并非等同于单一的物质需要，而是兼具生存与发展的多样化需求。

随着社会的发展以及贫困研究的深入，贫困的多维性特征愈发突出。贫困概念从最初的只考虑经济维度的收入贫困，开始向发展能力的贫困、进而到权利贫困转变，长期性贫困问题和深度贫困问题越来越成为减贫的难点。减贫的措施不只限于现金救助，医疗服务、充分就业、安全住房和教育保障等其他措施也不容忽视②。要想长效解决贫困问题，还需要通过社会保障制度的建设和完善以及向贫困人口倾斜，构建一个包容性增长的社会环境，满足贫困群体基本生存和医疗、教育、就业等公共服务的多样化需求。中国已在社会保障体系和公共服务建设上投入大量人力物力，并且取得显著成效，养老保险和医疗保险基本实现全覆盖，贫困地区的基础设施和基础服务水平大大提高，但社会保障促进贫困人口发展的功能亟待进一步发挥。例如，完善医疗报销制度，切实解决贫困人口和低收入人口的疾病治疗和医疗报销问题；形成稳定的就业环境，建立覆盖农民工群体、灵活就业人员等贫困人口和低收入人口的就业保障。

（二）要倡导大扶贫，促进开发式扶贫与保护式扶贫的衔接互嵌

开发式扶贫是对传统救济式扶贫的提升，是一种中国特色的扶贫经验。1986 年，中国开始全面实行开发式扶贫战略，从 1986 年 1.31 亿极端贫困人口数量降低至 2015 年 5 575 万人。虽然当前我国的贫困人口趋向于老弱病残，但尚且还具有通过开发式扶贫方式脱贫的潜力。而且当前的贫困人口中扶贫新时期以来，我国致力于构建大扶贫格局，这使对传统扶贫方式的突破和深化。大扶贫格局中，不仅夺贫主体多元化，扶贫措施多样化，而且需要重新认识扶贫对象。对于扶贫对象的重新认识应不再强调扶贫对象有无"劳动能力"，而是突出"贫困人口"。传统意义上"劳动能力"被狭隘的理解，将"劳动能力"等同于体力劳动，将残疾人群和老年群体等同于无劳动能力者延伸扶贫开发对象，然而身体残疾和年老并不意味着劳动能力的全丧失，将低保对象中相应群体也纳入扶贫开发的支持范围。

① 高霖宇.发达国家社会保障水平与收入分配差距关系及对中国的启示［J］.地方财政研究，2011（7）：75-80.

② 杨立雄.社会救助研究［M］.经济日报出版社，2008.

当前贫困问题呈现出新的特征，单一的开发式扶贫难以解决新的贫困问题，这就要求包括社会保障、社会权利救济在内的社会保护式扶贫发挥作用。在发达国家，社会保护成了发达国家反贫困的支柱政策，欧洲国家普遍建立了广覆盖社会福利体系，福利保护贯穿于国民的整个生命周期，可以有效缓解甚至是解决贫困问题。不同于欧洲国家，中国以扶贫开发与从低制度衔接兜底贫困问题，虽然当前中国两项制度在标准和对象上已有了明显的衔接效果，但两项制度在收入内涵、相关政策等多方面的衔接仍存在障碍，需要各级政府持之以恒设计并实施全方面、多架构的反贫困措施，保护中有开发、开发中有保护，形成开发式扶贫与保护式扶贫并驾齐驱的格局，形成长效脱贫机制。

（三）要不断创新拓展社会保障扶贫的模式

扶贫新时期以来，社会保障的反贫困功能愈发受到重视，而如何充分发挥这一功能还需要不断的探索和研究。目前，中国社会保障制度建设并不成熟，尚处于不断优化、发展之中，学习和借鉴其他国家的社会保障反贫困经验和模式具有重要意义。从全球范围来看，社会保障制度的主要模式包括福利国家型、社会保险型、储蓄积累型、国家保障型等不同类型。但社会保障减贫经验和模式不可能一成不变，在不同国家和不同地区，其社会保障制度所遵循的发展路径不尽相同，由此实现社会保障反贫困的具体方式也不尽相同。因此，不适宜完全照搬经验和模式，必须结合本国国情和地区特征而本土化和因地制宜设计。目前，我国已采取了一系列措施挖掘社会保障的反贫困功能，如逐步提升低保水平、社会福利水平、养老保险和医疗保险报销水平，建立公益性岗位扶贫以及创新资产收益扶贫等，这些举措体现了中国社会保障扶贫的特色，历史上的"以工代赈"项目也是中国社会保障减贫的范例。

中国正值发展、转型阶段，不仅面临国家、市场、社会与家庭维度的平衡与选择，也面临中央、地方和基层政府作用与关系平衡与选择。在借鉴经验和模式的同时，我国仍需要保持探索创新的精神，从实践和中国国情中探索出具有中国特色的社会保障反贫困模式。而我国幅员辽阔，地区间的政治、经济、文化等差异较大，地方也需要根据地方特征探索创新，具体实施方式和服务方式等。

（四）要把扶贫治理的重心下移，加强基层面向穷人的社会服务能力

习近平总书记始终将人民置于发展的主体地位，提出"以人民为中心"的发展理念。要求扶贫工作更贴近贫困人口所需要的服务内容。在脱贫攻坚阶段，政府也要紧紧围绕这一发展理念，设计更符合贫困人口需要的服务内容，

探索更便捷的服务供给方式。当前，政府大力提升基层面向穷人的社会服务能力，可以借鉴目前社会救助领域一站式服务的做法，为穷人提供"全科"性质的扶贫"一站式服务"。扩大社会保障制度在基层的"一站式服务平台"的覆盖范围，有利于减少贫困人口因不了解政策规定而无法获得政府帮助的问题，进而有利于为贫困人口设计的社会保障政策落到实处，最终能够进一步增强社会保障减贫促发展的作用。在提供便利的公共服务供给方式的同时，也要强化公共服务团队建设。中国农村地区的社会工作发展滞后，可以大力培养全科型的扶贫社会工作队伍服务于农村贫困人口的发展需要。如此，通过在服务内容、服务方式、服务团队等多方面强化基层的社会服务能力，使发展结果更好地惠及贫困人口，带动贫困人口脱贫致富。

培育"不走的扶贫工作队"

全国扶贫宣传教育中心开发培训处

摘要：贫困村创业致富带头人培育工程，是对在农村贫困地区从事创业活动和有创业意向的人员进行创业意识、创业能力、扶贫带动能力等方面的培训，并对他们的创业活动提供跟踪服务，由他们吸纳和带动建档立卡贫困户参与创业活动，实现增收脱贫的专项扶贫工作。贫困村创业致富带头人培育是践行习近平总书记扶贫开发战略重要论述的创新实践，是落实精准扶贫、精准脱贫基本方略的有效途径，是打赢脱贫攻坚战的治本之策，是激发贫困地区人民群众内生动力的探索成果，是实现"发展产业脱贫一批"重要部署的关键一招，是经济新常态下调整产业结构、发展贫困村经济、开展供给侧结构改革的重要举措，对打赢脱贫攻坚战意义重大。中共十八大以来，贫困村致富带头人创业培训纳入了"十项精准扶贫工程"，国务院扶贫办围绕这一工程进行了一系列的顶层设计和制度创新，有力推动了地方实践创新。为了落实好这一工程，各地方从选人、培训、指导、带动和保障等方面进行了卓有成效的实践创新，取得了良好的效果，不仅有效助力打赢脱贫攻坚战，也为精准扶贫精准脱贫的深化积累了多方面的有益经验。

一、贫困村创业致富带头人培育创新的背景

（一）创业致富带头人培训的发展历程

扶贫创业致富带头人培训工作，可以追溯到 20 世纪 90 年代。起初，这项工

作与贫困村村干部培训相伴生。早在 1994 年国务院出台《国家八七扶贫攻坚计划》中就明确提出，"着力加强贫困乡、贫困村的基层组织建设，配备好带领群众脱贫致富的班子"。2006 年，中央人才工作会议上下发的《〈关于贯彻落实"十一五"规划纲要，加强人才队伍建设的实施意见〉重点工作任务落实方案》中，明确提出要"扩大贫困地区劳动力转移培训'雨露计划'实施规模，开展各种形式的职业培训和创业培训"，并把国务院扶贫办明确为责任单位。

2007 年 3 月 22 日，国务院扶贫开发领导小组办公室下发了《关于在贫困地区实施雨露计划的意见》（国开办发〔2007〕15 号），对雨露计划的实施工作进行了系统部署，将扶贫开发工作重点村的村干部和能帮助带动贫困户脱贫的致富骨干明确为雨露计划实施对象。当时提出的工作目标是"十一五"期间，"通过创业培训，使 15 万名左右扶贫开发工作重点村的干部及致富骨干真正成为贫困地区社会主义新农村建设的带头人。"第一次提出明确的工作任务，此项进入了一个全面实施的新的发展阶段。

《中国农村扶贫开发纲要（2011—2020 年）》进一步指出："发挥创业人才在扶贫开发中的作用。加大贫困地区干部和农村实用人才的培训力度。"《中共中央 国务院关于打赢脱贫攻坚战的决定》明确指出："大力实施边远贫困地区、边疆民族地区和革命老区人才支持计划，贫困地区本土人才培养计划。积极推进贫困村创业致富带头人培训工程。"

（二）打赢脱贫攻坚战对创业致富带头人培训提出了新要求

中共十八大以来，打赢脱贫攻坚战对于贫困地区人才工作提出了新的要求，要"积极推进贫困村创业致富带头人培训工程"，以发挥其对于脱贫攻坚的支撑作用，中央层面对此做出了多项部署和安排。

习近平总书记对贫困村致富带头人培育工作非常重视，多次在视察调研和各类会议重要讲话中，强调基层党建和致富带头人培育工作的重要性，并提出明确要求。2012 年 12 月 29－30 日，习近平总书记在河北省阜平县考察扶贫开发工作时指出，农村要发展，农民要致富，关键靠支部。农村基层党组织是党在农村全部工作和战斗力的基础，是贯彻落实党的扶贫开发工作部署的战斗堡垒。在 2013 年中央农村工作会议上，习近平总书记指出，农村经济社会发展，说到底，关键在人。2015 年 6 月 18 日，习近平总书记在部分省份党委主要负责同志座谈会上重要讲话中强调，做好扶贫开发工作，基层是基础。要把扶贫开发同基层组织建设有机结合起来，抓好以村党组织为核心的村级组织配套建设，鼓励和选派思想好、作风正、能力强、愿意为群众服务的优秀年轻干部、退伍军人、高校毕业生到贫困村工作，真正把基层党组织建设成带领群众脱贫致富的坚强战斗堡垒。2016 年 7 月 20 日，习近平总书记在东西扶贫协作座谈会上讲话中强调，要加大对西部地区干部特别是基层干部、贫困村致富带头人的培训力度，打造一支留得住、能战斗、带不走的人才队伍。

李克强总理、汪洋副总理也多次在贫困地区考察调研和各类会议讲话中，强调发挥农村基层党组织的战斗堡垒作用，发挥"第一书记"和驻村干部帮扶引领作用，重视选好用好脱贫致富带头人，重视吸引本土人才回流，为脱贫攻坚留下一支"不走的工作队"。2017 年 1 月 9 日，汪洋副总理对《农民日报》《上送件第 308 期：让党的力量、群众力量、市场力量有机结合起来　宁夏农村实施"两个带头人"工程趟出扶贫新路》批示："选好用好带头人，是稳定脱贫的治本之策"，对此项工作多次强调，亲自部署。

2015 年 11 月 29 日，中共中央、国务院发布《关于打赢脱贫攻坚战的决定》，强调，"大力实施边远贫困地区、边疆民族地区和革命老区人才支持计划，贫困地区本土人才培养计划。积极推进贫困村创业致富带头人培训工程。"

2016 年 11 月 27 日，中共中央办公厅、国务院办公厅印发《关于进一步加强东西部扶贫协作工作的指导意见》，进一步强调，"努力探索先富帮后富、逐步实现共同富裕的新途径新方式""加大对西部地区干部特别是基层干部、贫困村创业致富带头人培训力度。"

2017 年 3 月 3 日，中共中央办公厅、国务院办公厅印发《关于进一步加强中央单位定点扶贫工作的指导意见》，要求指导定点扶贫县坚持扶贫开发和农村基层组织建设相结合，突出抓好贫困村党支部书记、创业致富带头人、实用科技人才三支队伍建设。帮助村"两委"班子提高带领群众脱贫致富能力和水平，重视抓党建促扶贫，充分发挥党组织在脱贫攻坚中的战斗堡垒作用和党员的先锋模范作用。

显而易见，大力实施贫困村致富带头人培育工程，打造一支留得住、能战斗、带不走的人才队伍，是习近平总书记扶贫开发战略重要论述的组成部分，是中共中央、国务院为打赢脱贫攻坚战作出的一项重要决策部署。

二、十八大以来贫困村创业致富带头人培育的顶层设计与制度安排

中共十八大以来，国务院扶贫办认真贯彻落实习近平总书记扶贫开发战略重要论述和中央决策部署，把推进贫困村创业致富带头人培育工程摆在十分重要位置，做出具体安排，加大工作力度，精心组织实施。一方面对于致富带头人的培育做出了整体性的设计和规划，另一方面加大了宣传力度，充分发挥示范带动效应。通过出台相关政策、组织示范培训以及典型案例宣传等措施有效地推动和带动了地方脱贫攻坚实践。

（一）出台相关政策

2015 年年初，国务院扶贫办将贫困村致富带头人创业培训纳入"十项精准扶贫工程"范围，作为全国十大精准扶贫项目之一来推进、来实施。同年 8 月，国务院扶贫办下发了《关于组织实施扶贫创业致富带头人培训工程的通知》（国开办司发〔2015〕98 号），出台了《扶贫创业致富带头人培训工程实施意见》，明确提出，要按照"东部帮西部，先富帮后富"的基本理念和"政府主导、多方参与、产业引领、精准培养"的工作途径，紧扣"能力培训、孵化创业和带动增收"三大环节，通过科学有效的工作机制和强有力的政策扶持，培养一大批创业能成功、带动有成效的贫困村创业致富带头人，帮助扶贫对象增收脱贫。工作目标是 2015—2017 年，为每个建档立卡贫困村平均培养 3～5 名扶贫创业致富带头人，全国累计 40 万人以上，每人带动 3 户以上贫困户，实现 300 万～500 万贫困人口增收脱贫。同年 11 月，全国扶贫创业致富带头人培训工程推进会召开，会议深入学习了习近平总书记关于扶贫开发重要讲话精神和中央关于扶贫开发的重大决策部署，研究部署了《扶贫创业致富带头人培训工程工作方案》的各项工作任务，推广交流了福建甘肃、福建宁夏培训试点和各地工作经验；讨论了全面推进经济新常态下扶贫创业致富带头人培训工程的方式和路径。要求各省（自治区、直辖市）立即行动起来，制订计划，明确责任，抓紧落实贫困村创业致富带头人培训工程的各项工作部署，省、市、县各级协调联动，全面推进贫困村创业致富带头人培训工程。

（二）组织示范培训

为认真贯彻落实精准扶贫精准脱贫基本方略，国务院扶贫办决定采取试点先行，探索前进的方式推进工作，先后组织了三个试点：

1. **闽甘闽宁试点**　2014 年 10 月，国务院扶贫办协调福建、甘肃、宁夏三省（自治区），正式启动了贫困村创业致富带头人培训福建甘肃、福建宁夏培育试点工作，从甘肃、宁夏两地贫困村选送有创业条件和带动贫困户增收意愿的培养对象到福建省南安市梅山镇蓉中村学习培训。为此，国务院扶贫办在蓉中村设立全国首个"贫困村创业致富带头人培训基地"。该试点开创了"1＋11"模式。"1"是为期 1 个月的基地培训。内容实有四方面内容：①点燃创业激情。通过励志教育、扶贫形势教育，让学员解放思想，更新观念。②选准创业方向。根据自选创业方向，分小班学习专业课程。③观摩学习。组织学员到对口的专业合作社和小微企业参观，感受沿海创业氛围，了解创业过程，开阔视野，启迪思路。④制定创业计划。在创业导师指导下，学员设计自己的创业计划书。"11"是为期11个月的"拜师认徒"，创业辅导方式。基地聘请500余位政治可靠、有扶贫意愿和辅导能力的中小企业高管担任扶贫创业导师，与学员签订《扶贫创业对接协议书》，双方"拜师认徒"，导师对学员进行不少于11个月跟踪辅导。

截至2016年年底，蓉中村培训基地先后举办培训班11期，为甘肃、宁夏两地培训培养贫困村创业致富带头人997人。其中，村"两委"干部占17.6%；农民专业合作社负责人、种养大户占22.1%；打工返乡青年占51.7%；其他占8.6%。参训学员经过蓉中基地培训以后，"先富帮后富、带着穷人富"的观念和扶贫社会责任意识得到强化，带动贫困户就业创业增收的自觉性得到提高。他们大多采取"合作社＋产业基地＋贫困户"的产业扶贫模式和"带贫"机制，每人带动建档立卡贫困户5～10户不等，最多的已带动上百户建档立卡贫困户加入创业行动。有的成为加强贫困村基层组织建设的中坚力量，有的成为特色产业的创办领头人，有的由"小鸡变成母鸡"，成为扶贫创业导师志愿者，指导村上其他人创业。培育了"种子"，留住了人才，成长起了一批创业成功、带动有效的典型。

2. **粤桂试点**　2016年1月，国务院扶贫办协调广东、广西两省（自治区）启动了广东广西贫困村创业致富带头人培育试点，重点是探索东西协作机制下的贫困创业致富带头人培训工作新路径。为此，国务院扶贫办在佛山市南海区九江镇设立全国第二个"贫困村创业致富带头人培训基地"，支持广东省佛山市南海区与广西壮族自治区南宁市上林县结对，以东部地区优质产业向西部地区扩散对接为载体，有针对性地帮助上林县培训贫困村创业致富带头人。试点在借鉴"1＋11"模式基础上，根据"两广"结对帮扶实际和"南海—上林"产业合作互补优势，创造性地将贫困村创业致富带头人培育与产业扩散对接培育有机结合起来，提出了"致富带头人培育跟着产业培育走"的"双培育"工作思路。

进入2017年以来，在"两广"扶贫办配合支持下，全国扶贫宣传教育中心加强了对试点的指导，努力完善工作机制，提升试点成效。经过联合调研、专家论证，提出了围绕"两培、两带、两促"实施"六大提升行动"新思路。"两培"即培育扶贫产业、培养创业致富带头；"两带"即带动贫困户、贫困村脱贫致富；"两促"即促进本地人才返乡创业，促进农村基层党建；"六大提升行动"即致富带头人创业能力提升行动、扶贫产业提升行动、贫困户脱贫成效提升行动、贫困村集体经济提升行动、创业人才回归提升行动和贫困村基层党建提升行动。为此，计划构建完善"1＋N"（即1个县创业服务中心、N个产业创业孵化实训基地）创业培育体系和扶贫产业体系；健全三项机制（创业致富带头人管理机制、扶贫创业导师管理机制、培育工程推进绩效考核评估机制），在 2016 年全县 65 个贫困村培养创业致富带头人 100 人的基础上，2017 年力争每个创业致富带头人带动贫困户 5 户以上，带动全县 1 200 户以上脱贫；到 2020 年，每个贫困村至少培养 5 名以上创业致富带头人，每人带动 5 户以上贫困户，最终全县通过产业发展脱贫 27 000 人以上。针对创业致富带头人试点工作，上林县制定出台了《上林县粤桂两省（自治区）贫困村创业致富带头人培育工程试点提升实施方案》《上林县粤桂两省（自治区）贫困村创业致富带头人培育工程发展基金实施细则》《上林县扶持贫困村村集体经济发展专项资金管理办法》《关于加强贫困村致富带头人创业孵化实训基地建设的实施意见》和《上林县贫困村创业致富带头人培育与管理办法》等一系列政策文件，指导帮助创业致富带头人和带动贫困户，利用好中央、各行业部门的金融、农业、土地、能源、水利等创业扶持普惠政策。该模式不但有效地避免了能人培训与产业开发"两张皮"现象，使创业致富带头人培训培育更具有针对性、实效性，而且把基层党建、村集体经济、人才管理、扶贫绩效、人才回归等统筹规划，一体推进，打起了脱贫攻坚组合拳。目前，创业致富带头人学员学成后已成功创业 83 人，成立公司、合作社、农场等 81 个，带动贫困人口 3 925 户。全县 65 个贫困村"村村有集体经济发展规划"，贫困村集体经济"从无到有、由少变多"。

3. 定点帮扶县贫困村创业致富带头人培育试点 2017 年年初，全国扶贫宣传教育中心党支部按照国务院扶贫办党委推动"两学一做"学习教育常态化制度化，扎实开展"抓党建比贡献促攻坚"活动的要求，与石城县党建结对，中心向石城县推送贫困村创业致富带头人培育经验，石城向中心提供一线脱贫攻坚体验，在加强党建落实到脱贫攻坚的具体工作中，互帮互学、共同提高，达到加强党建、推进攻坚双丰收。通过精心筹备，当年 5 月 24 日全国扶贫宣传教育中心与石城县联合举办的第一期创业致富带头人培训班于在福建南安市蓉中培训基地开班，来自石城县的 50 名培养对象在此接受为期一个月的创业培训。

与此同时，经过充分调研论证和讨论研究，宣教中心精心设计，力求一揽子破解贫困村基层党组织建设和创业致富带头人培育过程中遇到的困难和问题，建立贫困县脱贫致富带头人培育工作的可持续发展工作体系。为此，石城县成立了县创业致富带头人培训工作领导小组，县委组织部、扶贫办双牵头，相关部门配合实施，相继印发了《石城县创业致富带头人培育管理办法（试行）》《石城县试行"小微信贷通"工作方案》《关于对农村党员创业致富实施金融扶持的试点方案》等专项文件，出台了一系列工作推进措施，逐步形成了"八大工作机制"。即建立双带融合机制——严格筛选；建立返乡召回机制——引凤还巢；建立金融扶持机制——保驾护航；建立东西协作机制——招才引智；建立帮扶益贫机制——搭建平台；建立帮带管理机制——灵活模式；建立正向激励机制——永保激情；建立考核评估机制——确保实效。经过不懈地创新探索和实践，逐步形成了定点扶贫框架下贫困村创业致富带头人培育新模式，通过带头人帮带，全县有劳动能力的贫困户基本参与了两项以上产业发展，真正达到了"村村有脱贫产业、户户有增收门路"效果，对当地脱贫攻坚发挥出了重要作用。

为了扩大影响，宣教中心于2017年7月，邀请县委书记鲍峰庭同志到国家行政学院为厅局级产业精准扶贫专题研讨班专门讲解县级政府怎样出台政策，支持培育致富带头人的相关工作，得到了学员们的一致好评。2017年10月，全国扶贫宣传教育中心在石城县举办了国务院扶贫办定点扶贫县贫困村创业致富带头人培训班，详细介绍了试点经验，对参加培训的带队干部和学员产生良好效果。

（三）征集挖掘典型案例

经国务院扶贫办部署和组织，全国脱贫攻坚任务较重的省份参与，相关部门下发操作性文件，制定培育计划，认定培训基地，安排专项资金，明确部门责任，推动工作落实。各地在工作推进过程中涌现了一批先进典型。2016年11月，宣教中心启动了贫困村创业致富带头人培训典型案例的征集、整理、挖掘、推广工作。为此，宣教中心于当年12月13~14日在北京举办了全国贫困村致富带头人培育工程推进研讨班。在组织学习习近平总书记扶贫开发战略重要论述和总结2016年度工作的基础上，对典型案例编写工作进行了认真研究，讨论通过了《〈贫困村创业致富带头人培育案例选集〉编写方案》。接着，向各省（自治区、直辖市）发出《关于征集贫困村创业致富带头人培育案例的函》，先后征集到19个省份推荐案例118个。2017年第一季度，国务院扶贫办派出三个调查组赴相关省（自治区、直辖市）进行培育工程实施情况专项调研，加强督促指导。借此机会，宣教中心与相关专家一起，对初选入围案例进行现场调研。经过两轮筛选，首批选出10个优秀案例，具体名单如下：

（1）实施贫困村提升工程的重要抓手——福建省蓉中培训基地"1＋11"创业致富带头人培育模式。

（2）致富带头人培育跟着产业培育走——粤桂协作创业致富带头人"双培育"模式。

（3）抓党建兴产业促脱贫——宁夏回族自治区固原市农村"两个带头人"培育工程。

（4）打造一支不走的工作队——重庆市本土人才回引工程。

（5）党建引领连村联创抱团攻坚——湖南省麻阳县楠木桥村"一村带八村"创业扶贫。

（6）由劳务品牌向致富带头人品牌转变——浙江省云和县"云和师傅＋创业扶贫"培育模式。

（7）打造有机农业综合体，助力"两业"精准扶贫——湖北省英山县神峰山庄回归创业扶贫模式。

（8）宿迁市"支部＋电商"精准扶贫新路径。

（9）一位本土党员致富带头人的创业扶贫路——湖北秀水天香茶业公司董事长汪家新产业扶贫案例。

（10）脱贫当自强　不忘穷乡亲——重庆市黔江区贫困户王贞六养蜂创业扶贫略纪。

2017 年 5 月，宣教中心将上述案例向在京各大媒体推荐进行广泛宣传，同时与华中科技大学减贫与发展研究院合作对案例进行挖掘整理。从而形成典型案例的示范效应，一方面形成舆论声势，激发各地开展和加强培育热情；另一方面为地方落实培训提供经验参考，促进各地开展因地制宜的创新实践。

三、贫困村创业致富带头人培育的地方实践

中共十八大以来，基于国家层面的整体安排和部署，各地方从选人、培训、指导、带动和保障等环节进行了卓有成效的实践创新。不仅有效落实了中央对于贫困村致富带头人培育的部署，而且充分结合地方实际，更好地发挥了"带头人"引领脱贫的作用。

（一）把住首要关口：精准选择培育对象

选对人、选准人，是实施致富带头人培育工程的首要环节、首个关口。各地的主要经验和做法是：

1. **调查摸底，建立人才信息库**　如重庆、宁夏等地充分发挥党委组织部门主管人才工作的优势，由组织部门牵头开展农村实用人才调查摸底工作。宁夏固原市从 2015 年 6 月开始，采取市县乡村 4 级联动，逐村对村"两委"班子成员，对现有合作社、家庭农场负责人和有一定产业形态的致富能人进行摸底调查，建立信息库和台账，从中选人。重庆市通过调查摸底，建立的本土人才库达 4.2 万余人。

2. **坚持条件，精准选择培训对象**　如甘肃省规定参加蓉中基地贫困村致富带头人培训对象，必须具备以下基本条件：

（1）有良好的思想道德素质和社会责任感，热心扶贫事业，乐于带领农村贫困群众创业致富，具有一定的创业精神、创新意识、创业观念。

（2）有一定的科技文化水平，能够有效掌握先进农业生产、农业现代技术

知识与生产技能。

（3）有一定的生产经营管理与产业开发能力，能够理论联系实际，坚持边学习边创业。

（4）年龄在 25—45 周岁之间，有 2 年外出打工经历且意愿回乡创业的青年。对于村"两委"干部、村干部后备人选、农民专业合作社负责人、农村经纪人、种养殖大户、农业企业经营管理人员，以及有创业经历的人员，在同等条件下优先推荐。甘肃省各县（市）根据省里下达的培训计划，坚持选人条件，按照"个人报名、贫困村推荐、乡镇初审、县级确定"的程序，最终落实参训人员名单。

3. **严格标准，选好配齐基层党组织带头人**　宁夏固原市在实施"两个带头人"培育工程中，严格选人标准，配齐基层党组织带头人。到 2016 年底，全市 821 个行政村的党支部书记按照党组织带头人的标准，在支部换届中全部调整配备到位，其中贫困村党支部书记 624 名；先后两轮选派驻村第一书记 1 374 名；从致富带头人、返乡青年中择优选拔村级后备干部 1 795 名；选拔表现优秀、群众公认的大学生村官担任村支书 25 名。通过选好配齐，大大增强了基层党组织带领群众脱贫致富的凝聚力和战斗力。

（二）夯实能力提升：精心组织创业培训

通过办培训班来夯实创业能力，提升创业能力，这既是实施创业致富带头人培育工程的重要工作内容，也是各地的一种普遍做法。目前主要培训方式有：

1. **集中系统培训**　如福建蓉中基地首创的"1＋11"培育模式，其"1"就是为期 1 个月的基地集中系统培训。集中培训系统性较强，环环相扣。

2. **分类专业培训**　集中系统培训的优点是系统性，让学员能系统地、全面地学习创业知识；但不足之处就是耗时较长，专业知识按需施教针对性不够，难以满足不同学员对不同产业的专业知识需求。针对这一情况，有的地方提出了分类专业培训的教学方式。如湖南省将创业培训分为经营管理型、创业技术型二大类别。

（1）经营管理型培训　时间不超过 7 天。其中，集中授课与观摩交流学时数比例一般为 2：1；主要开展农业经营管理和集体经济发展培训。集中授课包括国家涉农与扶贫政策解读、金融与信贷政策、农业发展动态与新技术、农产品市场营销及电子商务、农业企业、农民专业合作组织、家庭农场经营管理等相关知识为主；现场考察包括参观学习现代农业企业、农业示范园区、电子商务园区、新农村示范村等。

（2）创业技术型培训　时间不超过 20 天，其中，集中授课与实践操作学时数比例一般为1∶1。主要开展专业技能提升培训，按产业和专项技能开展分类精细化培训。集中授课包括种养生产技术、新品种推广应用、优质高产关键技术、农产品加工技术、农业电商经营模式、病虫害防治、国家涉农、扶贫政策和金融信贷政策等相关知识。现场教学包括实践技能操作、观摩学习种养殖基地、农民专业合作社、农业龙头企业等。这种分类专业培训针对性比较强，时间安排也较合理。

3. **围绕产业开发培训**　围绕产业开发组织创业培训，简称为"培训跟着产业走"，它由广东广西两地东西协作贫困村创业致富带头人培训九江河清基地率先提出。广东广西东西协作结对试点县是广东省佛山市南海区和广西壮族自治区南宁市上林县。南海区是我国著名淡水鱼养殖基地和鱼苗孵化基地；上林县河溪交错，水塘密布，水质良好，适合发展高值渔产业。双方决定将南海区高值渔产业理念、资金、技术、品牌、市场优势，与上林县优质水资源、低成本劳动力优势进行互补对接，发展高值渔产业。计划从2016年开始，用5年时间在上林县发展大洋洲淡水龙虾养殖3万亩，辐射带动贫困户6 700户以上，脱贫人口达2万人。与此同时，围绕产业对接开发，2016年，九江河清基地举办了两期培训班，为上林县65个贫困村培训创业致富带头人196人，平均每村培训3人，为承接高值渔产业和发展本地特色产业提供了人才支撑。

4. **企业自主组织培训**　与前三种由政府扶贫部门出资培训方式所不同，这是由企业根据创业发展需要自费自主开展的致富带头人培训。如湖北英山县神峰山庄，根据企业发展生态循环农业、推进一二三产业融合需要，近两年自主举办产业基地村干部、农民专业合作社负责人、种养大户培训班16期、3 000多人次；依托先秣大医集团商学院，举行山庄农民员工岗位培训2 600多人次；实现了"一个老板带出百名致富带头人，百名致富带头人带动千余贫困户"的"裂变效应"。湖北秀水天香公司根据产业扶贫需要，自办培训学校，培训茶业生产能手和贫困户。

（三）突出关键环节：强化创业孵化指导

1. **创业导师指导模式广泛推广**　福建蓉中基地首创的"1＋11"培育模式，其中"11"就是指学员培训结业后11个月时间内，由培训基地的扶贫创业导师采用"师傅带徒弟"的方式，对学员返乡创业进行跟踪指导咨询服务。指导咨询形式，一是随时可通过电话、QQ、微信等进行咨询，及时答疑解惑；二是培训基地组织创业导师团队定期到学员创业地进行巡回现场指导。蓉中基地先后组织了四批扶贫创业导师团队，对甘肃、宁夏贫困村培训学员的创业活动进行孵化指导，使学员创业率达到50.5%。蓉中基地首创的11个月扶贫创业导师指导模式，被全国许多地方复制和推广。

2. 线上创业互动指导正在兴起　如浙江省云和县打造了一个帮助致富带头人提高创业能力的在线学习平台——云和农民网络学院。"云和师傅"及致富带头人可在线上接受培训和创业指导。线上课件内容包括政策解读、互联网农业、农产品品牌化、经营管理等四大版块、16个专题、200多门课程。同时，聘请了浙江农林大学、浙江农业科学院、浙江林业科学院等专家进行线上互动，对"云和师傅"及创业致富带头人进行咨询指导服务。又如，辽宁西丰县利用微信网络平台新媒体，建立了"脱贫路上党旗飘"微信互动网络平台，结合脱贫攻坚、产业开发、实用技术、市场信息、基层党建等专题内容，相互交流、组织讨论、开展咨询。

专栏一　杨宗寿：由致富带头人到扶贫创业导师

杨宗寿，甘肃省定西市临洮县洮阳镇旭东村人，蓉中培训基地第3期学员，后参加蓉中基地第2期扶贫创业导师培训，他完成了"母鸡带小鸡，小鸡变成母鸡带小鸡"蜕变过程。从一个创业致富带头人转变成到一名扶贫创业导师志愿者，参加培训前，杨宗寿已是个小老板。2015年他参加了蓉中基地第3期创业致富带头人培训后，进一步解放了思想，更新了观念，提升了能力。返乡后，先后成立了"临洮县旭东肉羊养殖场"、"临洮县洮珠饲草料配送中心"和"临洮县牛羊交易市场"，建立起繁殖、育肥、屠宰、销售一条龙服务体系。

杨宗寿合作社为贫困户养羊免费提供技术指导，实施"送种换羔"扶贫模式，把价值15元/千克、重50多千克的种公羊免费送给建档立卡贫困户，次年由贫困户将所产羔羊繁育到同等重量的出栏羊还给合作社。按市场价计算，相当于直接给每户贫困户送去扶贫资金2 000元，这样使贫困户既有高品质的羊养殖，又起到直接带动扶持养殖户的作用。他收购农户的玉米秆等草料，制成配方饲料低价出售给贫困农户，提高了养殖户的羊肉品质和价格，提升市场竞争力。

为了帮扶带动更多的创业致富带头人，创业成功后的杨宗寿报名参加了蓉中培训基地第2期扶贫创业导师培训。回乡后，他指导临洮县34位创业致富带头人发展养殖业，被推选为临洮县养殖协会会长。

---

3. 创业孵化实训基地逐渐推行　如湖南省麻阳县楠木桥村，是全国贫困地区率先建立致富带头人创业孵化实训基地的行政村。在村党支部书记谭泽勇带领下，于2008年创办了"楠木桥大学生村官创业园"，发展名优水果种植2 000多亩，打造农旅结合的生态农业观光园。多年来，这个"大学生村官创

业园"成为致富带头人创业孵化实训基地。仅 2016 年至 2017 年上半年,共承办或举办农村致富带头人培训班 9 期,为湖南、贵州等省培训致富带头人 760人。又如,浙江省云和县在全县 88 个扶贫重点村中,筛选出 13 个产业发展基础条件较好村,作为扶贫创业孵化实训基地,并制订了孵化基地管理制度,为本县低收入农户发展产业或自立创业提供实训、指导、体验等服务。又如,广西上林县抓住广东广西东西协作机遇,结合本县发展壮大高值渔、山水牛、蛋鸡、林果、乡村旅游等支柱产业的规划布局,推进构建"1+N"扶贫创业孵化实训体系,打造贫困村致富带头人创业孵化培训平台升级版:"1"是一个县级扶贫创业服务指导中心;"N"是 N 个支柱产业创业孵化实训基地。这在全国是一个首创。

(四) 确保带贫效果:创新扶贫带动机制

由扶贫部门主导实施的贫困村创业致富带头人培育工程,其核心目标是:通过培养一批致富带头人并扶持他们成功创业,引导和鼓励他们履行"先富帮后富"的社会责任,带领带动建档立卡贫困户、贫困村发展生产,提高能力、增加收入,实现稳定脱贫,并为今后的持续发展、长效致富打下坚实的基础。

为实现这一目标,确保致富带头人"双带"(带贫困户、带贫困村)效果,各地和各典型案例主体在创新扶贫带动机制方面下了"绣花"功夫,做了有益探索,取得了明显成效。归纳起来,主要有以下几种比较典型的致富带头人带贫机制:

1. 励志示范带动　人穷志短,观念陈旧,精神不振,内生动力不足,这是农村建档立卡贫困人口带普遍性的共同特征,也是制约他们长期难以摆脱贫困的最大精神障碍。因此,扶贫就得首先扶志、励志。扶志、励志的最有效办法,是贫困群众身边那些已成功创业、率先富裕的致富带头人的言传身教和示范效应。宁夏固原市组织 393 名优秀致富带头人,分头深入到贫困村村组开展巡回演讲,723 场次共有 3.5 万名群众参加听讲。巡回演讲的目的,是用身边的人、身边的事帮助贫困群众立志向、换脑子、学样子、找路子、激发内生动力。这种农民讲给农民听,用身边典型教育群众、开导群众、激励群众的方式,群众很容易接受,听得懂、有标杆、能管用,激励效果好。还有一个令人信服的案例是,重庆黔江区担子坪乡的农民王贞六。2015 年他家还是一个建档立卡贫困户。他克服了家中儿子病重等重重困难,自强自立、不等不靠,立志养蜂创业。2016 年就实现收入 4 万多元,摘掉了穷帽子,成为当地自立脱贫的一个标杆。王贞六的示范效应感染了村里的贫困户。王贞六牵头成立了养蜂合作社,带动 25 户建档立卡贫困户参加养蜂,并向他们免费赠送中蜂 35

桶，价值 3 万多元。2017 年这些贫困户都有望实现养蜂脱贫。总之，励志教育、精神扶贫、标杆示范，是一种十分有效的致富带头人带贫方式，也是扶贫扶本的一个"总开关"。

2. 特色产业利益联结带动 通过致富带头人领办创办特色种植业、养殖业等，并建立起合理的产业利益联连机制带动贫困户增收。"公司＋合作社＋贫困户"是这一类产业扶贫带动的最基本组织形式。具体带动模式根据"＋"的方式、内容和机制不同而有所不同。目前，比较有代表性的具体带贫模式或利益联结机制主要有三种：

（1）订单农业带贫模式。致富带头人（包括产业化龙头企业、农民合作社、专业大户等）与贫困户签订订单农业合同，实行"四统两分"带动机制：致富带头人统一提供种苗生产资料，统一提供技术服务，统一标准化生产，统一按保护价机制收购农产品；贫困户在自己的承包地上分户自营种植（养殖）、分户按订单合同交售农产品。这是一种比较容易复制推广的带贫模式，而这一模式最能体现扶贫的关键点就是"两免一保"，即免费提供种苗和生产资料（主要由政府实行产业扶贫补贴），免费提供技术服务，按保护价机制收购贫困户的农产品（所谓保护价机制，是指收购农产品时，若合同价低于市场价，则按市场价收购；若合同价高于市场价，则按合同价收购，并且整个交易过程不压级压价）。

（2）土地流转"两金"带贫模式。根据产业规模经营需要，致富带头人（包括产业化龙头企业、农民合作社等）流转贫困户土地，贫困户获得土地租金（一般按亩产实物计租）；流转合同约定优先安排贫困户劳动力在产业基地务工生产，按当地劳动力平均日工资水平获得打工薪金。这种"租金＋薪金"带动方式，贫困户没有任何生产风险。福建甘肃、福建宁夏、广东广西东西协作案例，以及湖北英山县神峰山庄案例等，均采用的是这种"两金"带动模式。

（3）土地股份合作带贫模式。根据贫困村产业发展需要，致富带头人（产业化龙头企业、农民合作社等）采取农户（贫困户）土地入股作价方式，成立土地股份合作社。合作社对入股农户（贫困户）实行三次分配利益联结机制，让贫困户普惠分享产业发展收益。①贫困户经营管理自己承包地，向合作社交售农产品，获得初次分配的交易收益；②根据合作章程，合作社可分配盈利按一定比例（或"六四分成"或"七三分成"等），贫困户作为合作社社员，在 60%或 70%可分配盈利中按农产品交易量（额）所占比例，获得第二次分配收益；③贫困户作为合作社社员，在 40%或 30%可分配盈利中按出资额（包括土地入股作价额）及国家财政资金所形成资产折股量化到户的股份，获得第三次分配收益。这种股份合作机制，既体现了市场经济

"按贡献分配"一般规律，也体现了合作社内部的一视同仁，更体现了"普惠共享"包容发展理念。它有利于激励贫困户内生动力，通过自己劳动，发展生产，增加收入。如湖北秀水天香茶业有限公司及合作社实行的就是这类土地股份合作带贫模式。

◆ 专栏二　张彩霞：创建合作社带领贫困农民脱贫致富

张彩霞，宁夏回族自治区银川市永宁县闽宁镇木兰村人，枸杞种植大户。2014年10—11月，曾参加在蓉中基地举办的"贫困村创业致富带头人闽、甘、宁第1期培训班"学习。木兰村有耕地面积6 200亩，农户792户，农民们有种植枸杞的传统。为把家乡的枸杞产业做大，张彩霞主动邀请自治区农业科学院专家到村里做技术指导。通过专家手把手的指导，木兰村的枸杞种植产量明显增加。但在销售过程中，农户的枸杞大多被商贩低价收走，影响了村民们的收入。为了让村里枸杞种植户的收益逐年增加，张彩霞萌发了成立合作社的想法。

通过参加闽、甘、宁第1期培训班"1＋11"学习，在创业导师指导下，张彩霞开拓了思路，编制了创业设计书，计划突破单一枸杞种植模式，对枸杞种植、加工、包装、销售等环节实行"一条龙"经营，以此来带动全村枸杞种植户增加收益。培训班结束后，张彩霞创办了"永宁县木兰红枸杞种植收购专业合作社"，并注册了"木兰红枸杞"商标，打出自己的品牌，扩大了其知名度。目前，合作社网络农户（包括建档立卡贫困户）128户，种植面积600余亩，户均每亩增收入5 000元。

3. 就近就地就业带动　通过致富带头人（包括产业化龙头企业、农民合作社、专业大户等）领办创办劳动密集型的农村一二三产业，为贫困户劳动力优先提供就近就地就业机会，获得固定的或计件的薪金收入。二产业主要是农产品加工业、来料加工业和手工业等，采取加工园区、社区工厂、扶贫车间、家庭手工业等具体承载形式；三产业主要是农业农村社会化服务业、乡村旅游业、休闲健康养老服务业等。如山东鄄城县的扶贫车间、陕西平利县的社区工厂均属于这方面的典型案例。湖北英山县神峰山庄回归创业，全力打造"有机循环农业＋食品加工物流＋都市门店直销＋乡村旅游观光"为一体的三产融合有机农业综合体，不仅带动周边31个村、2 000多农户（含8个贫困村、1 000多贫困户）参与有机农产品基地生产，而且安排青年农民和留守妇女603人（其中建档立卡贫困户劳动力136人）在神峰山庄直属二、三企业就近就地上班就业，月薪少则3 000元，多则9 000元。2016—2017年，带动当地建档立卡贫困人口3 086人实现精准脱贫。

4. 新业态创业带动 2017年中央1号文件将乡村休闲旅游、农村电商物流、现代食品加工、宜居宜业特色村镇等列为农村新产业新业态。贫困地区致富带头人通过领办创办农村新产业新业态，对带动贫困村、贫困户参与项目、增加就业具有"吹糠见米"的效果。如江苏省宿迁市近几年大力发展农村电子商务，探索出"支部＋电商"精准扶贫新路径。目前，全市"中国淘宝镇""中国淘宝村"数量分别占全省的1/3、1/5，电子商务交易拉动GDP增长0.8个百分点，快递业务量和业务收入均居全国第17位。2016年，全市1 405个村实现"一村一店"或"一村多店"，共开网店4.2万家，其中扶持低收入农户开办网店9 000余个；全市农村居民人均可支配收入达到13 929元，比上年增长9.1%，其新增收入70%来自电子商务；全市年人均纯收入低于4 000元以下的99.5万低收入人口实现脱贫，360个经济薄弱村集体经济收入超15万元。

四、经验与启示

综合各典型案例，并根据对相关省（自治区、直辖市）的调查了解，我们感到，各地在加强贫困村创业致富带头人培育工程实施保障方面，主要有以下四个方面的基本经验：

（一）党委、政府高度重视是前提

凡贫困村创业致富带头人培育工程推进力度大、实施效果好的地方，必定是党委、政府对此项工作高度重视，把它作为脱贫攻坚的重要工作抓在手上、落实在行动上，做到有部署、有目标、有任务、有措施、有考核。如湖南省怀化在全国率先提出"四跟四走"（资金跟着穷人走、穷人跟着能人走、能人带着穷人跟着产业项目走、产业项目跟着市场走）的扶贫新思路，突出了致富能人在产业扶贫中的关键引领作用，并就如何选好、培育好、使用好致富能人，作出了一系制度性安排，从而推动创业致富带头人培育工程在全市范围内全面铺开，并涌现出像楠木桥村这样的典型。又如，宁夏固原市"两个带头人"培育工程，之所以抓得有声有色、成效显著，也是市委、市政府将此项工作拿在手上抓的结果。

（二）相关部门共同参与是保证

贫困村创业致富带头人培育工程不是单一的扶贫工作，而是集精准扶贫、农村基层党建、农村人才工作、创新创业、新型农业经营主体培育、特色产业开发、培训教育、金融服务等多行业职能于一体的系统工程。显然，实施好这项工程仅靠扶贫部门唱独角戏是行不通的，需要多个行业职能部门主动参与、通力合作，有的甚至由相关部门担任牵头角色。如重庆市吸引本土人才回流工作、宁夏固原市"两个带头人"培育工程、江苏宿迁市"支部＋电商"扶贫等，均由当地党委组织部门牵头并协调相关部门共同实施。

（三）落实专项资金投入是关键

贫困村创业致富带头人培育工程，是一项"育人、育产业、带穷人"的扶贫工程，没有专项资金投入是不行的。"育人"需要培训资金，"育产业"需要创业扶持资金或产业扶持资金，"带穷人"需要有外力帮带和自立发展"双向激励"奖补资金等。实践证明，凡培育工程推进力度大、实施效果好的地方，除了领导高度重视、部门积极配合、扶贫部门狠抓以外，一条共同经验就是实施培育工程所需专项资金落实得较好。

（四）发挥基层党组织作用是根基

实施贫困村创业致富带头人培育工程，落脚点在基层、在村组、在农户。特色产业发展、土地流转规模经营、专业合作社组建、带贫机制建立等，都需要村党支部抓落实、搞协调，动员群众、组织群众、带领群众苦干实干。同时，还需要村党支部做好改善发展环境、维护社会治安等工作。显而易见，充分发挥基层党组织战斗堡垒作用，确确实实是实施好贫困村创业致富带育工程的根本和基础。

干部教育培训助推脱贫攻坚实践

全国扶贫宣传教育中心干部培训处

摘要：在长期的扶贫开发工作实践中，我国积累了富有特色的减贫经验。其中，加强贫困地区干部教育培训，提高干部政策执行力度是一条重要的经验。中共十八大以来，国务院扶贫办深入学习习近平总书记扶贫开发战略重要论述，认真贯彻落实《干部教育培训工作条例》《2013—2017年全国干部教育培训规划》和《2015—2017年全国贫困地区和扶贫干部培训规划》等文件要求，开展和推动了中央和省市县四级层面的扶贫干部分级分类教育培训工作，初步形成了全国扶贫干部教育培训工作"一盘棋"的格局。各地基于中央决策部署也开展了卓有成效的探索和创新，因地制宜将扶贫干部培训工作落实在第一线，有效助推了地方打赢脱贫攻坚战，发挥了干部扶贫培训较好的先导性、基础性、战略性作用。

一、扶贫干部教育培训实践创新的背景

改革开放以来，我国大规模、有计划、有组织的扶贫开发工作使6亿多人摆脱了贫困，扶贫开发工作成就举世瞩目。在扶贫开发工作中，中国积累了富有特色的减贫经验，加强贫困地区干部教育培训，提高干部政策执行力度是一条重要的经验。多年实践证明，农村扶贫工作"千头万绪"，要解决"三农"问题，贫困地区干部队伍能力建设尤为关键。

习近平总书记指出，"基层一线扶贫工作者是脱贫攻坚的生力军，对他们要在政治上关心、工作上支持、生活上保障，支持他们在脱贫攻坚战场上奋发

有为、大显身手。"而干部扶贫培训正是支持扶贫工作者奋发作为的重要途径，对于打赢脱贫攻坚战的意义不言而喻。精准扶贫重在"精准"，实现"精准"不仅需要科学合理的制度设计，更需要各级扶贫干部将政策真正领会落实。因而，精准扶贫不仅要扶困难群众的"志"与"智"，同样也是要对扶贫干部"培志"与"培智"，一方面树立他们对于打赢脱贫攻坚战的信心与毅力，另一方面提升他们精准扶贫精准施策精准扶贫的能力。

在扶贫工作进入攻坚克难阶段，及时进行干部培训是有效执行"精准扶贫"工作的一大保障。扶贫干部的认知水平、措施对策直接影响着扶贫开发工作的推进成效。目前，各地各级政府都在加大力气打脱贫攻坚战，但是部分地区扶贫干部仍然存在工作中畏难情绪，不能针对性开展扶贫工作，仅仅满足照搬照抄应付工作。针对上述现象，急需将理论和实践相结合，将干部培训变成调研基层情况的平台，用问题导向培养干部研究问题的能力，促进干部脱贫攻坚能力素质全面提升。能力得到提高、态度得到端正，才能将扶贫工作正确地、持久地进行下去。通过干部培训，有利于增强干部对"精准扶贫"工作的认识和理解，使各行业部门理清脱贫攻坚思路，将扶贫培训工作科学化、制度化、规范化，提高干部扶贫执行力，将扶贫工作落到实处，从而更好地服务于打赢脱贫攻坚战。

从国家治理体系现代化的角度来看，干部扶贫培训不仅是如期打赢脱贫攻坚战的现实需要，同样也是国家治理体系现代化的需要。以脱贫攻坚统揽经济社会发展全局是习近平总书记扶贫开发战略重要论述的重要内容，这就意味着，精准扶贫不仅需要使广大贫困群众早日精准脱贫，而且要在精准扶贫的实践中培养和锻炼各级干部，提升基层治理。而扶贫培训正是这样一条标本兼顾的干部培养道路，能够体现我们建设社会主义的本质，也能是践行中国共产党初心和使命的关键工作。

总之，在中共十八大以来全面建成小康社会，打赢脱贫攻坚战的关键阶段，干部扶贫培训的重要性充分凸显，不仅事关精准扶贫精准脱贫战略的有效落实，也是事关脱贫攻坚实践中基层社会治理的发展和完善。做好干部扶贫培训既是精准扶贫精准脱贫战略部署的题中应有之义，亦是干部培养任用的重要支撑。因而，中共十八大以来，从中央到地方对于这一工作尤为重视，不仅加大了投入力度，也较以往做出了更多探索和创新。

二、十八大以来干部教育培训
助推脱贫攻坚的顶层设计

中共十八大以来，为了进一步推进扶贫干部培训工作，牵头并会同财政

部、国务院扶贫办,联合出台《2013—2017 年全国贫困地区干部和扶贫干部培训规划》,对贫困地区干部和扶贫干部培训工作进行科学统筹、总体部署。这一专项规划是指导全国推进贫困地区干部和扶贫干部培训工作的纲领性文件和有力保障。规划中明确了指导思想,坚持服务扶贫大局、坚持分级分类培训、坚持注重能力培养和坚持体制机制创新的工作原则。规划中提出的总体目标是:通过开展大规模培训,使贫困地区干部和扶贫干部的政策水平、综合素质和执行能力普遍提升。基于这一规划以及精准扶贫有关文件精神,国务院扶贫办等相关部门围绕扶贫干部培训进行了一系列顶层设计和制度创新。

(一)强化扶贫干部培训体系

一是形成了组织部门牵头抓总,财政部门提供资金保障,扶贫部门负责组织实施,各级党校、各类院校和培训机构积极参与的分工合作机制。目前,全国 15 个省(自治区、直辖市)扶贫部门设立了扶贫培训机构,有北京大学、中国人民大学、中国农业大学、北京师范大学等多所院校开设了扶贫相关研究机构,扶贫干部教育培训队伍有了稳定的机构依托。二是加强培训资金投入和监管(表 9)。各级财政部门统筹安排贫困地区干部和扶贫干部培训经费,加大对培训工作的支持力度,扶贫培训经费逐年增加,确保培训规划和年度培训计划的有效落实。统筹社会力量积极参与干部培训,发挥市场机制的作用,扩大培训资源渠道。各级扶贫、财政等相关部门严格按照有关规定管理和审核资金使用情况,每年采取自查和审计相结合的方式对扶贫培训资金的管理和项目绩效进行审查和评估。三是加强了师资队伍建设。完善了扶贫培训师资选聘机制,采取自培、兼职、聘用等途径,从相关职能部门、高等院校、科研院所和扶贫一线人员中选聘优秀兼职教师,分级建立门类齐全、结构合理、数量充足的扶贫培训师资库。逐步壮大扶贫培训专家型人才队伍。进一步发挥专家队伍理论研究、出谋划策、开发培训课程的作用。有计划、有组织地对现有培训教师进行集中培训和定期培训。四是进一步建立健全贫困地区干部和扶贫干部培训考核评价制度。将干部培训工作纳入扶贫开发工作考核范围,加强对扶贫干部培训工作的指导、监督和检查,推广典型,总结经验,完善奖惩激励机制措施,保障了培训工作顺利推进。五是开展培训评估工作。结合扶贫干部培训规划的执行情况,制订培训评估指标体系,对部分省开展效果评估工作,提高培训的质量和效果。

(二)提升干部扶贫培训层次

精准扶贫精准脱贫方略实施以来,国务院扶贫办高度重视扶贫教育培训工作,主要领导亲自安排部署、亲自参与、亲自推动。一是与中组部、财政部联合编印发了《2015—2017年扶贫干部培训规划》，大部分省也相继了出台了本省的培训规划和年度计划，做到了开展扶贫培训任务清、责任明，调干计划、培训经费有依据，工作绩效、培训效果有要求，为形成全国扶贫培训"一盘棋"，提升整体效果起到统揽和指导作用，也提升了扶贫培训的政治性和权威性。二是注重示范培训，发挥培训的辐射带动作用。扶贫办主要领导亲自抓、抓关键。从组织大规模扶贫业务干部培训转变为重点开展示范培训，抓住了培训对象的关键少数。2013年以来，直接举办党政领导培训班7期。2016年年初，扶贫办与中组部、国家行政学院联合举办省部级打赢脱贫攻坚战专题研讨班，汪洋副总理亲自授课，杨晶秘书长做开班动员。扶贫办党组成员以及中央文献研究室、发展改革委、教育部、财政部、交通运输部、水利部、卫生计生委、人民银行、国家开发银行等国务院扶贫开发领导小组主要成员单位的分管部委领导亲自为扶贫干部培训讲课或解疑释惑。各省（自治区、直辖市）主管党政领导、扶贫办或经协办主任和中央各部委有关部委领导和相关司局长参加。培训班受到了汪洋副总理、杨晶秘书长、赵乐际部长的肯定。之后有22个省区市照此模式举办了类似培训班，为各行业部门理清脱贫攻坚思路，推动工作起到了有效作用。全国扶贫宣传教育中心与中组部联合举办6期中央和国家机关选派第一书记示范培训班，刘云山、汪洋、赵乐际同志分别作出重要批示。形成了较好的领导抓、抓领导，示范训、训示范，权威推、推权威的高位权威合力推动扶贫培训工作的局面。

◆ 专栏一　省部级干部打赢脱贫攻坚战专题研讨班在京举办

2016年3月2—9日，中央组织部、国务院扶贫办和国家行政学院共同举办了省部级干部打赢脱贫攻坚战专题研讨班。

通过8天的学习研讨，学员们进一步提高了对习近平总书记新时期扶贫开发战略重要论述的认识，深化了对中央关于脱贫攻坚战部署的理解。大家普遍反映，通过参加学习研讨，一是加深了对扶贫开发重要性的理解，认识到打赢脱贫攻坚战是社会主义本质要求，事关巩固党的执政基础。二是把握了精准扶贫、精准脱贫的核心要义。大家认识到，精准扶贫是手段，精准脱贫是目的，精准扶贫既要精准建档立卡，更要精准识别，精准施策。贫困标准不能仅看收入指标，还要做到"两不愁三保障"，既不能一给了之，也不能一脱了之，要持之以恒做好脱贫工作。三是增强了打赢脱贫攻坚战的决心和信心。大家表示要把这次专题研讨班的收获和成果转化为推动脱贫攻坚的动力、方法和措施，确保贫困地区不掉队，不拖后腿，以实际行动为打赢脱贫攻坚战做出应有的贡献。

研讨班先后安排扶贫办、中央农办、发展改革委、农业部、人力资源社会保障部、教育部、卫生计生委、民政部、交通部、水利部、人民银行、财政部、统计局 13 位与扶贫工作密切相关的职能部门负责同志授课，实现了面对面解读，心碰心交流，互相启发，共同提高。此外，研讨班参训学员每人都提供了"三带来"材料，既有各地各部门的经验介绍，还有问题分析和对策建议，通过"微课堂"交流和研讨，学员们拓宽了对脱贫攻坚如何精准施策的角度、视野和思路。

（三）拓展提升干部扶贫能力途径

积极加强多部门协作、合作开展扶贫培训。从单一的扶贫部门组织培训拓展到与组织部、中央党校、国家行政学院、国家公务员局、中编办跨部门合力办班，从各地分层级自主组织培训到上下联动协作办班，从本地区培训到跨地区相互学习办班，从政府部门组织培训到发挥社会组织力量办班，从组织国内培训到组织赴国外学习减贫经验。已经逐步形成部门合力、地区互利、社会助力多方教、多方学，相互教、相互学，多方参与、多方聚力为脱贫攻坚培训培养人才的大扶贫教育培训格局。此外，全国扶贫宣传教育中心还通过学历教育的方式系统提高扶贫领域干部的能力与素质，与中国农业大学自 2011 年启动扶贫专业硕士联合培养项目以来，在扶贫系统和贫困地区共资助 141 名专业硕士，培养出扶贫专业硕士研究生 49 名。可以预期，这些经过扶贫专业训练的人才将在扶贫工作中发挥重要作用。

◆ 专栏二 "人才互动"，围绕新一轮对口帮扶 工作强化干部培训交流

在与帮扶城市相关部门进行充分沟通的基础上，贵州省明确提出重点围绕贵州实施"四化同步"发展战略和大力推进"5 个 100 工程"重点工作对人才的迫切需要，组织实施"贵州专门人才培训工程"、领导干部培训计划、"院士专家援黔行动计划"等，为贵州省加速发展、同步小康提供有力的人才和智力支持。相关工作措施已列入《东西部扶贫协作和对口帮扶贵州工作总体规划（2016—2020 年）》和由 8 个帮扶城市制定的对口帮扶子规划。目前帮扶双方各级和各相关部门按照计划安排，编制人力资源对口帮扶工作方案，并根据方案确定的目标任务，结合年度干部人才需

求情况，制定分年度干部人才实施计划。十八大以来，8个东部对口帮扶城市共举办培训班287期，为贵州培训干部和各类专门人才2.2万人次。同时，广泛开展干部双向挂职交流，8个帮扶城市已派出197名干部、139名专业技术人才到受帮扶地区开展为期1年至3年的挂职交流帮扶工作，8个受帮扶市（州）也派出了291名干部、423名专业技术人员到帮扶城市开展为期半年至1年的挂职锻炼和学习。

（四）统筹开发各类扶贫培训资源

为统筹用好全国各地的培训资源和扶贫培训有序开展，国务院扶贫办通过每年组织培训者的扶贫培训研讨班和教材开发等工作，科学整合和规范全国扶贫系统干部开展教育培训工作。一是加强省际培训交流合作。与各省建立培训资源共享机制和评估考核机制，实现师资、课程、教材、考察点、经验（案例）等方面的合作共享，构建优势互补、合作共赢的培训网络。如，2014年在各省（自治区、直辖市）扶贫培训部门的支持下，邀请10多名专家，经过"三选、三编"，从全国280个扶贫案例中选出了73个案例，编写了《中国特色扶贫开发案例选编与评析》。二是加强师资库共建共享。按照系统内和系统外相结合、中央机关和地方相结合、领导干部和专家学者相结合、理论工作者和实际工作者相结合的原则，与各省合作建立了一支结构合理、规模适当、专兼结合、相对稳定的师资队伍。目前，有50多名专家长期为全国扶贫培训工作服务。三是加强扶贫教材编写。全国扶贫宣传教育中心以需求为导向，组织开发扶贫系列教材。包括：《新发展理念案例选　脱贫攻坚》《中国特色扶贫开发案例选编与评析》《干部驻村帮扶实务参考》《扶贫理论教材》《脱贫攻坚战略与政策体系》《资产收益扶贫培训教材》《贫困村精准扶贫实施指南》《精准扶贫精准脱贫方略——基层干部读本》《贫困村创业致富带头人培训案例选编》《产业扶贫脱贫培训教材》等扶贫培训教材。

（五）探索分级分类分区域培训格局

在全国扶贫干部教育培训工作中，国务院扶贫办坚持每年全国培训工作例会制度，明确任务职责，落实工作部署，总结交流经验。每年年初由国务院扶贫办下发年度培训计划，每月通报进度落实情况，半年调整完善一次计划，有计划地举办各类别示范培训班。各省（自治区、直辖市）县根据国务院扶贫办的计划制定本地区计划，参照国务院扶贫办的工作模式、办班模式、学习内容等组织本级干部培训工作，基本实现了全国扶贫培训分级分类别分区域的大扶贫培训格局。例如，在全国扶贫培训的实践过程中，省级突出抓好市县两级当众领导干部、省级单位驻村第一书记和驻村干部、扶贫系统干部扶贫培训工作，开展贫困村基层组织负责人、致富带头人示范性培训。市县两级侧重乡村党政干部、所辖范围内的驻村第一书记、驻村干部、贫困村致富带头人的扶贫培训。扶贫开发领导小组成员单位也根据部门特点和本职业务，对本系统干部开展了内容丰富的培训活动，助推各地行业扶贫工作，为全面打好脱贫攻坚战提供了强大智力支撑。

三、十八大以来干部教育培训助推
脱贫攻坚的实践与创新

基于中央层面的规划设计和引领带动，干部教育培训不断取得新的成绩，为有效地助推了脱贫攻坚实践的推进。2013—2017 年，全国扶贫系统累计培训 128.88 万人次，其中，国务院扶贫办举办国内示范培训班 148 期，共培训 14 400 人次，比上个五年增长 6 400 人次，增长 80%；组织扶贫系统出国培训 6 期，107 人次。培训规模的增加也伴随着培训实践的不断探索，在方案设计、教学管理、内容生产以及培训模式等方面做了有益的创新。

（一）制定地方性规划，培训方案因地制宜

在《2013—2017 年全国贫困地区干部和扶贫干部培训规划》的引领下，各地纷纷组织各级扶贫干部认真学习规划中确定的目标任务和措施要求，结合当地实际制定并落实实施方案，按照"缺什么、补什么"的要求，遵循扶贫干部成长和教育培训的规律，围绕提高基层干部政策执行、推动发展、服务群众、促进和谐等方面的能力，通过精准调研、征求培训对象意见、听取有关领导专家建议等方式，组织开展了分级分类的大规模扶贫干部教育培训。其中，甘肃省制定了《精准扶贫干部人才支持计划的实施方案》，贵州省制定了《2013—2017 年贵州省贫困地区干部和扶贫干部培训方案》，重庆市编制了《2015—2017 全市贫困地区干部和扶贫干部培训规划》，内蒙古自治区制定了《2016—2020 年全区贫困地区干部和扶贫干部培训规划》，河北省制定了《2016—2018 年全省贫困地区干部和扶贫干部培训方案》，等等。各省分别根据《2013—2017 全国贫困地区干部和扶贫干部培训规划》的要求，因地制宜地制订实施方案或省级规划。

以四川省为例，2015 年出台的《2015—2017 年四川省贫困地区干部和扶贫干部培训规划》确保全省在 3 年内培养造就一支能够切实担当扶贫攻坚重任的高素质干部人才队伍，从 2015 年到 2017 年 3 年时间，对 6 万名干部进行扶贫开发培训。培训包括，省内"四大片区"所辖 12 个市（州）、88 个贫困县（市、区）党政班子成员，3 338 个有扶贫任务乡镇的党政主要领导，11 501

个建档立卡贫困村党组织书记、村委会主任和大学生村官，11 501 个建档立卡贫困村的驻村帮扶工作组组长、"第一书记"，"四大片区"所辖市（州）、县（市、区）扶贫部门、10 个扶贫专项方案牵头实施部门主要领导、分管领导和业务骨干，财政部门负责专项扶贫资金管理的干部等人员①。通过这一系列措施，将全省的扶贫干部培训工作常态化制度化，使中央关于扶贫干部和贫困地区干部培训的部署充分落实。

（二）创新管理和教学手段，提升培训实效

教学管理和教学手段直接决定了培训的实际效果，是干部扶贫培训落实的关键环节。国务院扶贫办以及地方培训部门在这两个方面进行了创新。

在培训管理创新方面：一是召开预备动员会。介绍研究课程安排，强调组织纪律，布置学习任务，选出班长和组长。二是建立班主任负责制。扶贫办与培训机构的工作人员共同担任班主任和班主任助理，并成立工作小组。三是设立学习交流小组。为便于省际、地区间交流，对不同地区学员进行混编。为学员提供相互学习交流的机会平台。四是严格执行考勤制度。做到课前签到，有事请假，将考勤作为结业的硬指标。五是开展问卷调研。通过收集"三带来"材料，发放问卷等，把培训班变成基层反映情况和问题的平台，调动扶贫干部学习积极性，学员从被动学习到主动学习，主动研究问题。

在教学手段创新方面：一是突出理论指导，全面提升扶贫干部能力素质。以学习贯彻习近平总书记扶贫开发战略重要论述为主线贯穿培训全过程，把业务培训与党的群众路线教育和"两学一做"等党建活动紧密结合，将培训变成党性锻炼的平台，用理想信念教育夯实干部人生观、价值观，增强了扶贫干部打赢脱贫攻坚战的责任感和使命感。二是创新培训方式，努力提高干部教育培训的质量和效果。从传统授课、以会代训、工作部署等培训方式转变为采用案例教学、情景模拟、研讨式培训的培训方法。三是需求为导向注重研究解决实际问题。按需施教注重理论和实践相结合，将培训变成调研基层情况的平台，用问题导向培养干部研究问题的能力，提升了他们脱贫攻坚能力素质全面提升。例如，2013 年全国扶贫宣传教育中心在广东省连南县举办的 3 期精准扶贫班，通过案例教学、情景模拟等方式开展教学。培训班结束后，各省（自治区、直辖市）自发组织到连南县举办培训班 31 期，各级扶贫干部前往学习达 3 000 多人次，现场召开相关省（自治区、直辖市）联席会议 15 次，研究解决帮扶单位提出的问题 100 余个。

---

① 林凌.3 年 6 万名干部接受扶贫开发培训.四川农村日报，2015 年 10 月 19 日，1 版.

（三）通过政府购买服务，打造地方性扶贫课程

扶贫培训对于一线扶贫干部而言，不仅需要充分领会中央大政方针，也需要深入分析地方经济社会发展状况。这意味着扶贫培训不仅要讲授方略与政策，还需要针对地方发展实际提出建议与对策。因而基层培训也有对于地方性扶贫课程的需求，这就需要根据地方发展特点设计和建设相应的课程。对此一些地方创新机制，通过购买服务的方式来建设省内的地方性扶贫精品课程。

专栏三　重庆市培训后续服务工作收到良好实效

2016 年，重庆市继续加强"扶贫培训后续服务"项目管理，所有参训学员全部纳入培训后续服务平台，享受培训后的延伸服务。项目实施单位——重庆现代农业科技服务协会充分发挥各行业专家资源和技术优势为培训学员提供线上线下服务，其中，专家在协会接待咨询 290 人次，到贫困村和学员种植/养殖现场指导 45 次，指导 500 余人次，召集片区产业指导会 8 次，参与学员 780 多人，为学员提供优质种子、种苗信息 370 多条，专家通过电话、"农互帮"微信公众号、QQ 群等线上服务方式为学员答疑 1 200 余次，发布农业政策法规、成功案例、农业种植/养殖技术等 2 300 余篇，学员互动交流咨询信息达 15 万余条，"农互帮创客联盟"QQ 群注册扶贫培训学员 1 868 人，专家每周开展一次在线讲座，累计浏览 7 万人次。截至目前，"扶贫培训后续服务"已有近百个贫困村、1 000 余名创业者受益。此外，全国扶贫宣传教育中心再次向中介购买审计服务，对扶贫培训后续服务项目绩效予以审计，绩效审计评价得分 80.16 分，评价等级为良好。

湖北省《2015—2017 年全省贫困地区干部和扶贫干部培训规划》提出，"加强扶贫开发重大理论和现实问题研究，充分借助社会力量购买服务，打造扶贫培训精品课程，2015—2017 年继续组织开展精品课程招标 15 个左右"。2015 年以来，湖北省扶贫办连续发布湖北扶贫培训精品课程研究课题的公告，对扶贫培训精品课程研究课题进行公开招标，邀请专家学者和社会各界积极申报。以 2017 年立项课程为例，《贫困县摘帽、贫困村出列及贫困人口脱贫监测样本研究》《贫困村创业致富带头人孵化与跟踪培育研究》《以精准扶贫为导向的美丽乡村建设模式研究》《"互联网＋"扶贫新模式研究》《湖北省农村贫困人口退出机制研究》皆是围绕湖北省脱贫攻坚的重点难点问题选题，基于省情开展调研和课程设计，有较强的针对性和时效性，对于提升省内扶贫能力效果

明显。

（四）探索线上培训模式，提升扶贫培训覆盖率

如何将优质扶贫内容及时传递到一线扶贫干部，是扶贫干部培训取得实效的关键环节。然而脱贫攻坚任务繁重，广大一线扶贫干部又长期分布在乡村，把他们聚集起来集中培训难度大、成本高。为此一些地方尝试利用网络手段，以线上培训模式来弥补扶贫干部集中培训不容易的问题，提高培训的覆盖率，取得了良好的培训效果。

甘肃省《2016年度省级干部教育培训项目计划通知》关于精准扶贫精准脱贫方面提出了举办"干部网络培训班"，以作为其他专题培训班、示范培训班的补充。培训班委托甘肃干部网络学院举办了2期，第一期10 000人，第二期10 000人，培训学员20 000人，学制12天。培训对象为58个集中连片特困县区、17个插花型贫困县的县处级、乡科级领导干部和驻村帮扶工作队干部。培训期间，学员通过登录甘肃干部网络学院学习平台进行在线学习。学习平台24小时开放，学员可自由安排时间进行学习。第一期培训开办一个多月，共有9 258人开始上线学习，总参学率达79.02%，在线学习平台日访问人数达8 000余人次。通过线上培训的方式，不仅有效降低了培训成本，还降低了干部参训的成本，大幅度提升了参培率。此外，线上培训也为学院搭建了良好的线上交流平台，取得了丰硕的研讨成果。

> ### ◆ 专栏四 精准扶贫干部网络培训班，参学干部
> ###   开展在线主题研讨
>
> 甘肃干部网络学院按照培训计划，积极组织参学干部开展在线主题研讨，13个市（州）班级开展了以班级为单位、不同主题的主题研讨活动，参学干部在线讨论热烈，效果良好。
>
> **一、联络沟通积极，研讨安排合理**
>
> 根据培训实施方案，四项学习活动（在线学习、主题研讨、研修论文、结业考试）在线学习活动继续进行，第二项主题研讨环节已于6月18日开始。为保证各参学干部积极参加主题研讨活动，形成热烈的讨论氛围，班主任通过与参学市（州）联络员联络沟通，广泛征求各参学干部意见建议，根据参学市（州）实际情况合理安排研讨主题及集中研讨时间。确定6月20日至7月8日之间，各市（州）安排三天时间以班为单位进行集中研讨，除三天集中研讨时间外，学员在6月18日至7月17日任意时间可随时上线进行非实时研讨。

二、主题切合实际，干部讨论热烈

围绕精准扶贫培训主题，甘肃干部网络学院聘请相关专家确定了 12 个研讨提纲，并与各参学市（州）委组织部联络员联系、讨论，结合各市（州）精准扶贫开展现状及参学干部工作实际，在广泛征求意见的基础上，科学合理确定研讨主题，如兰州市确定"结合实际，谈谈如何以五大发展理念为基础，转变思想观念，引领经济发展新常态"；白银市、平凉市、甘南州、酒泉市、金昌市和张掖市结合本地实际，确定了"结合工作实际，浅谈如何发展优势特色产业，助推精准扶贫"的研讨主题；陇南市确定了"请结合工作实际和学习体会，谈谈如何创新思路，开辟扶贫开发新路子"的研讨主题；定西市、武威市、天水市和临夏市确定"结合自身工作实际，谈谈如何切实有效的增强贫困群众自我发展能力"的研讨主题；庆阳市确定了"结合工作实际，谈谈如何聚焦富民产业，助推精准扶贫"的研讨主题。

三、学习体会深刻，研讨互动良好

在线主题研讨活动开始以来，参学干部结合自身工作及学习体会，积极发言，深入互动。定西市岷县秦许乡学寨村驻村帮扶工作队队长包翔宁结合自己工作实际，以本地扶贫工作为依据发表了 1 600 多字的感想，他认为："扶贫先要'扶精神、扶志气'，要教育干部群众发扬艰苦奋斗的精神，改变'等、靠、要'的依赖思想，在积极争取国家扶持的同时，充分发动群众的力量发展经济，走出一条符合县情、乡情、村情的致富路。"针对研讨主题"结合工作实际，浅谈如何发展优势特色产业，助推精准扶贫"，白银市和平凉市的参训干部纷纷谈了自己的想法，尤其是驻村帮扶工作队的干部，结合自己工作实际分享的工作经验和做法引起了其他干部的热烈讨论。大家普遍认为："精准扶贫最根本的是解决广大农民脱贫致富问题，而农民脱贫致富的最有效途径是发展产业，结合本地的农产品特色，地方政府根据市场需求加以正确引导，大力宣传农民种植和养殖方向，这样更有利于农民早日脱贫致富。"（资料来源：《全省精准扶贫干部网络培训班工作简报》，甘肃干部网络学院，2016 年 5 月 24 日）

四、经验与启示

中共十八大以来干部扶贫培训取得了良好的成效，有效地将习近平总书记关于扶贫开发战略的重要论述落到基层，落到实处，有力地助推了脱贫攻坚战取得胜利。与此同时，也为脱贫攻坚的其他领域和方面，以及干部培训工作积累了经验和启示，具体表现在以下几个方面。

（一）坚持正确方向，习近平总书记扶贫开发战略的重要论述提供了根本遵循

十八大以来，以习近平同志为核心的中共中央将扶贫开发工作作为党和国家工作的重中之重，将扶贫开发作为治国理政的重要内容，将如期脱贫作为实现小康社会的底线目标，极大地鼓励了贫困地区和扶贫干部的士气，提振了精神，尤其是从事扶贫教育培训工作的同志，更感责任重大使命光荣；习近平总书记关于扶贫开发战略的重要论述为扶贫开发提供了根本遵循，为扶贫教育培训指明了方向，提供了丰富的培训内容，更增强了扶贫干部"四个意识""四个自信"，增强了做好当前扶贫开发工作的责任感和紧迫感。

（二）坚持规划引领，持续推进贫困地区干部大规模培训

由中组部牵头并会同财政部、国务院扶贫办，以三部门名义联合出台《2013—2017全国贫困地区扶贫干部和干部培训规划》，对贫困地区干部和扶贫干部培训工作进行科学统筹、总体部署。这一专项规划，成为指导全国推进贫困地区干部和扶贫干部培训工作的纲领性文件和有力保障，在规划的引领下，各地组织开展了分级分类的大规模扶贫干部教育培训。

（三）坚持示范引领，分级分类分区域培训格局初步形成

国务院扶贫办坚持每年全国培训工作例会，每个培训班前有预备会，班后有总结会制度，明确任务职责、落实工作部署，总结交流经验。年初下发年度培训计划，每月通报进度落实情况，半年调整完善一次计划，有计划地举办各类别示范培训班。各省区市县根据国务院扶贫办计划制定本地区计划，参照扶贫办的工作模式、办班方式、学习内容等组织本级干部培训工作，基本实现了全国扶贫培训分级分类别分区域的大扶贫培训格局。

（四）坚持问题导向，着力提高参训干部扶贫能力

围绕贯彻落实习近平总书记关于扶贫开发战略的重要论述，落实中央打赢脱贫攻坚战的决策部署，本着脱贫攻坚工作需要什么就培训什么，干部素质能力提升需要什么就培训什么的原则，以任务需要、解决问题为导向，定班次、定主题、定课程、定师资，在培训主题、内容体系、课程设置等方面，坚持立足实践、按需施教、学以致用，以提高学员扶贫能力为培训目的。让学员在开班前带着问题来，班后带着答案或方法成效走，提高了培训的针对性与实

效性。

（五）坚持改革创新，贫困地区干部培训活力逐步增强

注重教学方式的改革创新。一是努力创新教学方式。在课堂讲授、现场考察和专题研讨的基础上，减少课堂集中讲授，加大案例教学、入户体验式教学、拓展训练的培训比重，多数培训班都安排了进村入户或扶贫项目现场考察，让学员们"眼见为实"，切身体验，现场互动。二是增加到发达地区办班次数。使来自偏远贫困地区干部走出山门，感受发达地区经济社会发展氛围，开阔视野、启迪思路、分享经验。

习近平总书记关于扶贫工作
重要论述的宁德实践

叶兴建　陈晓萍

摘要：20 世纪 80 年代中期，宁德市属全国 18 个集中连片贫困地区之一。历经 20 世纪 80 年代、90 年代和 21 世纪以来 10 多年的扶贫开发，宁德市贫困率迅速下降，社会经济面貌发生巨大变化。20 世纪 80 年代末以来，宁德市干部群众坚持习近平总书记倡导的"滴水穿石"闽东精神、"弱鸟先飞"进取意识、"四下基层"工作作风，把摆脱贫困放在重要位置。通过大念"山海田经"、推进城乡融合，并创新形成"造福工程"、小额信贷等扶贫模式，久久为功，初步形成扶贫开发的"宁德模式"。十八大以来，宁德市继承以往的扶贫经验，认真贯彻精准扶贫精准脱贫战略思想，形成了精准识别、精准帮扶、精准管理的新局面。通过落实"六到户""六到村""四到县"分层推进措施实现扶贫开发工作全面精准。同时注重产业发展和就业稳定脱贫、内生动力、社会安全网等机制建设，扶贫成效明显。注重精神引领作用、因地制宜开发、政府市场社会合力、扶贫开发与经济社会发展相互促进等是宁德市精准扶贫的基本经验。宁德市精准扶贫实践说明了习近平总书记在宁德工作时的扶贫思想对习近平总书记提出精准扶贫重要论述的重大作用，同时，宁德扶贫成就最根本的就是以总书记扶贫重要论述为遵循。

叶兴建：厦门大学马克思主义学院副教授。
陈晓萍：厦门大学法学院学生。

一、宁德市扶贫开发的历程与成就

（一）宁德市扶贫开发历程

1.20 世纪 80 年代，以解决温饱为基本任务　宁德市有计划的扶贫开发始于 20 世纪 80 年代中。一个标志性的事件是，1984 年 5 月 15 日，原福鼎县委报道组王绍据同志向《人民日报》编辑部投送了一封信，该信反映福鼎县磻溪镇下山溪畲族村民"食不果腹，衣不遮体，房不蔽风雨"的生存状况，引起了中共中央的高度重视。随着 1984 年 9 月 29 日中共中央、国务院发出《关于帮助贫困地区尽快改变面貌的通知》（中发〔1984〕19 号），有计划、有组织的农村扶贫在全国展开。

该时期的扶贫被形象地称为"输血式扶贫"（"救济式扶贫"），即采取送钱送物为主，对尚未解决温饱问题的农民个人与家庭进行救助。以福鼎县对下山溪自然村的帮扶为例，从输送救济金、大米、鱼、肉、衣服、棉被等物资，到送长毛兔种、树苗、水果苗、药材种子，再到免交征购粮、免售加价粮①。当然，有些地方也开始依据区情，抓粮食生产，发展林业、茶业、果树、食用菌多种经营，促进经济发展带动贫困户脱贫致富②。特别是 20 世纪 80 年代末，习近平总书记担任地委书记以后，大力提倡因地制宜和扶贫扶志，大唱"山海田经"，基本解决了绝大多数贫困人口的温饱问题。

2.20 世纪 90 年代，以脱贫致富奔小康为工作主线　在此期间，国家明确提出"开发式扶贫"的方针，倡导和鼓励贫困地区的贫困农户在国家必要的帮助下，逐步形成自我积累、自我发展的能力，在劳动过程中发展生产，创造财富，解决温饱问题。宁德市以国务院批准闽东为"开放促开发扶贫综合改革实验区"为契机，坚持"以开放促开发"，精心组织"八七扶贫攻坚"，在福建省率先开展"造福工程"，采取"抓两头带中间"超常规发展措施。以福安市为例，针对全市 1993 年年底还有 4 500 多户 2.4 万贫困人口（1990 年不变价，人均收入低于 450 元）的实际情况，提出了"八七扶贫攻坚计划"三大目标：一是全市人均收入 450 元以下的贫困户到 1999 年要达到人均收入 1 000 元以上。二是扶持 4 500 户贫困户实现"五个 1"，即种好一块能稳定满足本户吃饱饭的责任田；人均有 1 亩茶果或林竹、药材、蔬菜等基地，稳定本户人均年收入 300 元以上；户均年出栏 2 头生猪（或其他牲畜或水产养殖），户均年养殖

---

① 王绍据．赤溪："中国扶贫第一村"纪实．福州：福建人民出版社．2016 年，第 24 - 28 页．
② 宁德县（现蕉城区）虎贝乡人民政府．1986—1990 年虎贝乡五年扶贫计划．1990 年 12 月 21 日．

业收入 1 000 元；每户有 1 个劳动力从事其他产业生产、劳动，年收入 2 000 元；每个贫困户有 1 个卫生、安全、方便的住所。三是帮助贫困村实现"五有三达标"。即每个村有 1 所卫生医疗站、1 所达标的小学、1 个村办企业、1 条机耕路、1 条高压或低压线路；安全卫生饮水达标、计划生育达标、科技普及示范网络达标。

3. **2001—2012 年，全面建设小康社会为目标** 21 世纪头 12 年，宁德市按照《中国农村扶贫开发纲要（2001—2010）》《中国农村扶贫开发纲要（2011—2020）》的精神，坚持开发式扶贫方针，以经济社会发展薄弱乡村为主战场，以贫困和低收入人口为主要帮扶对象，除继续推进前期的"造福工程"搬迁扶贫外，还认真组织整村推进扶贫、小额信贷扶贫、技能扶贫等，形成综合开发扶贫的态势。

（二）宁德市扶贫开发主要措施

1. **传承思想，咬定开发** 1988 年 5 月至 1990 年 5 月，习近平总书记任宁德地委书记期间，把脱贫致富工作放在极其重要的位置，坚持走发展"大农业"路子，大力倡导"滴水穿石"的闽东精神、"弱鸟先飞"的进取意识、"四下基层"的工作作风，组织"经济发展大合唱"，大念"山海田经"，带领宁德市人民艰苦创业，矢志摆脱贫困，掀开了扶贫开发事业的新篇章。30 多年来，宁德历届党委政府始终传承总书记当年的好传统好作风，始终把摆脱贫困放在重要位置，一任一任接着干，一年一年持续抓，不断推进扶贫事业。

习近平总书记把宁德市这样的贫困地区形象地比喻为"弱鸟"，提出"弱鸟"是否可以先飞的问题[①]。他认为，"弱鸟可望先飞，至贫可能先富"、"贫困地区完全可以依靠自身的努力、政策、长处、优势在特定领域'先飞'，可以弥补贫困带来的劣势。[②]"首先，要有强烈的"先飞"的意识，解放思想，更新观念。"扶贫先要扶志"，要从思想上淡化"贫困意识"，树立商品观念、竞争意识、市场观念。其次，要因地制宜，搞"经济大合唱"，抓大农业，大唱"山海田经"，推进农村产业结构调整[③]。"弱鸟先飞"思想为宁德市摆脱贫困创造了条件。30 多年来，宁德市按照"因地制宜、分类指导、量力而行、

---

① 宁德市，俗称"闽东"，是"老、少、边、穷"地区。20 世纪 80 年代中叶，宁德 9 个县有 6 个是国定贫困县，120 个乡镇中的 52 个乡镇是省定贫困乡镇，农民人均纯收入 330 元，为全国水平的 83%；在 160 元以下的、徘徊在温饱线上的农村贫困人口达 77.5 万，占农村贫困人口的 1/3。当时交通闭塞，信息短缺，是小农经济的天下。

② 习近平. 摆脱贫困. 福建：福建人民出版社.1992 年，第 2、3 页.

③ 20 世纪 80 年代初，项南同志主政福建期间，就提出福建全省大念"山海经"，在福建乃至全国产生强烈影响。钟兆云、王盛泽：《项南在福建》，福建人民出版社，1999 年，第 52 - 79 页.

尽力而为、注重效益"的扶贫开发思路，充分发挥山海优势，使农业、工业两个轮子转起来。宁德市着力构建沿海现代蓝色农业产业带、山区现代绿色农业带和城郊平原现代千亩高优农业示范园区的农业"两带一区"，大力推进"茶乡、菌都、药城、果竹与水产大市"建设，逐步形成支柱产业突出，特色产业鲜明、新兴产业崛起、外向产业强劲的独具宁德特色的现代农业产业发展格局。宁德市海产丰富，大黄鱼、海带、紫菜等水产量居全国前列，多年来海产养殖为当地群众带来了滚滚财源。20世纪90年代末，霞浦县东山偏远自然村农户，陆续搬迁到海边，开始靠海为生。目前全村有85户经营2 000多亩滩涂养殖，年产值1亿多元。山上同样都是宝。首先是茶。全市茶园100多万亩，红、绿、白各种茶类兼有，茶园面积全国名列前茅。近年来涌现出"坦洋工夫""福鼎白茶"等一批全国知名茶叶品牌。其次是食用菌，以古田县为中心形成了全国最大的食用菌生产基地，2016年鲜品达到50多万吨，产值达40多亿元。

习近平总书记特别强调大力弘扬"滴水穿石"的精神，认为经济比较落后地区的发展，"总要受历史条件、自然环境、地理因素等诸方面的制约，没有什么捷径可走，不可能一夜之间就发生巨变，只能是渐进的，由量变到质变的，滴水穿石般的变化"①。在"滴水穿石"的精神的指导下，宁德一届又一届的党委、政府团结带领全市人民自力更生、艰苦创业。30多年来宁德市干部群众人民一直在对"反贫困战役"进行"攻坚"，采取多种形式多种措施扶贫，滴水穿石、久久为功的精神却始终如一。不论"造福工程"，还是小额信贷、整村推进，都是在一点一滴中寻求进步，在一步一步中逐渐完善。

在宁德市主政期间习近平总书记大力倡导和推行"四下基层"工作制度（信访接待下基层、现场办公下基层、调查研究下基层、宣传党的方针政策下基层），地委、行署几套班子成员都建立了固定的扶贫挂钩点，地直各部门派出扶贫工作队，入村入户开展调查摸底和"蹲点"搞扶贫开发，"一竿子插到底"帮助贫困村农民脱贫致富。1989年，地直机关47个部、委、办、局抽调干部100多人组成扶贫工作队，入驻21个贫困乡、贫困村扶贫；9个县的县直机关抽调干部1 000多人组成扶贫工作队，进驻397个贫困村扶贫。习近平总书记在宁德工作期间大力倡导并践行的"四下基层"工作制度，一直是改进工作作风、密切联系群众的重要法宝。此后20多年，市、县机关扶贫工作队驻点贫困村的扶贫制度一直延续不变，从未中断。

2. 融入融合，协调开发 宁德市扶贫开发的又一重要特点是把扶贫开发融入"三农"工作、产业发展、城镇化、美丽乡村建设中，通过扶贫开发促进

---

① 习近平. 摆脱贫困. 福州：福建人民出版社. 1992年，第58页.

脱贫致富，促进城乡协调发展，也促进区域可持续发展。

宁德市集中力量大力扶持发展水果、食用菌、茶叶、水产养殖等产业。统计数据显示，1985年以来全市水果、食用菌、茶叶、水产养殖产量大增（表10）。在此过程中，闽东打造了10多个农产品"全国之乡"品牌，和50多个国家地理标志保护产品。著名的如古田的食用菌、柘荣的太子参、福鼎的白茶、福安的葡萄、霞浦的水产品等。据统计，全市农民50%以上的收入、贫困户60%以上的收入来自农业特色产业。

表10 宁德市产业发展变化

单位：万吨

产业	1985 年	2015 年
水果	1.07	41
食用菌	2.03	17.85
茶叶	1.11	9.3
水产养殖	9.99	88.6

资料来源：宁德市农业局。

"绿水青山就是金山银山"，宁德市域内到处是青山绿水，自然风光优美。在扶贫开发过程中，宁德市注重依托景区，结合新农村建设和美丽乡村建设，打造乡村旅游品牌，以旅游带动农产品销售和家庭手工业、交通运输业、住宿餐饮业等相关产业发展，提高农民二、三产业经营收入水平，带动贫困户脱贫。以"中国扶贫第一村"赤溪村为例，2005年开始，赤溪村立足生态，依托太姥山景区，利用九鲤溪旅游资源，先后引进万博华、枫林园艺、耕乐源等旅游公司及专业合作组织，投入7 800多万元进行畲族特色旅游景点开发建设，致力发展景区依托型乡村旅游，现已建成系列农业观光体验游产品，发展农业观光体验游。赤溪村的旅游业及延伸产业促进了村民增收，赤溪村农民人均纯收入从2009年的3 200元增加到2015年的13 649元。村财收入保持稳步增长，从原来负债10多万元增加到2016年的50万元，预计2017年达到100万元。

推进公共服务均等化，是促进城乡协调发展的重要一环。多年来宁德市注重在包括公共教育、劳动就业创业、社会保险、医疗卫生、社会服务、住房保障、公共文化体育、残疾人服务等8个领域的81个项目的农村农民生活公共服务领域加大投入。最重要的是交通道路建设。今天的宁德，长达216千米的104国道纵贯全境，全市交通基础设施从严重滞后到基本适应再向适度超前的梯次转变，"闽东老少边，公路绕山边。铁路沾点边，坐车一路颠"的历史一去不复返，大港口、大通道、大物流的现代化立体交通网络体系已拉开框架、初见成效。与此同时，农村基础设施进一步完善，农村水泥公路里程达 3 200 多千米，实现农村道路"村村通"，2 100 多个建制村实现"村村通客车"。经过努力，农村行路难、安全饮水用电难、就医就学难、社会保障难等民生问题已基本得到解决。

加快城镇化建设。宁德探索和完善市县空间规划体系，实施"大城关"战略，统筹推进县域产业、人居和基础设施建设，提升综合承载能力。加大城中村、棚户区、城乡结合部改造力度，推动新老城区、城乡连片互动发展。深化福安、屏南省级新型城镇化和 29 个小城镇综合改革建设试点，抓好赛岐、太姥山小城市培育工作，以点带面，推动周边乡镇与试点镇连片发展。深化户籍制度改革，落实居住证制度，有序推进农业转移人口市民化。宁德市在城镇化过程中着力加强工业化进程。2015 年宁德市城镇人口 153.8 万人，全市常住人口城镇化率 53.6%，全市户籍城镇化约 34.5%。随着中央政策对新型城镇化的调整，推进新型城镇化更加注重提高户籍人口城镇化率、更加注重城乡基本公共服务均等化、更加注重环境宜居和历史文脉传承、更加注重提升人民群众获得感和幸福感。

3. **聚焦难点，专项开发**　为解决"一方水土养不活一方人"的深度贫困问题，宁德市在 20 世纪 90 年代初即开始探索搬迁扶贫之路，为全国的搬迁扶贫开了先河①。1994 年以来，宁德市造福工程经历了"农村茅草房改造""连家船民上岸定居""整村搬迁集中安置"和"安居工程"四个阶段②。习近平总书记在宁德或福建主政期间，宁德市造福工程主推"农村茅草房改造"和"连家船民上岸定居"，省委省政府、宁德市委行署先后制定出台一系列优惠政策。其中，1996—1997 年重点解决了 2 104 户 7 701 人农村茅草房改造，1997—1999 年完成了 4 723 户 19 378 人连家船民上岸定居任务，基本结束了连家船民漂泊海上、居无定所的历史。此后，宁德市继续弘扬"弱鸟先飞、滴水穿石"的闽东精神，沿着习近平总书记当年"扶贫、脱贫"的工作思路，持续推进宁德市造福工程向"整村搬迁、集中安置"阶段提升。至目前为止，宁德市累计完成造福工程 35.6 万人，约占全省造福工程总量的 40%，其中，革

---

①　在福建，搬迁扶贫称为"造福工程"，就源于宁德市。1993 年国庆节期间，当时的宁德地委书记陈增光、民政局局长缪耕山一行在参加霞浦武澳村搬迁工程落成剪彩仪式，看到村中一副对联写着"造就一番新天地，福到农家感党员。"陈增光遂将这副对联嵌头的"造福"两字撷取，创造性地命名"搬迁工程"为"造福工程"。

②　2007 年以来，寿宁县等地将"造福工程"搬迁、地质灾害搬迁及灾后重建整合为"三合一"的"安居工程"，以"五个结合"为方针，即"安居工程"与城镇建设相结合，与新农村建设相结合，与工业园区相结合，与土地经营开发相结合。以集中安置为主，分散安置为辅，结合各乡镇具体情况组织实施。

命老区基点村群众和少数民族群众 10 万人左右，完成整村搬迁边远自然村
3 000 多个，新建或续建集中安置点 1 000 多个。

宁德市造福工程的主要特点是：一是造福工程助脱贫。大批量组织居住在
边远偏僻山村和地灾点的农村群众走出深山，促使搬迁对象大大拓展了就业机
会与机会途径，到集镇打工更加方便，从事二三产业的人数有所增加，脱贫致
富的步伐明显加快。二是打破城乡促融合。"造福工程"将住在边远偏僻山村
的农村群众搬出深山，安排在镇区、中心村或交通便捷、人口集中、生产生活
方便的主村，打破城乡二元结构，降低搬迁成本，不仅为搬迁群众提供了更加
舒适便捷的生活环境和公共服务，又让农户融入当地发展，解决增收问题，真
正让贫困群众搬得出、稳得住、逐步能致富。三是天人合一护生态。通过整村
搬迁的方式，一方面对新安置点进行科学规划建设，能够促进村容村貌焕然一
新，彻底改变原来脏乱差状况。

宁德市在金融扶贫成效显著，已成为金融扶贫的典型范例。福安市、霞浦
县分别于 2001 年、2003 年成立了农户自立服务社，屏南县于 2007 年成立小
额信贷促进会，古田县于 2015 年成立民富中心，寿宁县于 2017 年成立民富中
心。当地政府通过"政府搭台、金融参与、社会管理、市场运作"模式，引入
社会企业机制，实施组织创新，促进土地、资金、劳动力等生产要素的合理流
动与优化配置，实现金融扶贫的供给侧结构性改革。通过多户联保制度与"两
权抵押"等方式，实现小额信贷风险有效管控，为贫困人口发展生产提供资金
支持，化解了贫困群体担保难、贷款难的问题。同时结合当地产业发展特点，
提供生产技术指导，激发贫困人口内生动力，推进区域经济发展。

以福安、霞浦两地农户自立服务社小额信贷为例，成立之初属于项目型，
采用"政府加中介"的组织模式，以发挥政府和社会中介双方的积极性和优
势，是从传统政府主导型扶贫方式到社会企业自下至上扶贫方式的转变阶段。
当时，资金有限，只有福建省扶贫办以软贷款的形式注资的 500 万元，放款也
较少。2005 年中国扶贫基金会提出由项目型小额信贷向机构型小额信贷转变
的战略部署。同年 6 月，福安、霞浦农户自立服务社施行改制，成为中国扶贫
基金会小额信贷部下属机构。此后，中国扶贫基金会通过向商业银行借贷等方
式向福安、霞浦服务社投入大量资金，两地服务社资本金迅速扩大。2008 年
11 月 18 日，中国扶贫基金会将小额信贷项目部转制成为中和农信项目管理有
限公司。随后，福安、霞浦服务社成为中和农信属下分公司，服务社业务得到
更大发展，正式成为社会企业。

自成立以来，两地服务社依托县域经济拖动项目发展，积极贯彻参与式发
展理念，以熟人社会为基础建立信用机制，取得了可喜成绩。首先，贷款项目
覆盖面不断拓宽。以福安农户自立服务社为例，截至 2016 年年底，服务社项

目覆盖 18 个乡镇、234 个行政村及 459 个自然村，累计扶持 69 453 户农户发展农业微型项目。其次，贷款额度不断提高。以福安服务社为例，贷款金额已经历了 6 个阶段的变化。其中，小组联保信贷的放款单笔最高额度从最初的 3 000 元上升到 2016 年的 16 000 元。2010 年，针对进城农户经营性项目资金的需求，服务社推出了一级最高 3 万元和二级最高 5 万元的个人担保贷款产品。第三，贷款金额梯度上升。福安农户自立服务社的放款金额从 2002 年的 354.8 万元增加到 2014 年最高峰时的 7 064 万元。霞浦县农户自立服务社的放款金额从 2003 年的 110.9 万元增加到 2015 年最高峰时的 7 100 万元。据最新调查，至 2017 年上半年，福安农户自立服务社累计贷款总额超过 5.5 亿元，霞浦 "农户自立服务社" 累计贷款总额达 5.2 亿元。在小额贷款效益方面，据抽样调查，项目累计为福安市贫困贷款农户增加经济收入超过 3.7 亿元，仅 2016 年服务社就为福安市贫困农户增收 4 643 万元左右。

宁德市从 2002 年开始，已经连续实施了四轮整村推进扶贫开发，1 054 个建制村实现脱贫，约占建制村总数的 50%。其中，省、市两级直接挂钩帮扶村超过 300 个。前三轮整村推进扶贫累计投入资金 12.3 亿元，修建农村水泥公路 3 200 多千米，实现农村道路 "村村通"。完成农村水利设施建设（修复）400 多处，解决农村 200 万人口的饮水安全问题。800 多个村庄完成农村电网改造。发展特色产业 120 多项，实现年产值 120 多亿元，扶贫开发重点村的年人均收入从低于当地水平的 40% 逐渐拉平或略有超当地收入平均水平[①]。

宁德市自 2011 年引进全民低成本健康 "海云工程"，分 4 期逐渐在全市范围推广，共建设 "海云工程" 项目点 1 165 个，覆盖所有乡镇卫生院和社区卫生服务中心以及人口较为集中的村卫生所，直接服务人口 199.88 万人，覆盖农村人口达 70% 以上。同时，宁德市注重调整完善城乡医疗救助制度，规定建档立卡贫困人口参加城镇居民基本医疗保险或新型农村合作医疗的个人缴费部分由城乡医疗救助基金给予全额资助；推进医疗救助与城乡居民医保（新农合）的有效衔接，全面实施救助对象医疗费用 "一站式" 即时结算，简化救助手续，为困难群众提供方便快捷的医疗救助服务。

（三）宁德市扶贫开发成就

1. 贫困发生率的降低　宁德市扶贫开发成就明显，首先，贫困面大幅下降，贫困人口从 1985 年的 77.5 万人下降到 2012 年的 16.78 万人，和现行标准的 7 万多人。贫困发生率从 31% 下降到 2012 年的 5.9%，及当前的 2.1%（表

---

① 数据来源：宁政办〔2016〕188 号《宁德市人民政府办公室关于印发宁德市 "十三五" 扶贫开发专项规划的通知》。

11)。

表 11　1985—2016 年宁德市贫困人口的变化

时间	贫困标准	贫困人口（万）	全区人口（万）	贫困人口占全市人口的比率（％）
1985 年	人均收入 160 元以下	77.5	249.33	31.2
1990 年	200 元	60	290.09	20.7
2000 年	865 元	30	323.6	9.2
2012 年	2 300 元（2010 年不变价）	16.78	284	5.9
2016 年	国定贫困县 3 026 元；省定贫困县 3 707 元	7.324 7	352.24	2.10

资料来源：宁德市农业局扶贫办、宁德市统计局。

注：①2012 年贫困人口是 2016 年贫困人口加上 2013 年（脱贫 2.5 万人）、2014 年（脱贫 3 万人）、2015 年（脱贫 3 万人），2016 年（脱贫 3.98 万人）脱贫人口数的结果。

②2016 年 7.324 7 万贫困人口包括国定对象 3.84 万人，省定对象 3.507 万人。

2. 社会经济发生巨大变化　首先，经过长期的扶贫开发，宁德市农村人口经济收入水平明显发生变化。表 12 为宁德市农民人均纯收入的提高过程。其次，人民群众的生产生活条件发生明显变化。以"造福工程"搬迁户为例，他们一般都在市郊、镇区、中心村或交通便捷、人口集中、生产生活方便的主村，水、电、路、通讯、光电等公共基础设施和就医就学问题基本上都得到了解决。第三，通过扶贫开发，促使贫困人口形成勤劳致富的习惯和斗志，学文化、学技术的理念得到提升，精神面貌发生变化。通过对茅草屋畲民下山的改造与连家船民上岸的帮助，民族关系得到改善。第四，通过扶贫搬迁的"换血"和综合开发的"造血"帮助，贫困地区原有格局发生明显变化。

表 12　1985—2016 年宁德市农民人均纯收入的变化

时间	农民人均纯收入（元）	占全国平均水平的百分比	占全省平均水平的百分比
1985 年	329.65	83％（397.17 元）	83.1％（396.45 元）
1990 年	603.54	95％（630 元）	79％（764 元）
2000 年	2 850	128.5％（2 253 元）	88.2％（3 230 元）
2014 年	11 302	107％（10 489 元）	89.3％（12 650 元）
2016 年	13 516	109％（12 363 元）	90.1％（14 999 元）

资料来源：宁德市农业局扶贫办。

3. 形成扶贫开发"宁德模式"　宁德市扶贫开发的成就还表现在初步形成了对其他地区有启发意义的"宁德模式"。该模式的精神内核就是习近平总书记主政宁德期间所倡导的"弱鸟先飞"意识，"滴水穿石"精神，"久久为功"态度和"四下基层"作风。具体内涵就是因地制宜，在贫困地区发展的独具优势特色产业促进群众增收；把脱贫致富融入"三农"工作、城镇化建设；通过专项扶贫解决特殊贫困，如通过"造福工程"给贫困人群赋权解决生存困境，通过组织机制创新推进普惠金融，给贫困户提供融资便利等。"宁德模式"的本质即从贫困对象的实际出发，实施精准帮扶。

二、十八大以来宁德市精准扶贫精准脱贫的实践创新

十八大以来，以习近平同志为核心的中共中央把脱贫攻坚纳入"五位一体"总体布局和"四个全面"战略布局，推行精准扶贫方略，开创了扶贫开发新局面。2012年年底到河北阜平老区考察时，习近平总书记提出，扶贫工作不要用"手榴弹炸跳蚤"办法。2013年11月在湘西考察时，习近平总书记首次提出了"精准扶贫"思想。2013年12月，中共中央办公厅、国务院办公厅公布了《关于创新机制扎实推进农村扶贫开发工作的意见》，使精准扶贫思想落地。此后，习近平总书记在多个场合不断丰富、完善这一反贫困新理念，党和国家其他领导人也对精准扶贫思想的丰富发挥了作用。2015年11月23日召开的中央政治局会议审议通过了《关于打赢脱贫攻坚战的决定》，2016年3月17日"两会"审议通过的《中华人民共和国国民经济和社会发展十三个五年规划纲要》对精准扶贫方略进行了详细论述。在此背景下，宁德市继承以往的扶贫经验，全面学习、贯彻习近平总书记精准扶贫精准脱贫方略，因地制宜，创新扶贫开发思路与方法，形成了精准扶贫的新局面。通过"六到户""六到村""四到县"的分层推进，精准扶贫，脱贫攻坚成效显著，进一步丰富了"宁德模式"的内涵。

（一）精准扶贫新局面的形成

1. **认真贯彻精准扶贫、精准脱贫战略思想**　2012年12月5日，宁德市召开全省"贯彻十八大精神、助推科学扶贫"学习研讨会，认真探讨了如何加强新形势下扶贫工作的新思路、新举措这一课题。宁德市要求各级领导、各部门对如何打好新一轮扶贫攻坚战深入思考。深入学习贯彻习近平总书记系列重要讲话、来闽考察重要讲话和对赤溪村重要批示精神，围绕科学发展跨越发展主线，把扶贫开发摆在更突出的位置，针对新常态下的新形势，争取拿出"科学"的硬方法，下足"精准"的真功夫，形成更具闽东特色的扶贫开发新路子。时任市委书记的廖小军撰写的《传承精神 摆脱贫困 致力赶超—宁德市科学扶贫精准扶贫的探索与思考》，通过对宁德市扶贫开发实践的回顾总结，对

新时期如何推进宁德市精准扶贫进行思考；宁德市各部门也在其职能范围内对扶贫工作进行探索，如宁德市人大常委会农经工委的《完善农村金融服务体系促进扶贫开发工作的思考》，重点思考如何解决贷款难的问题；宁德市基层也结合实践探讨精准扶贫思想对具体工作指导意义，如古田县探索的"两增收一美丽"扶贫开发模式，屏南县推动的"三位一体"实现产业扶贫。宁德市地方为落实精准扶贫方略，先后制定了 10 多份扶贫开发政策文件。其中，2015 年 2 月 12 日公布的《中共宁德市委 宁德市人民政府关于贯彻落实习近平总书记重要批示精神加快科学扶贫精准扶贫的工作意见》（宁委发〔2015〕4 号），对宁德精准扶贫的"六六四"内容进行了规划。2015 年 8 月 11 日公布的《中共宁德市委 宁德市人民政府关于贯彻落实习近平总书记扶贫开发重要思想加快推进精准扶贫精准脱贫的决定》（宁委发〔2015〕16 号）则对宁德市精准扶贫工作的开展进行了总体规划。《宁德市"十三五"扶贫开发专项规划》（宁政办〔2016〕188 号）则对 2016—2000 年宁德市的扶贫开发进行了规划。

2. 开创精准识别、精准帮扶、精准管理新局面　在精准识别上，2016 年 4 月出台的《宁德市农村扶贫对象精准识别工作办法（试行）》，确立"不下指标、不限规模、应进则进、应扶则扶"工作方针，在贫困户认定上以收入为主要标准的同时，兼顾医疗、教育等"刚性支出"。通过精准识别，锁定"十三五"期间农村扶贫开发对象 21 280 户 73 247 人（其中，国定扶贫对象 11 232 户 38 452 人），农村低保对象 6.72 万人。宁德市屏南县还在福建省率先探索创新以整合多行业部门数据信息，建立以精准筛选识别机制为目标的"网底工程"大数据平台，以期有效提高精准识别的准确度。

通过全县上下共同努力，屏南县建立了覆盖全县的精准扶贫信息化管理平台，采集农户信息 100 多万条，基本建成农户信息档案。扶贫"大数据"平台使"谁要扶、扶什么、怎么扶"一目了然，初步形成精准扶贫"网底工程"管理体系。平台动态录入普通农户、贫困户信息，对农户家庭情况变动，新增、返贫人口及脱贫人口进行动态管理。管理平台有效促进 2 000 多名干部及社会帮扶力量与贫困户对接，干部入户已超过 6 000 人次，整合帮扶资金 1 200 多万元。通过平台建设，也总结出了一套通过全面收集农户信息，进行信息筛选、甄别、梳理，确保贫困户识别更加精准的有效办法；解决了民主、公开评定贫困户存在人缘关系、主观意识的影响，以及全面入户工作量大、成本高、村民配合度不高的贫困户识别"两难问题"。

在精准帮扶上，依据贫困户具体情况进行针对性帮扶，大力实施"五个一批"。其中，发展生产脱贫一批，主要有以下措施：一是切实加强引导，依靠贫困乡村的资源条件，为贫困户提供必要的智力支持，帮助贫困户选准增收主营项目。二是切实强化带动，充分发挥农业产业化龙头企业、农民专业合作社、返乡创业大学生的带动作用。三是增加信贷投放，确保从 2015 年开始，支农再贷款优先安排贫困户发展生产，对扶贫企业、扶贫合作社贷款予以利率优惠。全面推广"小额信贷促进会"扶贫信贷机制创新模式。四是积极引导就业，将技能培训与转移就业相结合，大力实施转移就业技能培训，每年实施"雨露计划"定向培训贫困劳动力 1 万人以上。

移民搬迁安置一批，对全市 1 160 个偏远山村的 1.68 万户 7.16 万人，实施整村搬迁集中安置的方式，从根本上改善生产生活条件，拓宽就业增收渠道。具体措施是，科学制定搬迁安置规划；切实保障用地减免规费，参照"灾后重建"政策足额供给；多方筹措搬迁资金。按照搬迁建房一层封顶的最低安置标准，通过政策补助、项目支持、地方配套、银行贷款、个人筹集等渠道，力争每户筹集资金不少于 8 万元的建房资金；加快完善基础设施。对集中安置点"三通一平"基础设施，由县乡政府负责解决；加快完善后续服务。解决好搬迁群众户籍学籍、基本养老保险、医疗保险等归属转变问题，配足配齐基本社会化服务设施。

社会保障兜底一批，探索建立精准扶贫和社会保障有机衔接机制，对无法在 2020 年实现稳定脱贫的贫困户，加强保障兜底，确保生活水平不滑坡。到 2020 年，对确实不能自力更生、创业脱贫，并符合低保条件的贫困户，将及时纳入低保。对不符合低保条件的贫困户，则按照低保标准，从财政扶贫资金中统筹一块给予保障。

医疗救助扶持一批，确保因病致贫、因病返贫的贫困户能够得到及时救助，保证生活质量不滑坡、不返贫。完善农村医保和新型农村合作医疗制度，对符合条件的对象给予补助。发动慈善团体、企业、个人以捐资的方式，帮助贫困村设立村级医疗救助基金，对身患重病、大病、慢性病的贫困户进行医疗救助。

在精准管理上，宁德市不断加强精准扶贫队伍建设，充实组织力量。每个县（市、区）配备不少于 4 人的扶贫专干，并成立精准扶贫督导室。乡镇一级配备 1 人以上的扶贫专干。村一级指定 1 名村两委干部担任村级扶贫协理员。同时，广泛发动青年志愿者参与精准扶贫，与贫困户建立"一对一"长期联系机制，做到经常入户家访，帮助贫困户向有关部门、包户干部反映实际困难，争取更多精准扶贫政策和项目资金。宁德市的考核工作也有其下特点：一是数据化，有具体的考核量化表，采用等次制。二是第三方参与，借助社会力量进行评估。三是资金监督。四是全面建立督导机制。

（二）分层推进，全面精准

1. **科学扶贫精准扶贫"六到户"** 干部包户。从 2015 年开始，全面派出包户"扶贫工作队",做到贫困户户户有人包。主要任务包括帮助制定一项脱贫计划、每年帮助落实一笔 2 000 元以上帮扶资金、帮助落实一名劳动力参加技术技能培训和就业、帮助发展一个以上脱贫致富项目、帮助推销一种主要农产品。

龙头带动到户。宁德市将龙头的带动作用直接发挥到贫困户身上,利用农业产业化龙头企业、农民专业合作社或农村脱贫致富带头人(含返乡创业青年、大学生)帮助和带动贫困户增收脱贫。2015—2020 年每年培育评选 50 家"科学扶贫精准扶贫示范社",对社员总数 80 户以上且吸纳贫困户比例 30 以上的农民专业合作社,奖励 10 万元(市、县财政各承担 5 万元)。对扶贫开发重点村返乡创业大学生,每扶持一户贫困户脱贫奖励 2 000 元(从市县两级整村推进财政专项资金中统筹安排)等。

造福搬迁到户。计划用 6 年时间,到 2020 年基本完成整村搬迁、城镇安置每年搬迁 200 个村 2 万人左右。

信贷扶持到户。加快普惠金融建设,通过增加信贷、提供担保、财政贴息等措施,解决贫困户贷款难问题。例如,宁德市农村信用社全面有劳动能力建档立卡贫困人口信贷需求摸底,通过"垄上行"金融服务队普及金融知识,并推出"精准扶贫"金融扶贫卡(持卡贫困户享受贷款基准利率,在授信范围内随贷随用,随用随还)等多种金融产品,贫困户子女生源地助学贷款等得到了加强①。福建省古田县、寿宁县通过搭建民富中心,促进农民专业合作社发展带动贫困户融资促产业发展。

能力培养到户。通过新型职业农民培育、雨露计划、转移就业培训等,计划 2015—2020 年每年培训 1 万人。

社会保障到户。对贫困户因病、因灾、因残、因子女上学等实施特殊救助,加强因灾救助和因学救助。

2. 科学扶贫精准扶贫"六到村"　　领导包村。450 个贫困村村村有领导有单位帮扶,第一轮(2014—2016 年)244 个村,第二轮(2017—2019)206 个村。主要任务包括指导制定一项发展规划、每年帮助筹措一笔 20 万元以上帮扶资金、帮助培育一个主导产业、帮助实施一项民生工程、帮助培育一个村集体经济项目、指导建设一个"五个好"农村基层组织②。

资金项目扶持到村。各级扶贫开发重点村,除了财政专项资金扶持外,在生产发展、基础设施建设、新农村建设、环境整治、乡村旅游开发等项目申报方面,符合条件的优先安排。

---

① 《福建农信》,2017 年 9 月 15 日。
② "五个好",指领导班子好、党员队伍好、工作机制好、工作业绩好、群众反映好。

扶持集体经济到村。从 2015 年开始，连续 3 年，市级财政每年从扶持山区县发展的统筹资金中安排 920 万元，每个村 10 万元，用于扶持屏南、周宁、寿宁、柘荣等 4 个省级扶贫开发重点县的无集体经营性收益的村发展集体经济。各县级财政也设立村级集体经济发展专项资金，为村级经济集体经济发展提供贷款贴息和融资担保等服务。

农业龙头企业结对帮扶到村。从 2015 年开始，组织发动省、市级 303 家农业产业化龙头企业与贫困村开展"村企连心、强企扶村"活动，合作开发现代农业项目、建立农产品基地、帮助贫困户就业、扶持农村公益事业。

基础设施和公共服务完善到村。加强贫困村通村公路剩余部分的硬化，加快贫困村美丽乡村、饮水安全工程、信息基础设施等的建设。

党建扶持到村。加强软弱涣散基层组织整顿转化，加强贫困村班子整顿，提高村两委干部带领群众脱贫致富能力。向每个贫困村派出一名以上驻村干部，根据工作需要，有必要的可担任村支部第一书记。通过驻村干部的"传、帮、带"作用，规范村级组织工作机制，提高基层组织带领群众脱贫致富的能力。

3. 科学扶贫精准扶贫"四到县"　资金扶持到县。市级每年安排地方公共财政收入新增部分的 8%，用于扶持扶贫开发重点县。2014—2017 年市本级每年统筹 1 亿～2 亿元资金，用于扶持霞浦、古田、屏南、周宁、寿宁、柘荣 6 个县经济社会发展。2018—2020 年，市本级每年统筹 2 亿～3 亿元资金，用于扶持屏南、周宁、寿宁、柘荣 4 个县经济社会发展。市级出台的一系列扶持农业产业发展政策措施，扶持资金 70% 以上用于支持 6 个省级扶贫重点县。

山海协作到县。建立市内山海协作机制，坚持"大手拉小手，一起往前走"的对口联系机制。由蕉城、福安、福鼎、东侨分别对口帮扶屏南、周宁、寿宁、柘荣。建立山海产业联动发展机制，骨干教师对口互派交流，并争取省级医院对口帮扶扶贫重点县医院，实施沿海三级医院对口联系省级扶贫重点县医院，县级医院支援乡镇卫生院工作机制。

交通改善到县。加快建设高速公路，2015 年年底实现"县县通高速"，推进普通国道干线公路网建设。建设区域铁路网，力争到 2018 年实现 7 个县（市、区）通铁路。

城镇化推进到县。继续优化霞浦县次中心，古田、屏南、周宁、寿宁、柘荣 5 个县级中心城，以县城为支撑和纽带，加快培育一批工业重镇、旅游名镇、商贸大镇、生态强镇等特色小城镇和一批美丽乡村。美丽乡村建设实现"从点到面"，通过持续推进村庄环境整治工程、"千村整治、百村示范"美丽乡村建设工作等，逐步形成串点成线、连线成面的美丽乡村空间格局。

（三）构建精准扶贫可持续发展机制

1. 产业就业稳定脱贫 宁德市对产业就业稳定脱贫采取了针对性对策措施，形成了良好机制。建立了贫困户增收工作常态化督促检查机制，将贫困户增收工作纳入市委、市政府开展的"四下基层，四解四促"活动的重要内容。

宁德市着力打造产业脱贫机制。一是特色农业带动。宁德市在"两带一区"农业发展布局和大力推进"茶乡、菌都、药城、果竹与水产大市"的现代农业总体布局中统筹推进产业扶贫工程。二是引导龙头拉动。通过"龙头企业（或农民专业合作社）＋村党支部（扶贫工作队）＋贫困户"的形式，提高贫困群众的生产组织化、规范化程度，将贫困群众迅速纳入产业链，减少小农经济给贫困户带来的风险；加强正向引导，从 2015 年开始，每年开展"精准扶贫示范社"评选认定，激发社会经济组织带动贫困户发展生产的积极性，引导 333 家农民专业合作社带动贫困户 1 680 户 4 525 人，实现户均增收 4 917 元，其中，90 家合作社被确认为精准扶贫示范社，带动贫困户 956 户，得到了市县两级财政每社 10 万元奖励；累计引导 137 家农业龙头企业带动贫困户 632 户 2 735 人，实现户均增收 5 703 元；累计引导 321 个家庭农场（生产大户）带动贫困户 871 户 2 667 人，实现户均增收 2 628 元。三是路径创新促动。各地积极探索"三变"路径（资源变股权、资金变股金、农民变股民），探索盘活农村资源，积极发展电商扶贫等精准扶贫新路子，带动贫困户脱贫。目前，80％的贫困户都落实了一个以上的农业生产经营项目。

就业稳定脱贫机制的建设，一是加强贫困户劳动力就业培训，二是引导劳动力"走出去"，三是充分挖掘和发挥本地一、二、三产业在农业增效农民增收中的潜力和作用。宁德市利用工业化、城镇化加速推进的有利时机，依托工业园区、农产品聚集区，根据工业企业、农业龙头企业用工需求，有针对性地开展面向本地农民就业的"订单式"培训，提高农民职业技能，搭建畅通便捷的就业服务平台，促进农村劳动力就近转移、就地就业，大幅度提高农民的域内务工收入。

2. 激发内生动力 由于习近平总书记主政宁德期间强调扶贫扶志与扶智，一直以来宁德市在扶贫过程中十分注重思想道德内在因素与技术技能等自我发展能力的培育。习近平总书记当年三进下党的精神仍然影响着下党的党员与群众，一位老乡纯朴地说："每次要翻过土路，都会想到他（习近平总书记），那么大的官都能走过去，我作为农民更要走过去，更要努力。"

宁德市把加强基层党组织带头人队伍建设摆在突出位置，着力在"选、育、管、用"上下功夫，提振带头人队伍的精气神。宁德市要求各地要探索推行"支部＋企业（合作社）、支部＋基地、支部＋电商"等模式，把党组织建在产业链上、党员示范岗建在致富项目上。探索强村带弱村、中心村联建、村企村社联建等有效模式。通过建立中心村党委（党总支）等形式，发挥党组织协调引领作用，带动形成社会事业共建、优势资源共享、扶贫脱贫共促的良好局面。

为引导高校毕业生返乡就业创业，宁德市出台了多个综合性扶持政策文件，成立了扶持创业工作领导小组。市财政安排 300 万元，分别在福安和东侨建立市级大学生创业园，在古田、屏南、周宁、柘荣、福鼎等地建立大学生创业孵化基地。重视返乡大学生社会地位的提升，推选符合条件的自主创业高校毕业生进入村"两委"班子，注重培养先进典型作为各级"两代表一委员"的后备人选。全市自主创业高校毕业生从 2013 年的 634 人增至 2017 年的 1 510 人，创业项目从 516 个增至 1 161 个，带动就业人数从 1 657 人增至 11 012 人，涉及行业从最初的传统农林渔业扩大到电子商务、建筑装饰、旅游开发、动漫制作等 20 多个行业。高校毕业生返乡创业，为推进宁德市脱贫攻坚发挥了重要作用。

宁德市委高度重视村财增收在脱贫攻坚中的作用。市委市政府出台了发展壮大村级集体经济指导意见，从 2015 年起，市财政每年安排 1 000 万元用于扶持省级扶贫重点县"空壳村"发展集体经济。各县（市、区）制定扶持措施，积极引导村级组织结合山区、沿海、城郊结合部等不同类型，因地制宜选择适合自身发展的模式，走差异化、特色化发展路子，推动村财增收，扩大村民就业。以福安市溪尾镇溪邳村为例，村财收入逐年增加，2015 年达到了 106 万元（表 13）。集体经济使村庄有能力办好修桥、修路、饮水等"一事一议"等项目。表 14 显示，2011—2016 年溪邳村财收入在村庄民生工程夯实了基础。

表 13　2011—2016 年溪邳村村财收入情况

单位：万元

年份	收入来源				合计
	池塘承包	镇拨办公费	利息收入	其他收入	
2011	60	1.4	8.6		70
2012	69.9	1.4	9		80
2013	72.6	1.4	9		83
2014	95	4	6		105
2015	96.6	4	5	0.05	106
2016	80	4	22		106

资料来源：溪邳村委。

表 14　2011—2016 年溪邳村民生事业八大工程支付统计表

单位：元

年份	37~59周岁人员社保	医疗保险	小学生交通生活费	大学生奖金		五保户供养补助	60周岁以上党员补助	参军补助	殡改补助	合计
				人数	金额					
2011	63 750	194 640	3 058	4	8 000	22 410	5 400	0	12 000	309 258
2012	56 800	141 180	0	5	11 000	29 880	3 990	0	15 000	257 850
2013	139 780	100 000	4 500	15	34 000	35 230	11 300	8 400	16 000	349 210
2014	103 800	130 660	4 900	3	6 000	31 780	12 000	4 800	19 000	312 940
2015	300 000	102 000	—	—						
2016	350 000	150 000	—				15 000	10 000	25 000	—

资料来源：溪邳村委。

3. 构筑社会安全网　宁德市加大了农村社会保障力度，努力建设覆盖城乡居民的社会保障体系，重点推进养老、医疗保险全覆盖。2017 年，宁德市将农村居民最低生活保障标准提高到 3 050 元，超过 2017 年度的国定贫困人口标准线（即农民人均收入 3 026 元），目前，全市共有 1.12 万农村贫困人口纳入农村低保。

宁德市大力开展"资医助学"工作，医疗方面，推广全民低成本健康"海云工程"；教育方面，2016 年共有 27 103 名家庭经济困难学生获得国家助学金和相关免学费等补助 5 547.684 万元，其中，普通高中建档立卡家庭经济困难学生免学费 1 758 人、140.64 万元，全日制中职学校学生免学费 12 012 人、2 735.64 万元；生源地信用助学贷款受助大学生 21 177 名，发放贷款金额达 1.382 亿元，比增 496.74 万元，总量连续 8 年居全省首位。

在加大医疗扶贫力度、健全医疗保障体系方面，霞浦县已出台了相应措施，主要做法：一是重大疾病救助。霞浦县政府于 2016 年制定出台《霞浦县建档立卡贫困户大病救助工作实施方案》，以全县户籍人口 55 万人为基数，按每人每年 7 元筹集资金 380 万元，列入扶贫基金管理。对年度住院和门诊特殊病种医疗结算总费用个人支付部分 1 万~3 万元、3 万~5 万元、5 万元以上的，分别按 50%、60%、70%的比例予以补助；建档立卡贫困户精神病患者医疗费个人支付部分有正式发票的全部予以补助，最高封顶补助不超过 10 万元。二是医疗新农合保障。2017 年对贫困户参加医疗新农合个人缴费部分（150 元）由县政府给予全额补贴。2016 年建档立卡贫困人口共 15 020 人，获参保补助资金 220 多万元。三是办理女性安康险。为全县建档立卡的年龄在 30~60 周岁的女性（共 2 817 人）购买一份 100 元安康保险。重大疾病者，最高可报销 4.5 万元。四是慢性疾病救助。贫困人口得慢性疾病长期服药，无法纳入大病救助的，按病因病情给予适当药费补助。

三、宁德市精准扶贫的基本经验与启示

（一）基本经验

1. **因地制宜**　摆脱贫困，"必须探讨一条因地制宜发展经济的路子"[①]。长期以来，宁德市干部群众正是以此为指导，逐步走上脱贫致富道路的。首先，根据区域实际，大胆推进产业转型，发展特色产业，发挥地方后发优势，实现产业就业稳定脱贫上有成效。其次，结合国家政策，根据实际，地方政府大胆作为，通过推进"造福工程"赋权予民，创新小额信贷普惠金融，促进城乡融合发展，建构扶贫开发长效机制。第三，十八大以来，宁德市传承传统，创新科学扶贫精准脱贫"六六四"模式，把群众脱贫与贫困县、贫困村发展结合起来。

2. **精神动力**　脱贫致富，离不开人的精神作用。习近平总书记强调，"要把脱贫与农村社会主义精神文明建设结合起来"[②]。脱困，既要从物质上因地制宜，谋求发展，更要从精神上摆脱贫困意识。广大干部群众思想上不脱贫，脱贫工作难以主动有力地进行，脱贫成效也很难巩固持久。"扶贫先扶志"，广大党员干部要先做到。广大干部始终坚持传承和弘扬"滴水穿石"精神、"弱鸟先飞"意识、"四下基层"作风，久久为功推进精准脱贫，是宁德市脱贫攻坚取得成效的又一基本经验。

3. **凝聚合力**　在长期的扶贫过程中，宁德市逐步形成了行业扶贫、专项扶贫、社会扶贫等多方力量、多种举措有机结合和互为支撑的大扶贫格局。例如，在山海协作上，宁德市通过内引外联，一手从外部接力，一手从内部做起，形成了多层次的对口帮扶格局。连续 28 年与福州、莆田、三明、南平等开展闽东北五地市经济协作，连续 16 年与福州的长乐、福清、晋安、苍山等市（区）开展山海协作。以霞浦县为例，2015 年以来，省委统战部、省船舶公司、福州海关、省台联、省贸促会和晋安区等相关单位领导先后多次深入霞浦县对接落实对口帮扶工作，全力推进帮扶项目建设。下党村则与泉州蓉中村进行多方面合作，推进党建扶贫和"定制茶园"等产业发展。

4. **扶贫开发与经济社会发展相互促进**　宁德市始终坚持扶贫开发与经济社会发展相互促进。2015 年以来，宁德市更是不断推进农业农村"五位一体"系统工程，通过建设千亩设施农业、山地农业综合开发、农业龙头企业、小城

---

①　习近平. 摆脱贫困. 福州：福建人民出版社，1992 年，第 6 页.

②　习近平. 摆脱贫困. 福州：福建人民出版社，1992 年，第 8 页.

镇、美丽乡村等推进精准扶贫精准脱贫。

（二）主要启示

　　宁德市广大干部在扶贫开发过程中，密切联系群众；坚持"因地制宜""分类指导"；关注群众的积极性和自我发展能力的提高，重视贫困地区的产业发展培育；加强党的领导和农村基层党组织建设；坚持经济社会全面发展；重视扶贫机制的建立和完善。所有这些说明，宁德扶贫成就最根本的是以习近平总书记扶贫重要论述为根本遵循，同时也表明习近平总书记在宁德工作时的扶贫思想对担任总书记后关于扶贫工作的重要论述形成具有重大的作用。

精准脱贫的"十八洞村"样板

游　俊　丁建军　冷志明

　　摘要：湖南省花垣县十八洞村是"精准扶贫"的首提地，肩负着探索"可复制、可推广"精准扶贫模式与经验的历史使命。经过3年多的实践，该村成为全面践行习近平总书记"精准扶贫"重要论述的"村级样板"，是村级精准扶贫模式的典范。在深入跟踪调查的基础上，本报告将十八洞村精准扶贫精准脱贫的主要做法总结为五个方面，即精准识别扶贫对象、精准开发扶贫产业、精准改善居住环境、精准发展民生事业和完善精准扶贫机制。在上述实践中，十八洞村形成了"规划引领，实施精准发力""党建先行，增强内生动力""机制创新，确保脱贫成效""要素整合，形成扶贫合力"等四个方面的主要经验，并对继续深入推进精准扶贫精准脱贫实践具有如下启示：一是要全面把握精准扶贫内涵，协同推进精准扶贫方略；二是要因地施策制定减贫方案，扬长补短实现持久脱贫；三是要创新突破脱贫时空局限，正确处理四大基本关系，即外部帮扶与内生发展的关系、短期减贫与长期脱贫的关系、"点"的脱贫与"面"的发展之间的关系，以及"传统"特色传承与"现代"文明建设之间的关系。

　　十八洞村是"精准扶贫"的首提地，承载着习近平总书记的嘱托，肩负着探索"可复制、可推广"精准扶贫模式的历史使命。在社会各界的关注和支持

　　游俊：吉首大学党委书记，教授、博士生导师。
　　丁建军：吉首大学商学院副院长，教授、博士生导师。
　　冷志明：吉首大学副校长，教授、博士生导师。

下，在各级党委、政府的指导下，在县委驻村工作队和村支两委的带领以及全体村民的共同努力下，十八洞村三年来实现了巨变，成为全国"精准扶贫"的一面旗帜，基本形成了"可复制、可推广"的精准扶贫经验。其巨变得到了人民日报、新华社等中央主流媒体的纷纷关注，2016 年央视《新闻联播》史无前例地连续 5 天系列报道《"十八洞村"扶贫故事》，2017 年央视《新闻直播间》连续 2 天报道《村庄里的中国：再访十八洞村》，在国内外引起强烈反响。本专题在深入跟踪调查的基础上，希望通过解剖"麻雀"的方式，总结自习近平总书记考察十八洞村以来，该村在精准扶贫精准脱贫中的主要做法、基本经验，并从第三方的角度思考十八洞村实践带来的启示。

一、十八洞村精准扶贫精准脱贫背景

（一）十八洞村的自然与人文

十八洞村位于湖南省湘西土家族苗族自治州的花垣县双龙镇西南部，紧邻包茂高速、209 和 319 国道，距县城 34 千米，州府 38 千米，高速公路出口 10 千米，交通较为便利。传说古夜郎国打败仗后，翻山越岭来到这里，发现了一个能容纳几万人的大溶洞，且洞内又有十八溶洞，洞洞相连，于是便定居下来，休养生息，繁衍后代，故名夜郎十八洞，简称十八洞。2005 年，飞虫村和竹子村合并为一个村，为了发展乡村旅游产业，故以洞名作为合并之后的村名，十八洞村由此而来。全村总面积 14 162 亩，耕地面积 817 亩，林地面积 11 093 亩，森林覆盖率 78%，下辖 4 个自然村寨，6 个村民小组，225 户，939 人，人均耕地仅 0.83 亩。该村地处高寒山区，平均海拔 700 米，属高山熔岩地貌，生态环境优美，境内自然景观独特，被习近平总书记誉为"小张家界"。有莲台山林场、黄马岩、乌龙一线天、背儿山、擎天柱等景点，特别是十八洞景观奇特，神态各异，巧夺天工。村内瀑布纵横，枯藤老树，鸟语花香，高山峡谷遥相呼应，享有"云雾苗寨"之美称。该村属纯苗族聚居村，苗族原生态文化保存完好，民居特色鲜明，苗族风情浓郁，有"过苗年""赶秋节""山歌传情"等民族文化活动。每到春节，这里便有抢狮、接龙、打苗鼓等传统习俗；每逢赶秋节，这里便组织舞龙、八人秋、椎牛、唱苗歌、苗族绝技等活动。该村还拥有苗绣、蜡染、花带、古花蚕丝织布等文化旅游产品，有十八洞腊肉、酸鱼、酸肉、野菜、苞谷烧等多种特色食品。

（二）十八洞村的贫困与反贫困

十八洞村属于典型的深山区少数民族贫困村（纯苗寨），贫困面广程度深、基础设施不完善、产业发展滞后、村民文化程度低。贫困程度方面，2011 年，该村人均纯收入 1 280 元，仅为花垣县、湘西州、湖南省、全国农民人均纯收入的 33.77%、34.84%、19.49%、18.35%。2012 年，该村人均纯收入 1 417 元，仅为县、州、省及全国农民人均纯收入的 32.56%、33.1%、19.05% 和 17.9%。2013 年，该村人均纯收入提高到 1 668 元，而全县、全州、全省、全国农民人均纯收入分别为 4 903 元、5 260 元、8 372 元、8 896 元。可见，该村人均纯收入增速慢，与县、州、省及全国平均水平差距大且呈持续扩大的趋势。基础设施方面，虽然新农村建设以及 2011 年新一轮攻坚战启动后先后实施了村道、村部等基础设施建设，但因该村地域广、居住散，村内基础设施仍很不完善。比如，农网改造未进行，宽带网络未进村等。产业发展方面，2013 年全村水稻收入 40 万元，玉米收入 5 万元，烤烟收入 32 万元，西瓜收入 28 万元，农业产业未成规模，村级集体经济几乎为空白，村民主要经济来源靠外出务工。村民文化程度低，单身汉多。全村 939 人，其中，文盲 150 人、小学文化 385 人、初中文化 295 人、高中文化 81 人、大专及以上文化仅 28 人。村民总体文化程度低，同时因为贫困，"娶媳妇"也成了大难题，2013 年，该村 40 岁以上的单身汉有 38 人。

2013 年 11 月 3 日以前，十八洞村和湘西大山中的大多数贫困村一样，虽然一直有着国家扶贫政策的支持，但"年年扶贫年年贫"，由于没有有效激发村民的内生动力和发展"外向型"产业，村民收入增长有限，与外界差距越拉越大，贫困程度持续加深；同时，常年戴着"贫困帽"，"等靠要"思想也有所蔓延。多年的扶贫努力，虽然给十八洞村送去了党的"温暖"、国家的"关怀"，但没有让十八洞村走上真正的脱贫致富路。

二、十八洞村精准扶贫精准脱贫的主要做法

2013 年 11 月 3 日下午 4 点 18 分，习近平总书记来到十八洞苗寨调研，与苗族同胞促膝谈心，谋划发展，并做出了"实事求是、因地制宜、分类指导、精准扶贫"的重要指示，明确提出了十八洞的扶贫脱贫要"可复制、可推广"和"不能搞特殊化，但不能没有变化"的要求。从此，十八洞村迎来了春天，走上了脱贫致富的快车道。为贯彻落实总书记的重要指示，花垣县委成立了由县委书记亲任组长，县长任第一副组长，其他 6 名副县级领导任副组长、县直相关职能部门和双龙镇党委政府负责人为成员的县委十八洞村精准扶贫工作领导小组，并派出精准扶贫工作队和第一支书驻村，深入开展精准扶贫工作。2013 年以来，十八洞村各项事业得到长足发展，人均纯收入由 2013 年的 1 668 元增加到 2016 年的 8 313 元，2016 年 136 户 533 个贫困人口全部实现脱贫，提前退出贫困村行列。这一巨变的取得，得益于该村在精准扶贫精准脱贫

中的以下做法。

（一）立足实际，精准识别扶贫对象

为切实找准真正需要帮助的贫困户，花垣县委驻十八洞村工作队立足实际，深入调查摸底，扎实开展全村贫困户的识别工作，为全面实施十八洞村精准扶贫打下坚实基础。一是深入调查摸底。以两项制度为基础，按组召开群众大会，进行深入细致的宣传和动员，对225户农户逐户进行调查摸底，全面掌握每户村民家庭成员基本情况、联系方式、收入来源及发展产业意向等并建档造册，对外出务工村民进行电话调查，确保不漏户、不漏人。二是制定识别标准。制定了《十八洞村精准扶贫贫困户识别工作办法》和"十八洞村贫困农户识别9个不评"的标准，即有楼房或商品房的家庭不评、2000年以来违反计划生育政策的家庭不评、嗜赌成性及劳教不改的家庭不评、不务正业及懒惰成性的家庭不评、不履行赡养义务的家庭不评、时常刁蛮阻挠公益事业和当地经济的家庭不评、全家外出务工通知不回的家庭不评、国家公职人员家庭不评、拥有大中型农业机械和各类车辆及加工厂的家庭不评。三是严格民主监督。为防止优亲厚友等现象出现，采用"七步工作法"严格识别工作程序，全程接受民主监督，即：第一步，户主申请或者群众推荐；第二步，以村民小组为单位召开群众大会投票识别并当场公布结果；第三步，由村民代表、村支两委成员、镇党委政府代表及县扶贫工作队三级会审；第四步，公告公示，将结果在村里张榜公布不少于7天；第五步，乡级审核；第六步，县级审核；第七步，对识别出的贫困对象进行建档立卡，逐户制订脱贫措施，采取直接帮扶、委托帮扶、股份合作等多种形式，集中力量予以扶持。最后，成功识别贫困户136户542人，占全村总人口的57.7%。

（二）因地制宜，精准开发扶贫产业

改变传统"输血"扶贫方式，把产业建设作为"造血"扶贫核心举措，结合十八洞村实际，因地制宜发展优势支柱产业。一是发展以猕猴桃、烤烟、野生蔬菜、冬桃、油茶为主的种植业。根据山区特点积极发展特色种植业，初步形成烤烟318亩、西瓜183亩、野生蔬菜41亩、油茶30亩、冬桃4 060株的规模。依托互联网平台销售桃树采摘权，225户农户从中获益170万元。"跳出十八洞村"，从花垣道二生态农业产业园内流转土地开发1 000亩精品猕猴桃。二是发展以湘西黄牛、生猪、山羊、稻田养鱼为主的养殖业。采取散户和大户相结合的模式，以湖南德农牧业公司为龙头，支持重点养牛户2户，拉通放牧区道路，投放能繁母牛30头，落实牧草种植面积87亩，散放养区面积100余亩。支持山羊养殖户2户，生猪养殖1大户带10小户共同发展。三是开发以苗绣织锦为主的民族工艺品制造业。根据留守妇女多的实际，组建了十八洞苗绣专业合作社，组织培训 92 名留守妇女发展苗绣产业，并与吉首金毕果民族服饰公司签订订单协议，实现了在家就能就业，在家就能增收致富。四是发展以农家乐、红色游为主的旅游产业。依托得天独厚的自然景观优势和习近平总书记到村视察的影响力，将十八洞村打造为群众路线教育实践活动基地和乡村游农家乐胜地。编制《十八洞村旅游发展规划》，结合交通基础设施建设、农村"五改"、农村环境综合整治、申报特色民族村寨等项目，打造乡村特色与民族文化旅游，大力发展农家乐休闲旅游，引进战略投资发展红色旅游、神秘苗寨、峡谷溶洞游等乡村游产品，引导贫困户发展民族特色餐饮，使农户通过经营、租赁、入股等形式获得收益。目前，村里开办了 8 家农家乐，2014 年以来接待游客 40 余万人次，8 家农家乐示范户年均收入达 10 万元以上。2016 年 11 月，引入首旅华龙旅游实业公司、消费宝（北京）资产管理公司，斥资 6 亿打造以十八洞村为核心的"蚩尤部落群"旅游景区，力争三年内完成国家 4A 景区创建，致力打造 5A 级景区。五是发展劳务输出经济。积极开展农村劳动力技能培训和就业服务，大力发展劳务输出，全村 200 余名富余劳动力外出务工，年人均劳务收入在 2 万元以上。

（三）彰显特色，精准改善居住环境

坚持"人与自然和谐相处、建设与原生态协调统一、建筑与民族特色完美结合"的原则，在完善基础设施、改善人居环境的同时，注意保持苗寨原有的景观风貌，充分彰显苗乡民族文化特色，打造"中国最美乡村"。一是大力实施特色民居改造。在民居改造中，将民族特色文化保护与改厨、改厕、改圈、改池、改浴"五改"相结合，进行"一户一案"精细规划，对损坏较大的房屋在不破坏原有风貌的前提下进行加固改造；对损坏不大的房屋进行特色改造，原有水泥砖房用小青砖饰面处理，平屋面改造成小青瓦坡屋面，木房整修封檐板、翘角，彰显苗乡文化元素。二是大力实施基础设施建设。大力推进交通路网、水利设施、农网改造等基础设施项目建设，人饮设施连通到户，农网改造全面完成，进村寨道路硬化、机耕道和梨子寨主停车场等建设完工，村部至竹子公路全面拓宽工程正加快进行。三是大力实施城乡同建同治。以城乡同建同治为抓手，加强村内及周边环境治理，推动水、电、路、房、通信、环境治理"六到户"。目前，该村已完成"五改"任务，青石板路到家到户，村容村貌焕然一新，村居环境不断改善。

（四）破解难题，精准发展民生事业

把民生事业放在更加突出位置，大力推进十八洞村教育事业、医疗卫生和社会保障等民生事业发展，筑牢扶贫开发基础。一是解决"读书难"问题。针对竹子小学隔年招生、复式教学和排谷美小学设施简陋的问题，在不撤并原有教学点基础上，建立健全教师交流和支教机制，实行村小分级分班教学，加大投入，维修改造学校基本教学设施和学校食堂、厕所和运动场地等附属设施，确保满足现代教育教学需要。二是解决"看病难"问题。为解决群众患病不能得到及时有效治疗的突出问题，对村卫生室进行就地改造，并按要求添置药品器械，建成标准村卫生室 2 个，方便群众就近看病。三是解决"保障难"问题。千方百计做好弱势群体、孤寡老人、贫困户等救济救助工作，为他们提供基本生产生活保障，在原有的 28 户 102 人基础上，新确定农村低保对象 11 户 42 人，共 39 户 144 人，占全村总人口 939 人的 15.3%，做到应保尽保，精准"兜底"。

（五）强化保障，完善精准扶贫机制

为全面抓好十八洞村精准扶贫工作，花垣县委、县政府主要负责人多次深入该村进行调研指导，积极探索建立长效精准扶贫机制。一是建立强有力的组织保障体系。成立了由县委书记任组长的十八洞村精准扶贫工作领导小组，并派出县委驻十八洞村扶贫工作队，与村民同吃、同住、同劳动，实现驻村帮扶长期化、制度化。选好配强镇领导班子和村"两委"班子，选出了大学生村官为村支书、致富带头人为村主任的新一届村"两委"班子，增强村级班子领导经济社会发展、带领群众脱贫致富的能力。二是建立专业合作社发展机制。积极出台政策，支持十八洞村组建农民专业合作经济组织，依托专业合作社发展农业产业化，目前，全村组建了苗绣、湘西黄牛、猕猴桃、野生蔬菜、烤烟、养猪等专业合作社，由合作社提供技术指导，与农户合作发展"订单"农业。三是积极探索异地扶贫新模式。探索"跳出十八洞村发展十八洞产业"新思路，着力破解土地、资金、技术等瓶颈问题。以中国科学院武汉植物园为技术支撑，采取异地土地流转和"合作社＋农户"入股形式，由道二乡农业科技园流转土地 970 亩，十八洞村民与苗汉子合作社合股 600 万元，成立十八洞村苗汉子果业有限责任公司，共同投资开发精品猕猴桃产业，项目建成后，年可实现产值 2 500 万元，村民人均增收 5 千元以上。四是建立互助金发展机制。坚持"民有、民用、民管、民享，周转使用，滚动发展"和"不出村、不吸储"的基本原则，通过以财政扶贫资金、农户入社资金、无偿社会帮扶资金或捐赠资金、占用费转入本金"四位一体"的聚资方法，不断壮大村级"互助金"规模，放准用活资金，确保投放准确，按时偿还，提高农民的自我发展能力。2014 年，该村互助金财扶资金投入 15 万元，98 户村民入社，入社金额逾万元，累计放款 28.07 万元，有效解决当地群众贷款难问题。

三、十八洞村精准扶贫精准脱贫的基本经验

十八洞村的巨变得到了人民日报、新华社等中央主流媒体纷纷关注，2016年央视《新闻联播》连续5天系列报道《"十八洞村"扶贫故事》，2017年央视《新闻直播间》连续两天报道《村庄里的中国：再访十八洞村》，在国内外引起强烈反响。那么，十八洞村的精准扶贫精准脱贫究竟创造了哪些"可复制、可推广"的经验呢？这些基本经验又是如何体现习近平总书记的精准扶贫思想的呢？在全面梳理十八洞村三年多精准扶贫实践的基础上，可将十八洞村的精准扶贫精准脱贫的基本经验总结如下。

（一）规划引领，实施精准发力

精准扶贫的核心内容是"六个精准"解决"四个问题"。即通过建档立卡做到"扶贫对象精准"解决"扶持谁"的问题，通过第一书记、驻村工作队做到"因村派人精准"解决"谁来扶"的问题，通过制定规划、选好项目、用好资金做到"项目审批精准、资金使用精准、措施到位精准"解决"怎么扶"的问题，通过贫困退出考评做到"脱贫成效精准"解决"如何退"的问题。十八洞村在深刻理解上述精准扶贫核心内容的基础上，以规划为引领，通过制定全村整体发展规划、扶贫脱贫项目规划和农户个体脱贫规划等系列规划，系统回答"扶持谁、谁来扶、怎么扶和如何退"四个问题，实施精准发力。

1. **全村整体发展规划**　习近平总书记考察十八洞村后，工作组做的第一件事情是制定全村整体发展规划。工作队深入调查研究、组织村组干部、村民代表外出考察学习，充分征求国家住建部专家团队、县委十八洞精准扶贫工作领导小组和县直相关职能部门负责人的意见，严格遵循习近平总书记提出的精准扶贫"可复制、可推广"六字原则，结合十八洞村实际，实事求是、因地制宜地制定了《十八洞村精准扶贫精准脱贫规划》，确立了"人与自然和谐相处，建设与原生态协调统一，建筑与民族特色完美结合"的建设总原则，按照"投入少、见效快、原生态"的总基调，以"把农村建设得更像农村"为理念，打造"中国最美农村"，实现"天更蓝、山更绿、水更清、村更古、心更齐、情更浓"为目标，把"鸟儿回来了、鱼儿回来了、虫儿回来了、打工的人儿回来了、外面的人儿来了"确立为努力方向。

2. **扶贫脱贫项目规划**　在全村整体发展规划的统领下，十八洞村结合"五个一批"制定了一系列相互支撑的扶贫脱贫项目规划。如为了推进乡村旅游发展，在国务院扶贫办和国家旅游局的关心下，四川成都来也旅游发展有限公司义务为村里制定了《十八洞村旅游扶贫试点规划》，规划了"11·3"工程

项目、矿泉水厂项目、小水电项目、教育培训基地项目、大型苗族文化晚会项目、旅游线路和服务设施建设项目、乡村客栈项目、景区管理和服务人员培训项目、苗族边边场项目、徒步越野赛线路建设项目等配套项目。此外，猕猴桃种植项目、辣木树种植项目、苗绣加工项目、养殖项目、劳务输出项目、电子商务扶贫项目等也制定了详细的发展规划。

3. **农户个体脱贫规划** "因乡因族制宜、因村施策、因户施法，扶到点上、扶到根上"，这是习近平总书记在云南考察讲话中提出的要求，十八洞村用实际行动践行了这一指导思想。在全村整体发展规划、扶贫脱贫项目规划的基础上，工作组通过精准识别，根据每户贫困户的致贫原因、实际困难，按照"五个一批"的要求，将贫困户落实到具体的扶贫项目中，为贫困户制定个体脱贫规划。

（二）党建先行，增强内生动力

针对"谁来扶"的问题，习近平总书记提出要"切实落实领导责任""切实加强基础组织""增强内生动力"。在十八洞村的实践中，花垣县委县政府牢牢抓住"党建"这一牛鼻子，以驻村帮扶工作队、村支两委和青年民兵突击队建设为载体，以转变观念、提升群众思想道德水平为方向，形成了"党建先行，增强内生动力"的经验。

1. **精选驻村帮扶工作队** 2014 年 1 月，花垣县委及时组建成立十八洞精准扶贫工作队，从全县五个单位中抽调 5 名"精兵强将"组成，长年驻村开展工作。考虑到十八洞属纯苗村，为便于与群众沟通交流，选调的人员要求具有农村工作经验且会讲苗语的后备干部，由时任县委新闻发言人、县委办副主任、县委宣传部副部长，现任县扶贫开发办党组副书记、副主任龙秀林任工作队长。从县直相关职能部门抽调精干力量为队员，秉承"把十八洞村扶贫工作当作事业来做"的口号，不分白天黑夜、不分节假日，月驻村 25 天以上，进村挨家串户访贫问苦，与村民同吃、同住、同工作，真正发挥了"火车头"的作用。

2. **加强村支两委建设** 2014 年年初，十八洞村党支部成员平均年龄 50 岁，全村 24 名党员的平均年龄 55 岁以上，散漫、薄弱是当时党支部的真实写照。为扭转这一局势，工作队一进村就把抓好村支两委换届当作头等大事来抓，把年轻、脱贫致富能手推向干事创业的前台。通过召开选举大会，推选年轻有为的大学生村官担任村支书，推选致富能手担任村主任、村支两委成员。在五大主干基础上新配备建制专干为村主干，并根据村精准扶贫建设任务重的实际创新增配 9 名村主干助理，解决工作量大人手不足的问题，同时发动党员干部带头，积极参与精准扶贫各项建设，为脱贫攻坚奠定扎实基础，筑牢了基层党组织的坚强战斗堡垒。

3. 组建青年民兵突击队 考虑到村里贫困户劳动力不足，"五改"（民居改造、改厨、改厕、改浴、改圈）工作难以推行，工作队和村支两委认真摸底、谈心，把村里 20 多名在家的年轻人组织起来，举行了隆重的授旗仪式，组建"十八洞村青年民兵突击队"，帮助村里欠缺劳力的农户编竹篾条、糊泥巴墙、铺青石板，使全村"五改"工程稳步推进。

同时，依托上述三支队伍，十八洞积极推进群众观念转变，破除"等靠要"思想，提升贫困户的内生动力。一是宣传精准扶贫政策，组织召开群众代表大会，把党的惠民政策讲深讲透，并提出了"投入有限、民力无穷、自力更生、建设家园"的十八洞精神，鼓励群众充分依靠自身力量脱贫致富。二是高度统一群众思想。创新推行村民思想道德星级化管理模式，实现"依法和依德治村双结合"，并组织开展歌咏、跳舞、小品、苗鼓等丰富多彩的文化活动，统一群众思想，改写过去"村合心不合"的历史。三是开展结对帮扶活动。工作队员和县扶贫开发办、苗汉子合作社干部职工 37 人一对一联系 136 户精准扶贫户，每人联系 5 户贫困户不等，把党的温暖带进贫困户家中，定期深入贫困户家中调查了解情况，帮助贫困户解决实际困难和问题。

（三）机制创新，确保脱贫成效

精准扶贫贵在精准，重在精准，成败之举在于精准。然而，要切实做到"六个精准"，关键在于创新实现转变，这也是精准扶贫精准脱贫的根本要求。十八洞村为了切实做到精准扶贫，在"扶持谁、怎么扶"方面进行了积极探索，也形成了一些可借鉴的经验。

1. "七步法＋九不评＋道德星级评价"的精准识别经验 由于信息不对称以及"等靠要"的道德风险，贫困户识别一直是精准扶贫中的难题。为了克服这一难题，十八洞村从两方面着手，一是客观上尽可能做到"公平、公正、公开"，二是主观上改变争戴贫困帽、"等靠要"的意愿。2014 年 1 月，扶贫工作队驻村帮扶以来，为摸准全村贫困人口情况，更好地为实施精准扶贫打牢基础，认真入户调查核实并结合实际制订了《十八洞村精准扶贫贫困户识别工作做法》，制订"十八洞村贫困农户识别九个不评"的标准。按照"户主申请→投票识别→三级会审→公告公示→乡镇审核→县级审批→入户登记"七道程序，把识别的权力交给广大群众，及时张榜公布结果，对识别工作实行全程民主评议与监督，确保识别公开、公平、公正。同时，探索思想道德星级管理模式，即用道德和诚信的力量来管理和约束村民的办法。基于群众对法律意识淡薄却爱面子的实际，以组为单位，每半年组织召开一次全体村民大会，由与会人员对全组 16 周岁以上的村民，从支持公益事业、遵纪守法、社会公德、职业道德、家庭美德、个人品德六个方面进行公开投票，当场宣布评选结果。农户和个人得分在 90 分以上评为五星级，得分在 80～89 分评为四星级，得分在 70～79 分评为三星级，得分在 60～69 分评为二星级。将评选结果定期在全村大会上公开表彰，激励先进，并实行挂牌管理，结合农村道德讲堂等系列活动有效转变了村民"等靠要"的思想。通过上述两个方面的努力，十八洞村成功克服了精准识别的难题。

2. "短中长兼顾＋异地化＋市场化＋组织化"的产业扶贫经验　"怎么扶"是精准扶贫内容中的重中之重，而"五个一批"中"产业扶贫怎么扶"又是重点中的难点。十八洞村在产业精准扶贫中进行了大量的探索，也形成了一些"可复制、可推广"的做法。一是产业布局中短中长期产业兼顾。产业扶贫既要见效快，让贫困户能及早受益，又要可持续，能确保贫困户持久脱贫。然而，单一产业通常无法同时满足上述要求，这就需要产业组合。通过走访调查、外出考察、广泛征求意见等多渠道、全方位的调查研究，十八洞村确定了种植、养殖、苗绣、劳务、乡村游五大产业为主的发展思路。其中，劳务输出经济、苗绣织锦加工、农家乐等为短期扶贫产业，猕猴桃种植、黄牛养殖、红色旅游以及十八洞景区旅游等为中长期产业。通过五大产业的组合布局、统筹发展兼顾了产业扶贫中的短期扶贫和长期脱贫效应。二是异地化产业发展模式。针对村内耕地面积少难以发展产业的实际，探索股份合作扶贫，按照"跳出十八洞村发展十八洞产业"的新思路开发猕猴桃产业。在花垣县国家农业科技示范园里流转土地 970 亩进行猕猴桃产业建设。组建了花垣县十八洞村苗汉子果业有限责任公司，对猕猴桃产业进行公司化运作。目前，正以同样的模式发展十八洞山泉水厂、水电站、酒厂等。三是市场化方式创新。为解决全村贫困农户进入市场能力不足农副产品难销的问题，十八洞村率先在湘西州推行电商扶贫，利用现代营销手段，借用中国邮政的"邮三湘"网络平台、建立微信公众号、开通淘宝店，同时与本地电商领头羊企业盘古电商开展合作、搭建"湘西为村"网络平台等，积极开拓农副产品市场和品牌培育。创新推行桃子采摘权和稻花鱼捕捉权转让带动旅游业发展的模式，同步带动乡村旅游业的发展，即每株桃子树按照每年采摘权 418 元的标准进行公开营销，且购买桃树采摘权的每人发放一张"十八洞村荣誉村民证书"，持有荣誉村民证书的人，十八洞有什么活动将可免费参与，到湘西州周边重要景区旅游门票减半甚至免票优惠。四是提升组织化程度。建立专业合作社，先后组建了苗绣、牧业、猕猴桃、果桑种植、油茶种植、山羊养殖、养猪、辣木茶种植等 9 个农民专业合作社组织，完善合作社章程，明确各社员的职责和义务，为壮大村集体经济奠定基础。探索股份合作扶贫，组建花垣县十八洞村苗汉子果业有限责任公司发展猕猴桃产业，公司注册资本金 600 万，苗汉子出资 306 万占 51％股份，十八洞村出资 294 万占 49％股份。十八洞村的股份由十八洞合作社和村集体经济两部分组成，十八洞合作社由村民出资组建，入社资金按照贫困人口 542 人政策扶持资金每人 3 000 元共 162.60 万元入股，占 27.1％股份。非贫困人口 397 人政策扶持资金每人 1 500 元共 59.55 万元入股，占 9.9％股份。村集体经济申请专项资金 71.85 万元入股，占 12％股份。

3. "全域规划＋全民参与＋五个统一"的旅游扶贫利益联结经验　十八洞村被授予"全国旅游系统先进集体"荣誉称号，《花垣县十八洞村旅游扶贫规划》荣获全国旅游扶贫规划示范成果，旅游扶贫经验在 2016 年 12 月 12 日召开的"2016 年全国旅游系统先进集体、劳动模范和先进工作者评选"表彰会上向全国推广。十八洞的旅游扶贫通过全域规划、全民参与、六个统一实现了利益共享，精准脱贫成效显著。一是坚持全域规划。在国务院扶贫办和国家旅游总局关心下，将十八洞纳入全县旅游"五大景区"总体布局，借力毗邻包茂高速、209、319 国道和临近矮寨奇观 AAAA 景区等优势，依托丰富的旅游资源和浓郁的民族文化，开发本村"红色旅游""神秘苗寨""峡谷溶洞游"等，连接双龙镇域 10 村，连点成线规划布局"蚩尤部落"旅游扶贫景区，并引入首旅集团华龙公司、北京消费宝公司，斥资 6 亿打造核心景区，力争三年内完成国家 4A 景区创建，致力打造 5A 级景区。二是全民参与。紧紧围绕"吃、住、行、游、购、娱"六大要素，开发推出苗家腊肉、农家豆腐、苗鱼、苗鸭等民族特色餐饮，按照"修旧如旧"原则，保持原有风貌，展现民族特色，保存苗寨风情，进行景区民居改造，实施了改厨、改厕、改浴等"五改"，建成村级游客服务中心等景区配套设施，开发苗族"三月三""赶秋""过苗年"等传统节庆，让游客吃得香、住得下、进得来、留得住、玩得好。在精准识别贫困户的基础上，结合贫困户实际，明确不同贫困户选择不同旅游帮扶方式，并结合"一户一档"精准到户。引导农户自主经营民居餐饮住宿、出租房屋获取租金、养殖山羊、种植蔬菜、销售腊肉、经营手工艺品、旅游接待服务、获取集体收益的补助等多种方式获得收益，推动村里特色农产品变身旅游商品，确保每名贫困户都能在旅游开发中获益。三是"五个统一"。村里成立游客接待服务中心，对"农家乐"实行统一接团、统一分流、统一结算、统一价格、统一促销"五统一"管理模式，着力打造"农家乐"十八洞品牌。"农旅园"开发结合方面，采取"企业＋基地＋贫困户＋村集体＋观光体验旅游"的模式，由公司统一运营。

（四）要素整合，形成扶贫合力

在 2015 年减贫与发展高层论坛的主旨演讲中，习近平总书记强调"我们要广泛动员全社会力量，支持和鼓励全社会采取灵活多样的形式参与扶贫"，即在回答"谁来扶"和"怎么扶"的问题上，要做到"切实强化社会合力"。十八洞村精准扶贫精准脱贫成效显著，与整合社会扶贫力量、统筹扶贫资源，形成扶贫合力不无关系。具体体现在如下三个方面。

1. **扶贫机构协同** 习近平总书记考察十八洞村后，中央、地方各级扶贫机构及相关部门高度重视十八洞村的减贫与发展。各级各部门领导多次考察、调研十八洞村的扶贫工作，解决实际困难。"上面千条线，下面一根针"，为了协同各级各相关部门的扶贫举措，十八洞村充分发挥了工作队、村支两委、民兵突击队的基层组织作用，以规划为蓝本、以项目为载体，主动协调各级各部门的扶贫政策、扶贫资源，使各部门的扶贫工作在十八洞村有序开展，释放协同效应。

2. **扶贫资金统筹** 多方整合扶贫资金，积极整合行业、部门、社会扶贫资金，确保扶贫资金使用由"撒胡椒面"向"握指成拳"转变。首先，为了避免资金堆积现象，十八洞村的建设资金采取由相关职能部门积极向上"争资上项"的原则解决，并积极协调爱心企业捐资建设，同时采取招商引资的方式引进投资商来村投资开发建设。其次，积极与县农村商业银行对接、合作，试点金融扶贫模式，认真调查摸底贫困农户发展致富产业意愿，发放小额信贷，由扶贫开发办贴息，简化农户小额贷款程序，积极探索"农户联保""多户联保""公司＋农户""专业合作组织＋农户"等多种担保形式，降低信贷准入条件，扭转小额信贷"贷富不贷贫"倾向，解决贫困农户发展产业资金瓶颈问题。第三，坚持"民有、民用、民管、民享，周转使用，滚动发展"和"不出村、不吸储"的基本原则，通过以财政扶贫资金、农户入社资金、无偿社会帮扶资金或捐赠资金、占用费转入本金"四位一体"的聚资方法，发展壮大村级"互助金"规模。

3. **社会力量整合** 十八洞村针对自身在电商、导游、产业、管理等领域人才缺乏，自我发展能力不强，难以满足发展需求的客观现实，积极整合社会力量，实现跨越式发展。在州政协和移动、联通、电信的大力支持下，村里实现网络全覆盖，建立了村级电商服务站、村级金融服务站、村级邮政便民服务站。同时，依托湖南盘古电子商务有限公司的实力，在村里建设了电子商务平台，解决农副产品对外营销难题。借助中国邮政的"邮三湘"网络平台，向游客销售村内4 060株桃树的采摘权，与五新公司等四家公司签订苗绣订单协议，为苗绣合作社提供稳定销路。引入首旅集团华龙公司、北京消费宝公司，斥资6亿打造以十八洞村为核心的旅游景区，实现乡村旅游"升级"。

四、十八洞村精准扶贫精准脱贫的重要启示

十八洞村的巨变为精准扶贫精准脱贫提供了一个鲜活的样本，十八洞村的

实践是深刻理解习近平总书记扶贫开发战略思想，切实践行精准扶贫方略的具体行动，严格按照习近平总书记探索"可复制、可推广"经验的要求，积累了不少可复制、可推广的经验，同时，也为继续推进精准扶贫精准脱贫实践，构建扶贫脱贫的"中国模式"带来以下启示。

（一）全面把握精准扶贫内涵，协同推进精准扶贫方略

"精准扶贫"是习近平总书记在新的时代背景、历史条件和我国减贫发展新阶段提出来的扶贫攻坚基本方略。十八大以来，他始终把扶贫开发作为国内调研和工作的重点，亲自研究、亲自部署、亲自推进、亲自督战，在多个重要场合、重要时点，就扶贫开发提出一系列新思想新观点，作出一系列新决策新部署，逐渐形成了精准扶贫的思想体系。其中，在十八洞村提出的"实事求是、因地制宜、分类指导、精准扶贫"十六字方针标志着精准扶贫思想正式提出。习近平总书记精准扶贫思想的核心内涵可用"四个问题""五个一批""六个精准"和"四个切实"加以概括，即精准扶贫是要解决"扶持谁、谁来扶、怎么扶、如何退"等"四个问题"，实现路径是"发展生产脱贫一批、异地搬迁脱贫一批、生态补偿脱贫一批、发展教育脱贫一批、社会保障兜底一批"等"五个一批"，基本要求是"扶持对象精准、项目安排精准、资金使用精准、措施到户精准、因村派人精准、脱贫成效精准"等"六个精准"，根本保障是"切实落实领导责任、切实做到精准扶贫、切实强化社会合力、切实加强基础组织"等"四个切实"。十八洞村作为不折不扣地全面落实习近平总书记"精准扶贫"重要论述的"样板村"，其实践表明，精准扶贫精准脱贫的关键在于全面把握精准扶贫思想内涵，把"四个问题""五个一批""六个精准"和"四个切实"看作是"精准扶贫"思想、方略的有机构成部分，同时加以协同推进，不折不扣地以"四个切实"和"六个精准"为标尺，依托"五个一批"，解决"四个问题"。事实上，如果"五个一批""六个精准"和"四个切实"中哪个环节缺陷、出错等都将可能影响"四个问题"的解决，最终影响精准扶贫精准脱贫成效。因而，从这个意义上而言，"十八洞村模式"便是"村级精准扶贫模式"的典型代表。

（二）因地施策制定减贫方案，"扬长补短"实现持久脱贫

正如没有包治百病的"万能药"一样，也没有哪一种理论、方法和举措可以解决所有地区、贫困村的减贫和发展问题，但精准扶贫思想和方略丰富发展了中国特色扶贫开发理论与实践，为新时期扶贫开发注入了强大思想动力，提供了行动指南和基本遵循。该思想和方略为扶贫和脱贫提供了一套制订减贫方案的科学思路和行动指南，但需要强调的是，各地区、各贫困村在制定精准扶

贫方案、实施精准扶贫方略时并不能机械地照搬照套,如依托"五个一批"并不是要求每个地区、每个村都要不能多于或少于"五"种途径;相反,一定要"因地制宜、实事求是"地根据本地区、本村的实际制订"个性化"的减贫方案,发挥自身的比较优势,弥补自身的"短板",最终实现持久脱贫。十八洞村的实践严格遵循了习近平总书记"因地制宜、实事求是、分类指导、精准扶贫"的十六字方针,工作队在反复调研、征询多方意见的基础上制订了十八洞村的整体发展规划,确立了"人与自然和谐相处、建设与原生态协调统一、建筑与民族特色完美结合"的发展原则,基础设施完善、人居环境改造保持苗寨原有的景观风貌,彰显苗乡民族文化特色,依托自然风光、民族文化特色等发展以乡村旅游、苗绣加工、猕猴桃种植、黄牛养殖等五大支柱产业等。同时,积极整合社会扶贫力量、统筹社会扶贫资金、协同各级各类扶贫主体,借助外力弥补自身在减贫和发展中面临的设施滞后、资金短缺、人才缺乏的短板,真正做到"扬长补短"。可见,十八洞村的巨变不是偶然,也不会是个案,而是在精准扶贫思想和方略的指导下,因地施策制定减贫方案、"扬长补短"实施减贫的必然结果。

(三)创新突破脱贫时空局限,正确处理四组基本关系

十八洞村精准扶贫实践中"跳出十八洞发展十八洞"、全域旅游规划、增强内生动力、整合社会扶贫力量、短中长期产业组合布局,以及"把乡村建设得更像乡村"等方面的成功探索表明,精准扶贫精准脱贫还应通过创新突破时空局限,正确处理好以下四组关系。

1. **外部帮扶与内生发展的关系** 正确处理外部帮扶与内生发展的关系虽然是一个"老生常谈"的话题,但又是扶贫实践中绕不过去的一大难题。道理似乎大家都明白,但做起来却成效不理想。十八洞村的做法则很有启发性,内生动力挖掘方面,通过党建先行、精选驻村工作队、加强村支两委建设、组建民兵突击队和道德星级管理探索,转变了村民观念,增强了内生动力;外部帮扶方面,通过协同各级各类扶贫主体、统筹扶贫资金、整合社会力量,把外部帮扶的效应发挥到极致,并通过"扬长补短"的方式将两者有机结合起来,真正实现了外部帮扶和内生发展的协同推进,最终走上可持续发展的道路。

2. **短期扶贫与长期脱贫的关系** 短期扶贫与长期脱贫的关系同样是一个"老话题",也是一个"老难题"。精准扶贫方略要求既要看到短期的减贫成效,要在 2020 年实现全面脱贫;同时,还要求不能返贫,要持久脱贫,要实现贫困地区、贫困个体的自我发展。十八洞村产业扶贫经验表明,要处理好短期扶贫和长期脱贫的关系,在产业布局上要注重短中长期组合,以"立竿见影"的短期产业为农民增收,增加村民的信心和资金积累,以具有竞争力和自生能力

的中长期产业发展，提升村民的人力资本和发展能力，确保长期脱贫。

3. **"点"脱贫与"面"发展的关系** 2020 年全面脱贫的要求是我国现行标准下农村贫困人口实现脱贫，贫困县全部摘帽，解决区域性整体贫困。也就是精准脱贫既是"点"的脱贫，也是"面"的发展。在实际的扶贫实践中，特别是村一级的扶贫实践中，往往容易将农户、村庄看作孤立的"点"，就贫困户、贫困村自身谈脱贫、谈发展，实际上，这种时空局限不利于真正的持久脱贫。十八洞村"跳出十八洞发展产业"、将乡村旅游规划纳入全县旅游"五大景区"总体布局的做法值得借鉴，这种跳出"点"，将"点"纳入到"面"中进行发展的思路，能有效激活"点""面"之间发展的协同效应，在"面"的发展中确保"点"的持久脱贫。

4. **"传统"特色与"现代"文明的关系** 贫困地区通常是传统特色保存相对完好的地区，也是"望得见山、看得见水、记得住乡愁"的生态文明与传统文明融合得较好的地区。如何在保持传统特色、保护生态环境的前提下实现现代文明是一个具有挑战性但又十分重要的课题。十八洞村在精准扶贫实践中坚持"人与自然和谐相处、建设与原生态协调统一、建筑与民族特色完美结合"的原则，把"乡村建设得更像乡村"，同时又以电子商务、采摘权转让等现代文明手段实现脱贫致富的做法为处理好"传统"特色与"现代"文明的关系树立了标杆。

为总结习近平总书记关于扶贫开发战略的重要论述理论创新与实践创新成果，为完善脱贫攻坚政策措施提供参考，在国务院扶贫办的支持指导下，全国扶贫宣传教育中心组织"党的十八大以来我国脱贫攻坚理论实践总结"研究。2017 年 7 月，拟定 22 个从不同方面呈现脱贫攻坚理论创新和实践创新做法与成果的专题，邀请相关领域专家承担总结研究工作。9 月 21 日，在京召开"党的十八大以来脱贫攻坚理论实践总结交流会"，对本书修改提出了具体要求。11 月末，扶贫办领导以及各司各单位对修改后的本书进行审阅并提出修改意见。根据意见，各专家对各本书进行了修改、定稿工作。

《脱贫攻坚理论实践创新研究》有如下特点：一是"新"，22 篇专题报告主要以党的十八大为时间节点，充分反映了近五年来扶贫领域理论与实践的新思路和新发展；二是"全"，各报告系统梳理了脱贫攻坚各领域政策体系、体制机制和实践经验；三是"专"，参与研究的专家或是相关领域的专业权威，或在相关选题有丰厚的研究积累，或对所研究的案例有长期关注。

共 19 位专家承担了研究和报告撰写工作，他们是：向德平、吕方、张丽君、覃志敏、李小云、王晓毅、张琦、刘杰、雷明、李兴洲、袁泉、杨志海、陆汉文、左停、刘少锋、骆艾荣、游俊、丁建军、冷志明。在全国扶贫宣传教育中心做客座研究的华中农业大学副研究员袁泉同志具体负责完成了各专题研究的组织协调、全书审核编辑等工作。此外，中国农业出版社在对本教材审校过程中，给予了专业指导和大力支持。在此，一并表示衷心的感谢！

本书对于社会各界认识党的十八大以来脱贫攻坚经验成就有重要参考价值，对完善脱贫攻坚政策有一定借鉴作用。

编　者

2018 年 5 月